지은이 **아띠쌰(Atīśa, 982~1054)**

동인도 방갈라 지방에서 법왕 게왜뻴의 둘째 아들로 태어났으나 출가하여 승려가 되었다. 법명은 디빰까라쓰리즈냐나(Dipamkara Śrijñāna, 吉祥燃燈智)로, '아띠샤'라는 존명은 티베트 구게 왕국의 법왕 장춥외가 존경의 뜻을 담아 올린 이름이다. 비끄라마실라 사원의 장로로 있던 당시, 티베트의 법왕 예시외와 장춥외의 간곡한 초청을 받아 1042년 티베트로 건너갔다. 그리고 13년 동안 티베트에 머물면서 가르침을 펼치고 경전을 번역하는 등 갖가지 교화 사업을 통해 쇠퇴의 길을 걷고 있던 티베트불교를 다시 세웠으며, 1054년 중앙 티베트 지역에 있는 녜탕 사원에서 입적하였다. 티베트에 불교와 학문을 중흥시킨 은혜가 막대하다고 여긴 티베트인들은 그를 '큰 은인'이라는 의미의 티베트어 '조오제(Jo bo rje)'라는 존칭으로 부른다. 『보리도등론』과 그 주석서인 『보리도등론난처석』을 비롯한 여러 저서와 경전 번역서를 남겼으며, 제자로는 까담빠의 창시자인 돔뙨빠(ḥBrom ston pa), 대역경사 린첸쌍뽀(Rin chen bzaṅ po, 寶賢)와 낙초·로짜와(Nag tsho Lo tsā ba) 출팀걜와(Tshul khrim rgyal ba, 戒勝) 등 무수하게 있다.

역해 **중암 선혜(中庵 善慧)**

1975년 사자산 법흥사로 입산하였으며, 1991년 남인도의 간댄 사원 등지에서 티베트불교를 배웠다. 현재 구루 빠드마쌈바와가 마하무드라를 성취하여 붓다가 된 곳인 네팔의 양라쉬에 머물며 수행과 티베트어 경론 번역에 힘쓰고 있다.

저서 및 역서로는 『까말라씰라의 수습차제 연구』, 『밀교의 성불원리』, 『금강살타 백자진언 정화 수행』, 『위대한 여성 붓다 아르야따라의 길』, 『문수진실명경 역해』, 『딱돌 해설서-바르도에서 닦지 않고 해탈하는 법』, 『개정 완역 티베트 사자의 서』, 『대승의 마음 닦는 법』 등이 있다.

티베트어 원전 완역

보리도등론 역해

일러두기

1. 번역의 대본으로 삼은 『보리도등론(菩提道燈論)』의 판본은 Sherig Parkhang에서 발간한 『장춥람된당데이까델(Byaṅ chub lamgyisgronma daṅdeḥi dkaḥ ḥgrel, 菩提道燈論難處釋)』 [Sherig Parkhang, 1999, Delhi, India]에 실려 있는 『보리도등론』이며, 오류나 탈자 등은 4대 빤첸라마·로쌍최끼갤챈(善慧法幢)의 『보리도등론석희연(菩提道燈論釋喜宴)』과 갤찹·닥빠된둡(普稱義成)의 『보리도등론제호석(菩提道燈論醍醐釋)』과 잠괸·로되타얘(無邊慧)의 『보리도등론정해(菩提道燈論精解)』 등의 다른 판본들과 대조해서 교정한 뒤 번역하였다.

2. 본서의 티베트어 표기는 일본 토호쿠(東北) 대학의 티베트어 표기법을 따랐다.

3. [ ] 안의 내용은 문장의 이해를 돕기 위해서 저자가 추가로 삽입한 것이다.

보리도등론 역해

티베트어 원전완역

티베트불교 도차제 사상의 뿌리

Byaṅ chub lam gyi sgron ma

아띠샤 지음

중암 선혜 역해

불광출판사

머리말

우리 불교계에도 아띠쌰(Atīśa)의 『보리도등론(菩提道燈論)』이 이미 많이 알려진 상태이지만, 『보리도등론』의 소중한 가치를 제대로 널리 알리고 싶어서 이를 세밀하게 역해해서 『보리도등론 역해』란 이름으로 펴내게 되었다.

지존하신 쫑카빠(Tsoṅ kha pa) 대사께서는 『보리도등론』에 담긴 도차제(道次第)의 가르침의 중요성을 깨달은 뒤, 스승인 우마와(dBu ma ba)께 서신을 올렸다. 이 서신에서 쫑카빠 대사는 "이 도리에 대해서 분명한 확신을 어려움이 없이 낳게 해주는 그것이, 내외의 모든 학파의 바다와 같은 교설에 통달함은 물론이고, (중략) 실지(悉地)를 얻은 허다한 선지식들이 크게 섭수하고, 현밀의 무수한 본존들이 호념하고 가지한 대보살 디빰까라·쓰리즈냐나(Dīpaṃkara Śrījñāna, 吉祥燃燈智)의 교계인 보리도차제(菩提道次第)였습니다."라고 법의 희열이 충만한 심정을 토로함과 『람림첸모(菩提道次第廣論)』에서, "이 교계는 대체로 미륵자존께서 저술하신 『현관장엄론(現觀莊嚴論)』의 가르침이며, 특별히 이것[람림첸모의 교계]의 교전은 『보리도등론』이다. 그러므로 그 논의 저자가 또한 이 논의 저자인 셈이기도 하다."라고 해서, 아띠쌰에 대한 무한한 존경심을 표시

하였듯이, 저자 또한 쫑카빠 대사의 뛰어난 법의 안목과 극진한 존경심을 받들어서 조오제(大恩人)의 『보리도등론』에 깃들어 있는 깊고 넓은 뜻을 나름 여실하게 파헤치고 드러내 보인 『보리도등론 역해』를 출간하게 되었다. 그 두 스승님의 견(見)·수(修)·행(行)을 따르는 후학으로서 기쁜 마음이 그지없다.

『보리도등론』은 외적으로는 단지 68게송으로 구성된 짧은 논서이나, 내적으로는 현밀(顯密) 전체에 대한 해박한 지식과 안목이 없고서는 그 가치를 제대로 가늠할 수 없는 희유한 논서이다. 개략적으로 그 내용을 다섯 가지로 정리하면 다음과 같다.

첫 번째는 교리적으로 삼승(三乘)과 현밀의 모든 불법을 삼사(三士)의 도차제로 서로 모순이 없이 회통(會通)해서 여래의 깊은 의향을 밝게 드러낸 일종의 교상판석(敎相判釋)에 해당하는 논서라는 것이다.

둘째는 극무주(極無住)의 중관 사상으로 승의에서 유심(唯心)과 반야(般若)의 실재를 부정하는 ① 모든 사물이 남김없이 무생(無生)이며, ② 극무주(極無住)이며, ③ [자성이] 열반(涅槃)이며, ④ [본래] 청정(淸淨)이며, ⑤ 무근무본(無根無本)이며, ⑥ 제법이 불성립(不成立)임을 승인하는 쁘라쌍기까(Prāsaṅgika)라 부르는 중관귀류견(中觀歸謬見)의 교리로써 대승에서 말하는 무주처열반(無住處涅槃)의 성불의 길을 밝혀 놓은 수행에 대한 논서라는 것이다.

셋째는 11세기 당시 타락과 혼란의 수렁 속에 빠져 있던 티베트불교의 암울한 상황을 타개하기 위해서, 서부 티베트 구게(Gu ge) 왕국의 법왕인 예시외(Ye śes ḥod, 智光)와 장춥외(Byaṅ chub ḥod, 菩提光)께서 불교중흥을 위해서 세운 지고한 발원과 헌신의 노력이 만들어낸 역사적 산물이니, 이것을 위해서 많은 이들이 목숨을 잃었고, 막대한 재물과 여정의 노고가 들어간 끝에 겨우 생겨난 우담발라 꽃같이 참으로 귀중한 논서라는 것이다.

아띠쌰께서 3년의 여정 끝에 구게 왕국에 도착하자 법왕 장춥외와 대신들은 물론이거니와 모든 백성이 뛰쳐나와, "두 법왕의 인물과 재물과 식량의 셋을 고갈시킨 그 빤디따(智者)가 어떻게 생겼는지 나는 보아야 한다."라고 소리를 치고 몰려와서 길거리를 가득하게 메웠다고 알려졌듯이, 불교를 부흥하려는 법왕들의 헌신적인 노력과 견고한 발원과 황금 등의 재물을 아끼지 않은 청정한 증상의요(增上意樂)의 결과물이었으니, 법왕 장춥외는 아띠쌰 존자께 황금 300냥을 예물로 올린 뒤, "이 티베트 땅에는 부처님의 법인 대승의 가르침에 대하여 삿되게 분별하는 사람 또는 선지식에 의해 제대로 섭수되지 못한 자들이 서로 다투고 있고, 자기의 분별로 심오하고 광대한 법의 뜻을 [이해하고] 행함으로써 서로가 반목함이 허다하니, 그들의 의심을 없애주시길 바랍니다."라고 청한 것에서 알 수 있듯이, 『보리도등론』은 법왕의 지고한 발원과 헌신의 결과로 탄생한 귀중한 논서이다.

넷째는 『보리도등론』이 당시 티베트의 구법승들에게 올바른 수행의 길을 제시해 준 논서라는 것이다. 인도와 네팔 등지로 불법을 배우기 위해서 신명과 재물을 아끼지 않고 노력했던 그들이, 성불의 길을 설하는 불법의 다양한 가르침과 방편들 속에서 어떠한 견해를 지니고 어떠한 방편을 택해야 하는지 스스로 판단하기 어려운 상황 속에서, 그들이 던진 갖가지의 질문들에 답하면서 중관(中觀)에 의지해서 무주처열반(無住處涅槃)을 성취하는 점수(漸修)의 반야바라밀다(般若波羅蜜多)의 길과 즉신성불(卽身成佛)의 무상유가딴뜨라(無上瑜伽續)의 길을 올바르게 제시해 준 더할 나위 없이 소중한 수행의 논서이다. 예를 들면, "중관과 유식의 둘 가운데 진실의(眞實義)를 위해서 어떤 것을 지녀야 합니까?"와 "상위의 [비밀(秘密)과 반야지(般若智)의] 두 관정을 범행자(梵行者)가 받는 것이 가능합니까?"와 "돈수(頓修)가 합당하고, 점수(漸修)는 필요하지 않다."라는 등의 질문에 대하여 상사전승(上師傳承)의 우빠데싸(敎誡)로써 그 해답을 『보리도등론』의 게송들 속에 명쾌하게 밝혀 놓은 것이다.

다섯째는 『보리도등론』은 인도의 심견(深見)과 광행(廣行)과 가지(加持)의 세 전승의 우빠데샤가 하나로 응결된 인도불교가 낳은 역사적인 논전이자, 티베트의 후전기(後傳期) 불교의 교학과 수행의 기반이 되어서 티베트불교를 어둠 속에서 구출하는 동시에 다시 융성하게 발전할 수 있도록 견고한 토대가 되어준 위대한 논서라는 것이다.

이와 같은 역사적 배경들을 잘 알고 그것을 염두에 둔 뒤 『보리도등론』을 접한다면, 수행의 측면에서는 삼승(三乘)과 현밀(顯密)의 모든 법을 세존께서 삼사(三士)의 도차제에 의해서 설하신 깊은 뜻을 저절로 이해하게 됨으로써, 갖가지의 근기에 맞춰서 다양하게 설해진 불법의 길을 정확하게 깨달아서 자신에게 맞는 수행의 길로 나아가게 할 뿐만 아니라, 오늘날 선종과 남방불교 등 갖가지 불교가 섞여 있는 한국불교의 환경 속에서 티베트불교를 받아들이고 있는 불자들에게도 인도의 중관학파에서 전승하는 이전구결(耳傳口訣)을 통해서 법의 안목을 열어주는 큰 의미가 있다고 하겠다.

『보리도등론』이 티베트불교에 끼친 업적을 요약하면, 로쌍도제랍링(Lobsang Dorjee Rabling)의 『조오제재빼슝챈응아(大恩人著五部小論)』에서, "『보리도등론』이라 부르는 그 희유한 논전을 을유년(乙酉年, 1044년)에 저술함으로써, 과거에 티베트에서 일어났던 갖가지의 사법(邪法)들이 저절로 소멸하였다."라고 하였듯이, 랑다르마(gLaṅ dar ma) 왕의 파불(破佛) 사태로 말미암아 70년이 넘는 세월 동안 긴 어둠의 나락으로 떨어진 티베트 땅에 불일(佛日)이 다시 밝아옴으로써, 무수한 유정들이 해탈의 성채에 들어가고, 피안의 세계에 도달함으로써 윤회의 고통이 끝난 열반성(涅槃城)에는 무루(無漏)의 환희를 노래하는 즐거운 연회가 끊이질 않았다. 그러므로 낙초·로짜와(Nag tsho Lo tsā ba)께서 아띠쌰의 『팔십찬(八十讚)』에서, "과거 티베트는 어둠의 땅과 같았으나, 오늘날 지금은 영취산과 같다."라고 하였고, 또한 "과거 티베트는 짐승과 같은 야만의 땅이었으나, 오늘날 지금은 성자의 정원과 같다."라고 찬탄한 것은 단순한 치사가 아님을 알 수가 있다. 길상원만!

2021년 12월

따라 불모님이 자생하는 양라쉬의 성소에서 중암 합장

티베트불교에서 대은인(大恩人, Jo bo rje)으로 높여 부르는 아띠쌰(Atīśa, 982~1054) 존자는 법명이 디빰까라쓰리즈냐나(Dipamkara Śrijñāna, 吉祥燃燈智)이며, 『까담쩨뛰(噶當派大師箴言集)』에서 다음과 같이 요약해서 기술하였다.

> "길상하신 아띠쌰라 부르는 그는 티베트 사람들이 싸호르(Zahor)라 부르는 인도의 동쪽 지방 방갈라(Baṅgala) 땅에서 재물과 위세가 넘치는 법왕 게왜뺄(dGe baḥi dpal, 吉祥善)과 [왕비 빼마외쎄르짼(Padma ḥod zer can, 蓮花光)의] 아들 셋 가운데 둘째 아들로 임오년(壬午年, 982년)에 탄생하였으니, 이름을 월장(月藏, Zla baḥi sñiṅ po)이라 하였다. 21세까지는 왕궁에 거주하였으며, 외도(外道)와 내도(內道)의 공통되는 학문을 배웠다.
>
> 그 뒤 아사리 아와두디빠(Avadhūtipa, 一切斷者)와 다르마락시따(Dharmarakṣita, 法護)와 싼띠빠(Śantipa, 寂靜)와 나로빠(Nāropa)와 돔비빠(Ḍombhipa)와 라훌라굽타(Rāhulagupta)와 와끼쓰와라끼르띠(Vākīśvarakirti, 語自在稱)와 릭빼쿠죽(Rig paḥi khu byug, 大明杜鵑) 형제와 제따리(Jetāri, 勝敵)와 보디바드라(Bhodhibhara, 菩提賢) 등을 비롯한 수많은 스승들로부터 금강승(金剛乘)의 가르침을 청문하였

다. 스승님과 본존(本尊)의 권유에 따라서 29세가 되던 해, 오딴따뿌리(Otantapuri, 能飛城寺) 승원에서 대중부(大衆部)의 상좌 씰라락시따(Śīlarakṣita, 戒護)의 면전에서 출가하니, 법명을 디빰까라쓰리즈냐나(Dipamkara Śrijñāna, 吉祥燃燈智)라고 하였다. 그 뒤 3년 동안 법상학(法相學)을 수학하고, 자타의 학파에 정통하였다.

아르야 따라(Aryā Tārā, 聖度母)의 예언대로 바다에 배를 띄워 13개월이 걸려서 [오늘날 인도네시아 수마트라 섬인] 쎄르링(gSer gliṅ / Suvarṇadvīpa, 金洲)에 도착하였다. 스승이신 쎄르링빠(gSer gliṅ pa, 金洲法稱)의 문하에서 12년 동안 머물면서 유가의 광행도(廣行道)의 차제를 청문하고, 조작함이 없는 보리심이 일어났다. 견해는 [양변(兩邊)에 머물지 않는] 극무주(極無住)의 중관견(中觀見)을 지녔다. 많은 본존의 존안을 친견하였으며, 일산(日傘)을 13개 받드는 외도의 도사와 논쟁하여 승리함으로써 13개의 일산은 아띠쌰 존자에게 바쳐졌다. 비끄라마씰라(Vikramaśīla, 戒香寺) 승원의 초빙을 받고, 18개 열쇠의 주인이 되니, 곧 18부파(部派) 정수리의 보주(寶珠)가 되었다.

티베트 서부 지방인 뙤응아리(sTod mṅaḥ ris)의 출가국왕 예시외(Ye śes ḥod, 智光)가 닝마빠(舊派)의 조악한 행위를 견디지 못하고 있다가 아띠쌰 존자의 명성을 듣고서, 초청하기 위해서 처음 사신들을 보냈으나 대바구니(sMyug rlon) 속에 갇혀 죽고 말았다. 두 번째 때는 예시외가 금을 채굴하기 위해서 나갔다가 가르록(Gar log)의 왕에게 붙잡혔다. 몸체와 동등한 금을 가져오면 풀어주겠다고 말하자, 예시외는 '그 황금을 가지고 아띠쌰 존자를 모셔오면 나는 여기서 죽어도 좋다.'고 말한 뒤, 그곳에서 죽었다. 조카인 출가국왕 장춥외(Byaṅ chub ḥod, 菩提光)가 갸·쬔뒤쎙게(rGya rtson ḥgrus seṅ ge, 精進獅子)와 낙초·로짜와(Nag tsho Lo tsā ba)를 차례로 파견해서, 마침내 아띠쌰 존자께서 61세 되던 해인 임오년(壬午年, 1042년)에 뙤응아리(sTod mṅaḥ ris)에 도착한 뒤, 3년 동안 머무셨다. 녜탕(sÑe thaṅ)에서 9년, 위짱(dBus gtsaṅ)의 다른 곳에서 5년 동안 머무셨다. 존자께서 72세가 되던 갑오년(甲午年, 1054년) 누수월(婁宿月)[장력(藏曆) 9월] 8월 18일 녜탕(sÑe thaṅ) 사원에서 미륵자존이 계시는 도솔천으로 가시는 입적의 모양을 보였다. 그곳에서 남카디메(rNam mkhaḥ dri med, 無垢虛空)의 이름으로 태어난다고 말씀하였다. 일부의 전기에서 티베트에 13년 동안 머무신 것[1]으로 말하는 것은 뙤응아리(sTod mṅaḥ ris, 阿里)에서의 3년과 오가는 길에서의

---

1 조오제께서 티베트에 머문 기간에 대해서 여러 가지의 설이 있으나, 래첸·꾼가걜챈(慶喜勝幢)의 『까담최중쎌왜된메(噶當派源流)』에서, "그와 같이 조오제께서 응아리(阿里)에서 3년, 위(sBus)와 짱(gTsaṅ)의 다른 곳에서 4년, 녜탕(sÑe thaṅ)에서 6년이니, 티베트에서 13년 동안 유정의 이익을 행하신 뒤, 갑오년(甲午年, 1054) 누수월(婁宿月 : 장력 9월) 18일에 입적하였다."라고 한 것이 가장 정확한 기록이다.

1년을 계산하지 않은 것이다.

저술로는 『보리도등론』과 수지법(修持法, Thugs dam)인 『소간백법(小簡百法, Chos chuṅ rgya rtsa)』의 앞부분에 후일 삽입한 25가지의 [입이제론(入二諦論) 등의] 소간법문들이 있다. 아띠쌰 존자의 초기 제자로는 뙤응아리(sTod mṅaḥ ris)의 대역경사 린첸쌍뽀(Rin chen bzaṅ po, 寶賢)와 낙초·로짜와 출팀갤와(Tshul khrim rgyal ba, 戒勝)와 출가법왕 장춥외 등이 있다. [중앙 티베트 등지에서의] 후기의 제자로는 따라불모(多羅佛母)가 예언한 돔뙨빠·갤왜중내(ḥBrom ston pa rGyal baḥi ḥbyuṅ gnas, 勝者源)와 응옥·렉빼쎄랍(rṄog Leg paḥi śes rab, 妙慧)과 쿠뙨·쬔뒤융둥(Khu ston brTson ḥagrus gyuṅ druṅ, 精進堅固)과 괸빠와(dGon pa ba)와 네 명의 유가사(瑜伽師)로 알려진 낸조르첸뽀·장춥린첸(rNal ḥbyor chen po Byaṅ chub rin chen, 菩提寶)과 호닥·착티촉(lHo brag Chag khri mchog)과 차다르뙨빠(Phya dar ston pa)와 낸조르빠·쎄랍도제(rNal ḥbyor pa Śes rab rdo rje)와 쒸·도제갤챈(gZus rDo rje rgyal mtshan)과 롱빠·가르게(Roṅ pa ḥGar ḥges)와 욜최왕(Yol chos dbaṅ) 두 형제와 상쭌예르빠(Shaṅ btsun yer pa)와 곰빠대빠라마(sGom pa dad pa bla ma) 등이 있다."[2]

2 『까담쩨뛰(Legs par bśad pa bkaḥ gdams rin po cheḥi gsuṅ gi gces btus nor buḥi baṅ mdzod, 噶當派大師箴言集)』, pp.55~57, 青海省, 青海民族出版社, 1996, China.

차례

2부 『보리도등론』 역해

보리도등론 역해

제 1 부

해제

1
장

『보리도등론』의 직·간접적 주석서

선지식 쪼네·닥빠쌔둡(Co ne Grags pa bśad sgrub)의 『보리도등론간주(菩提道燈論簡註)』에서, "그 구호주께서 티베트 위짱에 오신 뒤, 능인의 교법 전체와 까담의, 교법을 개창하고 선설의 핵심이, 『보리도등론』으로 널리 알려졌다."라고 예찬하였듯이, 이 위대한 『보리도등론』의 주석서에는 두 가지의 유형이 존재한다. 하나는 보통의 주석처럼 본문의 문구를 직접 해설하는 형식의 직접적 주석서이고, 다른 하나는 본문의 문자적 의미를 해석하기보다는 본서에서 논설하고자 하는 저자의 의도에 의거해서 문구에 구애되지 않고, 본문의 심오하고 광대한 의미를 상세하게 천명하는 형식의 간접적 주석서이다.

직접적 주석서로는 과거에 저술된 주석서만 해도 많은 종류가 있으며, 현대에 와서도 다수의 주석서가 저술되고 있다. 여기서 과거에 저술된 것들 가운데 대표적인 것들을 소개하면 다음과 같다.

① 아띠쌰(Atiśa) 존자의 자주(自註)인 『보리도등론난처석(菩提道燈論難處釋, Byaṅ chub lam gyi sgron maḥi dkaḥ ḥgrel)』.

② 선지식 낙초·출팀갤와(Nag tsho Tshul khrim rgyal ba, 戒勝, 1011~1064)의 『보리도등론주강해장엄(菩提道燈論註講解莊嚴, Byaṅ chub lam gyi sgron maḥi ḥgrel pa bśad paḥi rgyan)』.

③ 갤찹·닥빠된둡(rGyal tshab Grags pa don grub, 普稱義成, 1547~1613)의 『보리도등론제호석(菩提道燈論醍醐釋, Byaṅ chub lam sgron gyi ḥgrel ba mar gyi ñiṅ khu)』.

④ 4대 빤첸라마·로쌍최끼갤챈(Blo bzaṅ chos kyi rgyal tshan, 善慧法幢, 1567~1662)의 『보리도등론석승소희연(菩提道燈論釋勝笑喜宴, Byaṅ chub lam gyi sgron maḥi rnam bśad phul byuṅ bshad paḥi dgaḥ ston)』.

⑤ 선지식 쪼네·닥빠쌔둡(Co ne Grags pa bśad sgrub, 普稱講修, 1675~1748)의 『보리도등론간주(菩提道燈論簡註, Byaṅ chub lam gyi sgron maḥi ḥgrel pa ñuṅ ṅu rnam gsal jo bo chen po dgyes paḥi mchod sprin)』.

⑥ 선지식 뻴망·꾄촉걜챈(dPal maṅ dKon mchog rgyal mtshan, 稀寶勝幢, 1764~1853)의 『보리도등론석승희공운(菩提道燈論釋勝喜供雲, Byaṅ chub lam gyi sgron maḥi ḥgrel pa phul byuṅ dgyes paḥi mchod sprin)』.

⑦ 선지식 잠괸·로되타애(ḥJam mgon Blo gros mthaḥ yas, 無邊慧, 1813~1890)의 『보리도등론정해(菩提道燈論精解, Byaṅ chub lam sgron gyi ḥgrel pa sñiṅ por bsdus pa)』.

⑧ 선지식 갠·람림빠·응아왕푼촉(rGan lam rim pa Ṅag dṅas phun tshogs, 1925~?)의 『보리도등론본주(菩提道燈論本註, Byaṅ chub lam gyi sgron maḥi tsa gshuṅ ḥgrel mdzad)』.

한편, 간접적 주석서로는 다음의 것들을 꼽을 수 있다.

① 선지식 닥뽀하제·다외슈누(Dvags po lha rje Zba ḥod gshon nu, 月光童子, 1079~1153)의 『람림타르걘(Lam rim thar rgyan, 解脫道莊嚴論)』.

② 선지식 뽀또와·린첸쌜(Po to ba Rin chen gsal, 寶明, 1027~1105)의 『베우붐응왼뽀(Beḥu bum sṅon po, 青色手册)』.

③ 선지식 도룽빠·로되중내(Gro luṅ pa Blo gros ḥbyuṅa gnas, 慧生, 12세기)의 『땐림첸모(bsTan rim chen mo, 教次廣論)』와 『땐림충와(bsTan rim chuṅ ba, 教次略論)』.

④ 싸꺄빤디따·꾼가걜챈(Sa skya paṇḍita Kun dgaḥ rgal mtshan, 1182~1251)의 『툽빠공빠랍쌜(Thub pa dgoṅs pa rab gsal, 能仁教說明解)』.

⑤ 선지식 쫑카빠 · 로쌍닥빠(Tsoṅ kha pa Blo bzaṅ grags pa, 善慧稱, 1357~1419)의 『람림첸모(Lam rim chen mo, 菩提道次第廣論)』와 『람림충와(Lam rim chuṅ ba, 菩提道次第略論)』.

⑥ 선지식 자뻴뚤 · 오갠직메최왕(rDza dpal sprul Orgyan ḥjigs med chos dbaṅ, 1808~1887)의 『꾼쌍라매섈룽(Kun bzaṅ bla maḥi shal luṅ, 普賢上師口訣)』.

로쌍도제랍링(Lobsang Dorjee Rabling)의 『조오제재빼슝챈응아슉쏘(jo bo rjes mdzad paḥi gshuṅ tshan lṅa bshugs so)』에서, "그 논전에 의거해서 제 · 린뽀체(rJe rin po che)는 『람림첸모(菩提道次第廣論)』와 『밀종도차제광론(密宗道次第廣論)』 둘을 저술하였으며, 싸꺄빤디따의 『툽빠공빠랍쌜(能仁敎說明解)』과 닥뽀하제(Dvags po lha rje)의 『해탈도장엄론(解脫道莊嚴論)』과 자뻴뚤 린뽀체(rDza dpal sprul rin po che)의 『꾼쌍라매섈룽(普賢上師口訣)』 등 또한 『보리도등론』의 주석의 형태로 말할지라도 또한 '불가함이 어찌 있겠는가?'라고 생각한다."고 함과 같이, 이것들은 모두 넓은 의미에서 『보리도등론』의 광대한 주석서에 해당한다고 본다. 이것은 쫑카빠(Tsoṅ kha pa) 대사의 『람림첸모(菩提道次第廣論)』 서두에서, "특별히 이 교계의 교전은 『보리도등론』이다. 그러므로 그 논의 저자가 또한 이 논의 저자인 셈이기도 하다."라고 밝힌 것과 같이 다른 저술들도 여기에 해당한다고 볼 수 있다.[3]

여기서 이와 같이 『보리도등론』에 다수의 간접적 형식의 주석서들

3 자세한 것은 졸저인 『까말라씰라의 수습차제 연구』(불교시대사, 2006)의 제2부 「수습차제의 위상 가운데 『보리도등론』과 『람림첸모』의 관계」를 참고하길 바란다.

이 출현하게 된 이유와 배경을 고찰해 보면, 이 논서가 일찍이 티베트불교 견수행(見修行)의 준거가 된 이래 오늘날에도 변함이 없지만, 본송(本頌)이 겨우 68송에 불과해서 의미가 심오함에 비해서 글이 너무 간략한 탓에 뜻을 충분히 파악하기 힘든 점과 또한 불교의 전체에 대한 충분한 학습과 연찬이 없는 범속한 안목으로는 삼사(三士)와 현밀(顯密)의 도차제의 요체를 제대로 파악하기가 어려운 점이 깔려 있기 때문이라고 추측한다. 이러한 점은 로쌍노르부 샤스뜨리(Lobsang Norbu Shastri)의 『보디빠타쁘라디빠(BODHIPATHAPRADĪPAḤ, 菩提道燈論)』의 서문에서, "이 『보리도등론』과 같이 붓다의 모든 교법의 핵심을 거두어 모으고, 삼승(三乘)과 사부속(四部續)에 거두어지는 현밀의 모든 경전의 한 구절도 버림이 없이 한 보특가라(人)의 성불의 차제로 아우른 뒤, 한 자리에서 실천수행하는 도리를 열어 보이고, 네 가지의 위대성과 세 가지의 특점으로 특별하게 뛰어난 논전으로 해탈을 추구하는 자들에게 없어서는 안 되는 것일지라도 또한"이라고 설파한 것처럼, 현밀의 광대한 교법에 정통하지 않고서는 그 진의를 제대로 파악하기가 어렵기 때문이라고 할 수가 있다. 이에 대해서는 조오제(大恩人)의 자주(自註)인 『보리도등론난처석』에서, "글자는 많지 않으나 의미가 심대한 이 논서는 제대로 알기가 어려우니, 참된 스승님들을 의지하지 않고서는 모든 곳에서 길을 잃고 헤매게 된다."라고 설한 것을 통해서 알 수가 있다.

2
장

이 책에 인용된
두 가지 탁월한 주석서 소개

1. 빤첸라마·로쌍최끼갤챈의 『보리도등론석승소희연』

이 주석서의 저자는 겔룩빠(dGe lugs pa)의 고승인 4대 빤첸라마·로쌍최끼갤챈(Blo bzaṅ chos kyi rgyal tshan, 善慧法幢, 1570~1662)이며, 주석서의 원명은 『장춥람기된매남쌔퓔중새빼가뙨세자와슉(Byaṅ chub lam gyi sgron maḥi rnam bśad phul byuṅ bshad paḥi dgaḥ ston shes bya ba bshugs)』이다.

4대 빤첸라마는 중앙 티베트 짱뙤(gtsaṅ stod)의 휜둑갸와(lHun drug brgya ba)의 뻬우(sPeḥu)라는 곳에서 1570년에 태어나 1662년에 세수 93세로 입적하였다. 그의 나이 다섯 살이 되던 해 엔싸빠(dBen sa pa, 隱遁者) 로쌍된둡(Blo bzaṅ don grub, 善慧義成)의 제자인 쌍개예시(Saṅs rgyas ye śes, 佛智)에 의해서 3대 빤첸라마 엔싸빠(隱遁者)의 화신으로 추대되었으며, 법명을 로쌍최끼갤챈(善慧法幢)으로 명하였다. 세수 44세 때부터 라싸(lHa sa)에서 매년 정월에 열리는 대기원법회(大祈願法會)의 법주로 6년 동안 법회를 주관하였으며, 1622년에는 5대 달라이·라마의 화신을 찾아서 전생의 법좌에 추대하였다. 1645년에는 몽고 황제로부터 마하빤디따(Mahāpaṇḍita, 大智者)라는 칭호를 받았으며, 1647년에는 청나라 초대 황제인 순치제(順治帝)로부터 지금강상사(持金剛上師, Bla ma rdo rje ḥchaṅ)라는 칭호를 받았다. 그의 저작으로는 선지식 쌍개따씨(Saṅs rgyas bkra śis, 佛吉祥)의 요청으로 저술한 『보리도등론석승소희연(菩提道燈論釋勝笑喜宴)』을 비롯하여 『도차제교수안락도(道次第教授安樂道)』, 『밀집생원차제주소(密集生圓次第注疏, gSaṅ ḥdus bskyed rdzogs bśad pa)』 등 수많은 저술이 있다.

그의 저술인 『보리도등론석승소희연』의 탁월한 점에 대해서 약술하면, 본 주석서의 가장 큰 특점은 여타의 주석서들과는 달리 아띠쌰 존자께서 『보리도등론』을 저술하게 된 직접적 동기와 역사적 배경에 입각해서 주석한 점이라 할 수가 있다. 이렇게 함으로써, 여타의 주석서에 비해서 본문의 게송에 담겨 있는 조오제의 저술 의중을 가장 잘 밝혀놓았다. 뿐만 아니라 후대의 사람들이 당시 극도의 혼란에 빠져 있던 티베트불교를 바로 잡기 위해 노력한 법왕과 선지식들의 절박한 외침과 함께, 중관과 유식, 대소승과 밀교의 삼율의(三律儀) 사이의 상충과 현밀이 공존하면서 필연적으로 부딪치는 온갖 견해와 수행의 불일치 속에서 성불의 정로를 찾아 고군분투했던 티베트 출가자들의 구법의 숨결을 시간과 공간의 제약을 뛰어넘어 직접 느낄 수 있도록 했다는 점에서 매우 뛰어난 주석서라 할 수 있다.

『보리도등론』에서 저술의 동기를 단지 "현량한 제자 보리광(菩提光)의 간청에 의해, 보리도의 등불을 환히 밝히고자 한다."(제1송 3, 4구)라고 함으로써, 실제로 보리광이 간청한 내용이 구체적으로 어떤 것이었는가를 알 수 없음에 비해서, 본 주석서에서는 조오제의 자주(自註)인 『보리도등론난처석』에서 『보리도등론』의 저술의 동기와 배경을 밝힌 문구인 "현량한 제자 보리광(菩提光)이 항상, 나에게 칠구(七句)를 질문해 오기를, '본송(本頌)에서는 그 의미가 불명하다.'고, 요청한 목적을 위해서 쓰고자 한다."라고 한 게송을 인용해서 저술의 동기를 밝혔다. 그 칠구(七句)의 구체적인 내용 또한 조오제를 오랫동안 시봉하고, 『보리도등론난처석』을 함께 번역한 낙초·로짜와(Nag tsho lo tsā ba)의 『보리도등론주강해장엄(菩提道燈論註講解莊嚴)』을 직접 인용해서 그 일곱 가지 질문[4]의 내용을 밝힌 뒤, 이들 질문에 대한 답변을 해당 본송(本頌)과 결부

---

4 일곱 가지의 질문은 구체적으로 다음과 같다. "① 대승도(大乘道)의 보특가라(人)는 어떠한 것인가? ② 이생범부(異生凡夫)의 몸에 보리심이 일어나는가, 일어나지 않는가? ③ 별

하여 직접 거론해서 저자의 의도를 확실하게 밝혀놓았다는 점에서 다른 주석서들과 확연한 차별점이 있다.

예를 들면, 제43송의 주석에서 "그와 같이 이 본송은 낙초·로짜와의 주석[『보리도등론주강해장엄』]에서 제기한 다섯 번째의 질문[두 가지 자량을 쌓음에는 방편과 반야를 쌍운(雙運 : 竝行)하는 것이 필요한지, 필요하지 않은지?]의 답변이기도 하다."라고 설명함과 같은 것이다.

그 뿐만 아니라, 『보리도등론』 주석의 근거로 조오제의 자주(自註)와 낙초·로짜와의 주석서와 선지식 돔뙨빠(ḥBrom ston pa)의 어록과 뽀또와(Po to ba)의 『베우붐응왼뽀(Beḥu bum sṅon po, 靑色手册)』를 위시해서 쌰라와(Śa ra ba)의 도차제(道次第, Lam rim) 등을 비롯한 까담빠(bKaḥ gdams pa)의 뛰어난 선지식들의 어록과 그들의 교차제(敎次第)와 도차제(道次第)의 가르침을 망라하였다. 그와 함께 그들의 선설(善說)만을 가려 모은 뒤, 글이 길지도 않고 짧지도 않은 적절한 분량으로 『보리도등론』의 심오한 의취를 남김없이 드러내 보인 점에서 매우 탁월한 주석서이다.

이것은 주석서의 발문에서, "이 『보리도등론석승소희연』을 선지식 쌍개따씨(Saṅs rgyas bkra śis, 佛吉祥)가 정중하게 요청하였다. 그의 간곡한 요청에 부응해서 다문의 비구 로쌍최끼갤챈(善慧法幢)이 조오제의 자주인 『보리도등론난처석』과 낙초·로짜와의 주석서[『보리도등론주강해장엄』]와 돔뙨빠와 뽀또와의 어록 외에 다른 많은 법어들과 특별히 선지식 돌

해탈계는 보살계의 기반으로 필요한가, 필요하지 않은가? ④ 별해탈계를 지니는 자가 보살계를 받으면 바뀌는 것인가, 또는 둘 다 지니는 것인가? ⑤ 두 가지 자량을 쌓음에는 방편과 반야를 겸행하는 것이 필요한가, 필요하지 않은가? ⑥ 중관과 유식의 둘 가운데 진실의(眞實義)을 위해서 어떤 것을 지녀야 하는가? ⑦ 대승의 비밀진언의 문에 들어오면 어떻게 해야 하는가?"

빠·쎄랍걜챈(Dol pa Śes rab rgyal mtshan, 般若寶幢)이 편집한 『베우붐응왼뽀(青色手册)』와 싸라와(Śa ra ba)의 도차제(道次第, Lam rim)와 나르탕빠(sNar thaṅ pa)의 람촉(Lam mchog)과 또한 많은 까담(bKaḥ gdams)의 교차제(教次第, bsTan rim)에 의거하고, 특별히 말세의 두 번째 붓다인 쫑카빠(Tsoṅ kha pa) 대사의 선설(善說)을 근거로 저술하였다."라고 밝힌 것과 같다.

2. 걜찹·닥빠된둡의 『보리도등론제호석』

이 주석서의 저자는 까귀빠(bKaḥ brgyud pa)의 고승인 걜찹·닥빠된둡(rGyal tshab Grags pa don grub, 普稱義成, 1547~1613)이며, 주석서의 원명은 『장춥람기된마남빠르델와마르기닝쿠세자와슉쏘(Byaṅ chub lam gyi sgron ma rnam par ḥgrel ba mar gyi ñiṅ khu shes bya ba bshugs so)』이다.

본서의 저자인 4대 걜찹·닥빠된둡은 루최녜모뙤다꼬르(Ru ḥtshos sñe mo stod bra skor)라 부르는 지역에서 1547년에 태어나서 1613년 세수 67세 되던 해에 입적하였다. 어려서 8대 까르마빠(Karmapa)에 의해서 걜찹둥빠(rGyal tshab druṅ pa)의 화신으로 추대되었다. 그 뒤 5대 샤마르빠(Shva dmar pa) 등을 비롯한 많은 선지식들을 사사하여 학문과 수행에 정진하였다. 1579년에 중앙 티베트의 추르푸(mTshur phu) 사원에서 거행된 9대 까르마빠의 근원계(近圓戒) 수계식의 갈마사(羯磨師)로 참여하였다. 리오체빠(Ri bo che pa)의 간청에 의해서 『보리도등론제호석(菩提道燈論醍醐釋)』과 『희금강생기차제석(喜金剛生起次第釋)』 등을 저술하였으며, 그 외에도 마르빠로짜와(Marpa Lo tsā ba)의 전기 등을 비롯한 많은 저술들을 남겼다.

『보리도등론제호석』의 탁월한 점에 대해서 약술하면, 본 주석서의 가장 큰 특점은 앞의 4대 빤첸라마의 주석서와는 달리 『보리도등론난처석』에서 밝힌 『보리도등론』 저술의 동기를 직접 거론함이 없이, 여타의 다른 주석서처럼 선지식 돔뙨빠로부터 전승되는 도차제(道次第)의 관점에서 본문의 의취를 명확하게 밝히고, 많은 분량을 할애해서 특히 모든 불법이 삼사(三士)에 거두어지는 도리와 『보리도등론』을 저술한 배경과 선지식을 사사하는 도리 등을 많은 경론과 어록들을 인용해서 상세하게 해설한 점에서 탁월한 가치가 있다고 할 수 있다.

이는 책의 서두(序頭)에서, "그 또한 이 논전의 저자인 유일의 지존 조오제의 마음의 의취를 한 자리에 앉아서 실천 수행에 들어가는 선지식 돔뙨빠의 강설의 전통을 선지식 뽀또와로부터 이어받은 그의 뛰어난 제자인 선지식 쌰라와·왼땐닥(Śa ra ba Yon tan grags, 功德稱, 1070~1141), 별칭으로 선지식 쌰라와(Śa ra ba) 또는 샹롬모와(Shaṅ rom mo ba)로 알려진 그의 어록의 주석들에서 그와 같이 설해진 글과 뜻의 일부를 조금 거두어서 설하니…."라고 해서, 까담빠의 도차제 종풍(宗風)을 충실하게 따르고 있음을 밝힌 것을 통해서 알 수 있다.

방금 말한 '조오제의 마음의 의취를 한 자리에 앉아서 실천 수행에 들어가는 선지식 돔뙨빠의 강설의 전통'이라는 문구는 까담빠의 도차제 종풍의 핵심이자 조오제의 마음의 진수로써, 법의 안목을 지니지 못한 범속한 이들에게는 그저 평범한 언구에 지나지 않으나, 여기에는 인도 대승불교의 심오한 상사(上師)의 수행구결의 핵심이 모두 들어가 있기에 또한 이 도차제의 수행구결은 조오제의 수많은 제자 가운데 오직 선지식 돔뙨빠께서만 전해 받은 것이다. 여러 역사서에서는 그 정황을 "이 도차제를 조오제께서 선지식 돔뙨빠에게 은밀하게 교수하였다. 돔뙨빠께서 여쭙길, '당신께서는 다른 사람에게는 밀주(密呪)의 교계를 주시면서, 제게는 이 도차제를 주시니 어찌된 겁니까?'라고 묻자, 조오제께서 답하길, '내가 자네가 아니고선 달리 줄 곳을 얻지 못했다.'라고 하신 뒤, 이 구결을 선지식 돔뙨빠에게 부촉하고, 그를 교법의 법주로 가지하였다."라고 밝히고 있다.

또한 이 도차제의 구결이 뒷날 티베트불교의 향방을 결정짓는 계기가 된 일화가 있다. 지존하신 아띠쌰 존자께서 처음 구게(Gu ge) 왕국에 도착하였을 때, 대역경사 린첸쌍뽀(Rin chen bzaṅ po, 寶賢)의 안내로 토딩하캉(mTho ldiṅ lha khaṅ)[5]을 방문하였을 때, "또한 조오제께서, '사부속(四部續)의 뜻을 하나로 결집하고, 그것을 한 보특가라(人)가 실천 수행을 하면 어떻게 하는가?'라고 묻자, 대역경사께서, '각각의 밀속(密續)에서 설한 대로 행합니다.'라고 답하였다. 그러자 조오제께서, '내가 티베트에 들어온 것에는 쓸 곳이 있어서이다.'라고 하였으며, '그것들을 하나로 결집해서 실천 수행하는 것이 필요하다.'라고 하였다."라고 함과 같이, 본 주석서는 현교(顯敎)의 수행차제와 현밀(顯密)의 수행요결을 하나로 결집해서 한 유정이 한 자리에서 실천하는 까담빠의 도차제 종풍대로 온전하게 주석한 점에서 매우 탁월한 장점이 있다.

---

5 토딩하캉(mTho ldiṅ lha khaṅ)의 원명은 토딩마르뻴뻬메휜기둡빼쭉락캉(mTho ldiṅ dmar dpal dpe med lhun grub paḥi gtsug lag khaṅ)이며, 구어로는 토링(mTho liṅ) 사원이라 부른다. 996년 법왕 예시외(智光)가 창건하였다.

3
장

『보리도등론』의 개관

1.『보리도등론』을 위한 아띠쌰의 여정

여기에는 1) 법왕 예시외(智光)의 불교 중흥 발원, 2) 법왕 예시외의 첫 번째 초청, 3) 법왕 예시외의 죽음과 유언, 4) 출가법왕 예시외의 업적, 5) 법왕 장춥외(菩提光)의 두 번째 초청, 6) 아띠쌰의 여정의 시작, 7) 네팔 도착과 1년간의 활동, 8) 네팔 탐비하르 사원의 건립과 왕자의 출가, 9) 구게(Gu ge) 왕국으로의 여정, 10) 구게 왕국 도착과 법왕 장춥외의 환대, 11) 아띠쌰와 티베트 선지식과의 법담, 12) 아띠쌰와 대역경사 린첸쌍뽀(寶賢)의 법담, 13) 법왕 장춥외의『보리도등론』저술 요청, 14) 아띠쌰의 귀환과 돔뙨빠(ḥBrom ston pa)와의 만남, 15) 아띠쌰가 티베트에 남게 된 사연, 16) 아띠쌰의 중요한 제자들, 17) 아띠쌰의 저술들, 18) 아띠쌰의 입멸 18가지가 있다.

1) 법왕 예시외의 불교 중흥 발원

티베트 왕조의 마지막 왕인 42대 랑다르마(Glaṅ dar ma, 803~846)의 파불(破佛) 사태를 계기로 법왕 티쏭데짼(Khri sroṅ lde btsan, 38대, 755~797 재위) 시절부터 100년에 걸쳐서 구축해 온 티베트불교의 모든 것이 파괴되었다. 그 후 하룽·뺄기도제(lHa luṅ dPal gyi rdo rje)에 의해서 랑다르마 왕이 살해됨으로써, 천 년을 이어져 온 중앙집권제가 무너지고 그의 자손들에 의해서 나라가 분열되어 군소왕국으로 오랫동안 난립하니, 이 시기를 티베트의 역사서에서는 뵈씰부이깝(Bod sil buḥi skabs, 群小王國時代)이라 부른다. 그와 동시에 불법도, 출가자도 사라진 암흑의 시대가 대략 70년이 넘게 지속되었는데, 이에 대해 괴·로짜와(ḥGos lo tsā ba)는『뎁테르응왼뽀(Deb ther sṅon po, 靑史)』에서, "부뙨·린뽀체(Bu ston rin po che)가 한 늙은 여인의 구전에 의거해서, '신유년(辛酉年, 841년)에 불법을 무너진 뒤 73년이 되던 계유년(癸酉年, 913년)에 불법이 살아났다.'라고 하였다."고 설하였다.

그때 랑다르마 왕의 작은 아들 외쑹(Ḥod sruṅ, 光護)과 그의 아들 끼데니마(sKyid lde ñid ma)는 서부 티베트 응아리(mṄaḥ ris) 지역으로 피신하여 그곳에 왕국을 세웠다. 그 후 큰아들 뻴기괸(dPal gyi mgon)에게는 마르윹(Mar yul)에서 두샤(Bru śa)에 이르는 지역을 다스리게 하였고, 둘째 아들 따시괸(bKra śis mgon)에게는 샹숭(Shaṅ shuṅ)[구게(Gu ge)]과 야쩨(Ya rtse) 등의 지역을, 막내아들 데쭉괸(lDe gtshug mgon)에게는 쌍까르(Zaṅs dkar) 지역을 다스리게 함으로써, 응아리꼬르쑴(mṄaḥ ris skor gsum, 阿里三部)이라는 이름이 생겨났다.

구게의 초대 왕인 따시괸에게는 큰아들 쏭에(Sroṅ ṅe)와 작은아들 코레(Ko re)가 있었으니, 까톡릭진·체왕노르부(Kaḥ thog rig ḥdzin Tshe dbaṅ nor ba)의 『궁탕기째뾔둥랍(Gu thaṅ gi btsad poḥi gduṅ rabs, 阿里王朝系譜)』에서 "'쏭에의 본명은 당쏭데(Sroṅ ṅe lde)이고, 코레의 본명은 콜로데(ḥKhor lo lde)이다.'라고 응아리(mṄaḥ ris) 궁탕(Guṅ thaṅ)의 까니까(Kaṇika : 밀가루) 속에 들어 있던 고문서에 분명하게 나온다."라고 하였다.

또한 뒷날 출가법왕 예시외(Ye śes ḥod, 智光, 965~1036)라 부르는 쏭에 왕이 출가한 경위에 대해서는 강리와·최잉도제(Gaṅs ri ba Chos dbyiṅs rde rje)의 『응아리꼬르쑴기응왼중로귀(雪域西部阿里廓尔松早期史)』에서 다음과 같이 설하였다.

> "쏭에가 구게를, 코레가 뿌랑(Pu raṅs)을 다스렸다. 쏭에 왕이 생의 전반기에 결혼해서 아들 나가라자(Nāga rāja)와 데와라자(Deba rāja)를 차례로 낳았다. 쏭에 왕이 30세가 되는 해인 병신년(丙申年,

996년)에 응아리의 구게에 토딩하캉(mTho ldiṅ dpal gyi lha khaṅ)을 건립하였다. 어느 날 선조들께서 [불법을 받아들이고 전통을 세우고 융성시킨] 문서들을 보고 나서, [윤회세계에] 염리심(厭離心)을 일으킨 뒤 [선조들의 유업을 계승하길 생각하고] 나라 일을 동생인 코르레(ḥKhor re)에게 맡긴 뒤, '세수 52세가 되던 병진년(丙辰年, 1016년)에 두 아들과 함께 셋이서 스스로 승려가 되니, 불상 앞에서 머리를 깎고 출가하였다.'라고 몇몇 역사서에서 분명하게 나올지라도 실제로는 '대역경사 린첸쌍뽀(Rin chen bzaṅ po, 寶賢)의 친교사(親教師) 예시쌍뽀(Ye śes bzaṅ po, 智賢)에 의지해서 출가하고, 법명 또한 예시외라고 하여 은사 예시쌍뽀의 예시(Ye śes, 智)를 출가법왕의 법명에다 붙인 것이다.'라고 말한 선지식 망퇴·루둡갸초(Maṅ thos Klu sgrub rgya mtsho, 多聞龍樹海)의 논설이 타당하다고 본다."[6]

이 기록에서 보듯 티베트의 후전기(後傳期) 불교는 그의 출가와 함께 응아리꼬르쑴(阿里三部)에서 본격적으로 시작하게 된다.

또한 일찍이 부처님께서는 이 법왕의 출현을 예언하였다. 침·탐째켄빠(mChims Thams cad mkhyen pa)의 『아띠쌰대전기(阿底峽大傳記)』에서, "『문수사리근본의궤속(文殊根本儀軌續, ḥJam dpal rtsa rgyud)』에서, '설원(雪原)의 나라에 외(Ḥod, 光)가 이름 끝에 붙은 마지막 왕이 출현[7]하고, 노르

---

6 『응아리꼬르쑴기응왼중로귀(mṄaḥ ris skor gsum gyi sṅon byuṅ lo rgyus, 雪域西部阿里廓尔松早期史)』, pp.45~46, 강리와·최잉도제(Gaṅs ri ba Chos dbyiṅs rdo rje), 서장인민출판사, 1996, 서장, China.

7 이 구절의 원문은 "카와짼기갤캄쑤(Kha ba can gyi rgyal kham su), 갤뽀외끼타짼중(rGyal po ḥod kyi mthaḥ can ḥbuṅ)"이다.

(Nor, 寶)가 이름 끝에 붙은 대신[8]이 출현한다.'라고 하는 그것은 [예시외(智光)와 그의 대신] 둘이라고 말하였다. 다른 문헌에서는 『문수사리근본의궤속』에서, '눈 덮인 설원에 왕의 종성, 예시외라 부르는 자가 출현한다.'라는 예언을 인용하였다."[9]라고 하였다.

또한 위의 같은 책에서, 그가 인도에서 아띠쌰 존자를 초청하게 된 근원적 배경에 대해 "그가 법왕이 된 뒤 불법과 수레의 차제 일체를 살펴봄으로써 진언과 바라밀의 두 법이 상위함을 보았고, 수행 또한 진언에 의거해서 계율을 배척하고, 계율에 의거해서 밀주(密呪)를 배격함을 본 뒤 의구심이 일어났다. '이 둘이 하나인지? 하나가 아닌지? 경문은 상위해도 또한 의미는 어긋나지 않은 것인지?'라고 생각한 뒤, 의심을 없애기 위해서"[10]라고 하였듯이, 이와 같은 근원적인 의심을 끊기 위함과 더불어 파불 사태 이후 불법을 바르게 가르치는 아사리와 선지식이 사라진 긴 어두움 속에서 혼란의 소용돌이에 빠져 있는 티베트불교를 바로잡기 위해서 법왕 예시외는 명망 있는 빤디따(Paṇḍita)들을 인도의 각지에서 초청하였다. 그러나 결국에는 그 뜻을 이루지 못하고 있는 와중에 아띠쌰 존자의 명성을 듣게 되자, 문득 마음속에 큰 믿음이 일어나서

---

8 침·탐째켄빠의 『아띠쌰대전기(阿底峽大傳記)』에서, "[법왕 예시외(智光)] 그에게 복덕으로 성취한 천안통(天眼通)을 지닌 한 대신이 있으니, 그가 땅속에 묻힌 보물들을 모두 보았다."라고 하였듯이, 그 대신이 땅속에서 찾아낸 16냥에 달하는 금덩어리를 조오제(大恩人)의 초청 예물로 보냈다.

9 『조오제뻴댄아띠쌰이남타르까담파최(Jo bo rje dpal ldan Atiśḥi rnam thar bkaḥ gdams pha chos, 噶當祖師問道語錄)』의 「조오린뽀체제뻴댄아띠쌔남타르개빠용닥슉쏘(Jo bo rin po che rje dpal ldan atīśaḥi rnam thar rgyas pa yoṅs grags bshugs so, 阿底峽大傳記)」, p.113, 청해민족출판사, 1994, 서녕, China.

10 위의 같은 책, p.113.

그를 모셔 오기로 결심하게 된 것이다.

이러한 사정을 위의 같은 책에서 이렇게 서술했다. "티베트를 이롭게 할 빤디따를 동인도와 서인도와 여타의 지역 어디서도 얻지 못하였다. 지금 비끄라마씰라(Vikramaśīla, 戒香寺)에 왕의 종성으로 해탈에 들어가고, 모든 불교도들의 정수리의 장엄이 된 길상연등지(吉祥燃燈智)라 부르는 금강보리사(金剛菩提寺)에서 [비끄라마씰라로] 법왕 마하빨라(Mahāpāla)가 모셔온 마하빤디따(Mahāpaṇḍita)가 있으니, '만약 그를 모셔 온다면 티베트에 유익하다고 비끄라마씰라의 지자들이 예언하였다.'라는 소식을 왕에게 전해 줌으로써 왕의 의심이 사라졌다. 조오제(Jo bo rje, 大恩人)에게 또한 믿음이 일어난 뒤 초청할 필요성이 크게 있다고 말하였다."[11] 이러한 사정에 따라 예시외는 마침내 조오제를 초청하기로 마음을 먹었다.

2) 법왕 예시외의 첫 번째 초청

법왕 예시외(智光)는 로짜와(Lo tsā ba, 譯經師) 갸·쬔뒤쎙게(rGya rTson ḥgrus seṅ ge, 精進獅子)에게 금을 비롯한 많은 예물과 수행원들을 딸려서 비끄라마씰라(戒香寺)로 파견하였다. 그때의 정황을 돔뙨빠(ḥBrom ston pa)의 『조오제이남타르람익최끼중내(大恩人傳記·旅程記)』에서, "그 뒤 법왕 예시외의 의중에 조오제를 반드시 모셔 와야 한다고 생각한 뒤, 짱딱챌와(gTsaṅ stag tshal ba)라는 지역 출신의 로짜와 갸·쬔뒤쎙게를 불러서 그에게 16냥이 나가는 금덩어리 하나와 초청하는 데 필요한 많은 황금을 내어주고, 100여 명의 초청의 수행원들과 동반해서 인도에서 조오제를 모

11 위의 같은 책, p.114.

셔 오도록 파견하였다."라고 하였다.

왕의 명령을 받고 인도로 출발한 로짜와가 마침내 비끄라마씰라에 도착하여 아띠쌰 존자를 뵙고, 법왕 예시외의 초청 서신과 금덩어리 등의 예물을 올리고 초청의 허락을 간청하였다. 그때의 사정을 라메쉬·찬드라·네기(Ramesh Chandra Negi)의 『아띠쌰재빼최챈쭉찍(阿底沙十一小品集)』에서 다음과 같이 기술하였다.

"그가 인도에 도착한 뒤 법왕 예시외께서 올린 서한 또한 조오제께 드렸다. 그 또한 서한 속에 법왕 예시외께서 조오제께 어떻게 기원하였는가 하면, 다음과 같다.

당신의 대비는 편애함이 있지 않고
붓다의 교법에 오로지 마음 두시니,
과거 이 설원에는 불법이 융성했으나
오늘날은 유정들의 복덕이 쇠진하여,

그 여파로 티베트의 왕 나 예시외는
괴로운 들판에서 번열로 신음하오니,
물이 흘러가듯 마음속 생각 생각이
밤낮으로 구호자 당신만을 사모하니
대비로 저를 가엾게 여기어 주소서![12]

12 『최중빼마갸빼닌제(Chos ḥbyuṅ padma ryas paḥi ñin byed, 竹杷蓮花佛教史)』, p.354. (Pad dkar bkaḥ ḥbum, gsaṅ sṅags chos gliṅ gi dpar skrun).

그 또한 티베트 사람들의 전체적인 복덕이 쇠퇴하고 또는 시절이 성숙되지 않은 탓에 그렇게 허다한 노력을 하였음에도 불구하고 갸·쬔뒤쎙게가 조오제를 티베트에 모셔 오는 일이 성사되지 못하였다. 로짜와가 조오제께서 티베트에 오셔야 하는 까닭을 간절하게 말씀드렸지만 조오제께서 답하시길, '티베트에 가는 데는 두 가지의 이유가 있다. 하나는 황금을 구하고자 가는 것이나, 나는 황금을 원치 않는다. 다른 하나는 자신보다 타인을 애중히 여기는 보리심에서 가는 것이나, 나에게는 그것 또한 없다. 그래서 나는 가지 않는다.'[13]라고 하시면서 예물로 받은 금덩어리를 되돌려준 뒤, 티베트에 가는 것을 승낙하지 않았다."[14]

3) 법왕 예시외의 죽음과 유언

갸·로짜와는 조오제의 법의 자락을 붙잡고 애절하게 간청하였지만 뜻을 이루지 못한 채, 함께 갔던 많은 이들이 무서운 열독(熱毒)에 목숨을 잃는 아픔을 겪으면서 서부 티베트로 귀환하였다. 그때의 상황을 침·탐째켄빠의 『아띠쌰대전기』에서, "그 뒤 갸·로짜와가 돌아와서 금덩어리를 법왕 예시외께 돌려준 뒤, 조오제를 모셔 오는 일로 얼굴에 주름이 잡히도록 고생한 이야기를 들려드리자, 법왕께서, '로짜와가 고생을 감

---

13 『최중캐빼가뙨(Chos ḥbyuṅ mkhas paḥi dgaḥ ston) (stod cha)』, p.449. (Mi rigs dpe skrun khaṅ).

14 『아띠쌰재빼최챈쭉찍(Atīśas mdzad paḥi chos tshan bcu gcig, 阿底沙十一小品集)』, pp.21~22, Restored, translated & edited by Ramesh Chandra Negi, 1992, Central Institute of Higher Tibetan Studies, Sarnath, Varanasi, India.

수하고, 신명을 돌보지 않고 갔다 온 것을 마음에 새기겠다. 조오제께서 오지 않으니 달리 방법이 없다. 이제 그의 아래의 큰 빤디따(智者)를 한 분 모셔 오는 것이 필요하다.'라고 비통한 심정을 토로하였다.

그때 갸·로짜와에게 낙초·로짜와(Nag tsho lo tsā ba)가 구사론(俱舍論)을 강의해 줄 것을 청하자, 갸·로짜와가 말하길, '나는 다시 인도로 조오제께 가르침을 청하려고 돌아가기에 시간이 없다.'라고 하였다. 다시 묻기를, '정말로 인도에 다시 가는 겁니까?'라고 하자, 말하길, '자네가 용기가 있으면 함께 가자.'라고 한 뒤, 대여섯 명의 도우미들과 함께 인도로 갔다."[15]라고 하였다.

그러나 오래지 않아서 이웃 나라인 가르록(Gar log)과 분쟁이 일어나서 법왕 예시외가 전쟁에 직접 출전하였으나 패배하고 말았다. 그 결과 법왕 예시외가 적국의 왕에게 붙잡혀서 감옥에서 임종을 맞게 되자 조카인 장춥외(Byaṅ chub ḥod, 菩提光)에게 인도에서 아띠쌰 존자를 모셔 오도록 유언한 뒤 생을 마감하였다. 그때의 상황을 『응아리꼬르쑴기응왼중로귀(雪域西部阿里廓尔松早期史)』에서 다음과 같이 전하였다.

> "그 뒤 가르록과 구게 왕국 사이에 분란이 일어나서 부득이 전쟁을 하지 않으면 안 되게 되었다. 법왕 예시외가 이미 동생에게 국정을 넘겼으나 만약 이번 전쟁에서 지게 되면, 전체적으로 왕국의 세력은 물론 특히 가르록은 뚜루까(Turuka)의 종족 하나로 이슬람을 믿는 까닭에 불교의 발전에 큰 장애가 생기게 됨을 알고,

---

15 침·탐째켄빠, 『아띠쌰대전기(阿底峽大傳記)』, p.116.

그와 같은 정교(政敎)의 막중한 대사를 외면하지 않고 자신이 앞장서서 군대를 이끌고 가르록과 전쟁을 벌였으나 결국은 패하고 말았다. 가르록의 왕에게 잡혀서 감옥에 갇힌 뒤, 그의 몸과 목숨에 재앙이 생기지 않게 하는 조건으로 두 가지의 요구 사항을 제시하였다. 적국의 왕이 법왕 예시외에게 말하길, '그대가 삼보에 귀의함을 버리고 무슬림이 된다면 감옥에서 석방하고, 그것이 아니라면 그대의 몸무게와 같은 양의 황금을 가져오면 석방하겠다.'라고 하였으나, 법왕이 그와 같이 수용하지 않자 오랫동안 감옥에 가두어놓았다.

그때 [장춥외를 비롯한] 조카들이 그 사실을 알고 응아리(阿里) 지역에서 황금을 모으는 한편, 중앙 티베트의 위(dBus)와 짱(gTsaṅs)의 출가자들에게 선군세(禪裙稅, Śam thabs kyi khral) 곧 출가세(出家稅)를 거두었다. 그래서 마련한 황금들을 모두 가지고 조카 장춥외가 가르록에 가서 법왕 예시외를 만난 뒤, '저희가 법왕의 몸무게에 해당하는 황금을 모았으나 아직 머리 무게만큼의 양이 부족해서 나머지를 구하러 갔다가 속히 돌아와서 모셔 가겠다.'라고 안심시키고자 그와 같이 말씀드렸다. 감옥의 문 틈새로 법왕 예시외께서 말하길, '나는 이제 늙어서 누구에게도 도움이 되지 않으니, 지금껏 모은 그 황금들을 도로 가지고 가서 인도에서 아띠쌰 존자와 뛰어난 빤디따들을 많이 티베트에 모셔 오고, 토딩(mTho ldiṅ) 사원에 성대하게 공양을 올리고, 선조들이 건립한 라싸툴낭(Ra sa ḥphrul snaṅ, 大昭寺)과 쌈예(bSam yas) 사원 등을 보수하는 데에 쓰도록 하라. 요약하면, 티베트에 불교를 융성시키는 일들에 진력하는 것이 마땅하다.'라고 유언을 한 뒤, 세수 72세가 되던 병자년(丙子年, 1036년)에 감옥에서 입적하니, 자기보다 타인을 애중히 여기는 마음으로 중생의 이익을 행하였다. 티베트 설원의 정교(政教)에 종사하는 모든 이들이 그를 크게 추도(追悼)하고 공경하게 예배하고 공양하였다."[16]

또한 둑빠 · 빼마까르뽀(ḥBrugs pa Padma dkar pa, 白蓮花)의 『최중빼마개빼닌제(Chos ḥbyuṅ padma ryas paḥi ñin byed, 竹杷蓮花佛教史)』에서는 법왕 예시외가 남긴 임종의 발원을 다음과 같이 기술하였다.

"지금 이후부터 태어나는 생애마다
법을 위해 목숨 또한 아끼지 않고,
삼보(三寶)를 영원토록 여의지 않고
굳은 의지로 이타행을 하게 하소서!"

4) 출가법왕 예시외의 업적

라메쉬 · 찬드라 · 네기(Ramesh Chandra Negi)는 『아띠쌰재빼최챈쭈찍(阿底沙十一小品集)』의 머리말에서, "인도의 성스러운 땅에서 지자들의 정수리의 장엄과 같은 그 아사리를 설원의 땅 티베트에 초청할 수 있었던 것은 티베트 사람 모두의 복분일지라도 그 핵심은 법왕 예시외의 발원과 노력에 의한 것이다. 그가 불법과 특별히 불법으로 티베트 설원을 완전

16 『응아리꼬르쑴기응왼중로귀(雪域西部阿里廓尔松早期史)』, pp.45~49.

히 덮기 위해서 자기의 몸 또한 기꺼이 희생하고, 그것을 달성하기 위해서 많은 방법들을 강구하여 실행한 결과가 아닌가 생각한다."[17]라고 하였다. 이처럼 티베트의 후전기(後傳期) 불교가 견(見)·수(修)·행(行)의 혼란을 정화하고 타락의 수렁에서 벗어난 뒤, 삼승(三乘)과 현밀의 상위하는 가르침들을 아띠쌰의 도차제 사상에 의지해서 서로 모순 없이 회통한 뒤, 모든 불법을 한 보특가라(人)의 성불의 교계로 수용하는 도차제 사상을 핵심으로 하는 티베트의 후전기 불교가 다시 융성하게 발전할 수 있었던 것은 오로지 그의 헌신적인 노력에 기인한 바가 크다고 평가할 수 있다.

그러한 그의 위대한 업적을 씽싸·깰쌍최끼갤챈(Śiṅ ḥzaḥ sKal bzaṅ chos kyi rgyal mtshan)의 『뵈쏙최중(Bod sog chos ḥbyuṅ, 藏蒙佛敎史)』의 논설을 빌어 설명하면 다음과 같다.

> "티베트에서 불교가 몰락한 뒤 어둠의 땅으로 변하자 이 법왕께서 비분강개하여 갖가지 방편을 동원하여 불법을 진흥하는 열의를 잠시도 느슨하게 지님이 없었다. 특히 빤디따 한 분을 초청하기를 염원하였으나 마음에 확신이 서질 않았다. 그 당시 인도로부터 빤디따라 자칭하는 많은 승려들이 황금을 구하기 위해 티베트로 들어왔으나 교법의 사업을 맡길 신뢰할 만한 인물을 찾지 못했다. 그 뒤 법왕 예시외께서 과거에는 청정한 별해탈계의 전통이 티베트에 출현하였어도 법상승(法相乘)을 떠받침을 알았

17 『아띠쌔재빼최챈쭉찍(阿底沙十一小品集)』, pp.17~18.

으나, 현재 음주하는 승려 무리와 진언사들이 조르돌(sByor sgrol, 交合殺脫) 등의 삿된 행위로 말미암아 딴뜨라(密續)의 가르침이 진실한 것인지 아닌지 의심이 들게 되자, 불법을 정화하기 위해 응아리(阿里) 지역에서 린첸쌍뽀(Rin chen bzaṅ po, 寶賢) 등의 최고로 총명한 소년 일곱 명과 중간 정도의 일곱 명과 그 아래 급의 일곱 명을 선발한 뒤, 그 21명의 부모들에게 보상을 해주고 그 소년들에게 많은 황금들을 하사한 뒤, 까시미르의 땅으로 파견하여 불법을 배워오게 하였다. 법왕께서 말하길, '최고의 일곱 명은 가장 뛰어난 빤디따를 모셔 오는 일을, 중간은 모든 교계(敎誡)에 통달하고, 하급은 모든 교언(敎言)과 비유에 통달하라.'고 말하였다. 그들이 까시미르의 땅 딥땐(Grib brtan, 堅煞)에 도착한 뒤 열독(熱毒)으로 17명이 죽었다. 딥땐은 오늘날 파키스탄의 옛 수도인 라홀핀디를 말한다. 살아남은 사람은 린첸쌍뽀와 응옥·렉빼쎄랍(rṄog Legs paḥi śes rab, 妙慧)과 로충·닥조르쎄랍(Lo chuṅ Grag ḥbyor śes rab, 稱財般若)의 셋뿐이었다. 그 셋은 10여 년 동안 현밀의 법들을 허다하게 청문한 뒤 응아리로 돌아왔다.

여기서 대역경승 린첸쌍뽀는 응아리 구게의 뉭왐라뜨나루(sÑuṅ vaṃ ratnaru)라 부르는 카체(Kha che)의 유리유다(gYu ri gyu sgra)의 종족으로 무오년(戊午年, 958년)에 태어났다. 13세가 되던 경오년(庚午年, 970년)에 친교사(親敎師) 예시쌍뽀(Ye śes bzaṅ po, 智賢)에게 의지해서 출가하였다. 티베트의 후전기 불교는 중앙 티베트의 위짱(dBus gtsaṅs)에서가 아니라 서부의 응아리에서 먼저 시작하였고, [린첸쌍뽀가 크게 활약하였다.] 그는 [까시미르라 부르는] 카체에 세 차례나 왕복하면서, 마하빤디따 나로빠(Nāropa)와 쓰랏다까라와르마(Śraddhakaravarma)와 까말라굽따(Kamalagubta)와 지나미뜨라(Jinamitra) 등의 75명의 빤디따를 사사하였다. [법왕 예시외의 동생인 코레 왕의] 아들 하데(lHa lde)가 통치하던 시절, 그는 반야부(般若部)와 유가부(瑜伽部)와 밀집금강(密集金剛) 등의 현밀의 경전들을 많이 번역하고, 그와 같이 역출된 밀교를 신밀(新密)이라고 하였다. 그 뒤 법왕 예시외가 [서른이 되던 해] 승방이 딸린 사원을 건립하길 결심한 뒤, 샹슝의 구게의 하늘에 간디(Gaṇḍi, 打板)[18]를 높이 던진 다음, '교화할 중생들이 모이는 곳에 떨어지게 하소서!'라고 간절하게 발원하였다. 간디가 하늘 높이 선회하다가 떨어진 곳에다 병신년(丙申年, 996년)에 대사원을 건립하니 이를 토딩하캉(mTho ldiṅ lha khaṅ)이라 불렀다. 사원을 잘 건립한 뒤 대역경사 린첸쌍뽀에게 헌납하였으며, 대역경사가 사원의 내벽 전체에다 도량 규격에 맞게 사부속(四部續) 만다라의 성중의 벽화를 그려 넣었다.

또한 법왕 예시외가 동인도에서 아사리 다르마빨라(Dharmapāla, 法護)를 초청한 뒤, 그가 친교사가 되고, 그의 제자인 싸두빨라(Sādhupāla, 善護)와 구나빨라(Guṇapāla, 德護)와 쁘라즈냐빨라(Prajñapāla, 智護) 셋이 증사(證師)가 되어, [샹슝와·걜왜쎄랍(Shaṅ shuṅ ba rGyal baḥi śes rab)이] 구족계를 받았다. [그의 제자 뻴조르(dPal ḥbyor)와 샹모체와·장춥쎙게(Shaṅ mo che ba Byaṅ chub seṅ ge) 등으로부터 계율이 전승되었다.] 이렇게 서율(西律)의 전통을 수립함으로써 불법의 불씨가 티베트 청해(青海)에서 살아나고 서부 응아리에서 타올랐다

18 간디(Gaṇḍi, 打板)는 승려들을 소집할 때 두드리는 법구의 하나로, 전단, 사라수, 자단 등의 재료를 사용하여 팔각으로 만든 나무판이다.

고 말한다.

또한 쁘라즈냐빨라(智護)로부터 샹슝와·갤왜셰랍(勝智)이 계율을 받은 뒤, 네팔로 가서 율사 브라따까라(Bratakara, 禁戒行者)로부터 계율을 수지하는 법을 배웠으며, 까시미르의 즈냐나쓰리(Jñanaśri, 吉祥智)와 까시미르의 마하빤디따 쓰리쑤띠샨띠(Śrisutiśanti, 吉祥寂睡)와 싸만따쓰리즈냐나(Samantaśriñana, 吉祥普賢智)와 나르마데와(Narmadeva, 遊戲天) 등으로부터 비나야(戒律)를 청문하고, 마·게왜로되(rMa dGe baḥi blo gros, 善慧) 등이 율장을 번역하였다. 그의 제자로는 뺄조르(dPal ḥbyor)와 샹모체(Shaṅ mo che)와 장춥쎙게(Byaṅ chub seṅ ge) 등이 있다.

토딩하캉에서 빤디따 쓰랏다까라와르마(Śraddhakaravarma, 信性鎧)와 빠드마까라굽따(Pdamakaragubta, 蓮花作隱)와 붓다쓰리샨띠(Buddhaśriśanti, 佛吉祥寂)와 붓다빨라(Buddhapāla, 佛護) 등을 초빙하여 법상승(法相乘)과 사부속(四部續)의 전적들을 번역하게 하니, 법왕 예시외가 후원자가 되었다.

법왕 예시외의 동생 코레의 아들 하데 또한 빤디따 쑤바시따(Subhaṣita, 善言)를 초청하였다고 한다. 또한 법왕 예시외 당시에 네팔 사람 쓸레루쩨(Sleruce)라 부르는 뛰어난 로짜와가 인도에서 빤디따 탈라링와(Phra la riṅ ba, 細長)와 쓰므르띠즈냐나끼르띠(Smṛitijñānakīrti, 念智稱) 두 분을 초청해서 모시고 왔다. 그러나 그 역경사가 위역병(胃逆病)에 걸려서 죽고 두 사람이 티베트의 말을 알지 못하는 바람에 빤디따 쓰므르띠즈냐나끼르띠께서 따낙(rTa nag)에서 양치기를 하며 지내면서, 세 번 크게 웃고 세 번 크게 울었다고 알려졌다. 그 뒤 역경승 쩰·쏘남갤챈(dPyal bSod nams rgyal mtshan, 福幢)이 빤디따 쓰므르띠즈냐나끼르띠를 맨룽(sMan luṅ)으로 초청하여 법을 청문하였다. 그 뒤 동부 티베트 캄(Khams)의 댄롱탕(lDan kloṅ thaṅ)에서 구사론(俱舍論)의 주석을 개시하고 묵언을 하였다고 알려졌으며, 『잠뻴챈죄(ḥJam dpal mtshan brjod, 文殊眞實名經)』[19]와 『도제댄시(rDo rje gdan bshi, 金剛四座續)』 등을 번역하였다. [그 지역의 유력인사인] 께싸르(Kesar)가 초청하는 등의 광대한 교화 사업을 폈다. 또한 빤디따 탈라링와(細長)는 로짜와 롱쏨최쌍(Roṅ zom chos bzaṅ)에게 동죽(Groṅ ḥjug, 다른 유정의 몸에 들어감)을 행해서, 롱쏨최쌍으로 하여금 많은 법을 통달하게 만들었다고 알려졌다."[20]

『응아리꼬르쑴기응왼중로귀(雪域西部阿里廓尔松早期史)』에서, "[아사리 다르마빨라(法護) 등의] 그들로부터 전승되는 계맥(戒脈)인 서율(西律, sTod ḥdul)과[21] 신밀(新密, gSaṅ sṅags gsar ma)이 융성하는 데에 법왕 예시외가

---

19 이것은 『잠뻴챈죄(ḥJam dpal mtshan brjod, 文殊眞實名經)』가 아니라 그것의 주석서인 쓰므르띠즈냐나끼르띠(念智稱)의 『문수진실명십만석(文殊眞實名十萬釋, ḥJam dpal mthsan brjod kyi bśad ḥbum)』[데게 대장경의 땐규르 귀델(동북대학목록 No.2538)]의 오기라고 본다.

20 『뵈쏙최중(Bod sog chos ḥbyuṅ, 藏蒙佛教史)』, pp.407~414, 씽싸·깰쌍최끼갤챈(Śiṅ bzaḥ sKal bzaṅ chos kyi rgyal mtshan), 민족출판사, 1993, 북경, China.

21 랑다르마(Glaṅ dar ma) 왕의 파불 사태로 불법이 망한 뒤 70년이 지닌 후에 티베트의 동율초조(東律初祖)가 되는 라첸.공빠랍쌜(Bla chen. dGoṅs pa rab gsal, 892~975)이 914년에 랑다르마 왕의 법난을 피해서 동부 티베트의 청해(青海)의 쫑카(Tsoṅ kha) 지방에 피신해 있던 비구 짱랍쌜(gTsaṅ rab gsal)과 요게중(gYo dge ḥbyuṅ) 등으로부터 구족계를 받은 뒤, 서기 918년에 위짱(dBus gtsaṅ, 중앙 티베트) 출신의 루메·출팀셰랍(Klu mes Tshul khrim śe rab) 등 열 명에게 구족계를 전수하는 것을 계기로 계맥이 부흥하게 되는데, 이것을 동율(東律)이라 한다. 그리고 비슷한 무렵에 서부 응아리(阿里) 지방에서 부흥한 계맥을 서율(西律)이라 부른다.

주도적 역할을 행한 것이 그의 커다란 업적이다."[22]라고 하였듯이, 법왕 예시외는 대역경사 린첸쌍뽀(寶賢)와 응옥·렉빼쎄랍(妙慧)과 로충·닥조르쎄랍(稱財般若)을 비롯한 많은 역경사들을 유학시키고 후원해서 역경 사업을 대대적으로 행하였다. 또한 무너진 승단을 재건하기 위해서 아사리 다르마빨라 등을 초청해서 계율을 부흥시키고, 불법의 근본인 승단을 건립하여 티베트 후전기 불교의 태동에 결정적 역할을 한 점에서 지대한 업적을 남겼다고 하겠다.

후일 이러한 그의 법은(法恩)을 기리기 위해서 싸꺄·빤디따(Sa skya Paṇḍita)는 그의 『돔쑴랍예(sDom gsum rab dbye, 三律儀論)』에서 법왕 예시외와 대역경사 린첸쌍뽀의 업적을 다음과 같이 찬양하였다.

"그 당시 예시외(智光)라고 부르던
그 법왕은 대승의 상사(上士)이니,
그가 보현(寶賢)을 인도에 유학시키고
문수보살께서 가피를 크게 내린,
위대한 역경사인 그가 과거에 없던
경론을 대부분 번역하고 완결하였다."

끝으로 『둥까르칙죄첸모(東噶藏學大辭典)』에 실린 법왕 예시외의 행적 가운데 그의 영탑(靈塔)이 전란의 피해를 입고 길가에 버려졌다가 후일 라싸의 뽀딸라(Potala) 궁전에 모셔진 기록을 발췌해서 소개하면 다음과 같다.

---

22 『응아리꼬르쑴기응왼중로귀(雪域西部阿里廓尔松早期史)』, p.47.

"그 뒤 조카인 장춥외(菩提光)가 법왕 예시외의 유체를 수습해서 처음에는 토딩하캉의 법당에 모셔 온 뒤, 영탑을 만들어 그 안에 유체를 모셨다. 그 뒤 아띠쌰 존자께서 토딩하캉에 머무실 때 그의 서원과 연계하여 점안 의식을 많이 행하였다. 그 뒤 8대 달라이 라마(1758~1805) 시절 네팔의 고르샤(Gorṣa) 왕조와 티베트 사이에 전란이 일어나자, 고르샤의 군대가 티베트를 침입하여 많은 사원과 법당들을 파괴하였다. 그때 이 영탑 또한 [네팔과 국경 지역인 끼동종(sKyid groṅ rdzoṅ, 吉隆縣)의 종가(rDzoṅ dgaḥ) 마을의 사원인] 종가최데(rDzoṅ dgaḥ chos sde)에 버려졌다. 그것을 도링·땐진뻴조르(rDo riṅ bsTan ḥdzin dpal ḥbyor)가 라싸의 뽀딸라 궁전으로 모셔 온 뒤, 7대 달라이 라마 영탑 따씨외바르(bKra śis ḥod ḥbar, 吉祥光輝塔)의 오른쪽에 안치하였다. 그 뒤 13대 달라이 라마 시절에 은으로 만든 그 영탑에 금분을 입히고, 격자창을 넣은 황금영탑(黃金靈塔)으로 개수해서 지금 뽀딸라 궁전에 모셔져 있다."

5) 법왕 장춥외의 두 번째 초청

법왕 장춥외(菩提光)는 삼촌 예시외의 유언대로 티베트불교를 정화하기 위해 다시 아띠쌰 존자를 초청할 준비를 하였으나 적임자를 찾지 못하고 있었다. 그때 낙초·로짜와(Nag tsho Lo tsā ba)가 인도의 비끄라마씰라 승원에서 2년 동안 불법을 수학하고 고향에 돌아왔다가 다시 인도로 가는 것을 알고서 그를 불러 초청의 임무를 맡겼다. 이에 낙초·로짜와가 왕명을 받고 1037년에 인도로 출발하니 그의 나이 28세가 되던 해였다.

그러한 당시의 상황을 침·탐째켄빠의 『아띠쌰대전기』에서 다음과 같이 기술하였다.

> "법왕 장춥외께서 그에게 100명 정도의 수행원을 붙여주었으나, 낙초·로짜와가 말하길, '그만큼은 너무 많고 다섯 명 정도면 충분합니다.'라고 하였다. 또한 '여행에 필요한 식량과 노자와 함께 많은 황금을 보냈다.'라고 하였다. 그리고 빤디따(Paṇḍita, 智者)에게 드릴 초청의 예물로 16냥이 나가는 금덩어리와 율사인 낙초·로짜와에게 황금 일곱 냥과 오가는 데 필요한 경비로 황금 일곱 냥과 예전에 인도에 갔다 온 적이 있고 그곳의 구어를 잘 아는 길잡이에게 황금 다섯 냥과 앤뙨(An ston)과 깰뙨(sKal ston)과 갸뙨(rGya ston)의 세 사람에게 또한 황금 몇 냥씩을 나누어준 뒤 다섯 명을 인도에 파견하였다.
>
> 인도의 변경에 도착해서 대나무로 만든 한 여인숙에 머문 그때, 도적들이 티베트의 로짜와가 황금을 소지하고 있음을 안 뒤, 그들을 죽이려고 음모를 꾸미는 이야기를 낙초·로짜와가 들었다. 그날 밤에 대나무 집에서 잠을 자는 시늉을 한 뒤 낙초·로짜와를 비롯한 다섯 사람이 집의 문을 부수고 달아남으로써 죽음을 면하였다. 그 뒤 먼저 보드가야의 금강보리사(金剛菩提寺)에 도착하였고, 그 뒤 비끄라마씰라(戒香寺)의 황금 간지라(Gañjira, 屋脊寶甁)[23]의 뾰족한 끝이 햇빛에 반짝이는 것이 멀리 보이는 곳에 도착하였

23 간지라(Gañjira, 屋脊寶甁)는 사원 등의 건축물 지붕 위에 세우는 금병(金甁)의 장식물이다.

다. 그것이 빛나는 것이 보이면 3일 정도 더 가면 된다고 하였다. 그때 네팔의 작은 왕국의 왕의 일행 100명을 만나서 함께 길을 갔다. 해가 질 무렵 갠지스 강변에 도착하였으나 뱃사공이 한 무리의 여행객을 맞이해서 강을 건너기 시작했다. 태워 달라고 소리를 쳤으나 이번에는 실어줄 수 없고, 다음에 태워주겠다고 하였다. 그 뒤 어둠이 깔릴 무렵에 마침 배가 한 척 도착해서 왕의 일행을 먼저 건너 보냈다. 이제는 배가 끊어졌다는 생각이 들자 일행이 실망한 뒤 잠자리를 준비하였다. 그때 멀리서 노를 젓는 소리가 들려서 나가보니 배가 도착하였다. 사공에게 말하길, '너무 늦어서 배가 오지 않겠다고 생각하였다.'라고 하자, 사공이 말하길, '여기는 법이 있는 나라이기에 일찍 도착해서 맞이하지 않으면 벌이 내린다.'라고 한 뒤, 야밤에 강을 건네주었다. 그곳 갠지스 강변의 작은 구릉 위에 비끄라마씰라 사원이 있기에 산 위로 올라가서 밤에 여관에 묵었다.

아침에 낙초·로짜와를 비롯한 다섯 사람이 티베트 말로 경전을 큰 소리로 독송하자, 로짜와 갸·쬔뒤쎙게(精進獅子)가 그 소리를 듣고서 익숙한 소리에 귀를 의심했다. '어제 저녁 늦게부터 티베트 사람을 기다렸으나 만나지 못하였는데, 야밤에 찾아온 그들이 누구일까?' 하고 생각하였다. 아침 일찍 일어나서 여관을 찾아와서 낙초·로짜와의 일행과 만났다.

낙초·로짜와의 일행이 갸·로짜와에게 황금을 조금씩 예물로 드렸다. 갸·로짜와가 말하길, '자네 일행은 빤디따를 초청하기 위해서 온 것인가, 아니면 공부하러 온 것인가?'라고 묻자, 낙초·로짜와 말하길, '티베트의 법왕께서 빤디따를 초청하기 위해서 보냈습니다. 만약 조오제를 모셔 오지 못하면 대신 그 아래의 큰 빤디따를 모셔 오라고 하였습니다.'라고 한 뒤, '지금 조오제 아래에 큰 빤디따로는 누가 있습니까?'라고 묻자, 갸· 로짜와가 말하길, '조오제 아래의 큰 빤디따로는 라뜨나끼르띠(Ratnakīrti)와 따타가따락시따(Tathāgatarakṣita)와 쑤마띠끼르띠(Sumatikīrti)와 바이로짜나락시따(Vairocanarakṣita)와 네팔 사람 까나까쓰리(Kanakaśri) 등을 비롯한 30명쯤의 이름이 떠올라서 그 정도가 있다.'라고 한 뒤, '그들은 티베트에 크게 도움이 되지 못한다. 오직 조오제만이 비공통의 증상의요(增上意樂)를 가지고 있기에 티베트에 유익함이 있다. 그러니 지금 다시 조오제를 모셔 가는 것이 필요하다. 그대들은 빤디따를 초청하러 왔다고 입 밖에 내지 말고, 공부하러 온 것처럼 행동하라. 상좌 라뜨나아까라(Ratnākara)에게 의지사(依止師)[24]가 되어 달라고 청하라.'고 하였다.

그 뒤 어느 날 한가한 때 갸· 로짜와가 낙초· 로짜와의 일행에게 빨리 오라고 기별한 뒤, 그들을 데리고 조오제의 방으로 갔다. 베개 곁에 있는 한 자 높이의 맨달(Maṇḍal, 의식용 법구) 가운데에 16냥의 금덩어리를 올려놓고 둘레에 나머지 황금들은 조금씩 쌓은 뒤, [티베트의 법왕이 올리는 서신과 함께] 조오제께 올렸다.

갸· 로짜와가 티베트의 법왕이 보살인 도리와 법왕 조손삼대(祖孫三代)의 시기에 불법을 전파한 내력과 패왕 랑다르마가 불법을

24 의지사(依止師, gNas kyi slob dpon)는 『비나야경(毘奈耶經)』에서 설하는 다섯 궤범사(軌範師)의 하나이다. 처음 비구가 된 제자에게 차지(遮止)와 수인(修忍)과 허여(許與)의 세 가르침을 수여하는 비구이다.

파괴한 내력과 라첸·공빠랍쌜(Bla chen dGoṅs pa rab gsal, 意明)의 시기에 그가 승가를 부흥한 내력과 법왕 예시외와 장춥외 두 분께서 조오제를 초청하기 위해서 고초를 겪은 내력과 현재 티베트에서 불법이 삿되게 행해지는 정황들을 자세하게 말씀드린 뒤, '지금 또한 티베트의 법왕보살이 이 낙초·로짜와를 초청의 사신으로 파견해서 여기 와 있을지라도 작년부터 말도 꺼내지 못하고 있사오니, 티베트의 유정들을 자비로 살펴주시길 청하옵니다.'라고 간청하였다.

조오제께서, '티베트의 법왕은 보살이다. 법왕 조손삼대 또한 보살의 화신들이다. 그뿐만 아니라 라첸·공빠랍쌜(意明) 또한 보살이다. 그렇지 않다면 불법의 불씨를 되살리지를 못한다. 법왕이신 삼촌과 조카 또한 대보살이다. 보살의 말씀을 어기는 것 또한 옳지 않다. 그 법왕에게 나 또한 부끄럽다. 나 때문에 법왕이 사람들을 많이 잃고 재물도 허비하였다. 그대 티베트 사람들 또한 애석하기 그지없으나, 나는 또한 늙었고, 사원의 많은 열쇠를 가지고 있고, 일들도 많이 남아 있어서 티베트에 가는 것이 쉽지 않다. 그렇지만 내가 티베트의 유정에게 유익함이 있는지, 없는지를 관찰하겠으니, 일단 그대들이 가져온 황금을 도로 가져가서 보관토록 하라.'고 말한 뒤, 다시 돌려주었다.

그날 밤 조오제께서 지존하신 따라불모(多羅佛母)의 존상에 공양을 올린 뒤, '제가 티베트에 가면 불법에 유익한지, 그렇지 않은지? 그 보살 법왕의 소망을 채워줄 수 있는지, 없는지? 제 몸과 목숨에는 장애가 있는지, 없는지?' 등의 세 가지에 대해서 기별을 청하였다. 꿈속에서 비끄라마씰라 승원 앞쪽에 무캔(Mu khan)

이라는 외도가 모여 사는 큰 마을이 있고, 그 가운데 있는 작은 불교 사당의 이름을 말한 뒤, '내일 그곳에 가면 한 요기니(瑜伽女)가 찾아올 것이니 그녀에게 물으면 된다.'라고 알려주었다. 다음날 조오제께서 두 손바닥에 가득히 [바다 조개의 일종인] 패치(貝齒)[25]들을 가지고 가서 그것으로 맨달(Maṇḍal)을 만들어 기다리고 있자 어디서 왔는지 알 수 없는 한 요기니가 긴 머리카락을 땅에 끌면서 나타났다. 그에게 패치들을 올린 뒤, '저를 티베트의 법왕이 초청하면 티베트의 유정에게 유익함이 있습니까, 없습니까?'라고 묻자, 답하길, '티베트에 가면 유익함이 있다. 특별히 한 우바새(居士)를 통해서 유익함이 발생한다. 수명은 티베트에 가면 짧아진다.'라고 하였다. 다시 묻기를, '얼마쯤 줄어듭니까?'라고 하자 답하길, '티베트에 가지 않으면 92세까지 살 수가 있으나, 가게 되면 72세 이상은 살 수가 없다.'라고 하였다. 조오제의 마음에 티베트에 유익하다면 수명이 짧아져도 좋다는 생각이 일어났다고 말하였고, 자기보다 타인을 애중히 여기는 것이 그와 같은 것이라고 말하였다.

또한 조오제의 마음에 다시 생각하길, '보드가야의 금강보리사에 공양을 한 차례 올리고 기원을 하는 것이 필요하다.'라고 한 뒤 떠날 채비를 할 때, 승원장 즈냐나쓰리(Jñānaśri, 吉祥智)에게 그 뜻을 밝히자 그가 말하길, '그대의 그 질문은 의미가 중대하다. 그러니

25 패치(貝齒, ḥGron bu)는 바다에 사는 작은 조개의 껍질이다. 우렁이처럼 생겼으며 색상은 흰색과 붉은 반점 등이 있다. 이것은 태워서 가루를 만들어 지혈제로 사용하거나 맨달의 작법에 사용하기도 한다.

금강보리사의 신불(神佛)들 가운데 머리칼이 붉고 누런 금강도모(金剛度母)의 늙은 요기니가 있으니, 그녀에게 묻도록 하고, 이 패치들을 또한 올리도록 하라.'고 한 뒤, 한 움큼을 주었다.

조오제의 일행 일곱 명과 로짜와의 일행 다섯 명을 합한 12명이 길을 가는 도중에 한 여인을 만났다. 몸이 아름답기가 인간을 뛰어넘었으나 천인의 몸에는 조금 못 미쳤다. 그녀에게 조오제께서 마음으로 예배드리고 질문하길, '제가 티베트에 가면 유정에게 유익함이 있습니까, 없습니까?'라고 하였다. 그녀가 말하길, '그대는 몸과 목숨을 돌보지 말고 반드시 가라. 많은 유정에게 유익함이 있다.'라고 하였다. 조오제께서 말하길, '그녀는 지존하신 따라불모님이다.'라고 하였다.

그 뒤 금강보리사에 도착하였을 때 머리칼이 붉고 누런 한 늙은 요기니가 말하길, '즈냐나쓰리가 보낸 패치들을 나에게 달라.'고 하였다. 이에 조오제께서 마음으로 예배드리고 질문하길, '제가 티베트에 가면 유정들에게 유익함이 있습니까, 없습니까?'라고 하였다. 그녀가 말하길, '한 우바새에 의지해서 유익함이 있게 된다. 그가 그대의 법으로 장애가 소진한 뒤 이생의 후반에 마하무드라(大印)의 성취를 얻는다.'라고 하였다. 조오제께서 말하길, '그녀는 자성적(自性的) 요기니이다.'라고 하였다.

그 뒤 공양을 올리고 기원하고 돌아온 후 조오제께서 두 로짜와를 부른 뒤, '스승님들과 본존들께서 티베트에 가면 유정에게 유익함이 있다고 말씀하였다. 그대들 또한 간곡하게 청하므로 티베트에 가고자 한다. 새롭게 업무를 맡지 않고, 이전의 업무만을 관여하고, 사원의 관리 등을 마치려면 부지런히 서둘러도 18개월 정도가 필요하다고 생각한다. 그동안 두 사람은 기다릴 수가 있겠는가?'라고 물었다. 이에 두 로짜와가 말하길, '18개월이 아니라 3년이라도 또한 기꺼이 기다릴 수가 있으니, 그렇게 해주시길 바랍니다.'라고 하였다.

또한 조오제께서 말하길, '나를 초청한다는 말을 꺼내지 말고 학업에만 전념하라. 상좌 라뜨나아까라(Ratnākara)에게 의지법(依支法)[26]을 청하라. 그곳에는 조오제와 같은 빤디따가 계시고, 갸·로짜와와 같은 이가 있음으로써 학업이 일취월장하니, 모든 법을 인도에서 결택하라.'고 하였다.

그 당시 마하빤디따(Mahāpaṇḍita) 나로빠(Nāropa, 956~1040)께서 비끄라마씰라에 오심으로써 스님들이 모두 나아가 맞이하였다. 조오제께서 오른쪽 팔을 잡고, 즈냐나쓰리께서 왼쪽 팔을 잡으시고 교자(轎子)에 앉히신 뒤 맞이하였다. 그때 나로빠께서 말하길, '조오제 디빰까라(Dīpaṃkar)여, 오늘날 불법의 법주(法主)는 그대이다.'라고 부처님의 교법을 부촉(付屬)하였다. 조오제께서, '당신께서는 하늘의 해와 달과 같이 머물고, 저는 반딧불과 같은데 세상을 밝힘이 어찌 가능하겠습니까?'라고 하자, 나로빠께서, '나는 세상에 오래 머물지 못하니 불교의 법주는 그대이다.'라고 하였다. 그 뒤 20일 정도 머물렀다. 그러나 '조오제와 나로빠 둘 사이에 법을 주고받음은 없었다.'라고 로짜와가 말했다. 그 뒤 나로빠 존자께서 남쪽으로 가시고 20일쯤 뒤에 입적하였다. '유체의 일

---

26 의지법(依支法, gNas chos)은 처음 출가한 비구가 궤범사로부터 배워야 하는 차지(遮止)와 수인(修忍)과 허여(許與) 등의 가르침을 말한다.

부를 조오제께서 모셔 온 뒤 지금 녜탕(sÑe thaṅ)의 오르(Ḥor)의 불탑에 안치하였다.'라고 로짜와가 말했다.

또한 로짜와가 남쪽의 타르께끼동(Thar skyes kyi groṅ)이라는 마을에서 풍심(風心 : 呼吸修練)에 자재를 얻어 300살이 되었다고 함과 400살이 되었다고 함과 500살이 되었다고 말하는 한 은발의 노인을 보았다. 로짜와가 조오제께 '어찌 된 겁니까?'라고 묻자, 조오제께서, '큰 의미가 없다. 단지 풍심을 잡도리하는 것은 토발서(土撥鼠, Phyi ba)와 혈웅(穴熊, Grum pa)도 또한 아는 것이다.'라고 말하였다.

또한 로짜와가 조오제를 따라 외출할 때 한 늙은 바라문이 열 살이 된 왕자의 시신을 운반해 온 것을 보았다. [그 늙은 바라문이 시체를] 물로 깨끗하게 씻은 뒤 [바라문의 의식이 그 시체 속으로 들어가서] 잠시 후에 왕의 아들 [시체를 되살려서] 일으킨 뒤 바라문이 [자기의] 시체를 강물에 버리고 갔다. 조오제께서 말하길, '이 진언에는 이와 같은 효과가 있다.'라고 하였다. 또한 조오제의 한 제자가 [변신(變身)의] 행을 하러 간다고 아뢰자, 조오제께서, '행할 때가 되었는가?'라고 물었다. 그러자 그가 말하길, '걱정하지 마십시오.'라고 한 뒤, 법의와 발우를 놓아두고 큰 늑대로 변한 뒤 화장터로 달려가 사람의 시체 하나를 가져와서 먹고 나서, 다시 비구의 몸으로 바뀌었다. 조오제께서 말하길, '마음을 편안하게 가지라.'고 하였다고 로짜와가 말하였다."[27]

27 침·탐째켄빠, 『아띠쌰대전기(阿底峽大傳記)』, pp.119~126.

6) 아띠쌰의 티베트로의 여정

이렇게 3년간의 준비 끝에 마침내 아띠쌰 존자께서 티베트에 가기로 마음을 먹은 뒤, 로짜와 갸·쬔뒤쎙게(精進獅子)와 낙초·출팀걜와(戒勝)를 불러서 티베트에 갈 것을 통보하였다. 비끄라마씰라의 장로들이 자신을 가도록 두지 않을 것이니, 일단 대중에게 잠시 보드가야의 대보리사를 순례하고, 네팔의 쓰와얌부(Svayambhū, 自生塔) 대탑을 참배하러 간다고 알린 뒤, 1040년에 제자들과 함께 비끄라마씰라를 출발하였다.

당시의 상황을 위의 침·탐째켄빠의 『아띠쌰대전기』에서 다음과 같이 전하고 있다.

> "조오제께서 일들을 모두 마무리한 뒤 티베트로 출발할 무렵 다른 이들의 눈을 속이기 위해 시시로 여기저기 다니면서 팔대성지(八大聖地)[28]를 참배하고 또한 공양을 올렸다. 그때 비끄라마씰라의 한 젊은 비구가 로짜와에게 말하길, '조오제는 우리 인도의 눈과 같다. 눈이 없으면 눈먼 사람과 같은데 왕에게 말하면 그대의 선행에 장애가 생길 것이기에 내가 말하지 않겠다. 대신 조오제를 모셔 가되 고생시키지 말라. 그대의 소망을 이루고 나면 다시 이곳으로 모셔 오도록 하라.'고 하였다.
>
> 길 가는 도중에 행하신 사업이니, 이제 나는, '보드가야의 금강보좌(金剛寶座)에 공양하러 간다.'라고 말한 뒤, 로짜와에게 '이제 우리가 티베트에 갈 것이니, 로짜와 갸·쬔뒤쎙게(精進獅子)를 데려

---

28 팔대성지(八大聖地)는 부처님의 탄생지인 룸비니와 초전법륜을 하신 녹야원과 바이샬리와 영취산과 사위성과 금강보좌와 네란자라와 쿠시나가라의 여덟 곳이다.

오도록 하라.'고 하였다. 그때 갸·로짜와는 날란다 승원에 갔다가 더위를 먹고 요양하고 있었기에 교자(轎子)에 태워서 데려왔다. 금강보좌에 공양을 올리고 나서 조오제께서, '인도의 변방 찐딜리끄라마(Cindhilikrama)라 부르는 곳에 불법을 믿는 한 대신이 절을 짓는데, 정지(淨地) 의식을 부탁했으나 작년에는 틈이 없어서 못 갔다. 지금 그곳에 가려고 하니 너희들은 돌아가라.'라고 말한 뒤, 불필요한 인원들을 돌려보냈다.

그리고 상좌 라뜨나아까라(Ratnākara)를 비롯한 60명쯤이 그곳에 가서 정지 의식을 행한 뒤, 조오제께서, '내가 네팔의 쓰와얌부 대탑에 공양을 올리러 가니 그대들은 돌아가도록 하라.'라고 말한 뒤, 그들을 돌려보냈다. 이에 상좌 라뜨나아까라께서, '이제 알았다. 이 구수(具壽)[29] 낙초·로짜와 또한 불법을 배우기 위해 온 것이 아니고, 티베트의 왕이 우리의 빤디따를 훔치려고 보낸 것임을. 전에도 초청한 것을 내가 막았고, 지금도 내가 방법을 쓰면 빤디따께서 못 가시나, 지금 조오제께서도 청정한 마음으로 가시는 것을 기뻐하시니, 못 가시게 막으면 타인을 위한 이타행을 가로막게 된다. 낙초·로짜와 또한 나의 제자인 까닭에 슬프게 만들면 서약을 어기게 된다. 그간 티베트 사람들이 많이 죽었기 때문에 너의 가슴이 아플 것이니, 3년 동안만 빌려드린다. 그 뒤 반드시 우리의 빤디따를 다시 모시고 와야 한다. 자네가 네팔까지 또

29 구수(具壽)는 범어 아유쓰만따(Āuśmanta)의 옮김이다. 수명을 갖춘 덕이 높은 사람이란 뜻으로 한역 경전에서는 장로(長老)로 번역하기도 한다. 또한 과거 인도에서 스승이 제자를 부를 때 사용하는 높임말이다.

한 모시고 오지 않으면 서언을 어기는 것이 된다.'라고 말하자, 낙초·로짜와가 반드시 그렇게 하겠노라고 약속을 하였다.

그때 조오제께서 낙초·로짜와에게 '그 황금을 가져오도록 하라.'고 말한 뒤, 예물로 가져온 16냥의 금덩어리를 넷으로 나눈 뒤, 하나는 조오제의 스승님들께 올리고, 하나는 금강보리사에 올리고, 하나는 상좌 라뜨나아까라가 상수가 되는 비끄라마씰라의 대중에게 올리고, 하나는 국왕에게 선물하고, 나머지는 스님들께 드렸다고 하였다. (중략)

그 뒤 조오제의 제자인 빤디따 싸이닝뽀(Saḥi sñiṅ po) 등을 비롯한 20명이 넘는 일행과 함께 길을 떠나니, [그때가 조오제께서 세수 59세가 되던 해인 경진년(庚辰年, 1040년)이었다.] 인도 변방 지역에 작은 절이 하나가 있어서 그곳의 스님들이 조오제의 일행을 반갑게 맞이하였다. 또한 '조오제께서 티베트에 가시면 인도의 불법이 기우는 것과 같으니 막는 것이 필요하다.'라고 그곳의 스님들이 논의하자, 그 절의 좌주(座主)가 말하길, '비끄라마씰라의 스님들 또한 저지하지 않았는데 우리가 막으면 안 된다.'라고 한 뒤, 저지하지 않았다. 이것은 조오제께서 티베트에 가시는 것이 인도의 불법이 지는 것과 같다고 본 것이라고 말하였다.

조오제의 일행이 인도의 변경 지역에 도착하자 그곳에 외도가 사는 한 곳이 있었으며, 거기에 외도 15명이 기거하고 있었다. 그들이 종일토록 조오제에게 외도의 법에 대해서 질문을 하자, 조오제께서 외명(外明)에 달통하고 외도의 법에 정통함으로써 그들에게 법을 설하였다. 15명의 도사들이 매우 기뻐한 뒤 일산 15개를 바치고 조오제의 말씀을 따르고 순종하였다. 조오제께서 말하길, '내가 외도들을 기쁘게 해주었다.'라고 하였다.

또한 그 외도들이 티베트에 불교를 융성하는 것을 두려워해서 조오제를 죽이고 보내주지 않으려고 하였다. 이에 조오제께서 도적을 구속하는 결박인(結縛印)을 지어서 그들을 석상(石像)처럼 만들어 놓았다. 그리고 멀리 간 뒤, 조오제께서 '가엾다.'라고 말한 후, 모래에 진언을 불어넣고 그것을 보내서 몸에 뿌리게 함으로써 깨어났으나 이미 떠났음을 알았다고 하였다.

또한 인도의 변경 지역에 도착하였을 때 유목민이 살던 거주지에 강아지 새끼 세 마리를 버려놓고 간 것을 조오제께서 보셨다. '강아지가 가엾다.'라고 하신 뒤, 옷자락에 싸서 데리고 갔으며, 그 후손이 지금 라뎅(Rva sgreṅ) 사원에 있다고 하였다."[30]

7) 아띠쌰의 네팔 도착과 1년간의 활동

이렇게 조오제께서 인도의 변경을 지나면서 갖가지 일들을 겪으면서 마침내 네팔 땅에 들어와서 수도 까트만두(Kathmandu)에 도착하니, 그때가 1041년이었다. 조오제의 일행은 먼저 쓰와얌부(Svayambhū) 사원에 도착해서 티베트에 가져가기 위해 가져온 많은 짐들을 풀어놓았다. 카드가 만 스레스타(Khadga Man Shrestha) 박사의 *HISTORY of Buddhism in Nepal*(p.223)에서 "티베트에 가져가기 위한 것으로 아띠쌰에 속하는 짐만도 말 30마리에 실어 온 60바리였다. 그것들은 대부분 불교의 경전들

---

30 침·탐째켄빠, 『아띠쌰대전기(阿底峽大傳記)』, pp.127~130.

과 아띠쌰 개인이 사용하는 필사본들이었다."라고 말하였듯이, 당시에는 그곳이 승려들이 모여 사는 큰 사원 가운데 하나였다.

가져온 짐을 정리한 뒤 쓰와얌부 대탑에 성대하게 공양을 올렸는데, 선지식 돔뙨빠(ḥBrom ston pa)의 저술인 『조오제이남타르람익최끼중내(大恩人傳記·旅程記)』에서는 그때의 광경을 다음과 같이 기록하였다.

> "그 뒤 팍빠씽꾼(ḥPhags pa śiṅ kun, 聖一切樹園塔)[31] 사원에 도착한 뒤, 가져온 짐과 화물들을 모두 그곳에 내려놓고 다시 쌓아놓았다. 그때 티베트의 법왕이 보낸 영접의 사신들의 우두머리 여섯 명도 또한 때맞춰 그곳에 도착한 뒤, 차를 끓이는 화로와 아름다운 깔개를 깔아놓고, 찻잔 등의 도구를 깨끗하게 닦고, 솜씨 좋은 많은 이들이 재빨리 차를 잔에 부은 뒤 드시기를 공손하게 청하였다. 네팔의 어린 소녀들이 춤과 노래로 공양하고, 팍빠씽꾼을 하염없이 바라보며 놀라워하는 참배객들을 보고서 조오제 또한 크게 기뻐하였다.
>
> 그 뒤 다라수(多羅樹)의 이파리로 만든 시원한 그늘 가운데 법좌(法座)를 높이 마련한 뒤, 조오제께서 앉으시고, 오른쪽에는 로짜와 갸·쬔뒤쎙게(精進獅子)를 위시한 티베트 사람들이 자리하고, 왼쪽에는 빤디따 비르야짠드라(Viryacandra, 精進月) 등의 인도 사람들이 자리를 잡았다. 가운데 첫 줄 앞자리에는 서인도의 국왕

---

31 팍빠씽꾼(ḥPhags pa śiṅ kun, 聖一切樹園塔)은 티베트 사람들이 부르는 대탑의 이름이다. 그들의 전승에 따르면, 성스러운 용수보살(龍樹菩薩)께서 삭발한 뒤 그것을 사방에 뿌리시며, "더없이 뛰어난 이 보탑(寶塔) 주변에 온갖 수목들이 모두 자라나게 하소서!"라고 기원한 원력에 의해서, 뒷날 온갖 종류의 나무들이 자라난 까닭에 붙여진 이름이라고 한다.

싸이쌈가(Saḥi saṃgha)의 자리를 안치하고, 그를 앉게 하였다. 또한 위신이 서도록 제일 먼저 조오제에게 감자당(甘蔗糖)과 소식자(素食子, gtor dkar)를 올리게 하였다.

그 뒤에 티베트의 서부 응아리(阿里)에서 온 사절단의 대표 셋이 또한 환영의 예물을 올리면서, '아름다운 용 무늬가 새겨진 이 흠결 없는 자완(瓷碗)은 다리가 길고 견고하고, 값은 황금 다섯 냥이 나가는데 여기에 적황색의 맛있는 차를 가득하게 채워서 올리옵니다. 용 무늬가 새겨진 황금 다섯 냥이 나가는 이 자완에 담긴 차를 또한 마시면 언변이 뛰어나게 되고, 지혜가 출중하게 되고, 발걸음이 재빨라지는 여의수(如意樹)의 정화가 담긴 것으로 관상(觀想)한 뒤, 거룩한 스승이신 당신께 올리옵니다.'라고 기원하자, '지금 내가 또한 꽃을 뿌려서 상서로운 인연이 모인 이 자리를 축하한다.'고 말하였다.

사절단의 대표 여섯 명이 통뫼룽쏙(mThoṅ smon rluṅ gśog, 意願風翼)이라 부르는 준마 한 필을 조오제께 바치니, 이 백마 위에 앉으면 수레와 같이 편안하고, 달리면 바람과 같고, 바라보면 마음이 흐뭇하고, 범천의 아거(鵝車)와 같은 준마였다. 또한 이마에 터키석 하나와 금덩어리 하나와 진주 목걸이 하나를 각각 장식하고, 말고삐와 머리 장식에는 또한 코끼리와 물소와 준마 등의 갖가지 모양을 한 보석들로 치장하고, 꼬리에는 오색의 비단을 붙들어 매고, 안장과 방석도 또한 아름다운 장식물로 꾸민 다음 그 위에 부드럽고 푹신한 방석을 올려놓았다. 말고삐도 또한 흰 비단으로 만들었다. 또한 사절단의 다른 우두머리 다섯 명도 또한 흰 비단 피륙 하나씩을 조오제께 헌상하였다.

그때 아띠쌰 존자께서, '이 모든 인연이 매우 상서롭다. 이 자완과 이 정화의 둘이 모인 이 음료를 무엇이라 부르는가?'라고 말하자, 로짜와가 답하길, '이것은 차(茶)라고 합니다. 티베트 출가자들이 마시는 음료입니다. 이 나무를 먹는다고는 듣지 못했으나, 끓여서 그 물을 마십니다. 이것의 효능에는 여러 가지가 있습니다.'라고 하였다. 조오제께서, '이것은 티베트 출가자들의 복덕으로 이루어진 물건으로 보이고, 완전무결하다.'라고 칭찬하였다. 그 뒤 낮에 삼보님께 올린 공양물을 대전(大殿)에 차린 뒤 공양을 성대하게 올렸다. (중략) 그 뒤 팍빠씽꾼에 국왕이 생활용품들을 풍족하게 공양하였다."[32]

또한 조오제께서 네팔에 1년 동안 머물면서 활동한 행적들을 위의 침·탐째켄빠의 『아띠쌰대전기』에서 다음과 같이 전하고 있다.

"그 뒤 길을 출발해서 드디어 네팔의 한 변경 지방에 도착하였다. 그곳의 무식한 왕이 말하길, '조오제에게 전단(栴檀)으로 만든 아름다운 작은 의자가 있는데, 그것을 자기에게 달라.'고 하였다. 조오제께서, '내가 티베트에서 쓰려고 가져가는 것이다.'라고 말하고 주지 않았다. 다음 날 왕의 아들이 몇몇 사람을 보내면서 도적들을 데려오라고 하였다. 조오제께서, '내일 저 으슥한 산간에서 이것을 빼앗으려고 한다.'라고 말하였다.

32 『조오제뺄댄아띠쌰이남타르까담파최(噶當祖師問道語錄)』의 「조오제이남타르람익최끼중내(大恩人傳記·旅程記)」, pp.257~259.

다음 날 그곳에서 [길가에 숨어 있는] 도적들을 만났을 때 조오제께서 땅에 진언을 불어넣은 뒤 먼저 갔다. 일행이 뒤에서 따라갈 때 도적들이 좌우의 길가에 숨어서 화살을 겨누고 있었으나, 두려움에 싸여 눈을 크게 뜨고도 보지 못하였다. 언덕에 도착한 뒤 모래에 진언을 불어넣고 뿌리자 비로소 일어나서 갔다고 하였다. 이것은 따라불모(多羅佛母)의 도적을 결박하는 법을 아는 것이라고 하였다.

그 뒤 네팔에 도착하였을 때 로짜와 갸·쬔뒤쎙게(精進獅子)가 병이 들었다. 조오제께서, '자네에게 무슨 일이 있었는가?'라고 묻자 말하길, '달리 한 것이 없고, 외도에게 주문(呪文) 하나를 청했고, 사례로 주기로 한 황금 가운데 조금 못 준 것이 있어서 그간 모아놓은 황금을 주었으나 받지를 않고, 녹여서 가져오라고 말하기에 사이가 틀어져 다투었는데, [그날 저녁 잠들 무렵 요령(鐃鈴) 소리 같은 것이 댕그랑 하고 들려서 쳐다보니 아무것도 보이지 않았고, 다음날 심장 부근에 철궐(鐵橛 : 작은 쇠막대기)이 있었으며] 그 뒤부터 몸이 불편하게 되었습니다.'라고 했다. 조오제께서, '일반적으로 그와 같은 것을 청한 것은 좋지 않다. 왜 나에게 말하지 않았는가? 나에게 방편이 있는데.'라고 말한 뒤, '가피를 내리자 곧바로 몸에 감응이 있었다.'라고 하였다. [조오제께서 저주를 행한 외도의 흉신들을 곤봉으로 압박하자 그 흉신들이 심장을 가지고 달아나 붙잡지 못하였다.] 그곳에서 갸·로짜와가 숨을 거두고 말았다. 네팔의 풍속에는 집에서 사람이 죽으면 그 사람의 재물을 집주인이 가져가므로 그날 저녁 강가에서 노숙하며 지냈다. 그날 저녁이 지나 그의 물건들 대부분을 도로 찾았다. 경전들 대부분을 네팔의 후원자에게 맡겨놓았으며, 그 가운데 조오제와 갸·로짜와 둘이서 번역한 『근본타죄광주(根本墮罪廣註)』[33]도 또한 남겨놓았다가 후일 가져가니 티베트에서 번역된 법보다 번역이 더 잘 되었다고 하였다.

그와 같이 뛰어난 로짜와가 목숨을 잃자 조오제께서, '내가 티베트에 가도 의미가 없다. 나의 혀가 끊어져서 이익이 없다. 티베트의 전반에 갸·쬔뒤쎙게(精進獅子)가 목숨을 잃지 않게 하는 복덕조차 없다.'라고 탄식하자, 낙초·로짜와가, '스승님, 그와 같이 말하지 마세요. 티베트에는 대역경승 린첸쌍뽀(寶賢)와 응옥·렉빼쎼랍(妙慧)과 마·게왜로되(善慧)와 쿠뙨·쬔뒤융둥(精進堅固) 등을 비롯한 뛰어난 역경사들이 많이 있습니다. 저 또한 통역을 조금 할 수 있으니, 너무 상심하지 마십시오.'라고 말씀드리자, 조오제께서, '친교사와 아사리와 높은 자의 슬픔을 낮은 자와 제자가 없애지 못한다. 우리 인도에서는 빤디따의 슬픔을 없애는 것을 요기(瑜伽師)가 행하고, 유가사의 법의 뒷심을 빤디따가 행한다. 그렇지만 로짜와 그들 모두보다 네가 더 좋으니, 내가 또한 특별히 가르쳐 줌으로써 충분하다.'라고 말하였다.

그 당시 동인도의 나야빨라(Naiyapalā) 법왕에게 보낸 서신[『보살보만(菩薩寶鬘)』][34]을 조오제와 낙초·로짜와가 함께 티베트어로 번

---

33 『근본타죄광주(根本墮罪廣註)』의 원명은 "짜왜뚱왜갸체르델빠당담칙탐째뒤빠셰자와슉쏘(rTsa baḥi ltuṅ baḥi rgya cher ḥgrel pa daṅ dam tshig thams cad bsdus pa shes bya ba bshugs so)"이며, 『조오제뻴댄아띠쌰이쑹붐(阿底峽卷 : 噶當派藏文孤本叢刊)』[중국장학출판사] 등에 실려 있다.

34 서신[『보살보만(菩薩寶鬘)』]은 본래 동인도의 나야빨라(Naiyapalā) 법왕에게 보낸 서신이지만, 그 내용이 보살이 로종(Blo sbyoṅ, 修心)을 닦도록 권하고 있으므로 후일 제자들이 내용을 정비한 뒤, 책명을 "보살보만(菩薩寶鬘, Byaṅ chub sem dpaḥi nor buḥi phreṅ ba)"이라 붙였다. 『조오제뻴댄아띠쌰이쑹붐(阿底峽卷 : 噶當派藏文孤本叢刊)』[중국장학출판사] 등에 실려있다.

역하였다.

그 뒤 네팔 올카(Ḥol kha) 지역에서 [귀머거리] 상좌 왼빠(Ḥon pa)가 요청하고, 조오제의 친구의 후원으로 한 달간 그곳에 머물렀다. 그때 상좌 왼빠가 조오제에게 밀교의 법이 아닌 바라밀다의 전통의 일상에 닦는 행법(行法)을 수록한 가르침을 청하였다. 그가 밀법을 믿지 않았으나 진언과 바라밀의 두 법에 의지해서 깨달음을 성취하는 방법이 있다고 말한 뒤, 『섭행등(攝行燈, sPyod bsdus sgron ma)』[35]을 저술하였고, 그것을 또한 조오제와 낙초·로짜와가 함께 티베트어로 번역하였다.

그 뒤 탐비하르(Tham Vihār)라고 부르는 사원을 창건하였다. 보통 비하르에는 둘이 있는 가운데 라자비하르(Rāja Vihār) 하나가 있었는데, 왕이 건립해서 그렇게 부른다. 그 안에서 응옥·린첸걜챈(rṄog Rin chen rgyal mtshan, 寶幢)이라 부르는 본관이 서부 응아리(阿里)의 궁탕(Guṅ thaṅ)이고, 고향이 중앙 티베트인 위빠(dBus pa)이며, 통역도 조금 아는 그가 『도제중와(rDo rje ḥbyuṅ ba)』와 『쭉도르구빠(gTsugs tor dgu pa)』와 『캄쑴남빠르걜왜낄코르기초가(Khams gsum rnam par rgyal baḥi dkyil ḥkhor gyi cho ga)』와 『뙤델(sTod ḥgrel)』의 네 전적을 얻었고, 그것을 조오제에게 밀집금강(密集金剛)의 법들을 청문하는 예물로 드렸다.

그 뒤 조오제와 낙초·로짜와가 함께 티베트어로 번역하였으나,

---

35 『섭행등(攝行燈, sPyod bsdus sgron ma)』의 원명은 쬐빠뒤빼된마(sPyod pa bsdus paḥi sgron ma)이며, 『조오제뺄댄아띠쌰이쑹붐(阿底峽卷 : 噶當派藏文孤本叢刊)』[중국장학출판사] 등에 실려 있다.

『뙤델』은 조오제께서 혼자 번역함으로써 좋지 않은 곳이 있었다. 그것은 뒤에 하쭌빠(lHa btshun pa)가 저녁에 본다고 말한 뒤 몰래 적어 넣은 것으로 망율(Maṅ yul)에 놓아두고 티베트에는 가져가지 않았다. 그 뒤 빤디따 붓다쓰리쌴띠(Buddhaśriśanti)와 까마꾸따(Kamakuta) 등이 망율의 쑴도(Sum mdo)의 절에 모셔 와서 비로소 번역하고 교정해서 완결하였다. 뒷날 동인도의 다르마빨라(Dharmapāla)가 사람들을 도우려는 마음으로 오다가 더위를 먹고, 티베트 설산의 물을 마시기 위해서 왔을 때도 또한 개수하여 완결하였다.

그리고 『도제중와』에는 두 가지 이본(異本)이 있었는데, 하나는 카체(Kha che)의 필사본이고 다른 하나는 응옥·린첸걜챈(寶幢)이 네팔에서 구한 필사본이었다. 그것이 번역의 내력이다."[36]

여기서 다른 역사서들을 참고해서 조오제의 네팔에서의 행적을 몇 가지로 정리하면 다음과 같다.

1. 동인도의 나야빨라(Naiyapalā) 법왕에게 보낸 서신[『보살보만(菩薩寶鬘)』]을 조오제와 낙초·로짜와가 함께 티베트어로 번역하였다.
2. 올카(Ḥol kha) 지역의 [귀머거리] 상좌 왼빠(Ḥon pa)의 요청으로 『섭행등(攝行燈)』을 저술하였다.
3. 빤짜마니(Pañca maṇi)라 부르는 지역에 다섯 기의 불탑을 건립하고

36 침·탐째켄빠, 『아띠쌰대전기(阿底峽大傳記)』, pp.130~133.

[낙성식에 해당하는] 선주(善住) 의식을 행하였다. 장소는 오늘날 까트만두(Kathmandu)의 북쪽 근교에 있는 지뜨뿌르페디(Jitpurphedi)라 부르는 마을이다. 이 빤짜마니에 대하여 *JOURNAL OF THE NEPAL RESEARCH CENTER*(VOL. X, 1996)에서, "그들은 외도를 진압하기 위해 4기의 흑탑을 세웠으며, 우빠시까(싸이쌈가)는 '대백탑'이라고 불리는 1기의 길상탑을 세웠다(They built four black stūpas to 'chain' the Tīrthikas; and the Upāsika [Sa'i sang ga] built one very large 'stūpa of good fortune,' called 'The great White Stūpa.')."라고 기술하였다.

4. 당시 네팔의 국왕인 아난따끼르띠(Anantakīrti, 慶喜稱)[아미따야싸쓰(Amitayaśas, 無量稱)]의 후원으로 오늘날 타멜(Thamel) 지역에 쓰탐비하라(Sthamvihāra) 또는 탐비하르(Tham Vihār) 사원을 건립하고, 왕의 아들인 빠드마쁘라바(Padmaprabha, 蓮花光)를 출가시켜 범어와 티베트어를 함께 배우게 하였다. 그는 후일 이 사원의 승원장이 되어 네팔의 불교를 널리 전파하였고, 티베트의 역경사들이 이곳에 머물면서 범어를 익혔다.
5. 로짜와 응옥·린첸걜챈(rṄog Rin chen rgyal mtshan, 寶幢)이 찾아낸 『도제중와(rDo rje ḥbyuṅ ba)』와 『쭉도르구빠(gTsugs tor dgu pa)』와 『캄쑴남빠르걜왜낄코르기초가(Khams gsum rnam par rgyal baḥi dkyil ḥkhor gyi cho ga)』와 『뙤델(sTod ḥgrel)』의 네 전적을 조오제와 낙초·로짜와가 함께 티베트어로 번역하였다.

8) 네팔 탐비하르 사원의 건립과 왕자의 출가

조오제께서 네팔에 1년간 머물면서 행한 여러 가지의 행적 가운데 가장 큰 업적은 네팔의 국왕 아미따야쌰쓰(Amitayaśas, 無量稱)를 설득하여 탐비하르(Tham Vihār) 사원을 건립한 것과 왕자를 출가시킨 것을 들 수 있다. 왕자는 구게(Gu ge) 왕국의 토딩하캉(mTho ldiṅ lha khaṅ)에서 대역경사 린첸쌍뽀(Rin chen bzaṅ po, 寶賢) 문하에서 6년 동안 범어와 티베트어를 학습하고, 또한 낙초 · 로짜와(Nag tsho Lo tsā ba)로부터 가르침을 받음으로써 현밀(顯密)의 모든 가르침에 정통하게 되었다. 또한 그가 탐비하르 사원의 초대 승원장이 됨으로써 당시 인도의 빤디따들과 티베트의 역경사들, 네팔의 승려들이 모여서 불법을 강설하고 청문하는 네팔불교의 중심이 되고, 나아가 네팔과 티베트 양국의 불교 발전에 크게 이바지하였다.

이러한 사실은 12세기 중반 네팔에 와서 불법을 수학했던 착 · 로짜와(Chag Lo tsā ba) 최제뻴(Chos rje dpal, 1197~1264)의 약전에도 나온다. "네팔에 도착한 뒤 마하빤디따(Mahāpaṇḍita) 레벤드라와(Revendraba)를 의지해서 밀집금강(密集金剛)의 팍꼬르(ḥPhags pa skor, 聖者流)와 도제텡와(rDo rje phreṅ ba, 金剛鬘)와 도귀똑빠뒤빠(mDo rgyud rtogs pa bsdus pa) 등을 청문하면서 꼬박 8년간을 머물렀다."[37]라고 함과 같이, 그의 전기(傳記)에는 그가 직접 목격했던 당시 탐비하르 사원에는 티베트에서 온 네 명의 역경사가 수학하고 있었다고 하였으며, 이러한 사실을 알라까 찻또프다야(Alaka Chattopdhyaya)의 *Atīśa and Tibet*에서도, "불교학을 배우는 [말석에서] 12명의 빤디따들과 네 명의 티베트 로짜와(Lo tsā ba)와 21명의 승려와 다른 이들이 있었다."[38]라고 인용하였다.

---

37 『설역역대명인사전(雪域歷代名人辭典, Gaṅs can mkhas grub rim byon miṅ ndzod)』, p.543, 감숙민족출판사, 1992, 蘭州, China.

38 Alaka Chattopdhyaya, *Atīśa and Tibet*, p.323, MOTILAL BANARSIDASS

네팔의 탐비하르 사원을 건립한 뒤 낙성식을 행하고, 왕자가 구게 왕국의 토딩하캉에서 범어와 티베트어를 학습하게 되는 정황을 말하기 전에 먼저 설명할 것이 있다. 바로 네팔 국왕이 탐비하르 사원의 건립을 지시한 뒤에 아띠쌰 존자를 수행해서 구게 왕국에 갔다가 돌아오고, 사원 건립을 마친 후에 사신을 서부 응아리에 파견하여 아띠쌰께 알리고, 낙성식에 참석해서 점안식에 해당하는 선주 의식을 진행해 주기를 청했다는 점이다.

선지식 돔뙨빠(ḥBrom ston pa)의 저술인 『조오제이남타르람익최끼중내(大恩人傳記·旅程記)』에서는 그때의 상황을 다음과 같이 기록하였다.

> "그 뒤 토딩(mTho ldiṅ)의 빼모링(Padmo gliṅ, 蓮花寺)에 도착하였을 때 구호자 아띠쌰 존자께서 네팔의 국왕에게 권유하길, '이제 대왕이시여, 네팔의 땅으로 돌아가시길 바랍니다. [네팔의] 탐비하르라 부르는 인도와 티베트 두 나라 사이를 수호하는 성지로서, 건물이 높고 넓고 모양이 아름답고, 누방(樓房)과 복도의 바닥이 좋고, 황금 32개와 터키석의 기둥에 금시조로 꾸민 여덟 개와 두 개의 유리의 기둥과 함께 전부가 완전하고 경이로운 사원을 건립하십시오. 남쪽의 승방과 주방들도 또한 재료를 풍족하게 사용해서 잘 만들도록 하십시오. 인도와 티베트 출가자들이 공부하는 곳도 잘 만들도록 하십시오. 그와 관련된 중요한 자리와 지세의 관찰과 척도와 필요한 기구들을 제가 모두 준비해 두었습니다.

PUBLISHERS PRIVATE LIMITED, 1967, DNELHI, INDIA.

또한 건립하고 나면 8세 동자 크기의 여래의 불상과 붉은 전단으로 조각한 따라불모(多羅佛母)의 존상과 검은 돌에 조각한 1자 반 크기의 부동여래(不動如來)의 존상과 백전단으로 만든 42비(臂)의 관음상(觀音像)과 정발오불모(頂髮五佛母)[39]의 존상 등을 전부 조성해서 법당 안에 모시도록 하십시오. 지금 왕의 궁전에는 네팔 사람들이 바친 불상이 50구(軀) 정도가 있으니, 그것들도 법당에 모시도록 하십시오. 이것들에 대한 점안과 결계(結界)와 안치하는 모든 것을 위해 빤디따 샌팬쌍뽀(gShan phan bzaṅ po, 利他賢) 외에 두 사람을 더 보냈습니다. 그것을 모두 아홉 달 안에 마치도록 하십시오. 마치는 대로 성대한 점안식에 필요한 물품들의 준비와 절차들을 모두 끝내면 그 즉시 저에게 기별토록 하십시오.' 라고 말한 뒤, 세 명의 빤디따를 네팔의 국왕과 함께 돌아가도록 하였다.

이에 대신 하이왕축(lHaḥi dbaṅ phyug, 天自在)이 법왕에게 급히 사신을 보내서 보고하길, '지금 구호자 아띠쌰 존자께서 토딩의 빼모링(蓮花寺)에 도착해 있고, 네팔의 국왕과 빤디따 세 분을 보내서 아띠쌰의 서원인 탐비하르를 건립하려고 하오니, 속히 빼모링에 오셔서 네팔의 국왕을 환대하시고, 아띠쌰 존자를 맞이하길 바랍니다.'라고 하였다. 법왕 또한 사신이 도착하자마자 승속이 섞인 기마대 300명과 함께 응아리의 빼모링에 도착하였다. (중략)

---

39 정발오불모(頂髮五佛母)는 정발백산개불모(頂髮白傘蓋佛母)와 정발무구불모(頂髮無垢佛母), 정발존승불모(頂髮尊勝佛母), 정발염광불모(頂髮焰光佛母), 정발금강궐불모(頂髮金剛橛佛母)의 다섯이며, 불상 속에 넣은 복장다라니(腹藏陀羅尼)로 사용한다.

특별히 여기서 네팔의 국왕에게 하늘의 천신과 동등한 공양과 칭송하는 말 등을 무수하게 한 뒤, 준마 32마리를 올리고 나서 '오탁악세(五濁惡世)의 이 시절 바른 법이 허다할지라도 또한 잘 나아가는 것들은 대개가 윤회의 법에 지나지 않고, 또한 스승임을 자처하는 이가 허다할지라도 아띠쌰 존자 혼자뿐일진대, 네팔에서 여기까지 모시고 온 것은 훌륭하기 그지없습니다. 먼 길을 오신 발걸음을 위로하고자 이 말들을 올립니다. 생로병사의 거친 강물을 헤아려서, 대왕께서는 사나움을 버리고 이타행을 친근하소서!'라고 축사를 하였다.

이에 네팔의 국왕 아미따야쌰쓰(無量稱)가 또한 크게 기뻐한 뒤 구리 그릇에 황금 300냥을 집어넣고, 그것을 왕자 빠드마쁘라바(Padmaprabha, 蓮花光)에게 준 뒤 법왕에게 올리도록 하였다. 네팔의 국왕이 고축(告祝)하길, '왕의 종성으로 태어나서 몸에는 청정한 계율을 지니고, 불법을 위해 용사의 갑옷을 입고, 세간의 등불 아띠쌰를 티베트에 모셔 와서, 모든 백성을 불법에 안치하니 경이롭기 그지없습니다. 내가 낳은 이 아들을 법왕에게 바치옵고, 선량한 마음이 순금과도 같은, 법왕께서 티베트에 강원을 세우는데, 우선 황금 300냥을 받들어 올립니다. 후일 부처님의 교법이 흥성하고, 나의 아들 또한 법의 학습을 원만하게 성취하고, 아띠쌰 존자 또한 이곳에 오랫동안 머무시고, 저 또한 늘 생각하고 오래도록 돕겠습니다.'라고 하였다.

그 뒤 네팔의 국왕이 세 분의 빤디따와 함께 네팔로 돌아가니, 법왕이 1유순(由旬, 26리) 정도 배웅하였다. 또한 세 분의 빤디따께 선물로 황금 1냥을 각각 드리고, 사원의 건립을 마친 뒤 다시 돌

아와서 빨리 만나자고 인사를 드렸다. (중략)

아띠쌰 존자께서 6개월하고 25일 정도의 기간에 걸쳐서 법왕이 바라는 바를 모두 채워주고 나자, 네팔의 국왕이 빤디따들과 함께 사원의 건립을 마쳤다는 서신이 도착하였다. (중략) 아띠쌰께서 선주 의식을 위해서 잠시 떠날 때, 조오제의 전적들과 [불상과 경전과 불탑의] 삼소의(三所依) 등의 모든 것을 네팔 사람들이 가져가지 못하게 하였다.

그 당시 조오제를 모시고 있던 서인도의 국왕 싸이쌈가(Saḥi saṃgha)와 궁탕빠(Guṅ thaṅ pa)와 엘라다리(Eladhale) 등의 20명의 일행이 적지 않은 보석들을 네팔에 가져가서 점안식에 사용하였다. 또한 [현재 지뜨뿌르페디(Jitpurphedi)라는 지역에다] 외도를 진압하는 4기(基)의 흑탑(黑塔)을 건립하고, 서인도의 국왕 싸이쌈가가 대백탑(大白塔)이라 부르는 1기의 길상탑(吉祥塔)을 건립하였다. 선지식 궁탕빠는 조오제의 전신과 싸이쌈가의 전신을 그린 탱화를 하나씩 제작했고, 또한 법왕 장춥외(菩提光)와 궁탕빠가 곁에 시립(侍立)하여 있는 조오제의 전신을 그린 탱화를 제작하였다. 네팔의 국왕이 조오제를 전별하고, 응아리꼬르쑴(阿里三部)의 백성들이 영접하는 등의 갖가지의 놀라운 광경들을 그려 넣은 탱화도 만들었다. 그와 같이 선주 의식 등의 모든 것들을 22일간에 걸쳐서 완결하였다."[40]

---

40 『조오제이남타르람익최끼중내(大恩人傳記·旅程記)』, pp.278~282.

9) 아띠쌰의 구게 왕국으로의 여정

조오제께서 네팔에 1년간 머물면서 앞에서 설명한 대로 탐비하르 사원을 건립하고, 또 한편 쓰와얌부(Svayambhū, 自生塔) 대탑을 비롯하여 자룽카쑈르(Bya ruṅ kha śor, 失言) 대탑과 코콤(Kokom)의 돌마쑹죈(sGol ma gsuṅ byon, 自說度母)과 나모붓다(Namobuddha)의 딱모뤼진장촙최땐(sTag mo lus sbyin byaṅ chub mchod rten, 捨身救虎菩提塔) 등을 참배한 뒤 티베트를 향해서 출발하였다. 네팔의 국왕 등이 참여한 긴 행렬이 장관을 이루었음을 역사서들을 통해서 알 수 있다.

여기서 티베트로 출발한 인원을 개략적으로 헤아려보면, 본래 조오제와 함께 인도에서 출발한 빤디따 싸이닝뽀(Saḥi sñiṅ po) 등을 비롯한 20명이 넘는 인원과 조오제를 사모하여 찾아온 서인도의 국왕 싸이쌈가와 네팔의 국왕과 왕자와 그들의 수행원들, 또한 티베트의 법왕이 파견한 사신들을 합쳐 근 500명에 이르는 대규모의 인원이 말에 올라 네팔의 까트만두(Kathmandu)를 출발한 것으로 보인다.

그때의 광경을 선지식 돔뙨빠(ḥBrom ston pa)의 저술인 『조오제이남타르람익최끼중내(大恩人傳記·旅程記)』에서 다음과 같이 기록하였다.

> "그 뒤 서부 응아리 토딩하캉의 황금 법당에 대신 하이로되(lHaḥi blo gros, 天慧)가 열 명의 기마대를 이끌고 도착한 뒤, 법왕 장춥외(菩提光)에게 보고를 올렸다. '일체지자(一切智者)이신 조오제께서 네팔에 도착하자, 네팔의 국왕을 위시한 네팔의 고위층 인사들 대부분이 말과 수레와 코끼리와 병사와 가수와 무희와 악공과 시인과 국왕과 왕자와 공주와 각양의 공양하는 시녀들이 북과 대북과 요고(腰鼓)와 비파와 피리와 나팔 등의 온갖 악기들을 연

주하며 맞이하고, 그들을 안내하고 공양하고 받든 일은 과거 부처님에게도 또한 그와 같은 일이 있지 않았다고 합니다.

특히 네팔의 왕자가 출가한 뒤 법명을 하이왕뽀(lHaḥi dbaṅ po, 天主)라고 하였으며, 그뿐만 아니라 네팔의 국왕과 왕자의 기마대와 함께 조오제를 모시고 티베트에 왔습니다. 또한 조오제께서 타고 온 통묀(mThoṅ smon)이라 부르는 코끼리를 까트만두의 들판에 탐비하르 사원을 건립하고, 인도와 네팔의 출가자들을 위한 업무용으로 네팔의 국왕에게 기부하였으며, 국왕 또한 자기 아들을 위시한 재물 모두를 아띠쌰 존자에게 드렸습니다. 그들이 지금 마팜유초(不敗碧湖)의 호숫가에 도착해 있습니다.

또한 일체지자(一切智者)의 일행으로는 하늘이 땅을 덮음과 같은 위대한 빤디따(智者) 셋과 궁탕빠를 위시한 계정혜(戒定慧)의 삼학에 달통한 삼장법사(三藏法師) 30명과 특별히 싸이쌈가라 부르는 서인도를 통치하는 국왕이 있으니, 그는 무력이 고강하고 위세가 드높고, 의지가 맹렬하고 믿음이 크고, 세상을 통치하는 강력한 자가 국정을 가래침처럼 버린 뒤, 아띠쌰의 깊은 서원을 격발하는 역할을 하기 위해 왔습니다. 그의 휘하에 왕의 왕들 또한 들어오고 순종하는 그의 위력에 눌려서 네팔의 국왕 또한 그의 둘레를 돌고 절을 합니다.

요약하면, 조오제를 맞이하고 호송하는 400명의 기마대와 25명이 지금 마팜유초(不敗碧湖)의 호숫가에 머물고 있습니다. 수많은 티베트의 유목민들이 공양을 올리고 받들어 모시고, 법을 간청합니다. 일체지자의 몸은 보아도 싫증이 나지 않기에 그를 믿음과 존경으로 우러러봅니다. 세간의 모든 이들의 마음을 사로잡는 그의 음성을 공손하게 듣고 있으며, 또한 그의 몸과 스치는 것만으로도 번뇌의 열독이 소멸하기에 사람들이 계속 모여들고 있습니다. 멀지 않아서 또한 토딩하캉의 황금 법당에 도착할 것이오니, 법왕께서는 마음을 기쁘게 가지시길 청합니다.'"[41]

여기서 조오제의 여행 경로를 알라까 찻또프댜야(Alaka Chattopdhyaya)의 *Atīśa and Tibet*의 논설 등을 참고해서 더듬어 보면 다음과 같다.

먼저 조오제 일행이 수도 까트만두를 출발해서 북쪽 근교의 빤짜 마니(Pañca maṇi) 마을[오늘날 지뜨뿌르페디(Jitpurphedi)]을 지난 뒤, 그곳에서 그리 멀지 않은 지역인 누와꼬뜨(Nuvākoṭ)에서 대기하던 법왕 장춥 외(菩提光)가 파견한 사절단과 합세하였고, 여기서 과거 네팔과 티베트의 무역 통로를 따라 티베트에 들어가는 관문인 서쪽의 빨빠(Palpa)로 향한다. 이곳은 앞에서도 언급한 [귀머거리] 상좌 원빠(Ḥon pa)의 요청으로 『섭행등(攝行燈)』을 저술한 곳인 올카(Ḥol kha)를 포함하는 지역이자, 오늘날 안나뿌르나(Annapurna) 산행의 출발점이 되는 네팔 서부의 포카라(Pokara) 권역에 포함이 된다.

여기서 설산 안나뿌르나의 묵띠나트(Mugtinath) 성지에 도착해서 참배한 뒤, 다시 다울라기리(Dhaulagiri) 설산 뒤편을 경유해서 네팔과 티베트의 국경 도시인 망율(Maṅ yul)로 가서 그곳에서 제법 오랫동안 머물게 된다. 보통 궁탕빠(Guṅ thaṅ pa)라 부르는 낙초·로짜와(Nag tsho Lo tsā ba)의 고향인 궁탕(Guṅ thaṅ)도 이 유서 깊은 국경 도시에 속하고, 불교의

41 『조오제이남타르람익최끼중내(大恩人傳記·旅程記)』, pp.271~273.

역사적 유물들이 많이 산재해 있는 지역이기도 하다. 역사서에 따르면 조오제의 일행이 여기서 1년간 머물렀던 것으로 기록하고 있으나, 그것은 인도로 돌아갈 때 전란으로 길이 막혀서 1년을 머문 것이고, 티베트에 들어갈 때는 법왕 장춥외가 학수고대하고 있는 상황이라 길지 않게 얼마간 머문 것으로 보인다.

또한 티베트의 역사서들에서는 그곳에서 있었던 조오제의 행적을 기록하고 있으니, 침·탐째켄빠의 『아띠쌰대전기』에 의하면, "그 뒤 망율에 도착하였다. 낙초·로짜와가 후원을 해서 그곳에서 1년간 머물렀다. 그때 조오제께서, '티베트에는 추또르(Chu gtor, 水食子)[42]의 전통이 있는가, 없는가?'라고 물었다. 답하길, '문수불모(文殊佛母) 등이 있다.'라고 하였다. 조오제께서, '그것은 사속(事續)의 여섯 진언과 여섯 수인(手印)으로 행하는 것이니, 청결하게 행하는 것이 필요하다. 그것이 티베트에는 없으니, 그것보다 쉬운 것이 하나 있다.'라고 말한 뒤, 궁탕의 카모다마동(Kha mo dga ma gdoṅ)이라는 곳에서 『찹또르잠충마(Chab gtor ḥjam chuṅ ma)』를 지으셨다. 현재는 디빰마(Dīpaṃma)라 부른다."라고 하여, 그곳에서 디빰마라 부르는 추또르 의식을 새롭게 저술하였다고 하였다.

그 뒤 망율에서 서쪽으로 나아가 따지빨리(Tajipali)의 사원과 줌라(Jumla) 지역을 통과하여 까르날리(Karnali) 강을 따라서 코차르나트(Khocharnath)에 도착하였다. 이때가 우기(雨期)였기 때문에 여행을 멈추고, 우기가 끝날 때까지 이곳에서 지냈다고 하였다. 또한 알라까 찻또프다야의 *Atīśa and Tibet*에서는, "그러므로 티베트 사람들이 코차르

---

42 추또르(Chu gtor, 水食子)는 구리로 만든 그릇에 물과 우유와 보릿가루로 먹을 수 있게 만든 작은 환(丸) 등을 넣은 뒤 신들에게 공양하는 의식을 말한다.

(Khochar)라 부르는 코차르나트(Khocharnath) 그곳에는 유명한 코차르나트 사원 또는 그냥 코차르 사원이 있었다. 티베트 사람들이 이 사원을 특별히 성스럽게 여기게 된 이유 가운데 하나가 디빰까라쓰리즈냐나(吉祥燃燈智)가 이곳에서 우기를 보냈기 때문이다."[43]라고 기술한 것에 근거한 것이다.

우기가 끝난 뒤 코차르나트를 출발해서 서쪽으로 나아가 딱라꼬뜨(Taklakot)에 도착한 후, 다시 서북쪽으로 나아가서 강린뽀체(Gaṅs rin po che)[까일라쉬(Kailash)] 설산 아래 있는 호수 [티베트 말로 마팜유초(Ma pham gyu mtsho, 不敗碧湖)라 부르는] 마나싸싸로와라(Manasasarovara)에 도착하였다. 『강까르띠쎄당마팜유최내익(神山聖湖志)』에서는 여기서 아띠쌰의 일행이 점심을 든 전설에 대해, "그 뒤 조오제 길상연등지(吉祥燃燈智)를 응아리(阿里)의 법왕 장춥외가 구게에 초청했을 당시 띠쎄(Ti se) 설산의 앞쪽 카이탕(Khaḥi thaṅ)에 도착하였다. 그때 조오제께서 말하길, '띠쎄 설산에서 아라한 상좌들에게 점심을 알리는 간디(打板)를 울리는 소리가 들린다. 그러니 우리도 또한 궁기도(Guṅ gi dro : 中食)를 들자.'[44]라고 하였다."라고 전하였다.

또한 『아띠쌰대전기』에서도, "그 뒤 뿌랑(Pu raṅs)에서 서북쪽으로 나아가 호수 마팜유초(不敗碧湖) 앞에서 점심을 들게 되자, 조오제께서 호숫가에 가서 쪼그리고 앉았다. 낙초·로짜와가 옆에서 여쭙길, '무엇을 하시는 겁니까?'라고 하자, 답하시길, '아귀에게 물을 공양한다.'라고

---

43 Alaka Chattopdhyaya, *Atīśa and Tibet*, p.326.

44 『강까르띠쎄당마팜유최내익(Gaṅs dkar ti se daṅ Ma pham gyu mtshoḥi gsans yig, 神山聖湖志)』, p.17, Chos ṅag, 西藏人民出版社, 拉薩, China.

하였다. 로짜와가, '그 가르침을 저에게도 알려주십시오.'라고 청하자, 그곳에서 카싸르빠니(Kasarpaṇi, 관음의 종류)의 수시(水施) 의식을 지어서 주었다."[45]라고 하였다.

그 뒤 마팜유초를 출발해서 서쪽으로 나아서 마침내 법왕 장춥외의 구게 왕궁에 도착하니, 법왕 장춥외와 신하와 백성들이 나와서 성대하게 맞이하였다. 그때의 광경을 『응아리꼬르쑴기응왼중로귀(雪域西部阿里廓尔松早期史)』에서 다음과 같이 기록하였다.

> "그때 법왕 장춥외가 300마리의 백마에 백의를 걸친 300명의 사람들에게 일산(日傘)과 깃발과 보번(寶幡) 등의 갖가지 법구들을 들려서 맞이하기 위해 나왔다. 그와 같이 춤과 노래를 부르고, 갖가지의 악기들을 연주하고, 갖가지의 길상의 축가들을 부르면서 정중하고 성대하게 환영하고 맞이하였다. 그 당시 이전에 없었던 황동으로 만든 긴 나팔을 새로 제작해서 조오제를 맞이할 때 우렁차게 불었다. 그 뒤부터 이 긴 나팔을 부는 풍습이 생겨났고, 그 나팔은 아사리를 초청하는 대나팔(大喇叭, Rag duṅ)이라 알려졌다. [오늘날에도 각처에서 사용하고 있다.]"[46]

이렇게 조오제께서 인도에서 출발하여 여기까지 오는 데 무려 3년의 세월이 걸렸다. 이러한 사정을 괴·로짜와(ḥGos lo tsā ba, 1392~1481)의 『뎁테르응왼뽀(Deb ther sṅon po, 青史)』에서, "아띠쌰 존자께서 탄생한 해가 임

45 침·탐째켄빠, 『아띠쌰대전기(阿底峽大傳記)』, p.134.

46 『응아리꼬르쑴기응왼중로귀(雪域西部阿里廓尔松早期史)』, pp.53~54.

오년(壬午年, 982년)인 까닭에 세수 쉰아홉이 되던 경진년(庚辰年, 1040년)에 인도에서 출발하여, 신사년(辛巳年, 1041년) 그해에는 네팔에 머물렀으며, 응아리에는 임오년(壬午年, 1042년)에 도착하였다."라고 기술하였다.

10) 아띠쌰의 티베트 도착과 법왕 장춥외의 환대

마침내 3년의 긴 여정 끝에 아띠쌰 존자와 일행들이 구게 왕국에 도착하자, 법왕 장춥외(菩提光)와 신하들은 물론이거니와 응아리꼬르쑴(mṄaḥ ris skor gsum, 阿里三部)의 백성들이 구름처럼 몰려나와, "숙질 사이인 두 법왕의 인물과 재물과 식량의 셋을 고갈시킨 그 빤디따가 어떻게 생겼는지 나는 보아야 한다."라고 소리치면서 길거리를 가득하게 메웠다.

그때 법왕 장춥외와 신하들과 백성들이 준마 통묀룽쏙(mThoṅ smon rluṅ gśog, 意願風翼) 위에 계신 불교의 법주이자 인천(人天)의 큰 공양처(供養處)이신 구호자 아띠쌰 존자를 성대하게 맞이하니, 그때의 광경은 참으로 장엄하기 그지없었다. "마치 33천(天)[도리천(忉利天)]의 천왕과 같은 네팔의 국왕 아미따아쌰쓰(無量稱)와 그의 100명의 기마대가 조오제를 에워싸고, 또한 로짜와 궁탕빠(Guṅ thaṅ pa) 등의 삼장법사 35명이 빤디따의 복장을 한 채 말을 타고 에워쌌다. 특별히 빤디따 섄팬쌍뽀(gShan phan bzaṅ po, 利他賢)가 조오제의 오른쪽에, 빤디따 비르야짠드라(Viryacandra, 精進月)가 왼쪽에서 자리하고, 빤디따 예시된마(Ye śes sgron ma, 智燈)와 서인도의 대왕 싸이쌈가(Saḥi saṃgha)가 앞뒤에서 호위하는 등 500명의 말을 탄 일행이 에워싼 가운데 조오제께서 태양처럼 빛났다."라고 하였다.

아띠쌰 존자를 융숭하게 맞이하고 환대한 광경을 돔뙨빠(ḥBrom ston pa)의 저술인 『조오제이남타르람익최끼중내(大恩人傳記·旅程記)』에서 다음과 같이 기록하였다.

"그 뒤 아띠쌰의 일행이 구게에 도착하자 법왕의 기마대 300명이 맞이하였다. 모두가 흰옷을 입었고 장신구들 또한 전부가 흰색이었다. 대신 하이왕축(lHaḥi dbaṅ phyug, 天自在)과 하이로되(lHaḥi blo gros, 天智)와 하이쎼랍(lHaḥi śes rab, 天慧)과 하이씨진(lHaḥi srid ḥdzin, 天執政)의 넷이 맞이하는데 각자의 둘레를 흰 깃발과 창을 든 16명의 경호원이 에워쌌다. 그 밖의 사람들은 또한 작은 보번(寶幡) 하나씩과 수기(水旗)와 일산(日傘) 20개와 비파와 피리의 아름다운 소리를 울리고, 모든 사람이 또한 한목소리로 '삼보님께 귀의하옵니다!'를 낭송하고, '티베트에서 불법이 융성하게 하소서!'라고 외치고, '아띠쌰에 반대하는 모든 원적을 내가 무찌르겠다.'라고 용맹함을 과시하고, 모두가 말에서 내리지 않고 둥글게 열을 짓고, 그 가운데 아띠쌰의 일행을 모신 뒤, 모든 사람과 말의 머리를 안으로 구부려 예를 표하였다.

네 명의 대신이 가운데에 나와서 과거 티쏭데짼(Khri sroṅ lde btsan) 법왕 시절에 친교사 보디싸따(Bodhisatva)인 쌴따락시따(Śantarakṣita, 寂護) 앞에서 총명한 대신들이 길상의 축가(祝歌)를 불렀던 것과 같이 이와 같이 환영의 노래를 불렀다.

로(Lo)는 문공(聞空)[47]의 아름다운 곡조라네.

---

47 문공(聞空, Grag stoṅ)은 귀에 들리는 소리와 이식(耳識)의 자성이 공(空)하여 차별이 없는 문공일여(聞空一如, Grag stoṅ dbyer med)의 뜻이다.

아(A)는 남이 없는 무생(無生)의 본성이라네.
레(Le)는 현공쌍운(現空雙運)[48]의 곡조라네.
마(Ma)는 자애가 유정을 두루 덮음이라네.
로데(Lo de)는 그것을 꼭 마음에 새김이라네.
아롤라(A lo la)는 무생(無生)이나 또한 이 이야기를 들으소서!
당신은 인도에서 오신 학문과 성취를 얻은 빤디따
뜻대로 이루는 여의주(如意珠)와 같으신데
티베트의 기원처(祈願處)로 오시오니 은혜가 크옵니다.

인도 같은 법의 재물이 여기에는 없사오나 또한
여름에는 혹서가 없고 청량한 샘물이 흘러나오고,
겨울엔 혹한이 없고 뿌랑의 산맥이 둘러싸 따사롭고
봄에는 춘궁이 없고 갖가지 곡식이 넘쳐 풍족하고,
가을은 길상하고 즐거우니 전단의 푸른 잎이 빛나는 정토와 같은데
백 번을 생각해도 빤디따 당신께서 여기 오심은 상서롭기만 하나이다.

스물아홉 대천(大天) 같은 달이 저물어도
법왕은 투명한 하늘의 태양처럼 머물고,
백성은 복덕을 쌓아 법왕의 위세 아래 행복하고

---

48 현공쌍운(現空雙運, sNag stoṅ zuṅ ḥjug)의 뜻은 사물은 출현해도 그 자성이 공(空)하고, 자성이 공(空)해도 사물이 출현함이 성립함으로써, 현분(現分)과 공분(空分)이 서로 배척하지 않고 양립하는 이치를 현공쌍운이라 한다.

법왕이 복덕을 쌓아 사방의 적들을 발아래 둔,
이 시절 빤디따께서 이 정토에 오심으로 복덕을 쌓으니
나는 저 위쪽의 금강의 암벽처럼 굳건하고,
나는 저 아래쪽의 수미산과 같이 견고하고
나는 굳센 의지력의 법왕과 한 짝을 이루니,
몸의 발바닥에서부터 범천의 하늘 아래까지
이 모두를 공경한 마음으로 스승님 당신께 바치옵니다.
거룩한 당신이 무슨 사업을 원하든 제가 이루겠나이다!

이것이 지금 때맞춰 오신 스승님께 드린 문후이며
저기 응아리(阿里)의 뻴기하캉(dPal gyi lha khaṅ)은
당신의 즐겁고 행복한 고향이니, 어서 오시옵소서!
법왕 장춥외는 제석천왕처럼 머무르고
대신은 제석의 신하처럼 그를 섬기며 혁혁하게 머뭅니다.
로(Lo) 아(A) 레(Le) 마(Ma) 로데(Lo de) 아롤라(A lo la) 로(Lo) 라(La)

대신들이 300명의 기마대와 함께 주위를 에워싸고, 아띠쌰의 귓가에 아름다운 곡조의 길상가(吉祥歌)를 불렀다."[49]

또 다른 역사서에 의하면, 아띠쌰 존자와 일행을 토딩뻴기하캉(mTho ldiṅ dpal gyi lha khaṅ)의 황금 사원으로 모시고 법왕 장춥외께서 황금 등의 예

49 『조오제이남타르람익최끼중내(Jo bo rjeḥi rnam thar lam yig chos kyi ḥbyuṅ gnas shes bya ba bshugs so, 大恩人傳記·旅程記)』, pp.266~268.

물들을 성대하게 올린 뒤, 티베트 유정들의 이익을 위해서 먼 길을 오신 것에 대하여 감사드리고 또한 안부를 여쭈었다고 한다. 그때의 광경을 침·탐째켄빠의 『아띠쌰대전기』에서 다음과 같이 기술하였다.

"그때 법왕 장춥외께서 조오제께 다음과 같이 문후(問候)를 여쭈었다.

'에마호! 지존하신 큰 스승님께서 친히
남쪽의 네팔에서 티베트에 오셨나이다.
길은 멀고 험하니 오시면서 몸은 괴롭고
사대가 모인 옥체에 병환이 없었나이까?
몸은 편안하고 불편한 데는 없었나이까?
몸·말·뜻 셋에 해로움은 있지 않았습니까?'

또한 조오제께 모든 티베트 사람들이 양해하여 주시길 청하오니, '우리 티베트 사람들 대부분은 스승님을 가까이하지 못한 탓에 제 마음대로 말하고, 야만적 행동을 순화하지 못한 자들이니, 아띠쌰 존자께서 그들을 헤아려 주소서!'라고 하였다.

그 뒤 법왕께서 선지식 낙초·출팀걜와(Tshul khrim rgyal ba, 戒勝)에게도 양해를 구하니, '아사리 낙초·출팀걜와의 앞에서, 제가 큰 희망을 품고 서원을 청하였는바, 그것을 가슴에 품고 남쪽의 네팔 땅에 갔으니, 허다한 어려움을 겪게 한 것을 용서하소서!'라고 말하였다.

그 뒤 자기 자신이 어려움을 겪으면서 초청한 스승님께서 티베트에 큰 이익을 주시길 청하는 발원을 다음과 같이 행하였다.

'에마호! 나 비구 장춥외가
항상 사모하는 스승님을 모셨으니,
티베트의 전역에 이 성인(聖人)의
가르침을 전파하고 융성하게 하소서!'

위와 같이 서원을 발한 뒤 법왕 장춥외께서 조오제께 청하길, '티베트의 땅에 깊고 심오한 법과 희유하고 경이로운 법보다도 업과(業果)의 법으로 지켜주소서!'라고 하였다.

이에 조오제께서 크게 기뻐하신 뒤 말씀하시길, '극히 심오한 법은 오로지 인과의 법이니, 본존의 존안을 친견하는 것보다 인과의 법에 확신을 얻으면, 그것이 최상이 된다. 예전에 염마적(閻魔敵)을 닦는 요기(瑜伽師)가 본존을 친견함으로써 [자만심이 생겨], 나는 「이것에 의뢰해서 [윤회 세계에] 다시 오지 않는다.」라고 생각한 뒤, 승가의 물건들을 조금 멋대로 사용하여 그 과보로 염마적의 모습을 한 아귀로 태어난 것과 비끄라마씰라(戒香寺)의 한 행다승(行茶僧)이 승가의 그날의 차담공양(茶啖供養)을 아침에 바꾸어 버린 뒤, 그날 저녁에 아귀로 태어난 것과 한 상좌(上座)가 승가를 압박해서 쌀 한 되 반을 멋대로 사용함으로써, [가래침도 주워 먹기 힘든] 복 없는 아귀로 태어난 고사들을 많이 설명한 뒤, 티베트를 업과의 법으로 수호할 것을 약속하였다.'라고 하였다."[50]

---

50 침·탐째켄빠, 『아띠싸대전기(阿底峽大傳記)』, pp.134~136.

11) 아띠쌰와 티베트 선지식의 법담

또한 그 당시 중앙 티베트의 위(sBus)와 짱(gTsaṅ)의 선지식들이 서부 응아리(阿里) 지역에 대거 모여들어 조오제를 친견하고 법문을 청함과 동시에 각자가 지닌 법의 의심을 결단하였으니, 그와 같은 사정을 침·탐째켄빠의 『아띠쌰대전기』에서 다음과 같이 기술하였다.

> "그 당시 위와 짱의 뛰어난 선지식들 또한 조오제의 뒤를 따라서 응아리에 와서 붓다의 가르침으로부터 시작해서 조오제에게 어떤 견해를 지니고 있는지를 물었다. 조오제께서 답하시길, '그대는 어떤 견해를 가지고 있는가?'라고 물었다. 또한 '그것에 대한 고사처럼 중관·유식 등의 어떤 견해를 지니든지 간에 나는 또한 그것을 인정한다.'라고 말한 뒤, '그것을 논증하는 능립(能立)의 성언(聖言)과 정리(正理) 이것이 있으니, 그것은 매우 훌륭하다.'라고 모두에게 말하였다.
>
> 그때 응아리 출신으로 서부 티베트의 응아리꼬르쑴(阿里三部)에서 지혜가 예리하기로 이름난 로되쎌와(Blo gros gsal ba, 慧明)가 묻기를, '조오제께서는 자신의 견해를 말하지 않고 모두에게 똑같이 말하는 것은 무슨 까닭입니까?'라고 하자, 답하시길, '나 또한 부처님을 따라서 배우는 비구이다. 교화 대상의 사유와 일치하게 답을 한 것이다.'라고 말하였다.
>
> 또한 메쭌·왼땐쎄랍(rMe btsun Yon tan śes rab, 德慧)이 묻기를, '그러면 조오제 자신의 견해는 어떤 것입니까?'라고 하자, 답하시길, '나는 주장하는 것이 없다.'라고 하였다. 그러자 그가 묻기를, '승의(勝義)에서는 주장하는 것이 있지 않을지라도 속제(俗諦)에서

는 어떻게 승인하는지를 말해 주십시오.'라고 청하자, 답하시길, '눈이 흐릿한 환자가 머리카락을 보는 것과 같이 이들 사물 모두가 그와 같이 존재한다.'고 말하자, '그것은 또한 어떠한 것입니까?'라고 청하지 않았다. 또한 티베트 사람들 모두와 일치하지 않은 견해가 있다고 생각한 뒤, 조오제에게 묻기를, '현상을 멸합니까, 멸하지 않습니까?'라고 청하자, 답하시길, '밥 위에 [머리칼이 떨어짐을 보는] 흐릿한 눈병이 치료된 것과 같은 것이니, 그대가 분석하라.'고 말하였다.

또한 조오제에게 묻기를, '이지(理智, Rigs paḥi śes pa)에는 사물이 나타납니까, 나타나지 않습니까?'라고 하자, 답하시길, '나타나지 않는다. 없어서 나타나지 않음과 비경(非境)이기에 나타나지 않음의 둘이 있는 가운데 여기서는 정리(正理)의 대상인 사물이 없는 것이기에 나타나지 않는다.'고 하였다. 조오제께서 묻기를, '그대는 나타나는 것으로 주장하는가, 주장하지 않는가?'라고 하자, 답하길, '나타나는 것으로 승인합니다.'라고 말하였다. 그러자 답하시길, '티베트 사람이 사물이 나타나는 것으로 주장하는 것을 너그럽게 용서하소서!'라고 말하였다.

또한 그가 묻기를, '불지(佛地)에는 지혜가 있습니까, 있지 않습니까?'라고 말하자, 조오제께서 답하시길, '알지 못한다. 성불을 체험하지 못했다.'고 말하였다. 그 뒤 조오제께서 말하길, '환술사(幻術師)가 어리석은 사람을 기만함과 같은 것이니, 그대가 분석하라.'고 하였다. 그가 지혜의 이어짐이 없는 것으로 승인하는 것으로 분석한 뒤, 일체가 헛갈리고 흐리멍덩하게 되었다. 이에 조오제께서 말하길, '그대 티베트에는 중관(中觀)의 견해는 고사하고 유식을 설하여도 또한 감당하지 못한다.'라고 하였다. 조오제께서 묻기를, '그대는 중관사(中觀師)가 어떻게 환상을 비유로 취하는지 아는가?'라고 하자, 답하길, '티베트의 스승들은 돌 조각과 나무 조각에 눈을 홀리는 진언을 불어넣음으로써, 말과 소로 나타나는 그것을 비유로 삼습니다.'라고 하였다. 그러자 조오제께서 어두운 낯빛을 하시고, '티베트가 저급한 견해에 떨어졌다. 그것은 유식 이하의 학설이다.'라고 말하였다. 그가 묻기를, '그러면 중관사는 어떻게 주장합니까?'라고 하자, 답하시길, '눈을 홀리는 진언을 [돌 조각과 나무 조각에] 불어넣음으로써 허공에 말과 소 등의 갖가지가 나타남과 같이, 이같이 나타나는 이것들 또한 갖가지로 나타나는 것밖에 달리 착란처(錯亂處, ḥKhrul gshi)가 있음과 같은 것을 속제에서도 또한 승인하지 않는다.'라고 말하였다.

조오제께서 티베트로 오기 이전에 티베트의 모든 이들이 견해는 중관만을 오직 승인하였으나, 조오제께서 오신 뒤 문답을 주고받을 때 모두가 중관에 속하지 않는 잘못된 것으로 드러났다. 이로써 법왕의 그 시절 티베트의 견해가 고상하다고 하였으나 조오제에게 질문함으로써 견해가 저급함이 드러났다. 법왕의 견해도 또한 유식에 머물렀다고 하였다.

그 당시 마르낭·곰첸(Mar gnaṅ sGom chen)이 묻기를, '흐릿함의 비유라는 그것은 어떠한 것입니까?'라고 하자, 답하시길, '인도의 한 늙은 여인에게 자상한 한 아들이 있었다. 그는 장사를 나갈 때 아내에게 어머니가 불편하지 않게 내가 돌아올 때까지 편안하게 잘 모시라고 한 뒤 출타하였다. 며느리가 남편의 말대로 하였음에도 불구하고 노모가 기름진 음식 탓에 눈이 흐릿하고 어두워

져, 음식이 모두 머리카락처럼 보이고 몸속에 종양이 생겼다. 노모는 며느리를 언짢게 생각하고 아들이 돌아오자마자 즉시 일러바쳤다. 아들이 「부인에게 어찌된 일인가?」라고 하자, 부인이 말하길, 「내가 잘 모셨는데 어머니의 눈이 착란을 일으킨 것이다. 그러니 당신이 밥을 갖다 드리라.」고 하였다. 아들이 밥을 잘 지어서 드렸으나 역시 앞서와 같이 보였다. 노모가 말하길, 「며느리가 그같이 하더니 너 또한 그렇게 하는가?」라고 하였다. 아들이 말하길, 「어머니께서 착각한 것이니, 밥상을 치우라.」고 한 뒤, 의사를 불러 안약과 복용하는 약을 함께 사용해서 안질을 치료하자, 밥 위에 머리카락이 없음을 보고, 몸속의 종양이 없어지고 회복하였다. 그와 같이 삼장(三藏)의 법으로 바깥의 증익(增益)을 다스리고, 참된 스승님의 교계로 내면의 증익을 다스린다.'라고 하였다. 이로써 티베트의 출가자 모두가 기세가 꺾어지고 놀라움을 일으킨 뒤, '이 법은 인도 사람에게도 필요하다.'라고 하며 모든 의심을 결단하였다."[51]

12) 아띠쌰와 대역경사 린첸쌍뽀의 법담

당시 네팔에서 빤디따 하쑤(lHa su)가 유명하듯, 응아리꼬르쑴(阿里三部)에서는 대역경사 린첸쌍뽀(Rin chen bzaṅ po, 寶賢, 958~1055)가 가장 유명하였다. 그는 일찍이 불법을 배우기 위해 어려서부터 카체(Kha che)와

51 침·탐째켄빠, 『아띠쌰대전기(阿底峽大傳記)』, pp.136~139.

네팔, 인도 등지에서 유학하였다. 또한 마하빤디따(Mahāpaṇḍita) 나로빠(Nāropa) 등의 75명에 이르는 많은 스승들을 사사해서 현교와 밀교에 정통하였다. 후일 서부 응아리에 돌아와서 현밀(顯密)의 무수한 경전들을 티베트어로 번역하였으며, 토딩하캉(mTho ldiṅ lha khaṅ)의 법주로 있을 때 조오제와 상면하였으니, 그때의 광경을 침·탐째켄빠의 『아띠쌰대전기』에서 다음과 같이 기술하였다.

"그 당시 로짜와 린첸쌍뽀를 대역경사(大譯經師)라 부르고 누구나 또한 잘 받들었다. 그가 생각하길, '내가 조오제에게 법을 청할 일은 없다. 대승과 밀법에 나 또한 정통하다. 그렇지만 나는 티베트의 인사이고, 그는 논쟁의 여지가 없는 인도의 빤디따이니 잘 모시는 것이 마땅하다.'라고 생각한 뒤, 토딩하캉 3층의 진언전(眞言殿)을 보여줄 겸 조오제를 초청하였다. 조오제께서 그 본존들 각자의 딴뜨라(密續)와 성취법과 일치하게 순식간에 4구(句)의 예찬게를 하나씩 지어서 올리고 머리를 대었다.

그가 생각하길, '이들 예찬게를 기억한 뒤 깊이 사유함으로써 이 분은 비밀진언의 법주이다.'라고 여긴 뒤, 법담을 나누어야겠다고 생각하였다. 조오제께서도 또한, '대역경사가 이 법을 알고 계시는가? 이것을 알고 계시는가?'라고 여러 차례 말하였다. 대역경사가 '그 또한 압니다. 그 또한 압니다.'라고 말하자, 조오제께서 매우 기뻐하신 뒤, '훌륭합니다! 훌륭합니다! 당신과 같은 이가 티베트에 있다니, 내가 오는 것이 필요하지 않았다.'라고 말하였다. 그날 저녁은 그곳에서 머물렀다.

대역경사가 저녁에는 아래층 법당에서 생원차제(生圓次第)를 닦고, 자정에는 가운데층 법당에서 닦고, 새벽에는 위층의 법당에서 닦았다. 이에 조오제께서 조금 이상하게 여겼다. 다음날에도 많은 법담을 나누었다. 조오제께서, '대역경사는 법을 앎이 광대한데, 그 법들을 한자리에서 한 보특가라(人)가 어떻게 수행하는지를 압니까?'라고 묻자, 대역경사가, '각각의 성취법에서 설한 바대로 행합니다.'라고 말했다. 그러자 조오제께서, '내가 티베트에 와야 할 필요성이 있었다.'라고 생각한 뒤, 미소를 지었다고 하였다. 대역경사가 묻기를, '그러면 닦는 법이 어떠합니까?'라고 하자, 조오제께서, '하나의 방편 위에 모든 방편이 갖추어지지 않음이 없이 닦는 하나가 필요합니다.'라고 하였다.

그 또한, '바라밀다승의 도리로 결택하면, 아사리 아쌍가(Asaṅga, 無着)를 따르는 이들은 처음 세속명언(世俗名言)의 단계에서는 또한 색(色)에서부터 일체지자(一切智者)에 이르기까지의 모든 법을 삼성(三性)으로 결택하고, 수행의 단계에서는 또한 삼성으로 닦고, 과위(果位)에서는 또한 삼성을 증득하니, 화신은 변계소집(遍計所執)이고, 보신은 의타기성(依他起性)이고, 법신은 원성실성(圓成實性)이다.

아사리 나가르주나(Nāgārjuna, 龍樹)를 따르는 이들은 처음 세속명언의 단계에서는 또한 모든 법을 이제(二諦)로 결택하고, 수행의 단계에서는 또한 [공성(空性)의] 근본정(根本定, samāhitaḥ)에서 모든 희론(戲論)을 여읜 승의(勝義)와 후득(後得)에서는 환상과 같은 세속을 대경으로 삼음으로써 이제를 닦고, 과위에서는 또한 이제를 증득하니, 색신(色身)은 속제(俗諦)이고, 법신은 진제(眞諦)이다.

대승의 진언승(眞言乘)으로 그것을 말할 것 같으면, 세속명언의 단계에서는 또한 삼속(三續)으로 결택하고, 도위(道位)에서는 또한 소의(所依)의 보특가라(人)가 공성과 대비의 불이(不二) 속에 머무는 인속(因續)과 생원차제(生圓次第)의 도를 닦는 방편속(方便續)과 한자리에서 도(道)와 과(果)를 함께 갖추지 않음이 없이 닦는 과속(果續)이니, 그 삼속으로 닦는다. 과위에서는 또한 삼속을 증득하니, 공성과 대비의 불이의 법신이 인속이고, 갖가지의 사업으로 교화 대상의 이익을 행하는 화신이 방편속이며, 삼신(三身)과 오지(五智)가 차별이 없음으로써 윤회가 청정한 사업을 행하는 보신이 과속이다. 그와 같이 그것들을 한자리에서 또한 모두를 갖추고 닦는 것이다. 단지 생기차제(生起次第)의 하나 위에서도 전부를 갖추고 닦는 것이다.'라고 말하였다.

그 뒤 대역경사 린첸쌍뽀가 조오제에게 황금 일곱 냥을 예물로 드린 뒤, 승락금강(勝樂金剛, bDe mchog)의 차제와 제쭌마(rJe btsun ma, 至尊母)의 가지의 둘을 청하였다. 가피를 얻었을 때 깨달음과 좋은 체험이 일어나자 다시 조오제에게 황금 108냥을 올렸다. 그리고 경전과 공양할 존상(尊像)을 제외한 모든 물건을 조오제에게 바치고, 조오제의 승락금강의 차제와 제쭌마의 둘을 본존으로 삼았다. 그 이전에는 비록 지식이 해박하였으나 수행의 구결은 조오제로부터 얻었다고 하였다.

그 당시 조오제께서 저술한 『담칙뒤빠(Dam tshig bsdus pa)』를 번역해서 좋은 번역이 하나 나오게 되자, 조오제께서 말하길, '나의 통역으로 가는 것이 마땅하다.'라고 하였으나, 대역경사가 답하길, '자기의 머리를 드러내 보이면서 머리가 이렇게 세었다.'라고 한 뒤, '저는 수행에 전념하겠다.'라고 청하였다. 이에 조오제께서, '오, 린첸쌍뽀여, 그대는 수행을 지순하게 행하라. 과거의 생애로부터 지금까지 지은 무량한 선법(善法)의 힘이 있다. 가만 (暇滿)의 사람 몸을 얻었으며, 불법을 믿고 또한 만났고, 교계를 설해 주는 선지식과 만났으며, 윤회의 질병을 고쳐주는 정법의 양약을 얻었고, 윤회의 어두움을 멸하는 법의 등불을 얻은 이때 잡다한 일들로 마음을 어지럽히지 않도록 하라.'고 말하였다. 이에 대역경사가 그 말씀을 가슴에 새긴 뒤 선실(禪室)의 방문 위에 쇠못을 박고, 설법하는 구멍 하나를 남겨두었다. 그리고 문 위에다, '이 선실 안에서 범속한 분별이 일어나면 호법신들께서는 저의 머리를 백 조각으로 부수소서!'라고 글을 적은 뒤, 일념으로 수행을 함으로써 마침내 승락금강(勝樂金剛)의 존안을 친견하였다."[52]

13) 법왕 장춥외의 『보리도등론』 저술 요청

조오제께서 서부 응아리(阿里)의 구게(Gu ge) 왕국에 3년간 머물면서 일차적으로 하신 일은 법왕 장춥외(菩提光)와의 법담을 통해서 그가 가지고 있던 대소승과 현밀의 법에 대한 갖가지의 의심을 해소하고, 불법 전체에 대한 바른 안목을 가지는 데 필요한 가르침을 주는 것이었다.

그리고 이 같은 초청의 목적을 완결하는 데 걸린 시간은 대략 반년 정도였으니, 돔뙨빠(ḥBrom ston pa)의 『조오제이남타르람익최끼중내(大

---

52 침·탐째켄빠, 『아띠쌰대전기(阿底峽大傳記)』, pp.139~142.

恩人傳記·旅程記)』에서, "법왕의 사원인 토딩하캉(mTho ldiṅ lha khaṅ)으로 『짱최(gTsaṅ chos)』에서 설하는 것과 같이 법왕이 찾아온 뒤, 6개월과 25일 정도가 되어서 법왕의 모든 소망을 완전하게 채워주었다."[53]라고 하였듯이, 첫해는 법왕과의 문답을 통해서 법의 의심을 해소하는 데 보냈다. 그리고 2년이 지난 시점에서 법왕 장춥외의 요청으로 그 당시 티베트불교에 만연한 이견과 사설과 악행 등의 폐습을 일소하기 위해서 조오제께서 『보리도등론』을 저술하게 된다.

그 같은 사정을 로쌍도제랍링(Lobsang Dorjee Rabling)의 『조오제재빼숭챈응아(大恩人著五部小論)』에서, "『보리도등론(菩提道燈論)』이라 부르는 그 희유한 논전을 을유년(乙酉年, 1044년)에 저술함으로써, 과거에 티베트에서 일어났던 갖가지의 사법(邪法)들이 저절로 소멸하였다."[54]라고 밝혔다.

여기서 『보리도등론』을 저술한 배경에 대해 침·탐째켄빠의 『아띠쌰대전기』의 논설을 통해서 좀 더 상세하게 밝히면 다음과 같다.

> "그 뒤 선지식 낙초·로짜와(Nag tsho Lo tsā ba)가 말하길, '조오제께서 티베트에 1년밖에 더 머물지 못하니 법을 청하고자 하는 사람은 모두 청하도록 하라.'고 법왕 장춥외 등에게 권유하였다. 법왕께서 황금 300냥을 예물로 올린 뒤, '이 티베트 땅에는 부처님의

53 『조오제이남타르람익최끼중내(Jo bo rjeḥi rnam thar lam yig chos kyi ḥbyuṅ gnas shes bya ba bshugs so, 大恩人傳記·旅程記)』, p.281.

54 로쌍도제랍링(Lobsang Dorjee Rabling), 『조오제재빼숭챈응아(Jo bo rjes mdzad paḥi gshuṅ tshan lṅa, 大恩人著五部小論)』의 서론(序論), p.20, Central Institute of Higher Tibetan Studies, 1994, Sarnath, Varanasi, India.

법인 대승의 가르침에 대하여 삿되게 분별하는 사람 또는 선지식에 의해 제대로 섭수되지 못한 자들이 서로 다투고, 자기의 분별로 심오하고 광대한 법의 뜻을 [이해하고] 행함으로써 서로가 반목함이 허다하니, 그들의 의심을 없애주시길 바랍니다.'라고 간청하였다.

달리 또한 대소승 공통의 두 가지 질문과 바라밀다승의 두 가지 질문과 비밀진언승의 세 가지 질문을 드리고 난 끝에, '대승의 뜻을 남김없이 간결한 글에 모아 담고 있으며, 스승님께서 직접 그같이 수행하는 논전 하나를 저술해 주십시오.'라고 요청하였다.

또한 '아사리 붓다즈냐나빠다(Buddhajñānapāda, 佛智足)의 구결에 의거하는 밀집금강(密集金剛)의 성취법과 세간자재(世間自在)[관자재보살]를 만다라의 본존으로 하는 성취법을 청합니다.'라고 두 가지의 행법을 간절하게 청하였다. 조오제께서, '아사리 팍빠(ḥPhags pa)의 린뽄체텡와(Rin chen phreṅ ba, 寶鬘)가 티베트에 있으면 그것으로 충분하니, 그것보다 뛰어난 것을 얻지 못하였다.'라고 함과 '꾼뚜쌍뽀(Kun to bzaṅ po)가 있다.'라고 하였다.

그 뒤 『보리도등론』을 저술한 뒤, '그대 티베트에서는 책 이름을 어떻게 붙이는가?'라고 물었다. 티베트 스님들이, '의미와 비유와 장소와 저자를 제명으로 붙이는 법 등이 있다.'라고 말하자, '놀랍구나! 티베트에는 인도에도 없는 법들이 많이 있다.'라고 하신 뒤, 롤녜마(Rol rñed ma)를 탈취하고, 야차 아싸빠(Aśapa)를 죽인 고사를 곧바로 말씀하신 뒤, '모든 법의 뜻을 책 이름으로 붙인다.'라고 하였다. 그 뒤 조오제와 로짜와 마·게왜로되(rMa dGe baḥi blo gros, 善慧)가 함께 토딩하캉에서 티베트어로 번역한 뒤 완결하였다. 그 뒤 세간자재[관자재보살]의 성취법을 법왕이 원하는 대로 저술하고, 조오제와 로짜와가 함께 티베트어로 번역한 뒤 완결하였다.

그 당시 다른 법들도 또한 많이 번역하였으니, 12권의 『열반경』과 『금색동자고사경(金色童子古事經, Khyeḥu gser mdog gi rtogs brjodḥi mdo)』과 『사법경(四法經, Chos bshi sgrub paḥi mdo)』과 『일용자성취속(一勇者成就續, dPah bo sgrub paḥi rgyud)』과 『유사우파제사(誘死優波提舍, ḥChi ba bslu bahi man ṅag)』와 비구니 뻴모(dPal mo)의 『성십일면관자재성취법(聖十一面觀自在成就法)』 등을 티베트 역경사들과 함께 번역하였다.

또한 조오제 자신이 저술한 『대승도성취법어집(大乘道成就法語集, Theg pa chen po lam gyi sgrub thabs yi ger bsdus pa)』과 『대승도성취법집(大乘道成就法集, Theg pa chen po lam gyi sgrub thabs śin tu bsdus pa)』과 『권계자행차제조반서(勸誡自行次第助伴書, Raṅ gi bya baḥi rim pa bskul ba daṅ bcas pa yi ger bris pa)』를 조오제와 로짜와 마·게왜로되가 함께 번역하였다.

그 당시 국왕 하데(lHa sde)도 또한 출가하였다. 출가자들 모두에게 계율을 지키도록 하였으며, 진언사들 모두에게 서언(誓言)을 준수하도록 하였으며, 재가자들은 팔관재(八關齋)를 닦도록 인도하고, 점안(點眼)이 안 된 성물들 모두에 점안식을 행하고, 공덕을 회향하지 못한 것은 회향토록 하고, 망자에게는 추선(追善) 의식을 행하고, 산 자는 받들어 모시고, 병자를 치료하고, 차차(Tsha tsha)[55]

---

55 차차(Tsha tsha)는 범어 쌋차(Sātstsha)의 방언이다. 차진 진흙으로 만든 작은 탑과 불상 등의 법구로 추선(追善)을 위해서 티베트불교에서 많이 사용한다.

와 또르마(gTor ma, 食子)의 의식과 독송하는 법과 보시 등의 전통을 곧바로 수립하였다.

또한 법왕이 세간자재의 존안을 친견하였고, 상좌 금호(金湖, gSer mtsho)는 조오제의 가르침에 의해서 광대한 신통을 얻었다. 그와 같은 유정의 이익을 그곳에서 무량하게 행하였다. 부처님의 교법을 홍성하게 하니, 오늘날 조오제의 법이 뿌랑(Pu raṅs) 지역보다 널리 행해지는 곳이 없다고 하였다."[56]

14) 아띠샤의 귀환과 돔뙨빠와의 만남

이렇게 조오제께서 서부 응아리(阿里)의 토딩하캉(mTho ldiṅ lha khaṅ)에 머물면서 법문과 저술과 번역 등의 사업에 힘쓰는 가운데 어느덧 약속한 3년이 다가오자 낙초·로짜와(Nag tsho Lo tsā ba)가 조오제께 인도로 귀환하실 때가 되었다고 말씀드렸다. 또 한편 조오제께서는 3년 전 인도에서 출발하기 전에 여러 스승님과 따라불모(多羅佛母) 등이 예언한 한 우바새(居士)와 만나기를 내심 기다렸으나 끝내 만나지 못한 채 길을 떠나야 했다.

그 당시 인도의 스승님들과 따라불모 등이 예언하신 인물은 선지식 돔뙨빠·걜왜중내(ḥBrom ston pa rGyal baḥi ḥbyuṅ gnas, 勝者源, 1004~1064)였다. 그는 출가는 하였으나 거사의 몸으로 청정하게 살았으니, 출가자보다 더 계율을 청정하게 지녔으며, 또한 중관귀류견(中觀歸謬見)에 의

---

56 침·탐째켄빠, 『아띠싸대전기(阿底峽大傳記)』, pp.142~144.

거하는 공성의 깨달음을 얻었다. 그 당시 그는 티베트 동부의 캄(Khams) 지방에서 선지식 쎄쭌·장춥슈누(Se btsun Byaṅ chub gshon nu)의 문하에서 낮에는 목축 일을 거들면서 주경야독을 하며 살았다. 또한 법왕 예시외(智光) 시절에 빤디따 탈라링와(Phra la riṅ ba, 細長)와 함께 서부 응아리 지역을 방문했던 빤디따 쓰므르띠즈냐나끼르띠(Smṛitijñānakīrti, 念智稱)[57]가 캄(Khams)의 댄롱탕(lDan kloṅ thaṅ)에 머물고 있었기에 그에게서 범어를 배우고 익혔다. 어느 날 조오제께서 법왕 장춥외(菩提光)의 초청으로 구게(Gu ge) 왕국에 와서 현재 법을 설하고 계신다는 말을 전해 듣자, 그는 곧바로 조오제를 만나기 위해 행장을 꾸려 중앙 티베트를 지나 서부 응아리로 오고 있었다.

그 당시 조오제의 일행은 구게 왕국에서 출발한 뒤 뿌랑(Pu raṅs)에 도착해서 잠시 그곳에서 머물고 있었는데, 어느 날 마침내 기다리던 티베트의 우바새(居士)를 만나게 되었다. 그때의 사정을 침·탐째켄빠의 『아띠쌰대전기』에서 다음과 같이 기술하였다.

"그 당시 조오제의 일행은 구게를 출발한 뒤 뿌랑의 갸싱(rGya shiṅ)에 도착해서 잠시 머물렀다. 따라불모께서 나타나서 말씀하

57 법왕 예시외 당시에 네팔 사람 쓸레루쩨(Sleruce)라 부르는 뛰어난 로짜와(譯經師)가 인도에서 빤디따 탈라링와(Phra la riṅ ba, 細長)와 쓰므르띠즈냐나끼르띠(Smṛitijñānakīrti, 念智稱) 두 분을 초청하여 모셔 왔으나 그 역경사가 위역병(胃逆病)에 걸려서 죽고 말았다. 두 사람은 티베트의 말을 알지 못하는 바람에 빤디따 쓰므르띠즈냐나끼르띠는 따낙(rTa nag)에서 양치기를 하며 지내면서, 세 번 크게 웃고 세 번 크게 울었다고 알려졌다. 그 뒤 역경승 쨀·쏘남걜챈(dPyal bSod nams rgyal mtshan, 福幢)이 빤디따 쓰므르띠즈냐나끼르띠를 맨룽(sMan luṅ)으로 초청하여 법을 청문하였다. 그 뒤 동부 티베트 캄(Khams)의 댄롱탕(lDan kloṅ thaṅ)에서 구사론(俱舍論)의 주석을 개시하고 묵언을 하였다고 알려졌으며, 『잠뻴챈죄(ḥJam dpal mtshan brjod, 文殊眞實名經)』와 『도제댄시(rDo rje gdan bshi, 金剛四座續)』 등을 번역하였다.

되, '이제 3일 정오 또는 4일 아침에 티베트의 큰 우바새가 도착하니, 그에게 가피를 베풀도록 하라.'고 하였다. 조오제께서도 또한, '[관정에 필요한] 보병(寶甁)을 만들겠다.'라고 말하였다. 그 뒤 3일이 되는 날 아침에 우바새를 찾았으나, 정오가 되도록 오지 않기에, '불모님이 거짓말을 하였는가?'라고 의심쩍어한 뒤, 마을로 법을 설하러 가는 중에 선지식 돔뙨빠(ḥBrom ston pa)의 일행이 그곳에 도착했다. 돔뙨빠의 시봉이 이제야 도착했으니 잠시 쉬자고 말하자, 돔뙨빠가 말하길, '나는 대승의 선지식과 만나는데 앞의 찰나와 뒤의 찰나 둘 가운데 전자를 택하겠다.'라고 하였다. 그 뒤 스승을 찾기 위해 마을로 들어갔다가 골목길에서 조오제를 만나자마자 땅에 엎드려 절을 올렸다. 두 사람이 서로를 알아본 뒤, 조오제께서 선지식 돔뙨빠의 머리에 손을 얹고서, '길상하여라!'라고 여러 번 말씀하였다. 그 뒤 조오제의 방에 가서 관정의 보병을 머리 위에 올려놓고 가피를 내렸다고 하였다.

그 뒤 선지식 돔뙨빠께서 세 가지의 질문을 드리니, '① 인도에는 어떤 뛰어난 빤디따(智者)가 있습니까? ② 저의 이전의 법들은 도에 들어갑니까, 들어가지 못합니까? ③ 스승님의 곁에 있자면 어떻게 해야 합니까?'라고 말씀드렸다. 조오제께서 답하시되, '① 인도에는 뛰어난 빤디따가 많이 있다. 내가 티베트에 오던 당시 동인도의 방갈라(Baṅgala) 지역에는 날마다 성취자가 한 명씩 출현하고 있었다. ② 너의 이전의 법들은 처음부터 도에 들어가지 못한다. 스승님을 받들어 모시는 것은 도에 들어간다. ③ 지금 네가 여기에 있다. 나의 불모(佛母)이신 따라모존(多羅母尊)께서 예언하셨으니, 나의 이 법통에는 가피가 있다.'라고 하였다. 그날 낮에 조오제의 후원자가 선지식 돔뙨빠에게 선물로 버터 한 덩어리를 주자 그가 그것을 녹여서 하룻밤을 밝힐 수 있는 등불을 만든 뒤, 저녁에 조오제께 올렸다."[58]

이렇게 선지식 돔뙨빠께서 조오제를 뵙고 난 뒤, 지금 중앙 티베트의 라싸(lHa sa)와 쌈얘(bSam yas) 등지에는 사원들과 승려들이 많이 있으며, 그들 모두가 조오제께서 티베트에 머무시길 바라니, 중앙 티베트로 가시자고 간청하였다. 그러자 조오제께서 크게 기뻐하였으나 또 한편 상좌 라뜨나아까라(Ratnākara)에게 한 약속을 지키기 위해서 갈 수가 없다고 하였다. 그 후, 조오제의 일행이 뿌랑을 출발해서 길에 오르자 선지식 돔뙨빠도 조오제의 일행과 합류해서 네팔과 가까운 망율(Maṅ yul)로 향했다.

이때의 사정을 침·탐째켄빠의 『아띠쌰대전기』에서, "그 뒤 선지식 돔뙨빠도 조오제의 일행에 합류하여 출발하였다. 그는 티베트 스님들이 도착하기를 기대하면서 어찌하든 출발을 지연시키려고 노력하였고, 낙초·로짜와는 어찌하든 [상좌 라뜨나아까라와의 약속을 지키기 위해서] 그들이 오기 전에 빨리 가려고 함으로써, 티베트 스님들이 도착하기 전에 네팔 땅에 들어가기 위해서 망율에 도착하였다."라고 기록하였다.

---

58 침·탐째켄빠, 『아띠쌰대전기(阿底峽大傳記)』, pp.149~151.

15) 아띠쌰가 티베트에 남게 된 사연

낙초·로짜와가 상좌 라뜨나아까라와의 약속을 지키기 위해서 길을 서두른 끝에 망율 지방에 도착하였으나, 갑자기 국경 지방에서 분란이 일어나는 바람에 네팔로 들어가지 못하고 그곳에서 어쩔 수 없이 길이 열리길 기다리면서 머물렀다. 그렇게 1년 동안을 기다렸으나 길이 열리지 않자 결국 가까운 짱(gTsaṅ) 지역을 거쳐서 위(sBus)의 라싸(lHa sa)와 쌈애(bSam yas)로 들어가게 된다. 그리고 아띠쌰 자신의 예언대로 중앙 티베트에서 법을 전파하다가 라싸 근교의 녜탕(sÑe thaṅ) 사원에서 입적하게 된다.

그때의 사정을 침·탐째켄빠의 『아띠쌰대전기』에서 다음과 같이 기술하였다.

> "그때 [망율에 도착한] 그 즉시 세 지역에서 분쟁이 발생해서 네팔로 가는 길이 막힘으로써 출발하지 못하자, 그것은 티베트의 홍복(弘福)이라고 하였다. 그 뒤 낙초·로짜와가 크게 불안해 하자, 조오제께서 말씀하시길, '마음을 불안하게 가지지 말라. 약속을 지키기가 불가능한 것에는 죄가 있지 않다.'라고 하였다. 그러자 낙초·로짜와가 크게 기뻐한 뒤, '그럼 이제 중앙 티베트로 가시자고 청한 뒤 모셔갔다.'라고 말하였다.
>
> 그 당시 조오제께서, '성취자 아와두디빠(Avadhūtipa)와 나로빠(Nāropa)의 제자 빤디따 즈냐나까라(Jñānakara)에게 아사리 나가르주나(Nāgārjuna, 龍樹)의 전통에 필요한 법이 하나 있었는데 청하지 못했으니, 그것을 네가 마음에 새기라.'고 말하자, 낙초·로짜와가 그 말씀을 마음에 새긴 뒤 네팔 땅에 메토(Me mtho)[59]를 세워

놓았다. 그처럼 조오제께서 인도에 가신 것과 같이 행하였다. 낙초·로짜와가 중앙 티베트로 안내한 것 같을지라도 조오제께서 티베트에 머물게 된 이유가 따로 있는 것이니, 그것은 낙초·로짜와가 이전에 인도에 도착한 뒤 쏘마뿌리(Somapuri) 사원에서 조오제로부터 아사리 청변논사(淸辨論師)의 『중관분별치연론(中觀分別熾燃論, dBu ma rtog ge ḥbar ba)』을 청문하였을 때, 조오제께서 말씀하시길, '성관자재보살께서, 「지금부터 20년 후에 나의 업의 이숙(異熟)에 의해서 육신을 티베트에 안치하고, 서원에 의해서 도솔천(兜率天, Tuṣita)에서 천자 남카디마메(Nam mkhaḥ dri ma med, 無垢虛空)로 태어난 뒤, 미륵자존으로부터 심견(深見)과 광행(廣行)의 법을 청문한다.」라고 예언하였다.'라고 함과 그로부터 2년 뒤 비끄라마씰라(戒香寺)에서 말씀하시길, '앞으로 18년이 지나서 이 이숙의 육신을 티베트에 안치한 뒤, 의생신(意生身)이 미륵자존으로부터 법을 청문하기 위해서 도솔천에 간다.'라고 함으로써, 서원의 힘에 의해 티베트에 오신 뒤 머무신 것이라고 하였다. (중략) 그 뒤 망율에서 1년 동안 머물렀다. 그 사이 하캉까르뽀(lHa khaṅ dkar po, 白寺)라 부르는 절을 세웠다. 그 당시 선지식 까와(Ka ba)가 통문(通文, bKaḥ śog)에 적힌 인사들을 갸싸르강(rGy sar sgaṅ)의 쑴빠·예시로되(Sum pa Ye śes blo gros, 智慧)의 집으로 소집을 해서 회의를 하였다. 선지식 쑴빠(Sum pa)가 말하길, '그 빤디따는 발우조차 흰 것을 가지고 있다고 한다. 강력한 외도이니 위험하다. 티

---

59 다른 판본에는 미토(Mi mtho)로 나오나 무슨 뜻인지는 알 수 없다.

베트에 도움이 되지 않는다. 단지 황금을 거둬가려는 것이 아닌가?'라고 하자, 선지식 까와가 말하길, '그와 같은 것이 아니다. 법왕 장춥외(菩提光)께서 초청한 유일지존(唯一至尊)으로 부르는 조오제는 모든 내도(內道)인 불교도의 정수리의 동곳으로 계신다고 함으로써 경이로운 자인 것이 분명하다. 우리 티베트불교의 사부파(四部派)의 출가자들에게 선군세(禪裙稅)를 부과해서 거둬들인 뒤 그에게 바쳤다. 그러니 어떻게 해서든 모시도록 하자.'라고 의론하였다. 그때 쿠뙨·쬔뒤융둥(Khu ston brtson ḥgrus gyuṅ druṅ, 精進堅固)이라 부르는 루메(sLu mes)라는 지역의 모든 출가자들의 상좌(上座)이자, 대법장(對法藏)의 법에 크게 정통한 선지식이 있었다. 그는 그 당시 자기보다 윗사람이 없음에도 불구하고 통지문에 자기 이름이 빠져 있는 것을 불쾌하게 여긴 뒤, 다른 사람들보다 먼저 가서 허락을 얻고자 곧바로 길을 나섰다. 이에 다른 사람들도 또한 뒤처지지 않게 출발함으로써, 조오제께서 인도로 가기 전에 도착했다고 하였다.

조오제께서도 티베트 스님들이 찾아올 것을 기대하고 살피고 있었는데 티베트 스님들이 반월형(半月形)의 외투를 입고 말을 타고 도착함으로써, 조오제께서, '많은 비인간의 무리가 나타났다.'라고 말한 뒤, 머리를 옷으로 감쌌다고 하였다. 그 뒤 티베트 스님들이 법의를 차려입고 기러기처럼 행렬을 지어서 예물을 올리자 조오제께서도 크게 기뻐한 뒤 합장하고 답례를 하였다. 그 당시 티베트 스님들을 맞이해서 라뙤(La stod) 마을의 사람들이 공양을 많이 올리니, 조오제께서 말씀하길, '인도의 출가자들보다도 티베트 출가자들의 법의가 더 훌륭하다.'라고 하였다. (중략)

그곳에서 티베트 선지식들이 발심(發心)을 청함으로써 조오제께서 공양물을 진설하라고 말씀하였다. 꽃을 작은 그릇만큼 많이 들 사서는 만족할 만한 공양을 차렸다고 하자, 조오제께서 보시고서, '공양물이 초라하다. 발심이 되지 않고 이익이 없다.'라고 말씀하신 뒤, 다시 차리고 청하라고 하였다. 그곳에 역경사가 많이 모여 있었기에, '누구에게 해야 하는가? 누구에게 해야 하는가?'라고 말하자, 힘이 있는 쿠뙨(Khu ston)이 말하길, '그 말의 뜻인즉 처음부터 끝까지 혼자 고생한 낙초·로짜와인 것이니, 낙초·로짜와에게 하는 것이 마땅하다.'라고 한 뒤, 능단(綾緞)으로 만든 법의 한 벌씩을 올린 뒤 청하였다. 그러자 빤디따와 로짜와 두 분이 어울려서 발심 의식을 행하였다. (중략)

그 뒤 중앙 티베트로 가는 길에 올랐다. 뻴모뻴탕(dPal mo dpal thaṅ)에 도착했을 때 선지식 꾄빠와(dGon pa ba)[60]를 만났다. 그는 고향이 캄(Khams)의 강빠(sGaṅ pa)이고, 종족은 제(ḥDzed)였고, 법명은 왕축갤첸(dBaṅ phyug rgyal mtshan, 自在幢)이라 하였다. 그가 네팔의 성취자 팜팅빠(Pham thiṅ pa)를 만나기 위해서 가는 도중에 만났다. 그가 예물을 올린 뒤 스승 팜핑빠에게 가는 길에 장애가 생기지 않도록 가피를 청하였다. 조오제께서 말씀하시길, '장애가 생기니 가는 길을 멈추라. 내가 법과 음식을 주겠다.'라고 하자, 그가 말하길, '저는 나의 이것들이 없어질 때까지는 음식을 청하지 않

60 꾄빠와(dGon pa ba, 1016~1082)는 아띠샤의 직제자로 공성에 대한 견해가 탁월하였다. 아띠샤의 저술인 『입이제론(入二諦論)』과 『중관교계(中觀教誡, dBu maḥi man ṅag)』 등을 통해서 심오한 공성(空性)을 결택하는 까담의 구결파(口訣派)의 도차제(道次第)를 전승하였다.

고, 법을 청하겠습니다.'라고 하였다. 조오제께서, '음식을 먹어야 법도 있고, 먹지 않으면 법도 없다.'라고 하자, 가지고 있던 재물들을 모두 조오제께 바친 뒤 스승으로 모셨다. 법문도 못 듣게 하고 적막한 곳으로 보낸 뒤 호념(護念)하여 주었다. 생활용품들은 괸빠와(dGon pa ba)가 풍수지리를 봐주는 것으로 해결했다고 하였다.

그 뒤 라뙤(La stod)의 북쪽으로 출발하여 독기차나(mDog gi tsha sna)에 도착하였다. 그곳에서 한 보특가라(人)가 몰록 깨달음에 들어가는 돈문(頓門)의 법으로 도하(Doha, 道歌)를 간청해서 그것을 설하였으나, 티베트에는 이것이 좋지 않다고 [선지식 돔뙨빠(ḥBrom ston pa)가] 요청[61]함으로써 전파하는 것을 금지하였다.

또한 그곳에서 선지식 공뙨·융둥(Goṅ ston gYuṅ druṅ, 堅固)과 가르게와(ḥGar dge ba, 好善)와 걜기까와첸뽀(rGal gi ka ba chen po, 大柱)와 까와·쌰꺄왕축(Ka ba Śākya dbaṅ phyug, 釋迦自在)과 쿠뙨·쬔뒤융둥과 응옥·렉빼쎼랍(rṄog Leg paḥi śes rab, 妙慧)의 여섯 사람이 상의한 뒤, '① 방편과 지혜의 분리에 의해서도 성불합니까, 하지 못합니까? ② 보살계의 기반으로 별해탈계(別解脫戒)가 필요합니

61 도하(Doha, 道歌)를 설하지 못하게 한 이유에 대하여 『까담쩨뛰(噶當派大師箴言集)』, p.89에서, "최중(Chos ḥbyuṅ)에서, '조오제에게 짱(gTsaṅ)에서 한 사람이 도하(Doha)의 금강가(金剛歌)를 청하자, 거기서 돔뙨빠(ḥBrom ston pa)가 티베트에는 이것이 좋지 않으니, 대신 오탁악세에는 계율을 지키고, 자량을 쌓고, 업의 인과를 믿는 등의 불교 전체에 이익이 되는 법을 설해 주십시오.'라고 청하였다. 아띠쌰께서 매우 기뻐하신 뒤, '그대와 같은 대유정이 티베트에 있다니 티베트는 복덕이 크도다. 내가 그대가 있음을 인도에서 들었다면 티베트에 올 필요가 없었다.'라고 말하였다."라고 함과 같이, 성유가(性瑜伽)의 실천을 설하는 도하는 말세의 낮은 근기에게는 도리어 해악이 되기 때문이다.

까, 필요하지 않습니까? ③ 금강아사리의 관정을 받지 않고 딴뜨라(密續)를 강설함이 가능합니까, 가능하지 않습니까? ④ 상위의 [비밀(秘密)과 반야지(般若智)의] 두 관정을 범행자(梵行者)가 받는 것이 가능합니까, 가능하지 않습니까? ⑤ 관정을 받음이 없이 비밀진언을 수행하는 것이 가능합니까, 가능하지 않습니까?'라는 다섯 가지의 질문을 올렸다. 조오제께서 답하시길, '자네들은 생각이 없는[62] 사람들이다. 그보다 더 많은 것들을 출가법왕 [보리광(菩提光)]이 질문함으로써, [그것들에 대한 대답들이] 『보리도등론』 가운데 이미 들어 있다.'라고 하였다. 거기서 『보리도등론』을 열람하니 그것들을 결단함이 들어 있음으로써, 그들의 자신감이 여지없이 무너져 버렸다고 하였다.

그 뒤 짱(gTsaṅ) 지역으로 모시고 갈 때 흉년이 들어 공양조차 없었고, 일시적인 작은 도움조차도 없었다. 조오제께서 말하길, '티베트가 아귀의 마을이 되었다.'라고 하였다. 그 뒤 선지식 슈누바르(gShon nu ḥbar)가 망가르(Maṅ sgar)로 모시고 갔다. 그곳에서 조오제의 가르침이 있었다. 보리분(菩提分)의 법에는 강설의 전통과 수행의 전통의 둘이 있다고 하였다. 선지식 독미 · 싸꺄예시(ḥBrog mi Śākya ye śes, 釋迦智)가 뉴구(Myu gu) 마을로 모셔갔다. 렝 · 로짜와(Leṅ Lo tsā ba)는 싸닝하캉(Sa sñiṅ lha khaṅ)의 선주(善住) 의식을 청하였다. 그곳에는 아사리 싼띠와(Śantiba, 寂靜)의 초상(肖像)[63]과

62 여기서 '생각이 없음'은 '사리를 헤아리고 판단할 줄 아는 능력이 없음'을 뜻하는 '툭쵀미다(Thugs tshod mi gdaḥ)'의 옮김이다.

63 싼띠와(Śantiba) 초상의 주변이 쎄찌게와(Se ci ge ba)라고 했는데 뜻을 알 수가 없고, 조오제

조오제의 초상이 하나씩 있었다고 하였다. 쎄뙨·다짼진(Se ston sGra gcan ḥdzin, 羅睺)이 7일간 따라간 뒤 중관(中觀)의 견해에 대해서 질문을 하였다. 그곳에서 체르제(Cher rje)가 아들의 이름을 청함으로써, 체르제디빰(Cher rje dī paṃ)이라 부르는 장수자(長壽者)가 출현하였다. 아이가 자기 머리에 조오제의 연꽃 무늬가 있는 손을 올려놓고 가지를 하게 하였으므로 아이 이름을 빼매휜뽀(Pad maḥi lhun po)라 하였다. (중략)"[64]

이렇게 조오제께서 변경 지역의 분쟁으로 말미암아 인도로 귀환하지 못한 채, 일행과 함께 티베트의 역경사와 선지식들의 안내를 받으면서 짱의 다른 지역의 여러 사원을 차례로 방문을 하면서, 마침내 위(sBus) 지역에 들어가서 쌈얘 사원을 비롯한 여러 곳을 방문하게 된다. 가는 곳마다 그곳 스님들에게 법을 강설하고, 역경사들과 함께 경전을 번역하고, 사원의 선주 의식을 행하는 등 갖가지 교화 사업을 통해서 티베트의 유정들을 이롭게 하였다.

특히 여래의 말씀인 8만 4천의 법문 가운데서 단 한 글자도 버리지 않고 모두 삼사(三士)의 성불의 교계로 전용하는 까담(bKaḥ gdams)의 종풍을 널리 선양하고, 오늘날 티베트불교의 핵심이 되는 도차제의 사상에 의지해서, 현밀을 함께 학습하고 수행하는 전통과 특히 보리심에 기반하는 마음 닦는 로종(修心)의 가르침을 널리 전파함으로써, 오늘날 다른 나라의 불교에서는 보기 힘든 인도 후기 불교의 전통을 그대로 간직

의 초상은 희고 광택이 났다고 하였다.

64 침·탐째켄빠, 『아띠싸대전기(阿底峽大傳記)』, pp.155~160.

하고 있는 티베트불교의 특색을 형성하는 데 크게 영향을 미쳤다.

16) 아띠쌰의 중요한 제자들

조오제의 제자는 보통 인도와 오디야나(Oḍḍiyāna, 飛行國), 카체(Kha che), 네팔, 티베트의 각 나라에 걸쳐서 많이 있을지라도 다섯 명의 비공통의 제자가 있으니, 머리와 같은 라뜨나아까라(Ratnākara)와 눈과 같은 보디빠(Bodhipa), 오른손과 같은 쎼녠쌍와(bŚes gñen gsaṅ ba), 왼손과 같은 마드야쌈가(Madhyasaṃgha), 심장과 같은 싸이닝뽀(Saḥi sñiṅ po)이다. 그들은 조오제와 가피는 같지 않으나 지혜가 같다고 알려졌다. 성취를 이룬 제자 또한 많이 출현하였으니, 그들은 인도 등지에서 불교를 융성하게 하였다고 하였다.

또한 티베트에서도 제자들이 무수하게 출현하였는데, 침·탐째켄빠의 『아띠쌰대전기』에서 설명하고 있는 중요한 제자들의 면면에 대하여 살펴보면 다음과 같다.

> "여기서 선지식 낙초·로짜와(Nag tsho Lo tsā ba) 출팀갤와(Tshul khrim rgyal ba, 戒勝)는 티베트에 조오제와 같은 법은(法恩)을 입혔다. 티베트 스님들 모두가 그를 아사리(軌範師)라고 불렀다. 문수금강(文殊金剛)과 따라불모(多羅佛母)와 이게둑빠(Yi ge drug pa, 六字呪)의 본존 존안을 친견하였다. 조오제의 법들에 대해서 그가 알지 못하는 법이 하나도 있지 않다고 해도 과언이 아니니, 그의 『보리도등론난처석(菩提道燈論難處釋)』의 발문에서, '나 낙초(Nag tsho) 한 사람 이외에, 다른 티베트 제자에게 있기 힘드니,'라고 함과 같다.

쿠뙨 · 쬔뒤융둥(Khu ston brTson ḥgrus gyuṅ druṅ, 精進堅固)은 조오제의 법을 대부분 소유하고 있었을 뿐만 아니라 또한 바라밀의 교계와 염마적(閻魔敵)의 구결에 대해서 뛰어났다.

응옥 · 렉빼셰랍(rṄog Leg paḥi śes rab, 妙慧)은 조오제의 법들을 대부분 알고 있었을 뿐만 아니라 또한 중관의 견해에 뛰어났고, 따라불모의 존안을 친견하였다.

돔뙨빠 · 걜왜중내(ḥBrom ston pa rGyal baḥi ḥbyuṅ gnas, 勝者源)는 조오제의 법들을 대부분 알고 있었을 뿐만 아니라 또한 삼사도(三士道)와 윤회에 대한 염리심(厭離心)을 일으키고, 세속을 향하는 마음을 [해탈을 구하는 출리심(出離心)으로] 바꾼 뒤, 귀의와 발심 등을 점차로 수습해서 깨달음을 얻는 도차제(道次第)의 가르침에 대해서 뛰어났다. 무량한 본존들의 존안을 친견하였고, 특별히 스승님께 기원하고 성취하니, 라뎅(Rva sgreṅ) 사원에 계실 때 도솔천에 계신 조오제에게 기원하자 직접 강림하였다. 그것을 크게 환희해서 자주자주 기원하자 석가세존께서 직접 강림하였다. 이에 됨뙨빠께서, '스승과 본존의 본질이 어째서 하나가 아닌가?'라고 하였다.

유가사 착티촉(Phyag khri mchogs)은 [구사론 등의] 대법장(對法藏)에 대해서 뛰어났고, 세간자재의 존안을 친견하였다.

대덕(大德) 게꽁(dGe skyoṅ, 善護)은 따라불모의 존안을 친견하였다.

선지식 가르게와(ḥGar dge ba, 好善)는 밀주(密呪)의 교계를 남김없이 얻었으니, 사자와 같은 진언사(眞言師)가 되었다. 특히 가르게와는 밀집금강의 성자류(聖者流) 법과 승락금강(勝樂金剛)의 가르침에 뛰어났다.

선지식 낸조르첸뽀(rNal ḥbyor chen po, 大瑜伽師)는 조오제의 법들을 남김없이 알고, 이제(二諦)와 사업의 완결에 뛰어났다. 승락륜제삼서언왕(勝樂輪制三誓言王)과 잠뻴도와(ḥJam dpal bgro ba)의 존안을 친견하였다.

선지식 괸빠와(dGon pa ba)는 조오제의 법들을 남김없이 알고, 수행의 구결에 뛰어났다. 승락륜제삼서언왕의 본존 존안을 친견하였다.

유가사 쎄랍도제(Śes rab rdo rje, 般若金剛)는 조오제의 법들을 남김없이 알고, 교파(教派)의 학설에 뛰어났다. 이게둑빠의 존안을 친견하였고, 신통을 얻었다고 하였다.

선지식 차다르뙨빠(Phya dar ston pa)는 조오제의 법들을 남김없이 알고, 특히 반야바라밀에 대해서 뛰어났다.

유가사 융둥걜첸(gYuṅ druṅ rgyal mtshan, 不變幢)은 『성문지(聲聞地)』의 공덕을 얻었고, 타인의 마음을 아는 타심통(他心通)을 얻었다.

선지식 독곰·왼땐걜뽀(rDog sgom Yon tan rgyal po, 功德王)는 대비관음의 존안을 친견하였다.

선지식 방뙨(Baṅ ston)은 마음에 보리심이 일어나는 등의 조오제의 법은으로 특별한 마음흐름(心續)이 발생하였다.

그 밖에도 성취를 얻은 이들이 헤아릴 수도 없이 많이 출현하였다. 또한 그들 가운데 쿠뙨·쬔뒤융둥(精進堅固)과 응옥·렉빼쎄랍(妙慧)과 돔뙨빠·걜왜중내(勝者源) 셋이 제자들 가운데 상수(上首)였다."[65]

---

65 침·탐째켄빠, 『아띠쌰대전기(阿底峽大傳記)』, pp.214~215.

17) 아띠쌰의 저술들

조오제의 저술 작업은 특히 티베트에서 전법 활동을 시작하면서 왕성하게 이루어졌다. 제자들의 개인적 요청과 티베트의 실정에 부응해서 단문(短文) 위주로 저작된 것이 대부분이며, 이것들은 대개 대장경 논장(論藏)의 『조외최충(Jo boḥi chos chuṅ, 阿底沙小集部)』에 26가지가 수록되어 있으며, 『조오제뺄댄아띠쌔쑹붐(Jo bo rje dpal ldan Atiśaḥi gsuṅ ḥbum, 阿底峽卷)』[중국장학출판사]에는 『까담파최부최니(bKaḥ gdams pha chos bu chos gñis, 教授父法子法二)』를 제외하고 102가지의 저술이 수록되어 있다.

또한 역경에 능통한 제자들의 요청으로 새롭게 경론을 번역하는 동시에, 기존에 번역된 많은 경론들을 개수하는 작업도 활발하게 행하였다. 예를 들면, 이전에 번역된 『팔천송반야경(八千頌般若經)』을 대역경사 린첸쌍뽀(寶賢)와 개역하고, 다시 선지식 돔뙨빠(ḥBrom ston pa)의 요청으로 재번역한 것과 낙초·로짜와(Nag tsho Lo tsā ba)와 함께 청변논사(清辨論師)의 『중관심론(中觀心論, dBu maḥi sñiṅ poḥi tshig leḥur byas pa)』과 그것의 주석인 『중관분별치연론(中觀分別熾燃論, dBu maḥi sñiṅ poḥi ḥgrel pa rtog ge ḥbar ba)』 등을 새로 번역한 것과 같다.

이와 같은 조오제의 활발한 저술 활동에 대해서, 라메쉬·찬드라·네기(Ramesh Chandra Negi)의 『아띠쌔재빼최챈쭉찍(阿底沙十一小品集)』의 머리말에서 다음과 같이 요약하여 설하였다.

> "그와 같이 조오제는 인도와 티베트 두 곳에서 저술 활동을 왕성하게 행한 학문과 성취의 둘을 갖춘 아사리이니, 조오제가 저술한 논전들과 티베트의 교파서(教派書)들을 열람하면 분명하게 드러난다. 조오제께서 인도에 머무실 때 저술한 논전들도 있고, 또한

몇몇은 네팔에서 저술한 것도 있으나, 대부분은 티베트 제자들의 간청으로 저술된 것들이다. 앞뒤의 저술을 모두 합하면 조오제의 이름이 기록된 전적들이 120종이 되고, 현재 티베트의 논장(論藏) 가운데 수록되어 있다. 그 전적들 가운데 가장 유명한 것이 『보리도등론』인 것이니, 뜻은 깊고 글이 많지 않은 이것을 티베트의 공정한 학승과 성취자들이 수행의 귀감(龜鑑)으로 삼는 것을 통해서 알 수가 있다."[66]

이처럼 많은 조오제의 저술들 가운데서 중요한 것들을 몇 가지 소개하면 다음과 같다.

1. 『까담파최부최니(bKaḥ gdams pha chos bu chos gñis, 教授父法子法二)』이니, 원명은 장춥쌤빠노르뷔텡와(Byaṅ chub sems dpaḥ nor buḥi phreṅ ba shes bya ba, 菩薩如意珠鬘) 또는 슈렌노르뷔텡와(Shus lan nor buḥi phreṅ ba shes bya ba, 問答如意珠鬘)이다. 이것은 조오제께서 중앙 티베트 예르빠(Yer pa)의 하리닝뾔굴(lHa ri sñiṅ poḥi mgul)에서 쿠뙨·쬔뒤융둥(精進堅固)과 응옥·렉빼쎼랍(妙慧)과 돔뙨빠·갤왜중내(勝者源)의 삼대 제자에게 강설한 것이다. 여기서 『파최(Pha chos, 父法)』는 부(父)인 선지식 돔뙨빠가 질문하고 조오제가 대답한 것으로 본문 23품과 보유 3품을 합한 26품으로 구성되었으며, 여기에 심견(深見)과 광행(廣行)의 도의 핵심을 강설한 많은 가르침과 조오제의 크고 작

66 『아띠쌰재빼최챈쭉찍(阿底沙十一小品集)』, pp.17~18.

은 전기(傳記)와 「까담틱레쭈둑기라귀남타르(bKaḥ gdams thig le bcu drug ky bla brgyud rnam thar, 教授十六明点上師傳記)」를 포함하고 있다. 또한 『부최(Bu chos, 子法)』는 조오제와 돔뙨빠 둘의 제자이자 아들인 응옥·렉빼셰랍(妙慧)의 질문에 대한 조오제의 답변을 모은 것으로 이 가운데는 돔뙨빠의 많은 전생록과 그에게 까담의 교법을 부촉한 법들을 편집한 것으로 모두 23품으로 되어 있고, 보통 『뚤빼렉밤(sPrul paḥi glegs bam, 幻書)』이라 부른다.

2. [견해의 방면] 『법계견가(法界見歌, Chos kyi dbyiṅs su lta baḥi glu)』는 본문에서, "외도(外道)들[의 견해]을 보고 나서, 그러므로 해탈을 추구하는 이들에게, 대비가 일어나지 않는 이가 있겠는가? 그러므로 해탈을 추구하는 이들은, [무생(無生)의] 법계를 관조토록 하라."고 하였듯이, 무생의 법계를 여실하게 보지 못함으로써, 상단(常斷)과 유무(有無) 등의 변집견(邊執見)을 일으키는 한 외도의 견해를 밝히고, 또한 내도인 유부(有部)와 경부(經部)와 유식(唯識) 등의 전도된 분별의 허물을 밝혀 놓았다.

3. [견해의 방면] 『입이제론(入二諦論, bDen pa gñis la ḥjug pa)』은 조오제께서 "세속의 사물이 그같이 출현한 이것을, 정리로 분석하면 전혀 [있음을] 얻지 못하니, 얻지 못하는 그것이 승의(勝義)이니, 본초부터 내주(內住)하는 법성이다.(제20송) 인(因)과 연(緣)들에서 발생함으로써, 세속이 그처럼 출현함이 성립하니, 만약 성립이 불가능하다면, 물속의 달 등을 누가 생하는가?(제21송)"라고 함과 같이, 진제(眞諦)와 속제(俗諦)가 별개로 존재하는 것이 아닌 진속일여(眞俗一如)의 중관의 정견을 밝혀 놓았다. 또한 이것은 과거 쎄르링(金洲)의 국왕 구루팔라(Guruphala)의 요청으로 지은 것이기도 하다.

4. [행위의 방면] 『섭행등(攝行燈, sPyod bsdus sgron ma)』은 조오제께서 네팔에 들어와서 올카(Ḥol kha) 지역의 [귀머거리] 상좌 왼빠(Ḥon pa)의 요청으로 저술한 것이다.
5. [행위의 방면] 『대승수심결(大乘修心訣, Theg chen blo sbyoṅ gi rtsa tshig)』은 오늘날 티베트불교의 특색 가운데 하나인 로종(Blo sbyoṅ) 수행의 연원이 되는 단문(短文)이다.
6. [견행(見行)의 방면] 『보리도등론(菩提道燈論, Byaṅ chub lam gyi sgron ma)』은 중관의 입장에서 견행의 두 방면을 함께 닦아서 대승의 성불인 무주처열반(無住處涅槃)에 이르는 길을 밝혀 놓은 위대한 수행의 지침서이기도 하다.
7. [성취행법(成就行法)의 방면] 『이십일존따라성취행법(二十一尊多羅成就行法, sGrol ma ñer gcig gi sgrub thabs)』은 21존(尊)의 따라보살의 예찬게(禮讚偈) 각각에 의지해서 재난을 소멸하고 수명 등의 사업을 성취하고, 마장(魔障)을 물리치고, 수행의 성취를 얻는 법을 기록한 것이다. 이것은 따라불모(多羅佛母)께서 티베트의 유정들을 구제하는 방편으로 조오제에게 직접 전해 준 법이다.
8. 『발심율의의궤차제(發心律儀儀軌次第, Sems bskyed pa daṅ sdom paḥi cho gaḥi rim pa)』는 초학보살이 대승의 보리심을 일으킨 뒤 그것을 실행하기 위해서 보살의 계율을 받는 차례 등을 설명한 논서이다.
9. 『귀의교설(歸依教說, sKyabs su ḥgro ba bstan pa)』은 대소승의 공통되는 가르침인 귀의하는 법을 세밀하게 설명한 논서이다. 요약하면, ① 귀의처(歸依處, gNas), ② 소의(所依, rTen), ③ 의요(意樂, bSam pa), ④ 시기(時期, Dus), ⑤ 학처(學處, bslab pa), ⑥ 본성(本性, Raṅ bshin), ⑭ 필요성(必要性, dGos pa), ⑮ 공덕(功德, Phan yon)에 이르는 15가지의 항목

으로 정리해서 귀의의 법을 소상하게 설하였다.

18) 아띠쌰의 입멸

조오제 아띠쌰께서 서부 응아리(阿里)에 처음 들어오신 이래 중앙 티베트의 녜탕(sÑe thaṅ) 사원에서 입적하실 때까지의 기간에 대해 래첸·꾼가갤챈(慶喜勝幢)의 『까담최중쎌왜된메(噶當派源流)』에서는, "그와 같이 조오제께서 응아리에서 3년, 위(sBus)와 짱(gTsaṅ)의 다른 곳에서 4년, 녜탕에서 6년이니, 티베트에서 13년 동안 유정의 이익을 행하신 뒤, 갑오년(甲午年, 1054년) 누수월(婁宿月 : 藏曆 9月) 18일에 입적하였다."라고 하였다. 이 내용처럼 조오제는 마지막 거처인 녜탕 사원에서 6년 동안 머무신 끝에 세수 72세가 되던 해인 1054년에 입적하시니, 그때의 광경을 침·탐째켄빠의 『아띠쌰대전기』에서 다음과 같이 기록하였다.

> "그 지존하신 분에게 죽음 또한 있지 않을지라도 권속들의 부정한 착란의 마음에는 세수 72세가 되던 해에 녜탕 사원에서 갑오년 누수월 18일에 도솔천(兜率天)으로 천화(遷化)하였다. 이전에 선지식 돔뙨빠(ḥBrom ston pa)께서 조오제께, '선지식이 입적하면 그 유체를 어떻게 다루어야 합니까?'라고 여쭙자, 대답하시길, '『열반경』에서 설하신 것처럼 한다.'라고 하였다. 이에 녜탕의 나모체(Na mo che)에서 다비(荼毘)를 하였다."[67]

---

67 침·탐째켄빠, 『아띠쌰대전기(阿底峽大傳記)』, p.210.

여기서 한 가지 언급할 것은 아띠쌰 존자의 임종에 대한 자료들이 너무 부족해서 제대로 밝힐 수가 없다는 점이다. 이는 인도 고승들의 입적에 관련된 역사적 자료가 부족해서 자세하게 알지 못하는 경우와 매우 흡사한데, 특히 인도불교의 종풍을 엄격하게 따르는 까담빠(bKaḥ gdams pa) 선지식들의 가풍에 기인한 것으로 보인다. 그들은 신통과 이적 등의 행위를 숭상하지 않고, 출리심과 발심, 인과법과 공성과 무아의 가르침을 충실하게 닦아서 해탈의 길을 가는 도차제(道次第)의 법을 우선시하고, 밀교의 수행과 같은 비밀법들을 공개적으로 전파하지 않고, 반야의 수행을 통한 전통적인 해탈의 길을 가는 것을 중시하였기 때문에, 임종의 외적 현상들을 중시하지 않는 풍조에서 이와 같은 결과가 생겼다고 본다.

이제 돔뙨빠의 『조오제이남타르람익최끼중내(大恩人傳記·旅程記)』에서 간단하게 언급하고 있는 기록을 통해서 살펴보면, 조오제께서 병환이 들어 입멸의 징후를 보이신 뒤, 입적하기까지의 과정은 다음과 같다.

> "조오제께서 세수 72세가 되던 갑오년(1054년) 누수월(장력 9월)의 초하룻날부터 시작해서 열여드렛날까지 병이 드신 모양을 보였다. 오직 돔뙨빠 혼자서 곁을 지켰다. 조오제 그는 아버지이고, 나 돔뙨빠는 유일한 아들이다. 유언과 예언과 교계를 모두 주시고 나서, 환희로운 도솔천의 정토에서 석가세존이 미륵자존에게 보처불(補處佛)의 관정을 베푸심과 같이, 가을에 곡식이 풍년이 들자 나에게 [당신을 대신하는] 보처(補處)의 관정을 주신 뒤, 누수월 18일이 되자 세간의 구호자께서 도솔천으로 천화하셨다.
> 그 또한 처음 병환을 보이기 시작한 뒤부터 하늘은 청명하고 구름은 없고 광명이 가득하였다. 사방팔방을 무지개가 휘장처럼 덮

었다. 하늘에서는 꽃이 떨어지고, 땅이 크게 진동하였다. 허공계(虛空界)에서는 불보살님들을 호법신과 성문과 연각과 천신들이 에워쌌고, 모두가 또한 슬픔을 가누지 못하였다. 모든 유정의 복덕이 소진하였다고 말하였다. 백업(白業)을 따르는 무리는 슬픔에 겨워 마음이 떨렸고, 흑업(黑業)을 따르는 무리는 찬양하는 소리를 크게 외쳤다. 까마귀들도 또한 앉지를 않고 날개를 파닥거리고, 깍깍대며 이리저리 날아다녔다. 강물 소리도 아름답지 않고 거친 물결의 사나운 소리를 내었다. 바람 소리도 아름답지 않고 거친 소리가 귀를 찔렀다. 어디를 둘러보아도 마음은 불안스럽고, 아무리 애써보아도 구호자께서 입멸할 것 같았다. 밤낮으로 기원을 해보았으나 결국 교화의 대상들에게 열반에 드시는 모양을 보이셨다."[68]

또 한편 래첸·꾼가갤챈(慶喜勝幢)의 『까담최중쌜왜된메(噶當派源流)』에서는 조오제께서 임종이 임박한 무렵 어느 날, 몸에 병환이 들어 정신이 혼미해지자 불보살님께 공양을 올리고 기원한 뒤, 여러 제자에게 마지막 교훈을 주신 광경을 다음과 같이 기술하였다.

"조오제께서 녜탕에서 조금 혼미하게 되었다. 경참(經懺, Rim gro)[69]을 행하고, 공양을 성대하게 올림으로써 본존들 한 분 한 분

---

68 『조오제이남타르람익최끼중내(大恩人傳記·旅程記)』, pp.287~288.

69 경참(經懺, Rim gro)은 경전을 독송하고 예배와 참회 등을 통해서 재앙을 물리치고 축복을 얻는 종교 의식의 하나이다.

의 존안을 친견하고 병환이 나았다. 또한 병환이 나자 [앞서와 같이 행함으로써] 한 분 한 분의 존안을 친견하고 병환이 나았다. 다시 병환이 나자 앞서와 같이 한 분 한 분의 존안을 친견하고 병환이 낫는 일이 발생했고, 새벽부터 저녁 무렵까지 존안을 친견하였다고 하였다. 보름날 저녁에 부처님과 보살들의 존안을 모두 친견하였다. 조오제께서 입적할 무렵에는 땅을 밟지 않고 한 자 반(半) 정도 높이 떠서 다니시는 것을 모두가 보았다. 또한 조오제께서 말씀하시길, '다끼니(空行母) 여신들이 주위를 돈다.'라고 하였다.

(중략)

조오제께서 입적하실 무렵에 한 사람마다 유훈 하나씩을 남겼다. 낸조르빠(rNal ḥbyor pa)와 괸빠와(dGon pa ba)는 마음속에 절 하나씩을 맡으라고 하는 말을 기대하면서, '이제 저희 둘은 어떻게 해야 합니까?'라고 여쭙자, 조오제께서 말씀하길, '세속을 마음에서 버리라. 목숨이 다할 때까지 돔뙨빠를 떠나지 말라.'고 하였다. 묻기를, '스승님께 법을 함께 청하였는데 어째서 그를 의지하라고 합니까?'라고 하자, 말씀하시길, '내가 가지(加持)를 행하였기 때문이다.'라고 하였다.

선지식 낸조르빠는 조오제의 심부름으로 세 번에 걸쳐서 인도에 다녀왔다. 이제 또 가게 되면 스승님께서 노쇠한 탓에 뵙지 못한다고 걱정한 뒤, '이번에 돌아가시지 않기를 청합니다.'라고 청하자, 말씀하시길, '떠난 뒤에 만나지 못할지라도 또한 참된 의미로는 만난 것이다. 가지 않으면 만날지라도 또한 만나지 않은 것이 된다. 그대가 어디에 있든지 내가 가피를 내린다.'라고 하였다.

유가사 쎄랍도제(Śes rab rdo rje, 般若金剛)와 로되바르(Blo gros ḥbar,

慧燃) 두 사람에게는, '착한 마음을 가져라. 그것이 없으면 문사수(聞思修)의 수습을 아무리 행할지라도 이익이 없다.'라고 말씀하였다.

선지식 방뙨(Baṅ ston)에게 말씀하시길, '그대는 선지식 돔뙨빠의 벗이 되어라. 그가 유정에게 무량한 이익을 행한다.'라고 하였다.

유가사 착티촉(Phyag khri mchogs)이 조오제께서 입적하실 무렵에 여쭙길, '조금 들은 것들을 강설해도 되겠습니까?'라고 청하자, 조오제께서, '좋은 일이 아니다. 버리도록 하라.'고 하였다. 다시 여쭙길, '그러면 수행할까요?'라고 하자, 말씀하시길, '그 또한 좋은 일이 아니다. 버리도록 하라.'고 하였다. 다시 여쭙길, '강설과 수행을 번갈아 할까요?'라고 하자, 말씀하시길, '그 또한 좋은 일이 아니다. 버리도록 하라.'고 하였다. 다시 여쭙길, '그러면 어떻게 해야 합니까?'라고 하자, 말씀하길, '이생의 집착을 버리도록 하라. 돔뙨빠를 떠나지 말라.'고 하였다.

선지식 돔뙨빠에게 말씀하시길, '지금 이후부터 인도에서 황금을 구하기 위해서 온 자들로부터 법을 청하지 말라. 사부속(四部續)을 교란하여 강설한다. 그대는 계경(契經)을 의지하라. 착한 마음을 행하라.'고 하였다. (중략)

그 뒤 '물이 위로 역류하였는가? 살펴보도록 하라.'고 말씀하였다. 제자들이 나가서 알아본 뒤, '물이 위로 역류하였습니다.'라고 하자, 말씀하시길, '그러면 그 뒤의 이 일을 나타내 보인다. 행하고자 하는 것이 이것이다.'라고 한 뒤, 『팔천송반야경』의 설법을 중지하고, 손에 금강저와 금강령을 쥔 뒤, 일념으로 삼매에 들어갔다. 참된 의미에서 죽음이 없을지라도 또한 교화의 대상들의 심중에 세수 72세가 되던 갑오년에 장력(藏曆) 9월 18일 녜탕에서 입적하였다."[70]

위와 같이 조오제께서는 녜탕 사원에서 입적하신 뒤 평소의 예언대로 도솔천의 미륵자존의 회상에 무구허공(無垢虛空)이라 부르는 천인으로 태어나서 미륵자존으로부터 심오하고 광대한 법을 청문하고, 널리 유정의 이익을 행한다고 하였다. 이에 대해 래첸·꾼가갤챈(慶喜勝幢)의 『까담최중쌜왜된메(噶當派源流)』에서 다음과 같이 기술하였다.

"'나는 도솔천에서 천자 남카디마메(Nam mkhaḥ dri ma med, 無垢虛空)로 태어난 뒤, 미륵부처님으로부터 법을 듣고 무량한 유정의 이익을 행한다. 그대들도 또한 그곳을 향해서 기원[71]하라.'라고 말씀하였다. 『팔십찬(八十讚)』에서, '당신의 이숙(異熟)의 그 몸을, 티베트의 땅에 안치한 뒤, 서원에 의해 그 몸[의생신(意生身)]이, 도솔천의 미륵자존의 발아래에, 태어난다고 도모(度母)께서 예언하시니, 무구허공(無垢虛空)이라 부르는, 천자(天子)로 태어나서, 심

---

70 『까담최중쌜왜된메(bKaḥ gdams chos ḥbyuṅ gsal baḥi sgron me, 噶當派源流)』, pp.121~122, 青海省, 青海民族出版社, 1996, China.

71 아띠쌰 존자께서 도솔천에 태어난 뒤에도 그곳을 향해서 기원하라고 제자들에게 말씀하신 것은 불보살님은 비록 열반에 들어갈지라도 대비와 가피가 단절되지 않음을 보여준 것이니, "선지식 돔뙨빠(ḥBrom ston pa)는 무량한 본존들의 존안을 친견하였고, 특별히 스승님께 기원하고 성취하니, 라뎅(Rva sgreṅ) 사원에 계실 때 도솔천에 계신 조오제에게 기원하자 직접 강림하였다. 그것을 크게 환희해서 자주자주 기원하자 석가세존께서 직접 강림하였다. 이에 돔뙨빠께서, '스승과 본존의 본질이 어째서 하나가 아닌가?'라고 하였다."라고 침·탐째켄빠의 『아띠쌰대전기(阿底峽大傳記)』에서 말함과 같은 것이다.

견(深見)과 광행(廣行)의 법들을, 미륵자존으로부터 청문한다.'라고 함과 또한 『삼십찬(三十讚)』에서, '나는 이제 도솔천으로 간다. 나를 믿고 공경했던 이들과는 도솔천에서 재회한다.'라고 하였다."[72]

앞에서 조오제의 임종이 가까워지자 선지식 돔뙨빠가 '선지식이 입적하면 그 유체를 어떻게 다루어야 합니까?'라고 여쭙자, 조오제께서, '『열반경』에서 설하신 것처럼 한다.'라고 말하였다고 하였듯이, 조오제의 유체는 녜탕의 나모체(Na mo che)에서 엄숙하게 다비식(茶毘式)을 거행한 뒤, 그의 유품들을 제자들에게 나누어주었다. 그 정황을 래첸·꾼가걀챈의 『까담최중쌜왜된메(噶當派源流)』에서 다음과 같이 기술하였다.

"그 뒤 조오제의 유체를 다비(茶毘)할 때 유가사 착티촉(Phyag khri mchogs)이 향로를 들고 공양을 올리고 주위를 돌았다. 선지식 괸빠와가 보니, 일찍이 본 적이 없고, 몸의 미려함이 천인(天人)에는 조금 못 미치는 한 여인이 손에 갖가지 색깔의 꽃들을 들고 나타나서, '아! 슬프도다. 부처님이 열반에 드셨다. 세간이 텅 비었다.' 라고 말하면서, 주위를 도는 것을 보았다. 괸빠와께서, '이 여인은 자성(自性)의 유가녀(瑜伽女)이다.'라고 생각하고 예배를 올리고 가르침을 청하자, '나의 스승님의 교계를 그대에게 설하지 않았는가?'라고 말한 뒤, 자취도 없이 사라졌다. 그녀는 자성의 유가

---

72 『까담최중쌜왜된메(噶當派源流)』, p.124.

녀라고 하였다.

그와 같은 등의 뛰어난 상징으로는 또한 황금꽃의 비가 내리고 그 뒤에 그것을 사람들이 줍는 일이 생겼다. 그러나 까담빠(bKaḥ gdams pa)의 큰 선지식들의 견해는 공덕을 떠들지 않고 구결로 간직함으로써, 그 이상 더는 말하지 않았다.

그 뒤 선지식 돔뙨빠가 신선한 우유 속에 좋은 향들을 많이 갈아 넣은 뒤, 그 속에 영골(靈骨)들을 담근 다음 깨끗하게 수습하였다. 대부분의 영골은 라뎅(Rva sgreṅ)[73] 사원의 은으로 만든 큰 영탑(靈塔) 속에 모셨다. 오늘날 라뎅이 화락(和樂)하고, 가피가 크고, 상서롭게 건재하는 것이 모두 그것의 공덕이다.

선지식 쿠뙨·쬔뒤융둥(精進堅固)과 응옥·렉빼쎼랍(妙慧)과 가르괴(ḥGar ḥgos)들도 또한 영골을 분배받아 아름다운 영탑을 만든 뒤 공양을 올렸다. 그 뒤 위(sBus) 지역의 네 명의 큰 제자들도 각각 작은 탑묘(塔廟)를 하나씩 건립하니, 선지식 방뙨(Baṅ ston)은 녜탕의 오르(Ḥor)에 건립하였고, 쿠뙨·쬔뒤융둥은 야르룽(Yar luṅ)으로 모셔 가서 하딩(lHa sdiṅs pa)에 건립하였고, 응옥·렉빼쎼랍은 쌍푸네우톡(gSaṅ phu neḥu thog)에 한식(漢式)으로 건립하였고, 돔뙨빠는 다른 유가사들과 상의한 뒤 라뎅에 귱고짼(Kyuṅ ḥgo can)이라 부르는 영탑을 세웠다.

---

73 라뎅(Rva sgreṅ)은 지명이나 조오제께서 다음과 같은 의미를 부여하였다. "조오제께서, '라(Rva)는 번뇌의 더러움을 여읨이니, 법의 문(門)이라고 말하였다. 번뇌의 더러움을 여읜 법의 문(門)을, 유정천(有頂天)의 끝까지 닿도록 뎅(sGreṅ)이니, 들어 올려라.'라고 하는 라뎅(Rva sgreṅ)이라는 절 이름이 그와 같이 생겼다고 알려졌다."라고 『라뎅괸동기로귀(Rva sgreṅ dgon groṅ gi lo rgyus)』[LTWA]에서 설하였다.

그 뒤 선지식 까와(Ka ba)가 싣고 온 공양물과 헌납받은 물품들을 모아서 1년 뒤인 을미년(乙未年, 1055년)에 1주년 추도식을 성대하게 봉행하였다.

그 선지식 까와는 쿠뙨, 응옥, 돔뙨빠 세 사람이 믿고 의지하는 곳이자, 그 또한 돔뙨빠가 주장하는 대로 행하였다.

그는 아버지의 영골은 아들에게 필요한 것이니 돔뙨빠 그대가 조오제의 이들 영골을 잘 보관하라고 하였다. 이에 인도의 범어 전적은 낙초·로짜와(Nag tsho lo tsā ba)에게 필요한 것이니, 돔뙨빠가 보관[74]하라고 하였다고 한다. 유품들 가운데 제일 중요한 것이 쎄르링빠(gSer gliṅ pa, 金洲法稱)의 영탑과 [석가모니상(釋迦牟尼像)과 자단림도모상(紫檀林度母像)[75]과 세간자재(世間自在)의 화상(畫像) 등의] 이것들은 돔뙨빠가 모시라고 하였다. 쿠뙨·쬔뒤융둥에게는 쎄르링빠께서 조오제에게 내려준 석가모니불의 금존상을 드렸다. 이에 이 금존상을 헌납하는 곳이 대장부 쿠뙨(Khu ston) 자기

74 조오제께서 임종하기 직전에 선지식 낙초·로짜와는 네팔에 머물면서 성취자 아와두디빠(Avadhūtipa)와 나로빠(Nāropa)의 제자인 빤디따 즈냐나까라(Jñānakara)로부터 밀교의 법들을 청문하고 지냈으니, 침·탐째켄빠의 『아띠쌰대전기(阿底峽大傳記)』, p.219에서, "그 뒤 유가사 착티촉(Phyag khri mchogs)이 조오제의 영묘(靈廟)에 모실 영탑(靈塔)의 제조에 필요한 순은과 [장인(匠人)]을 구하기 위함과 조오제의 서책들을 인도에 보내기 위함과 낙초·로짜와(Nag tsho lo tsā ba)에게 서신을 보내기 위해서 많은 사람을 파견하였다."라고 해서, 그 당시 네팔에 머물고 있었음을 밝혔다.

75 석가모니화상(釋迦牟尼畫像)과 자단림도모화상(紫檀林度母畫像)의 둘의 유래에 대해서, "이 둘은 조오제(Jo bo rje) 아띠쌰(Atīśa)께서 아버지 게왜뻴(dGe baḥi dpal, 吉祥善)과 어머니 빼마외쎄르쩬(Padma ḥod zer can, 蓮花光) 두 분의 본존으로 조성한 것이니, 8세의 한 동녀가 천을 짜고, 8세의 한 동자가 초안을 그린 다음 색깔을 먹이는 등의 매우 놀라운 것으로 큰 성물이다. 그들은 화신의 동남동녀로 알려졌고, 조오제의 스승이신 쎄르링빠(金洲法稱)께서 여러 차례에 걸쳐서 점안(點眼)하였다고 널리 알려졌다."라고 휜둡최펠(lHun grub chos ḥphel)의 『라뎅괸빠가르착(Rva sgreṅ dgon paḥi dkar chag, 熱振寺志)』, p.125에서 설하였다.

라고 말한 뒤 크게 기뻐하였다. 대유가사(大瑜伽師)에게는 세 명의 인도 요기(瑜伽師)가 실지(悉地 : 成就)를 얻도록 가지한 이게둑빠(六字本尊)의 존상[76]을 드렸다. 괸빠와에게는 조오제의 본존이자 조오제에게 법을 설한 부동불(不動佛)의 불상을 드렸으며, 현재는 라뎅 사원에 모셔져 있다. 쌍푸와(gSaṅ phu) 응옥·렉빼쎄랍에게는 여덟 개의 불탑과 은으로 만든 영탑 하나와 조오제에게 법을 설하신 따라불모(多羅佛母)의 불상을 드렸다. 오르(Ḥor)의 영탑에도 또한 여덟 개의 불탑과 세존과 오비구(五比丘)의 불상과 약사여래의 불상과 성취자 나로빠(Nāropa)의 영골이 안치된 연등주(燃燈柱, mChod sdoṅ)와 큰 부채와 작은 불상들이 많이 모셔졌다."[77]

2.『보리도등론』 저술의 역사적 배경

1) 랑다르마 왕의 파불과 전전기 불교의 몰락

티베트 전전기(前傳期) 불교를 파괴하는 랑다르마(Glaṅ dar ma) 왕의 출현

---

76 이게둑빠(六字本尊) 존상의 유래에 대해서, "이것은 유가녀 메하라(Mehara)가 오디야나(Oḍḍiyāna, 飛行國)에서 조성한 뒤, 구루 빠드마쌈바와(Paḍmasambhava, 蓮花生)의 손 위에 올려놓고, 수행의 본존으로 삼았다. 그 뒤 차례로 전승되어 쎄르링빠(金洲法稱)의 손에 이르렀고, 그가 조오제에게 하사하였고, 조오제께서 대유가사 쎄랍도제(Śes rab rdo rje, 般若金剛)에게 하사하였다. 쎄랍도제(般若金剛)가 유가녀 메하라(Mehara)로부터 자기에 이르기까지의 13명의 유가사의 존안을 친견하였다."라고 위의 같은 책,p.125에서 설하였다.

77 『까담최중쎌왜된메(噶當派源流)』, pp.125~127.

에 대해서는, 티베트 땅에 불교를 실질적으로 수립하고 전파하고 융성하게 만든 인물인 법왕 티쏭데짼(Khri sroṅ lde btsan, 755~797 재위)과 친교사 쌴따락시따(Śantarakṣita. 寂護)와 구루 빠드마쌈바와(Paḍmasambhava, 蓮花生) 세 분의 전생인연(前生因緣)이 얽혀 있는 오늘날 네팔의 보다나트(Boudhanath) 대탑의 건립연기(建立緣起)에 대해 말하지 않고서는 제대로 설명할 수가 없다.

그 대탑의 연기를 기록한 『자룽카쑈르(Bya ruṅ kha śor)의 연기(緣起)』[78]에 따르면, 768년 원숭이 해(丙申年) 원숭이 달(申月) 초열흘날, 뻴쌈애민규르휜기둡빼쭉락캉(dPal bsam yas mi ḥgyur lhun gyis grub paḥi gtsug kag khaṅ, 吉祥不壞天成寺)의 2층 법당에서 법왕 티쏭데짼을 비롯한 군신 25인에게 라마양쌍툭둡(Bla ma yaṅ gsaṅ thugs grub, 上師極密心意成就法)의 대관정(大灌頂) 법회를 거행할 때의 일이다. 아홉 개의 비단 방석을 쌓은 높은 법좌 위에 오디야나(烏長那國)의 마하구루(Mahāguru)께서 좌정하시기를 청한 뒤, 법왕 티쏭데짼이 다음과 같이 청하였다.

> "아, 마하구루시여! 제가 비록 변방의 땅 붉은 얼굴의 나라 티베트에 태어났지만, 싸호르(Za hor)의 빤디따 쌴따락시따(寂護)와 오디야나(Oḍḍiyāna)의 아사리 빠드마쌈바와(蓮花生)와 같은 위대한 화신 두 분을 초빙하여, 나의 서원인 모든 중생이 공덕을 쌓는 복전(福田)이며, 삼보(三寶)가 머무는 성소인 남섬부주에서 견줄 데

---

78 『자룽카쑈르(Bya ruṅ kha śor)의 연기(緣起)』의 원명은 "최땐첸뽀자룽카쑈르기로귀퇴빼돌와(mChod rten chen po gyi lo rgyus thos pas grol ba)"이며, 복장대사(伏藏大師) 하왕·갸초로되(lHa dbaṅ rGya mtsho blo gros)가 쌈애(bSam yas) 사원의 비로자나불상 밑에서 원본을 발굴하였다.

가 없는 뺄쌈얘민규르휜기둡빼쭉락캉(吉祥不壞天成寺)과 같은 대사원을 건립하니, 변방의 나라로 마치 무명의 어둠에 덮인 것과 같은 이 티베트 땅에, 삼보의 교법이 설산에 태양이 떠오르듯이 융성함이 불법의 중심인 인도 마가다(Magadha) 땅과 같습니다. 모든 중생이 법을 듣고 말하고, 불법을 닦을 수 있는 상서로운 시절이 도래한 것은, 아득한 과거 연등불(燃燈佛)의 교법 시절에 네팔의 땅 마구따(Maguta)에서 우리가 대시주(大施主)인 닭 키우는 가난한 여인 자지마(Bya rdzi ma, 養鷄女)의 네 아들로 태어났을 때, 자룽카쑈르(失言塔) 대탑을 건립하고, 그때 세운 서원의 결과라고 말하였습니다. 그러니 이 대탑을 어떻게 건립하였으며, 그때 서원을 세운 과정들을 저희에게 소상하게 말씀해 주셔서, 저희로 하여금 수긍하고 믿음과 경모의 마음을 일으키게 하여 주소서!"

여기서 언급한 닭을 치는 한 여인의 네 아들은 코끼리 한 마리와 노새 하나를 데리고 흙을 나르고 다지고 탑을 세우는 등의 고단한 작업을 7년에 걸쳐서 행하여 대탑을 완성한 뒤 각각 서원을 발하였다. 말 치는 큰형은 발원하길, "눈에 뒤덮인 변방의 땅 티베트에 법왕으로 태어나 불법을 수립하게 하소서!"라고 하였으며, 돼지치기 둘째 형은, "청정한 비구로 태어난 뒤 모든 승려를 출가시키는 친교사로 태어나게 하소서!"라고 하였으며, 개를 치는 셋째 형은, "불법을 수호하는 대력(大力)의 진언사로 태어나게 하소서!"라고 하였으며, 닭치기 막내는, "나는 형님들이 서로 만날 수 있도록 하는 왕명을 받드는 대신으로 태어나게 하소서!"라고 발원하였다. 그리고 그 발원이 성숙한 결과로 네 아들은 먼 훗날 설원의 티베트 땅에 태어나서 광대한 불사를 일으키니, 그들이 바로 법왕 티쏭데짼과 싼따락시따와 빠드마쌈바와와 대신 예시왕뽀(Ye śes dbaṅ po, 智王)였다.

네 사람의 발원이 끝나고 대탑을 건립할 때 힘든 일을 제일 많이 한 코끼리의 차례가 와서 서원을 발하려고 하였으나 좋은 생각이 나지 않자 문득 성내는 마음을 일으킨 뒤, "내가 그만큼 흙과 돌을 실어 날랐음에도 전혀 서원을 세우지 못한다면, 나는 그 법왕의 아들 또는 손자로 태어나서 그들이 수립한 불법을 파괴하게 하소서!"라고 불순한 서원을 세우고 말았다. 마침내 전도된 서원의 힘이 성숙하여 코끼리는 티베트 왕조의 마지막 왕인 랑다르마·우둠짼(Glaṅ dar ma ḥu dum btsan)으로 태어났고, 841년 왕위에 오른 그 해부터 불법을 파괴하기 시작하였다. 그리고 랑다르마 왕은 몇 년에 걸쳐서 사군삼존(師君三尊)이신 친교사 싼따락시따와 구루 빠드마쌈바와와 법왕 티쏭데짼의 시대를 거쳐서 법왕 티랠빠짼(Khri ral pa can, 806~836)에 이르기까지의 100년에 걸쳐서 수립한 전전기(前傳期)의 티베트불교를 일거에 파괴하게 된다. 법을 강설하는 아사리와 빤디따들을 살해하거나 쫓아내고, 승단(僧團)을 파괴하고, 불법이 금지되는 여파로 인해서 티베트에는 불교가 제대로 안착하지 못한 채 한순간에 무너지고 긴 암흑 속에 빠져들게 된다. 그리고 978년 라첸·공빠랍쌜(Bla chen dgoṅs pa rab gsal, 意明)에 의해서 위(sBus)와 짱(gTsaṅ) 지역에서 열 명의 출가자가 탄생하면서 재건의 기틀을 마련하여 티베트불교의 후전기(後傳期)가 시작되기 전까지 약 70년 넘는 세월 동안 티베트불교는 갖가지 사견과 이설이 치성하는 가운데 극심한 혼란과 폐단을 겪으면서 나락에 빠져들게 된다.

이 같은 파불 사태를 계기로 티베트가 군소왕국시대(群小王國時代, Bod sil buḥi skabs)로 접어들고, 티베트불교는 극심한 혼란에 빠져서 허우

적거릴 때, 서부 응아리(阿里)의 구게(Gu ge) 왕국에서 보살의 화신인 법왕 예시외(智光)와 장춥외(菩提光)가 출현하였다. 그리고 그 법왕들이 불법을 정화하고 부흥하기 위해 힘쓴 지대한 노력과 원력에 의해서 마침내 1042년에 비끄라마씰라(Vikramaśīla, 戒香寺)의 상좌인 아띠쌰(Atīśa) 디빰까라쓰리즈냐나(Dipamkara Śrijñāna, 吉祥燃燈智)가 서부 응아리에 들어오게 되었다. 또한 아띠쌰는 법왕 장춥외의 요청으로 『보리도등론』이라 부르는 불후의 명저를 저술하여 현밀과 대소승의 각기 다른 길을 도차제(道次第)의 사상으로 모순이 없이 회통(會通)한 뒤, 모든 불법을 누구나 모순이 없이 이해하고 바르게 수행할 수 있게끔 길을 제시해 주었다. 이로써 비로소 랑다르마 왕의 파불 사태로 야기된 티베트불교의 긴긴 혼란과 폐단을 바로잡았다. 그리고 그와 동시에 도차제의 사상에 기반하는 후전기의 티베트불교는 부흥의 길로 접어들게 되었다.

그러므로 쫑카빠(Tsoṅ kha pa) 대사는 그의 『람림첸모(菩提道次第廣論)』에서, 티베트불교사에서 전전기와 후전기에 일어났던 불교 정화의 과정을 정리해서 다음과 같이 논평하였다.

> "대저 설산의 땅 티베트에 불교가 전파되던 전전기에는 길상하신 두 분의 큰 스승님이신 보디싸따(寂護)와 빠드마쌈바와(蓮花生)께서 여래의 교법을 건립하였다. 그러자 공성의 이해가 근원에 이르지 못한 상태에서 방편분(方便分)을 훼멸하고, 모든 작의(作意)를 무조건 차단하는 중국의 친교사 마하연(摩訶衍) 화상이 출현해서 청정한 교법을 더럽히고 쇠락시킬 때, 대아사리 까말라씰라(蓮華戒)가 그것을 잘 절복(折伏)한 뒤, 여래의 의취를 바르게 결택(決擇)해서 확립시켜 준 그 은혜는 진실로 지극히 깊고 무겁다.

[또 여래의 교법이 다시 일어나던] 후전기의 불교에서는 밀교의 비의(秘義)를 전도되게 이해하는 일부 교만한 학자들과 유가사들이 불법의 생명인 청정한 계율을 심각하게 훼손할 때, 길상하신 아띠쌰 존자께서 그것을 잘 파척(罷斥)하고, 또한 그릇되게 행하는 삿된 무리를 제복(制服)한 뒤, 전도됨이 없는 청정한 교법을 현양함으로써 설산의 모든 유정에게 커다란 은혜를 입혔다."[79]

2) 랑다르마 왕이 일으킨 파불 사태의 참상

이처럼 랑다르마 왕의 파불 사태로 전전기 티베트불교가 처참하게 몰락하고, 커다란 혼란 속에 떨어진 비참한 상황에 대해, 둥까르·로쌍틴래(Duṅ dkar Blo bzaṅ ḥphrin las, 善慧羯磨)의 『둥까르칙죄첸모(Duṅ dkar tshig mdzod, 東噶藏學大辭典)』에서 다음과 같이 기술하였다.

"랑다르마·우둠짼(Glaṅ dar ma ḥu dum btsan)은 티베트 왕조의 제42대 마지막 왕이다. 역대의 왕들 가운데 주색을 좋아하고, 성정이 흉폭하고, 행위가 잔악한 사례로 티베트와 중국의 모든 역사서에 기록되어 있다. 랑다르마는 티데쏭짼(Khri sde sroṅ can) 왕의 다섯 아들 가운데 두 번째이며, 태어난 해와 살해당한 해에 대하여 이설들이 많이 있다. 여기서 죽은 해는 『탕뎁싸르닝(Thaṅ deb gsar rñiṅ, 新舊唐書)』에 의하면, 당무종(唐武宗) 회창(會昌) 2년 임술년(壬

---

79 『보리도차제광론(菩提道次第廣論, Lam rim chen mo)』, pp.9~10, 청해 민족출판사, 1985, 서녕, China.

戌年, 842년)에 하룽·뻴기도제(lHa luṅ dPal gyi rdo rje, 吉祥金剛)에 의해서 살해당함으로써, 그의 나이 서른아홉이 되던 신유년(辛酉年, 841년)에 왕위에 올라 1년 몇 달간 불교를 파괴하던 도중에 죽었다. 그는 처음 왕위에 올라 6개월 동안에는 선대의 유풍대로 불법을 받들고, 디이쭉락캉(ḥBri yi gtsugslag khaṅ)과 빠도딱쿡(sPa bro stag khug) 사원 등을 건립하였다. 그 뒤 오래지 않아 중국에서 들어온 몇몇 사악한 뵌뽀(Bon po, 苯教徒)가 티베트의 정교(政教)를 무너뜨리기 위해서 악주(惡呪)를 불어넣은 세 가지 물건을 인편을 통해 왕과 왕비, 대신들에게 예물로 전달하였다. 그것을 받고 나서 왕과 왕비를 비롯한 대신들의 마음이 돌변하여 불법을 파괴하기 위한 모의를 시작하였다. 대신 왕개또리딱나(dBaṅs rgyas to ri stag sna)와 나남갤티쑴(sNa nam tsha khri gsum)을 왕의 측근으로 임명한 뒤, 과거 불법을 신앙하는 대신들의 권력을 빼앗아버렸다.

그 무렵 불법을 없앨 구실을 찾지 못하고 있던 차에 마침 수도 라싸(lHa sa)에 서리와 우박, 기근과 돌림병 등의 재난이 일어나자, 그 기회를 놓치지 않고 맨 먼저 백성들에게 경고하기 위해서, '선조인 쏭짼감뽀(Sroṅ btsan sgam po) 왕 시절에 당나라의 문성공주(文成公主)라 부르는 한 마녀가 티베트 땅에 들어왔다. 그녀가 천계(天界)와 오디야나(Oḍḍiyāna)와 인도와 중국 등을 파괴하기 위해서 저주의 신 석가모니의 불상을 티베트에 들여왔고, 더 나아가 지세(地勢)를 관찰하는 유명한 지관(地官)이라고 말한 뒤, 티베트의 산과 터가 좋은 명당 전체에 불탑과 법당을 세우도록 하였다. 또 선왕인 티쏭데짼과 티랠빠짼(Khri ral pa can) 왕의 시대에는 티베트 사람들을 숱하게 출가시킴으로써, 티베트 인구의 증가를 가로막는 재앙들을 만들었다.'고 하는 등의 불법을 파멸시키기 위한 갖가지 유언비어들을 많이 날조해서 퍼뜨린 뒤, 마침내 불법을 금지하는 법을 제정하였다. 출가한 승려들의 법의를 강제로 벗긴 뒤 환속을 시키고, 명령에 불복하는 고승과 대덕(大德)들을 많이 살해하고, 그 밖의 사람들은 손에 활과 화살과 바라와 법라(法螺)를 들게 한 뒤 사냥꾼으로 보냈다. 파괴할 수 있는 사원들은 전부 부수고, 부수지 못한 쌈얘(bSam yas) 사원과 조캉(Jo khaṅ)이라 부르는 하댄쭉락캉(lHa ldan gtsug lag khaṅ, 大昭寺) 등에 있는 불상 등의 성물들은 일부는 땅에다 파묻고, 일부는 강물에 떠내려 보내고, 사원의 문들에는 흙벽을 치고 회칠을 해서 들어가지 못하게 하였다. 그 당시 불법을 신앙하는 진언사와 거사, 대신들이 불상과 경전들을 숨기고 보호하였으며, 구루 빠드마쌈바와(蓮華生)의 손자 제자들로 살아 있는 사람들이 비밀리에 회동하여 불법을 지키기 위한 일들을 분배한 뒤, 비밀진언에 관한 수많은 법들과 법왕 당시의 법령들과 숭불서약서(崇佛誓約書, bKaḥ gtsigs)[80]와 역사서 등을 부탄과 히말라야의 접경인 묀율(Mon yul)과 호닥(lHo brag), 디궁(ḥBri guṅ)과 짱쿨(gTsaṅ khul) 등의 험준한 산악의 동굴 속에 감추었다. 그 뒤에 도망칠 수 있는 사람들은 달아나고, 도망가지 못하는 사람들은 숨어서 지내고, 일

---

80 숭불서약서(崇佛誓約書, bKaḥ gtsigs / bKaḥ tshigs)에는 초맹서(初盟書, bKaḥ gtsigs daṅ po)와 재맹서(再盟書, bKaḥ gtsigs gñis pa)의 둘이 있다. 모두 법왕 티쏭데짼(Khri sroṅ lde btsan)의 시대에 만들어진 것으로, 국왕과 대신들이 일치단결하여 불교를 수호하는 것을 맹약한 서약문이다.

부는 랑다르마 왕과 역신들에게 붙잡혀 죽임을 당했다. 그 당시 대부분 지역에 랑다르마 왕이 파견한 첩자가 있는 탓에 일부 로짜와(譯經師)와 아사리(阿闍梨)들은 서부의 응아리(阿里)를 떠나 리율(Li yul, 과거 구차, 코탄 지역 등을 말함)을 경유해서 티베트와 중국의 국경을 돌아서 도매(mDo smad, 현재 중국 청해성) 등지로 도망을 갔다.

이 랑다르마 왕이 불법을 멸망시킨 뒤 일곱 달이 지날 무렵 하룽·뺄기도제(吉祥金剛)가 닥예르빠(Brag yer pa)에 숨어 있는 것을 알고 자객을 보내서 그를 암살할 계획을 세웠다. 그때 [그는 닥예르빠의 석굴에서 수행하고 있었다. 자정 무렵에 라싸의 수호여신 길상천모(吉祥天母, dPal ldan lha mo)가 나타나서 말하길, '랑다르마 왕이 불법에 마장(魔障)을 일으키고 있으니 그 사악한 왕을 죽이는 것이 마땅하다. 내가 지켜줄 것이니 겁내지 말라.'고 하였다. 날이 밝자 시자(侍者)에게 상황을 물어보고 그것이 사실임을 알자 자기의 목숨을 희생하여 붓다의 교법을 지킬 것을 생각한 뒤, 삿된 왕을 죽이려는 의협심을 일으켰다.] 하룽·뺄기도제가 흉악한 왕을 죽일 때가 도래하였음을 안 뒤, 백마(白馬)에다 검정 숯가루를 잔뜩 바르고, 진언사들이 입는 검은 망토 안쪽에 흰 천을 덧붙여서 입고, 손에 철로 만든 활과 화살을 들고 라싸로 들어갔다. 그때 랑다르마 왕이 심기가 불편한 탓에 조캉 사원의 정문 부근에 있는 갸뵈왼샹도링(rGya bod dbon dhaṅ gyi rdo riṅ, 漢吐蕃甥舅會盟碑)[81]의 비문을 읽

81 갸뵈왼샹뒨델도링(唐蕃甥舅會盟碑)은 842년 티베트의 티랠빠짼(Khri ral pa can) 왕과 당나라의 목종(穆宗)이 양국의 화친을 약속한 기념으로 라싸의 조캉 사원 정문 앞에 세운 기념비로, 오늘날까지 잘 보존되어 있다.

고 있는 것을 천행으로 만났다. 그때 랑다르마 왕이 그를 보자 말에서 내린 뒤 큰절을 세 번 올렸다. 첫 번째 절을 하며 존경의 절을 올리고, 두 번째 절을 하면서 활과 활줄을 연결하고, 세 번째 절을 마치고는 어깨에 걸치는 옷인 운견풍대(雲肩飄帶, Ral pa)를 뒤로 벗어던진 뒤 철 화살을 날려서 왕의 심장에다 꽂으니, 왕이 두 손으로 화살을 잡은 채 죽고 말았다."[82]

이렇게 랑다르마 왕을 죽인 뒤 하룽·뻴기도제가 말을 타고 달아나면서 강물을 건너자 숯이 물에 씻겨서 검은 말이 백마가 되었고, 검은 망토를 뒤집어 입자 흰 망토로 변함으로써 잡히지 않고 무사히 탈출하였다. 지금의 중국 청해성(青海省)에 도착한 뒤, 그곳에서 생을 마쳤으니, 『둥까르칙죄첸모(東噶藏學大辭典)』에서 그의 전기를 요약해서 다음과 같이 기술하였다.

"『최중캐빠가뙨(智者喜宴)』 상권(上卷)에는, '하룽·뻴기도제(吉祥金剛)는 돔퇴궁모체(ḥBrom thos guṅ mo cher)에서 태어났다.'라는 등이 적혀 있다. 그는 8세기 전후로 돔퇴궁모체에서 태어났다. 속명을 딱냐쌍(sTag ña bzaṅ)이라 하였다. 처음에는 티베트와 중국의 국경 지대를 수비하는 장군이었다. 뒤에 인도의 아사리 비말라미뜨라(Vimalamitra, 無垢友)에게 출가한 뒤, 법명을 뻴기도제(dPal gyi rdo rje, 吉祥金剛)라고 하였다. 또한 구루 빠드마쌈바와(蓮花生)로부

82 『둥까르칙죄첸모(東噶藏學大辭典)』, pp.578~579, 중국장학출판사(中國藏學出版社), 2002, 북경, China.

터 보살계를 받고, 딥끼까르모롱(Grib kyi dkar ml roṅ)에서 수행할 때 법의가 바람에 날려가자 그것을 찾아 나섰다가 닥예르빠(Brag yer pa)에 도달한 뒤, 그곳에서 수행하며 머물다가 수행의 본존으로 석가모니의 불상 등을 조성하였다. 뺄기도제의 제자 몽골 사람 뺄기슈누(dPal gyi shu nu, 吉祥童子) 등의 13명이 성취를 얻었다. 9세기 중반에 랑다르마 왕이 불법을 파괴할 때, 하룽·뺄기도제는 닥예르빠에서 수행하고 있던 중에 라싸에 간 뒤, 왕이 갸뵈왼샹도링(漢吐蕃甥舅會盟碑)의 비문을 읽고 있던 때와 연계하여 화살을 쏘아서 왕을 살해하였다. 그 후 청해성으로 달아난 뒤 그곳에서 수행하며 지냈다. 10세기 초에 라첸 공빠랍쌜(Bla chen dGoṅs pa rab gsal, 952~1035)이 출가할 당시 하룽·뺄기도제에게 생활을 의탁하였던 사실이 몇몇 역사서에 나온다."[83]

또한 하룽·뺄기도제가 폭군 랑다르마를 살해하게 되는 인연에 대하여 『최땐첸뽀자룽카쑈르기로귀퇴빼돌와(mChod rten chen po bya ruṅ kha śor gyi lo rgyus thos pas grol ba)』에서 다음과 같이 기록하였다.

"그 당시 코끼리가 전도된 서원을 세우고, 불법을 파괴하는 폭군으로 태어나길 발원하였으니, 그는 지금의 법왕으로부터 3대가 지나서 랑(Glaṅ, 코끼리) 자의 이름을 가진 마왕으로 태어나고, 그가 불법을 파괴하게 된다. 그때 한 까마귀가 발심하여 마왕을 살

---

83 『둥까르칙죄첸모(東噶藏學大辭典)』, p.2167.

해하는 서원을 세웠는데, 그는 지금 왕자인 무룹짼뽀(Mu rub btsan po)이다. 뒷날 랑다르마 왕이 출현하여 불법을 파괴할 때, 그는 대보살 하룽·뺄기도제로 태어난 뒤 그 마왕을 죽이게 된다."

또한 그 당시의 상황을 싸꺄·쏘남갤챈(Sa skya bSod nam rgyal mtshan, 福幢)의 『갤랍쌜왜멜롱(rGyal rabs gsal baḥi me loṅ, 王朝明鑑)』에서 다음과 같이 기술하였다.

"그 당시 [오늘날 서장(西藏) 자치구(自治區)의 공까르종(Goṅ dkar rdzoṅ, 貢噶縣)의 성산(聖山)인] 추오리(Chu bo ri)의 산중 수행처에는 요게중(gYo dge ḥbyuṅ)과 짱랍쌜(gTsaṅ rab gsal)과 마르·쌰꺄무네(dMar Śakyamune)라 부르는 세 스님이 수행하고 있었다. 그때 갑자기 한 출가자가 선군(禪裙, 승복 치마)을 바꿔 입고 손에 활과 화살을 들고, 머리에는 새의 깃털을 꽂고 사냥개를 몰면서 사슴을 추격하고 있는 것을 요게중이 보았다. '노스님, 돌았습니까? 미쳤습니까?'라고 묻자, 그 [노스님] 사냥꾼이 나타나서, '자네들 세 사람은 왕의 벌을 받지는 않았지만 바로 위험이 닥칠 것이다.'라고 말한 뒤, 랑다르마 왕이 불법을 파괴하다 죽는 상황을 자세히 설명하였다. 그 셋이 크게 두려워한 뒤 잠시도 지체하지 않고 비나야(律儀)의 경전들을 세 짐으로 꾸려서 북로(北路)를 경유해서 캄(Kams) 지방으로 달아난 뒤 댄띡쎌(Dan tig śel)이라고 부르는 동굴에 머물렀다. 그 뒤 까외·촉닥빠(Ka ḥod mChog drags pa, 勝稱)와 롱뙨·쎙게갤챈(Roṅ ston Seṅ ge rgyal mtshan, 獅子幢) 두 사람이 대법장(對法藏)과 구사론(俱舍論) 등의 경전들을 많이 휴대하고 캄 지방으로 달아난 뒤 쌘충남종(San chuṅ gnam rdzoṅ)의 동굴에서 머물렀다."[84]

3) 파불 사태의 원인과 배경

폭군 랑다르마 왕이 파불의 악행을 행하도록 사주한 원흉은 티베트의 뵌뽀(Bon po, 苯教徒)였다. 뵌(Bon)은 본래 뵌하융둥(Bon lha gyuṅ druṅ, 苯教卍神)[85]을 섬기는 토속종교로서 당시까지 티베트에서 국교의 역할을 담당하였다. 그러나 법왕 티쏭데짼(Khri sroṅ lde btsan)이 불교를 받아들이면서 뵌교(苯教)와 불교는 사사건건 다투는 등 큰 불화가 발생하여 사회적 문제로 비화하고 말았다. 이것은 살생 등의 악행을 금지하는 불교와 가축의 희생제(犧牲祭)를 통해서 기복의 활동을 하는 뵌교 사이에는 본질적으로 양립할 수 없는 교리적 괴리가 존재하였기 때문이었다.

마침내 법왕 티쏭데짼은 이러한 국난을 타개하기 위하여 양측이 교리적 논쟁을 벌여 이긴 쪽이 국교가 되고, 패배한 쪽은 변방으로 이주하여 종교 활동을 금지하는 조건을 걸고 공개적인 대론(對論)을 벌이도록 하였다. 이에 양측의 대표들이 모여서 논쟁을 벌였으니, 먼저 교리 논쟁을 해서 승패를 가리게 하였고, 다음은 신통의 경쟁을 통해서 승패

---

84 『걜랍쌜왜멜롱(rGyal rabs gsal baḥi me loṅ, 王朝明鑑)』, p.236, 싸꺄·쏘남걜챈(Sa skya bSod nam rgyal mtshan, 福幢), 민족출판사, 1996, 북경, China.

85 뵌하융둥(苯教卍神)에서 말하는 융둥(gYuṅ druṅ)은 만자(卍字) 또는 대자재천(大自在天), 금강불괴(金剛不壞) 등을 나타내는 단어이나 그 실체가 정확하게 드러나 있는 것은 아니다. 뵌교도들은 일반적으로 짐승을 잡아 피와 살을 공양하고 현세의 기복과 망자의 천도를 행한다.

를 가리도록 하였다. 그 결과 불교도가 모두 승리함으로써 불교를 국교로 삼고, 뵌교는 티베트 땅에서 축출하는 법령을 내려서 일단락을 하였으나 그 후유증이 심각하게 발생하였다. 일례로 뵌교 측에서는 불교에 대항하고자 불교의 경전들을 모사하여 본존의 명칭과 용어를 차용해서 뵌교의 경전들을 제작·유포하였다. 또한 예식을 모방하여 불교 의식과 흡사한 의례를 만들어 행하면서 오늘날까지도 적지 않게 대립하고 있다. 그러한 역사적 내막을 모르는 일반 사람들이 양쪽의 경전을 보면 그 차별을 분간할 수 없을 정도로 유사하다.

이에 대해서는 일찍이 『까말라씰라의 수습차제 연구』라는 논서에서 불교와 뵌교 사이의 알력과 논쟁, 그리고 뵌교가 티베트에서 축출되는 과정을 이미 소개하였으니 참고하길 바란다. 여기서 한 가지 언급하면, 교리적인 면에서는 아예 불교의 적수가 되지 못할지라도 그들이 불교에 그토록 저항했던 원천은 뵌교가 놀라운 세속적 신통력과 주술의 힘을 소유하였기 때문이라고 볼 수 있다. 이것은 불교와 논쟁한 항목 중에 신통력 대결이 포함되어 있음을 통해서 알 수 있다.

이제 뵌교와의 역사적인 논쟁 장면을 재차 소개하면, 티베트불교에서 위대한 성취녀(成就女)로 존경받는 예시초걜(Ye śes mtsho rgyal, 智海王)은 법왕 티쏭데짼 당시에 쌈얘(bSam yas) 사원에서 일어난 불교도와 뵌교와의 논쟁에 출전한 인물 가운데 한 명으로 자신이 직접 뵌교의 신통과 주술을 물리치고 불법을 현양한 이야기를 자서전인 『칸도예시초걜남타르(mKhaḥ ḥgro Ye śes mtsho rgyal rnam thar, 空行母智海王傳記)』에 기록해 놓았다. 그 가운데 일부를 인용하여 소개하면 다음과 같다.

"그 뒤 티베트 정월 보름날 수도 쌈얘의 유복(Yu ḥbogs)의 초원 가운데 국왕의 높은 용상이 차려지고, 오른쪽에는 불교도의 자리를 마련하여 로짜와(譯經師)와 아사리들을 앉게 하고, 왼쪽에는 뵌교의 자리를 마련하여 뵌교의 사제들을 앉게 하였다. 신료들과 백성들은 앞쪽에 앉도록 하였다. 그 밖에도 얘루(gYas ru)와 루락(Ru lag), 위루(dBus ru)와 요루(gYu ru)[86]의 지역에서 몰려온 백성들의 인파가 검붉은 물결처럼 주변을 에워쌌다.

먼저 법왕 티쏭데짼이 왕명을 선포하니, '내가 통치하는 티베트 땅에 있는 사당(祠堂)과 장원에 딸린 백성들과 사원의 승려들과 뵌교의 백성들과 대신과 왕비와 일반 백성들은 다 함께 잘 생각해 보도록 하라. 선대의 왕들께서 행하신 법도는 불교와 뵌교를 함께 세우시고 믿어왔다. 중간에 뵌교가 성행하였으며, 나 역시 선조이신 쏭짼감뽀(Sroṅ btsan sgam po) 법왕의 관례대로 불교와 뵌교를 나란히 세우려고 하는 마당에, 불교와 뵌교가 마치 원수처럼 맞서는 형국이 되었다. 이제 어느 쪽을 취사해야 하는 지경에 이름으로써 군신들이 회의를 열어 결정을 내리게 되었다. 오늘 드디어 교파를 가리게 되고, 신뢰를 얻는 쪽의 종교를 믿게 되고, 그 외의 다른 종교를 행하면 국법으로 그것을 없애게 된다. 불교와 뵌교 가운데 진실하지 못한 쪽은 변방으로 축출해서 티베트 땅에 그 이름조차 돌지 않게 소탕하는 법령을 마련하였으니, 진 쪽은 패배를 받아들이고, 이기면 승리를 찬양한 뒤 모든 사람이

---

86 쏭짼감뽀(Sroṅ btsan sgam po) 왕 당시의 행정구역으로, 중앙 티베트의 짱(gTsaṅ) 지역을 얘루(gYas ru)와 루락(Ru lag)의 둘로 나누고, 위(dBus) 지역을 위루(dBus ru)와 요루(gYu ru)의 둘로 나누어서 사역(四域)이라 했다.

그쪽을 따라야 한다.'라고 아홉 번을 낭독한 뒤 선포하였다. 또한 장문의 법령을 대신들이 공표한 뒤 모든 사람이 자리를 잡았다. (중략)

또한 나 예시초갤과 뵌교의 여도사 쪽로싸·융둥뵌모초(Cog ro za gYuṅ druṅ bon mo mtsho)가 논쟁을 하여 나 예시초갤이 이긴 뒤, 아래에서와 같이 신통을 보이자 융둥뵌모초가 입을 열지 못하였다. 그와 같이 120명의 로짜와가 논쟁에서 승리하자, 아홉 명의 큰 도사들이 이끄는 뵌교의 무리가 전부 패한 뒤 입을 다물었다. 혀가 오므라들고, 입이 약초 리쑈(Ri śo)보다 굳어지고, 얼굴에 식은 땀이 흐르고, 입술을 벌벌 떨고, 아예 말을 하지 못하였다.

그 뒤 성취의 상징을 경쟁하는 시간이 되자, 로짜와 바이로짜나(Vairocana)가 신통력으로 삼계를 손바닥 안에 쥐어 보였다. 남캐닝뽀(Nam mkhaḥi sñiṅ po)는 햇살을 타고서 여러 가지의 신통을 보였다. 쌍개예시(Saṅs rgyas ye śes)는 마라의 가슴에 금강궐(金剛橛)을 꽂은 뒤 빙빙 돌리고, 원수에게 금강궐을 꽂아서 죽이고, 바위에다 금강궐을 던져서 꽂았다. 도제뒤좀(rDo rjes bdud ḥjoms)은 바람과 고원산림에 사는 야조(野鳥)처럼 사대주(四大洲)를 한순간에 돈 뒤, 그 증거로 그곳의 일곱 가지 보물을 왕에게 올렸다. 갤와촉양(rGyal ba mchog dbyaṅ)은 정수리에서 마두명왕(馬頭明王)을 발출시킨 후, 말 울음소리를 세 번 크게 내서 삼천대천세계에 가득 차게 한 뒤, 정거천(淨居天)의 범천왕 등을 비롯한 삼계를 한순간에 조복하고, 그 증거로 범천왕이 소유한 바퀴살이 아홉 개인 금륜(金輪)을 왕에게 올렸다. 갤왜로되(rGyal baḥi blo gros)는 물 위를 빠지지 않고 다녔다. 댄마쩨망(lDan ma rtse maṅ)은 뵌교도들과 법담을 통해서 굴복시키고, 모든 경문들을 기억하고 강설하고, 범어의 모음과 자음들을 허공에다 실제로 나타나게 하였다. 까와뻴쩩(Ka ba dpal brtsegs)은 흉신(凶神)들을 실제로 노예로 부렸다. 오댄슈누(Ḥo bran gshon nu)는 호수 속을 물고기처럼 헤엄쳐서 다녔다. 즈냐나꾸마라(Jñānakumara)는 바위에서 감로를 추출했다. 마·린첸촉(rMa rin chen mchog)은 바위를 음식처럼 부수어 먹었다. 하룽·뻴기도제(lHa luṅ dPal gyi rdo rje)는 산과 바위 속을 걸림이 없이 통과하였다. 쏙뽀하뻴(Sog po lha dpal)은 갈고리 무드라(手印)로 명령과 주문과 삼매의 셋으로 남쪽에서 새끼를 밴 암호랑이를 붙잡아왔다. 댄빠남카(Dran pa nam mkha)는 또한 북쪽에서 야생 야크를 붙잡아왔다. 쪽로·루이갤챈(Cog ro Kluḥi rgyal mtshan)은 [끄리야딴뜨라(事續)의] 삼의호존(三依怙尊)인 문수보살과 금강수보살과 관음보살님을 전면의 허공 속에 실제로 모셔 왔다. 랑도·꾄촉중댄(Laṅ ḥgro dKon mchog ḥbyuṅ ldan)은 13개의 벼락을 동시에 일으켜서 화살처럼 원하는 곳에다 때렸다. 케우충(Kheḥu chuṅ)은 모든 다끼니(空行母)를 삼매의 힘으로 붙잡아 결박시켰다. 갤모·유다닝뽀(rGyal mo gYu sgra sñiṅ po)는 성명(聲明)과 인명(因明)으로 일체를 굴복시키고, 삼매의 힘으로 타인의 생각을 진압하고 갖가지로 조정하였다. 갤와장춥(rGyal ba byaṅ chub)은 허공에 결가부좌를 하고 앉았다. 띵진쌍뽀(Tiṅ ḥdzin bzaṅ po)는 허공으로 올라가서 사대주를 동시에 보는 등의 침푸(ḥChim phu)의 성취자 25명들이 그와 같이 이적을 행하였다.

그 밖에도 닥예르빠(Brag yer pa)의 성취자 100명과 쎌닥(Śel brag)의 진언사 30명, 양종(Yaṅ rdzoṅ)의 똑댄(rTogs ldan, 證得者) 55명의

성취자마다 각기 다른 성취의 표상을 보이니, 불이 물로 바뀌고, 물이 불로 바뀌고, 하늘을 날아다니고, 산과 바위를 통과하고, 물에 가라앉지 않고, 많은 것을 적게 만들고, 적은 것을 많게 하는 등의 기적을 행함으로써 티베트 사람들 전부가 불법을 저절로 믿게 되자 뵌교는 저절로 몰락하고, 뵌교를 좋아하는 대신들은 할 말을 잃어버렸다.

특히 나 예시초걜과 뵌교 도사들이 경쟁한 끝에 뵌교 도사들이 패배하였다. 그로 말미암아 뵌교들이 쎄몽기뵈투(Sre moṅ gi sbos mthu)와 키카쌘보르(Khi kha zan bor)와 마르메탁늡(Mar me khrag bsnub)과 꼬투낙뽀(Ko mthu nag po)와 짼계(bTsan ḥgyed)와 뒤계(bDud ḥgyed) 등의 아홉 가지 악주술(惡呪術)을 행하자, 어린 스님 아홉 명이 동시에 땅에 꼬꾸라져 죽었다. 내가 침을 받아서 그들 입에 넣어주자 모두 살아나니, 이전보다 반야의 슬기가 아홉 배나 밝아짐으로써 뵌교들이 패하였다. 내가 또한 위협인(威脅印)을 짓고 아홉 명의 뵌교 도사들을 향해서 팻! 진언성(眞言聲)을 아홉 번 외치자 그들의 몸이 굳어지고 기절하였다. 또 훔! 진언성을 아홉 번 외치자 다시 살아났다. 그와 같이 허공에 결가부좌를 하고 앉는 따위와 다섯 원소를 다스리고, 오른쪽 다섯 손가락 끝에서 다섯 색깔의 불 바퀴가 빙글빙글 돌자 뵌교 도사들이 모두 공포에 떨었다. 왼쪽 다섯 손가락 끝에서 다섯 색깔의 물이 흘러나온 뒤 대지 끝의 바다로 흘러갔다. 침푸(ḥChim phu)의 바위들을 물렁한 버터처럼 손으로 자르고 갖가지 모양으로 만들어 보였다. 나와 똑같은 화신 25명을 만든 뒤 25가지의 서로 다른 성취의 모양을 나타내 보이자, 사람들이 뵌교 도사들이 여자 하나를 대적하지 못한다고 말한 뒤 큰 소리로 그들을 야유하였다. 뵌교들이 말하길, '오늘부터 아홉 명의 뵌교 도사들이 벼락을 동시에 때려서 쌈애 사원을 콩가루로 만들어 버리겠다.'라고 위협한 뒤, 해뽀리(Has po ri) 산으로 올라가서 벼락을 때렸다. 내가 벼락들 전부를 위협인을 지은 손끝에 당겨서 모은 뒤, 다시 옴부(Ḥom bu)에 있는 뵌교 사원을 향해 던지자 사원 전체가 벼락을 맞아 부서졌다. 뵌교 도사들의 벼락 아홉 개에 내가 다시 13개의 벼락을 때리자 뵌교도들이 다시 쌈애로 돌아와서 완전히 항복하였다.

그와 같이 뵌교 도사들이 신통력 다툼에서 패배함으로써 그들을 축출할 때, 대신 딱다루공(sTag sgra klu goṅ)을 비롯한 몇몇 대신들은 세력이 워낙 강해서 축출하지 못하였다. 그들은 다시 옴부로 간 뒤 뺄모(dPal mo)의 래탠꼬르구(Las phran skor dgu)와 래첸꼬르구(Las chen skor dgu)와 메때(Me gtad)와 추때(Chu gtad)와 싸때(Sa gtad)와 룽꼬르(Luṅ skor) 등의 흉주(凶呪)의 마력을 발휘해서 티베트의 전역을 붕괴시키려고 법단을 크게 차렸다.

법왕이 이러한 소식을 듣고서 빤디따와 로짜와들에게 상황을 설명한 뒤, 그것을 물리치는 방법을 물었다. 구루 빠드마쌈바와(蓮花生)께서 예언하신 뒤 나를 보내서 국왕을 보호하도록 하였다. 내가 쌈애 사원의 위층 내전(內殿)에 본존 도제푸르빠(rDo rje phur pa, 金剛橛佛)의 만다라를 건립하고 행법을 닦자, 7일이 지나서 도제푸르빠의 신중들의 존안을 친견하고, 악주를 물리치는 힘을 얻는 징조가 나타났다. 그들의 저주의 흉살이 도리어 자신들에 떨어짐으로써 뵌교들은 스스로 자신을 죽이고 스스로 윤회에 떨어졌다. 불법에 원한을 품은 딱라루공 등의 일곱 명의 뵌교의 대신들이 일시에 죽고, 아홉 명의 뵌교의 큰 도사들 가운데 한 명만 남기고 여덟 명이 죽었다. 그렇게 나의 신통력에 의해서 뵌교가 폐허가 되고 궤멸하였다.

그 뒤 국왕이 신속하게 모든 뵌교도를 쌈애로 소집한 뒤 법에 따라 처벌을 하였다. 구루 빠드마쌈바와께서 말씀하시길, '뵌교 가운데 불법과 유사한 뵌까르(Bon dkar, 白苯)는 그대로 남겨두고, 뵌낙(Bon nag, 黑苯)은 외도와 다름이 없으나 죽이면 안 좋은 소리가 들리니, 변방으로 추방토록 하는 것이 좋다.'라고 제안함으로써, 그와 같이 뵌교의 전적들을 두 종류로 나눈 뒤, 뵌낙의 전적들은 모두 불태워버리고, 뵌까르의 전적들은 땅에 묻어버렸다. 그 뒤 뵌까르들은 서부 티베트의 샹슝(Sha shuṅ)과 티베트의 변방으로 추방하였다. 뵌낙들은 몽고의 벽지로 추방한 뒤, 이후부터 왕과 대신, 백성들 셋과 티베트와 티베트 사람이 아니라도 국왕의 통치 아래에 있는 모든 사람에게 뵌교를 금지하는 법을 제정하고, 숭불(崇佛)의 법령에 따라서 티베트는 물론 중국과의 접경 지역 위로부터는 전역에 불교와 승가와 강원과 선원들이 들어차게 하였다."[87]

4) 후전기 티베트불교의 태동과 당시의 혼란상

이렇게 티베트의 토속종교인 뵌교를 물리치고 티베트 전역에 뿌리를

---

87 『칸도예시초걜남타르(空行母智海王傳記)』, pp.144~147, 딱쌈도제(sTag śam rdo rje) 발굴, 사천민족출판사, 사천, China.

내려가던 불교는 랑다르마 왕의 파불 사태를 만나 일거에 무너지고, 그 여파로 티베트의 왕조 역시 형제간의 왕위 다툼으로 인해서 분열을 거듭하여 군소왕국으로 분할된다. 그러다 1255년 싸꺄빠(Sa skya pa)의 고승 팍빠·로되걜챈(ḥPhags pa Blo gros rgyal mtshan, 智幢)이 원나라 황제로부터 티베트의 통치권을 넘겨받아 전국을 재통일한 뒤, 정교합일(政教合一)의 싸꺄(Sa skya) 정권을 수립할 때까지 360년간, 티베트 역사에서 뵈씰부이깝(Bod sil buḥi skabs, 群小王國時代)이라고 부르는 정치와 종교 양면에서 취약하고 불안정하고 혼란한 시대가 계속되었다. 그러다 10세기 초반, 서부 티베트의 응아리(阿里)와 중앙 티베트에서 새로운 출가자들이 출현하여 무너진 승단이 재건되고 불교가 회생의 기틀을 마련하니, 티베트 역사에서는 이를 후전기(後傳期) 티베트불교의 태동이라 부른다. 이러한 후전기 티베트불교의 태동에 대해서는 일찍이 졸저 『까말라씰라의 수습차제 연구』에서 다음과 같이 간단히 언급한 바가 있다.

> "티쏭데짼(Khri sroṅ lde btsan) 왕의 사후 40년이 지나 랑다르마(Glaṅ dar ma, 836~842 재위) 왕이 출현하여, 비로소 뿌리를 내려가는 불교의 토대를 송두리째 파괴하자, 전전기의 티베트불교는 교학적인 체계를 완전히 갖추기도 전에 한순간에 멸망해 버리고, 약 70년 동안 무불시대(無佛時代)의 긴 암흑 속에 빠져들게 된다. 그 뒤 914년[88]에 티베트의 동율초조(東律初祖)가 되는 라첸·공빠랍쌜

---

88 이것은 『뎁테르응왼뽀(Deb ther sṅon po, 青史)』 등의 설이다. 『장한대사전(藏漢大事典)』에서는 『부뙨최중(Bu ston chos ḥbyuṅ, 布敦佛教史)』을 인용하여 라첸·공빠랍쌜(意明)이 22살이 되는, 973년에 구족계를 받은 것으로 기록하고 있어서 약 60년의 차이가 있다.

(Bla chen dGoṅs pa rab gsal, 意明, 892~975)[89]이 랑다르마 왕의 파불을 피해 동부 티베트의 청해(青海) 쫑카(Tsoṅ kha) 지방에 피신해 있던 짱랍쎌(gTsaṅ rab gsal)과 요게중(gYo dge ḥbyuṅ) 등으로부터 구족계를 받게 된다. 그가 918년[90]에 위짱(dBus gtsaṅ, 중앙 티베트) 출신의 루메 · 출팀쎄랍(Kqlu mes Tshul khrim śes rab, 般若戒) 등의 열 명에게 구족계를 전수하는 것을 계기로 중앙 티베트에 후전기의 불교가 본격적으로 태동하게 된다.

한편 서부 티베트에서는 구게(Gu ge) 왕국의 출가왕인 예시외(Ye śes ḥod, 智光)가 인도의 빤디따(Paṇḍita) 다르마빨라(Darmapāla) 등을 초청한 뒤, 그를 전계사로 해서 샹슝와 · 걜왜쎄랍(Shaṅ shuṅ ba rGal baḥi śes rab)에게 구족계를 전수하고, 또 그 제자인 뻴조르(dPal ḥbyor) 등이 출가함으로써 서율(西律)의 전통이 일어나게 된다.

이렇게 탄생한 새로운 출가자들에 의해서 무너진 승단이 재건되는 동시에, 대역경사 린첸쌍뽀(Rin chen bzaṅ po)와 렉빼쎄랍(Legs pḥai śes rab) 등이 인도에서 새로운 밀교를 들여옴으로써 신역경전(新譯經典)에 의거한 새로운 사조의 후전기 불교가 본격적으로 일어나게 된다.

1042년 장춥외(Byaṅ chub ḥod. 菩提光)의 초청으로 티베트에 들어온 마가다 비끄라마씰라(Vikramaśila, 戒香寺)의 장로인 아띠쌰

89 여기서 언급한 라첸 · 공빠랍쎌(意明)의 생몰연대는 『최중빡쌈죈씽(Chos ḥbyuṅ dpag bsam ljon bzaṅ, 松巴佛教史)』을 따른 것이다. 이에 대해 『장한대사전(藏漢大事典)』에서는 952~1035년이라고 하는 등 여러 가지의 설이 있다.

90 까담빠(bKaḥ gdams pa)의 개조인 돔뙨빠(ḥBrom ston pa, 1004~1064)는 이 해를 후전기 불교가 출발하는 시점으로 계산하였다.

(Atīśa, 982~1054) 존자가 13년간 티베트에 머물면서 전교하는 것을 계기로, 후전기의 티베트불교는 삼사도(三士道)의 도차제(道次第) 사상에 입각한 새로운 불교관이 형성되고, 그 제자인 돔뙨빠(ḥBrom ston pa, 1004~1064)에 의해서 까담빠(bKaḥ gdams pa)가 개창된다.

비슷한 시기에 마르빠(Marpa, 1012~1097)에 의한 까귀빠(bKaḥ brgyud pa)와 쾬·꾄촉갤뽀(ḥKhon dKon mchog rgyal po, 1034~1102)의 싸꺄빠(Sa skya pa), 또한 밀라래빠(Milaráspa, 1040~1123)와 동시대의 인물인 인도의 성취자 파담빠쌍걔(Pha dam pa Saṅs rgyas, ?~1117)에 의한 시제빠(Shi byed pa, 熄滅) 등의 새로운 종파들이 대두하면서 후전기의 불교가 꽃피게 된다."[91]

그러나 후전기 티베트불교의 출발이 그렇게 순탄한 것만은 아니었다. 무엇보다도 그 당시 티베트불교의 상황은 교리적인 면에서나 수행의 측면에서 볼 때 정도를 잃고 혼란과 타락의 늪에 빠져 있었기 때문이다. 그 결과 과거처럼 불교를 부흥시키기 위해서는 제일 먼저 이러한 잘못된 풍조를 바로잡지 않으면 안 된다는 큰 문제를 안고 있었다.

그 당시 티베트불교가 처한 암울한 상황에 대해서 투우깬·로쌍최끼니마(Thuḥu kvan bLo bzaṅ chos ki ñi ma, 善慧法日)의 『투우깬둡타(Thuḥu kvan grub mthaḥ, 宗教源流史)』에서 다음과 같이 논술하였다.

91 『까말라씰라의 수습차제 연구』, pp.122~124.

"그 또한 설역(雪域)의 티베트 땅에서 불교의 흥망성쇠가 많이 있었으니, 사군삼존(師君三尊)께서 불교의 청정한 법풍(法風)을 세우자 중국의 마하연 화상이 그것을 오염시켰다. 그것을 아사리 까말라씰라(Kamalaśīla, 蓮華戒)께서 물리침으로써, 청정한 견행(見行)이 널리 퍼지고 있는 것을 폭군 랑다르마 왕이 멸망시킴으로써, 70년의 세월 동안 티베트는 어둠의 땅으로 전락하였다.

그 뒤 라첸·공빠랍쎌(意明)이 청해(青海) 지방에서 불법의 불씨를 살리고, 대역경사 린첸쌍뽀(Rin chen bzaṅ po, 寶賢)가 서부 응아리(阿里) 지방에서 불교를 소생시킴으로써, 위(sBus)와 짱(gTsaṅ)의 중앙 지역에서 승단이 번성하게 되었다. 그러나 일부의 출가자들은 계율을 높이 여기는 마음에서 밀법(密法)을 쳐다보지도 않고, 일부는 밀법을 높이 여김으로써 종파의 편견만을 설하는 등 불교 전체를 수행하는 도리를 아는 것은 고사하고, 일면을 보는 작은 이해조차도 드물었다.

특히 랑다르마 왕이 불법을 멸망시키고 난 그 중간에 일부의 진언사는 머리에 담고 있던 딴뜨라(密續)의 경문들을 글자로 기록하는데, 중간의 구절들을 망각하여 되살릴 수 없는 것들에 대해서는 더러운 문사를 끼워서 꿰맞춤으로써 궤변이 생겨났다. 또한 일부의 진언사는 딴뜨라의 이름을 붙인 뒤 날조된 글과 더러운 속언들로 멋대로 쓰고, 일부의 진언사는 자기의 내자에게 말하길, '오늘 창(Chaṅ, 티베트 막걸리)을 맛있게 빚도록 하라. 내가 밀경(密經) 한 권을 저술했다.'라고 하기도 했다. 또 인도의 아짜랴 마르뽀(Ācārya dmar po, 붉은 옷을 입은 아사리)와 빤디따 청군사(青裙師) 등의 일부가 출현해서, 여인을 향유(享有)하는 행위를 요가라고 하고, 원적 등을 주살하는 행위를 해탈이라 부르는 등의 조르돌(sByor sgrol, 交合殺脫)로 알려진 삿된 법을 폈다. 또 한편 밀주(密呪)의 이름을 붙인 갖가지 악행들을 만연시켰다. 이러한 나쁜 영향 때문에 청정한 견해와 도행을 지닌 자들은 적고, 사행을 감행하는 자들이 허다하게 생겨났다. 이에 [구게(Gu ge)의 출가왕인] 예시외(Ye śes ḥod, 智光)와 시와외(Shi ba ḥod, 寂光)와 대역경사 린첸쌍뽀 등이 차례로 비법(非法)을 꾸짖는 [꺄쏙잠익(bKaḥ śog ḥbyams yig)이라 부르는] 통문(通文)을 널리 전파하였음에도 효과가 전혀 없었다. 그때 응아리의 출가법왕 예시외가 티베트불교의 현실이 그와 같이 전락한 것을 견디지 못하여 인도에서 불법의 준거가 되는 마하빤디따(Mahāpaṇḍita) 한 분을 초청해서 정풍하는 길 밖에 다른 방법이 없다고 생각한 뒤, 갸·쬔뒤쎙게(rGya rTson ḥgrus seṅ ge, 精進獅子)에게 황금을 많이 딸려 보내면서 아띠쌰(Atīśa) 존자를 모셔오도록 파견하였으나 또한 초청하지 못하였다." [92]

5) 당시 불교의 잘못된 풍조를 꾸짖는 통문

위에서 설명한 대로 후전기 티베트불교가 태동하던 당시, 티베트불교가 직면한 어두운 현실은 어떠한 방법으로도 치유하기가 어려워서 절망에 가까운 처참한 상황이었다. 그 같은 혼란한 상황을 바로잡아 보려는 몸부림의 하나로 법왕 예시외를 비롯하여 대역경사 린첸쌍뽀와 법

---

92 『투우깬둡타(Thuḥu kvan grub mthaḥ, 宗教源流史)』, pp.83~84, 투우깬·로쌍최끼니마(Thuḥu kvan Blo bzaṅ chos ki ñi ma, 善慧法日), 감숙민족출판사, 1984.4, 난주, China.

왕 장춥외와 출가한 왕자 시와외(Shi ba ḥod, 寂光)[93]와 괴 · 로짜와(ḥGos lo tsā ba) 쿡빠 · 해째(Khug pa lHas btsas, 天生)[94] 등의 인사들이 비법(非法)을 꾸짖는 까쏙(bkaḥ śog)이라 부르는 통문(通文)들을 연이어서 돌렸으나 별다른 효과가 없었다.

여기서 그들이 돌린 네 가지의 통문을 후일 선지식 쏙독빠 · 로뒤걜챈(Sog slog pa Blo gros rgyal mtshan, 智幢, 1552~1634)이 그의 『답밀승적쟁론(答密乘的爭論, dGag lan ṅes don ḥbrug sgra)』[95]에 인용하였다. 그리고 각각의 통문에서 지적하는 사항들이 닝마빠(rÑiṅ ma pa, 舊派)의 일부 배움이 없는 진언사들에 국한된 행위와 직접 관련을 맺고 있음을 밝힘과 동시에 그 같은 지적들이 구밀(舊密)의 대원만(大圓滿, rDzogs chen)의 청정한 교법과 관련이 없음을 적극적으로 변호하고 그 부당함을 밝혔다.

이제 그 네 가지의 통문 가운데서 법왕 예시외의 통문과 그에 대한 선지식 쏙독빠의 변론을 대표로 소개하고자 한다. 다른 통문들의 내용도 예시외의 통문과 크게 다른 것이 없으나, 밀교에 관한 문제를 더 구체적으로 밝히고 있는 점에서 다르다고 할 수가 있다.

---

93 시와외(Shi ba ḥod, 寂光)는 법왕 예시외(智光)의 세 아들 가운데 막내로 아버지를 따라서 출가하였으며, 법명을 '시와외(寂光)'라 하였다.

94 괴 · 로짜와(ḥGos lo tsā ba) 쿡빠 · 해째(Khug pa lHas btsas, 天生)의 생몰의 연대는 자세히 알 수가 없으나 11세기 초반에 태어난 것으로 보인다. 그는 유명한 역경사이자 또한 조오제(大恩人)의 제자이기도 하다. 짱(gTsaṅ)의 따낙푸(rTa nag phu)의 쿡빠(Khug pa)라는 곳에서 태어났다. 어려서 인도와 네팔 등지에 세 차례에 걸쳐서 방문하면서 허다한 스승들로부터 현밀의 법을 배워서 정통하였다. 특히 밀집금강속(密集金剛續) 관련된 전적들을 많이 번역하였으며, 또한 당시의 밀법(密法)을 전도되게 행하는 티베트불교의 폐단을 바로잡는 일에 공헌하였다.

95 『답밀승적쟁론(答密乘的爭論, dGag lan ṅes don ḥbrug sgra)』의 원명은 "쌍악응아규르라뵈두쬐빠응아치르중와남끼랜두죄빠응에된기둑다(gSaṅs sṅags sṅa ḥgyur la bod du rtsod pa sṅa phyir byuṅ ba rnams kyi lan du brjod pa ṅes pa don gyi ḥbrug sgra, 答關于前宏期密乘的諍論)"이다.

법왕 예시외의 통문은 그것의 의취(意趣)를 해설하는 뜻의 「하라마 예시외끼까쏙기공델(lHa bla ma Ye śes ḥod kyi bkaḥ śog gi dgoṅs ḥgrel, 出家王智光通文意趣解說)」이란 제목으로 수록되어 있고, 그것의 전문을 번역하면 다음과 같다.

"여기서 법왕 예시외는 본래 구게(Gu ge)의 코레(Ko re) 왕이었다. 그는 랑다르마 왕의 자손이다. 어떤 이는 똥에(Toṅ ṅe) 왕이라고 한다. 그는 『문수사리근본의궤속(文殊根本儀軌續, ḥJam dpal rtsa rgyud)』에서 예언한 대보살이다. 그가 후전기의 불교가 태동하던 그 당시에 랑다르마 왕이 불교를 훼멸하고 난 뒤, [70년이 지나서 중앙 티베트에서] 루메 · 출팀쎄랍(般若戒) 등이 출가하여 승단을 건립하고, 또 별해탈계(別解脫戒)의 경전이 있을지라도, 승려들이 아사리(軌範師)를 무시한 뒤 교법의 종론에 대하여 자기가 경전의 주석을 헤아려 짐작한 뒤, 삿된 분별의 법을 강설하였다.

그 결과 서로 상위하고 어지러운 갖가지의 견해들이 생겨났으며, [청색 치마를 걸친] 청군사(青裙師)와 [붉은 옷을 입은 아사리인] 아짜랴마르뽀(Ācārya dmar po)가 비밀진언의 애욕도(愛欲道)를 역출(譯出)하고 퍼뜨림으로써, 서부 응아리(阿里)의 승려들 사이에 애욕도가 유행하였다. 그 위에 덧붙여 진언사(眞言師)들 또한 아사리에 의지함이 없이 밀법(密法)을 자기 스스로 헤아려 짐작한 뒤, 삿된 분별의 법을 강설하고, 조르돌(sByor sgrol, 交合殺脫) 등의 행위를 말한 그대로 행하였다.

비록 붓다의 교법이 있을지라도 또한 올바른 견해와 행위가 있지 않음으로써, 티베트 땅에 청정한 붓다의 교법을 수립하는 것이 필요함을 생각한 뒤, 진언사들에게 까쏙(bKaḥ śog)이라 부르는 이 통문을 띄웠다.

'티베트의 출가자들에게 삼장(三藏)의 법을 여실하게 설할 줄을 아는 빤디따(Paṇḍita) 한 분을 초청하지 못하면 그들을 제압하지 못한다고 생각한 뒤, 조오제(Jo bo rje)를 초청하기 위해서 사신을 파견하였으나 또한 모셔오지 못하였다. 그 대신 다른 빤디따 몇 분을 초청하였으나 서원의 힘이 부족한 탓에 티베트에 그릇됨이 없는 청정한 불법을 수립하지 못하였다.
그 와중에 대역경사 린첸쌍뽀(寶賢)를 비롯한 21명의 총명한 소년들을 [당시 불교가 번창했던] 카체(Kha che)에 파견해서 불법을 배워오도록 하였다. 그러던 어느 날 법왕 예시외가 [이슬람교를 믿는] 가르록(Gar log)의 군대에 사로잡혀서 옥중에서 사망하였다. 그의 유언에 따라서 그의 조카인 법왕 장춥외(菩提光)가 조오제를 마침내 인도에서 모셔 온 뒤, 티베트 땅에 붓다의 청정한 교법을 수립하였다.'라고 하는 이 일반적인 역사로도 또한 불법 전체와 이들 통문의 내용을 아는 데는 부족함이 없다.

그와 같이 또한 이 법왕이 구밀(舊密)의 법을 배척한 것이 아니다. 그 법을 행하는 보특가라(人)들이 딴뜨라(密續)의 의미를 제대로 알지 못하고서, 조르돌(交合殺脫) 등의 법을 말 그대로 이해한 뒤 자행한 그것을 배척한 것이다. 조르돌 등의 법이 신밀(新密)과 구밀(舊密)의 둘에서 다 함께 설해졌으니, '수시(修尸, Bam sgrub) 또한 시기(尸起, Ro laṅs)와 연금(鍊金, gSer sgrub)'이라는 공행(空行) 등의 여덟 가지의 큰 성취의 이름이 신밀에서도 나온다. 감로환(甘露丸, bDud rtsi ril bu)의 행법 또한 구밀에서 수약(修藥, sMan sgrub)이라 부르니, 뜻은 같아도 또한 그 행하는 법들이 성취(成就, dṄos grub)를 수습하는 등의 단계에서 필요함을 알지 못하고 때와 장소를 가림없이 일체에 무질서하게 행하였다. 이에 대하여, 통문에서, '이 잘못과 이러한 잘못이 있다.'라고 말해 보인 뒤, 그러므로 '나의 이 통문에 대해서 불쾌하게 여기지 말라. 만약 분노가 일어나면 그대에게 청정한 견해가 있는 상태에서 그것을 막는 갑옷을 입어라.'라고 충고한 것이다.

거기서 이같이, '뿌랑(Pu raṅs)의 법왕이 직접 중앙 티베트의 진언사들에게 띄우고, 잘못된 행위를 바로잡고, 견해를 바로잡아 주기를 청한 것이다. 우리의 이 사바세계 남섬부주에서 석가모니 부처님이 태어나신 뒤, 8만 4천의 번뇌를 물리치는 법으로 8만 4천 법문의 삼장(三藏)을 설하였다. 원인과 잘못을 바로잡는 뜻으로 설하신 것이 십불선(十不善)과 오무간(五無間)이며, 그것을 물리치는 법의 인과(因果)가 사제(四諦)의 문에 들어오고, 250학처(學處 : 戒律)를 지킴임을 말씀하였다. 견도(見道)와 수도(修道)로 82가지의 번뇌를 없애는 성문승을 태양의 친구인 석가세존께서 설하였다. 내외의 제법이 십이연기(十二緣起)로 발생함을 깨달은 뒤, 스스로 보리를 차례로 닦아 이루고, 경이로운 신통력을 지니는 것을 연각승이라고 중생의 구호자께서 설하였다. 이제(二諦)로 유정의 이익을 행하고, 내외의 제법이 공성의 본질임을 깨닫고, 바라밀들을 차례로 완성하는 것을 위없는 대승이라고 도사께서 말씀하였다.'라고 설하였으니, 여기서는 진언승(眞言乘)의 법이 있음은 또한 드러내지 않았으니, 진언사들도 또한 삼장을 학습하고 그 도리를 행하는 것이 일어나면 그 뒤 점차로 청정한 밀주(密呪)를 학습한다고 생각한 것이다.

이 게문(偈文)들의 뜻을 요약하면, 밀주를 말하는 것을 숨겼으니, 도사께서 삼장을 설한 도리를 설하여 보인 뒤, 그 가운데서도 또한 으뜸이 바라밀다승(波羅蜜多乘)이고, 그것의 견행(見行)인 공성과 자비가 진언사들의 견행과 일치하는 것은 더 말할 필요가 없고, 소승인 성문과 연각승과는 같지 않은 것이다. '어떻게 같지 않은가?'라고 하면, '마을에 거주하는 친교사 진언사들이 삼승(三乘)의 그 어느 것과도 연결됨이 없이 우리는 대승이다.'라고 말하는 것과 '대승의 법을 행함이 전혀 없이 대승이다.'라고 말하는 것은 거지가 왕이라고 말하는 것과 같고, 대승이 아니면서 대승이라고 말하는 것은 나귀가 사자의 가죽을 쓴 것과 같다.
무릇 외경과 내심의 둘을 끊고, 복덕과 지혜의 두 자량(資糧)을 갖춘 십지(十地)의 보처보살인 미륵자존도 또한 소지장(所知障)이 지금도 소진(消盡)되지 않았는데, 하물며 오탁악세의 유정이 성자라고 함이 어찌 가당하겠는가? 오욕(五欲)과 여인의 진흙탕 속에서 해탈하지 못하고서 법신이라고 말함은 참으로 괴이한 일이다. 십불선(十不善)을 행하고, 개와 돼지의 계금취(戒禁取)를 행하는 자이며, 외도(外道) 밴지와(ḥBan ḥji ba)의 법을 행하는 그대가, '우리는 붓다이다.'라고 말하는 것은, '마라(魔羅)의 속임수가 아닌가? 그것이 아니면 미친 것이 분명하다.'라고 함이니, '그대가 법신으로 주장하는 등은 언행이 일치하지 않는 마라의 속임수 아니면 미친 것밖에는 다른 것이 아니니, 지금부터라도 그와 같이 행하지 말라.'고 함이다.

'그 옛날 중앙 티베트에 불법이 출현하고, 악도(惡道)의 문을 차단하고, 해탈의 길을 열어 보이고, 고귀한 삼장이 널리 유포되고, 과거의 보살 법왕들이 성언(聖言)에 수순하여 이들 삿된 법을 저지하였다. 모두의 견해를 바로 잡아주고, 선취(善趣)의 문을 열어 주어 허다한 유정들이 위 없는 해탈의 길에 들어갔다.'라고 함이니, 그와 같이 법왕인 내가 지금 그대들에게 훈계한 이것은 과거 보살 법왕과 대신들의 시절에도 또한 있었던 일이다. 그 당시에 밀주(密呪)를 번역함으로써 일부가 지금의 그대들 행위처럼 딴뜨라의 의취를 바로 알지 못하고 말 그대로를 사실로 이해한 뒤, '방편과 반야의 유가를 쇠퇴케 하고, 자타를 파멸시키는 법에 들어가는 것을 본 뒤, 뒤에 왕명을 내린 것을 제외하고는 대유가속(大瑜伽續)들을 번역하지 못하게 법률로 제정한 그것은'이라고 함은, 선지식 부뙨·린첸둡(Bu ston Rin chen grub, 寶成)이 말함과 같은 것이다.

'그 당시 견해는 아사리 나가르주나(Nāgārjuna, 龍樹)의 교설을 따르고, 행위는 비나야경(毘奈耶經)을 따르고, 밀속(密續)은 하부의 셋을 행할 것을 왕명으로 정하였고, 달리 대유가속들은 직접 번역하고 수행하는 것을 금지하였다. 현재는 좋은 업이 소진하고 왕명이 쇠약해져서 대원만(大圓滿)의 이름을 붙인 삿된 법들이 티베트에서 성행하고, 견해는 전도된 경지에 떨어져 있다. 법을 닦는 자라 자처하는 삿된 진언사들이 티베트에 번성한다.'라고 통문에서 말하였다. 여기서 '대원만이라고 이름을 붙인 삿된 법들이 티베트에서 유행한다.'라고 하는 것으로써, '대원만을 배격한 것이 아닌가?'라고 하면, 그것이 아니니, '대원만이라 이름을 붙인 견해로 전도된 경지에 떨어진 이것이 성행함으로써, 밀주를 삿되게 자행하는 것에다 법을 닦는 자라고 이름을 붙인 이것이 나라를 파멸시킨다.'라고 함이다. '대원만의 이름을 붙인 그것이 성행함으로써 어떤 잘못이 생기는가?'라고 하면, 그것이 나라를 파멸시키니, 이렇게 되는 것이다.

[타인을 파멸시키는 도리이니,] 돌와(sGrol ba, 殺脫)가 성행함으로써 양과 염소를 죽인 악업으로 지옥에 감이 정해지고, 조르와(sByor ba, 交合)가 성행함으로써 종족의 구성원이 문란하게 섞이고, 수약(修藥)이 성행함으로써 환자의 치료법이 끊어지게 된다. (수약이 성행함으로써 개와 돼지를 키우는 일이 단절된다고 하는 것들이다.) 수시(修尸)가 성행함으로써 화장터에서 망자에게 공양하는 것이 끊어진다. 수공(修供)이 성행함으로써 산 자를 죽이는 일이 일어난다. 인육(人肉)을 먹는 나찰에게 공양함으로써 인간과 가축에게 질병이 생긴다. 사람에게 쑤르(gSur, 焦煙)[96]를 행함으로써 세속의 신귀(神鬼)와 용신(龍神)을 불러온다. 그와 같이 행하는 것이 어떻게 대승인가?'라고 해서, '이러한 행위로 타인을 파괴하는 도리가 그와 같이 일어난다.'라고 말해 보임이다.

---

96 쑤르(gSur, 焦煙)는 망자와 신귀(神鬼) 등의 배고픔을 달래주기 위해서 보릿가루에 마른 치즈 가루와 설탕과 우유 등을 넣고 불에 태워서 공양하는 것을 말한다.

자기를 파멸시키는 도리이니, 그대들 마을의 친교사 진언사들의 이러한 행위들을 타국에서 들으면 타인들이 매우 괴이하게 여기는 원인이 되고, '우리는 붓다이다.'라고 말하는 행위도 '업의 나찰보다도 자비가 적고, 솔개와 늑대보다도 고기를 탐함이 크고, 나귀와 소보다도 탐욕이 크고, 폐가에 사는 곤충보다도 술을 좋아하고, 개와 돼지보다도 더럽고 깨끗함을 가림이 적다.'라고 하는 것들은 '다른 나라에서 들으면 수치스러워 하는 치부이고, 과장된 견해로 인과의 법을 무시함으로써, 후생에는 스스로 악도에서 벗어나지 못하고, 살아서는 업의 나찰보다도 자비가 적은 따위의 허물이 있게 됨으로써,'라고 하는 것이다.

또한 쑤뜨라(契經)와 딴뜨라(密續)의 [교법(敎法)의] 차제를 구분하지 못하는 허물은 또한, 계경과 사속(事續)과 행속(行續)의 본존들에게 내공(內供)[97]과 피와 살을 공양하는 등이니, '본존의 청정한 성중에게 대소변과 침과 피의 공양을 올림으로써 시분지옥(屎糞地獄)[98]에 태어나니 참으로 가련하도다. 삼장의 묘법을 훼손함으

---

97 내공(內供, Naṅ mchod)은 본존과 성중에게 오감로(五甘露)와 오육(五肉) 등을 올리는 것을 말한다. 오감로(五甘露)는 ① 대변(大便), ② 소변(小便), ③ 인혈(人血), ④ 인육(人肉), ⑤ 정액(精液)이니, 내적 의미는 오불(五佛)과 오온(五蘊)과 오감(五感) 등을 상징한다. 오육(五肉)은 ① 상육(象肉), ② 인육(人肉), ③ 마육(馬肉), ④ 구육(狗肉), ⑤ 공작육(孔雀肉)이니, 내적 의미는 오불모(五佛母)와 오대(五大)와 오독(五毒) 등을 상징한다.

98 시분지옥(屎糞地獄)은 팔열지옥(八熱地獄) 사방에 있는 작은 지옥 가운데 하나이다. 『아비달마구사론 11』(권오민 역)에서, "두 번째는 송장의 똥오줌의 증[屍糞增 : 구역에서는 死屍園]이니, 이를테면 이러한 '증'에서는 송장의 똥오줌이 진창으로 가득한데, 여기에는 입이 날카롭기가 침과 같고, 몸은 희며 머리는 검은 낭구타(娘矩吒)라고 하는 벌레가 수없이 우글거려 유정이 그곳을 노닐게 되면, 그들은 모두 살갗을 뚫고 뼛속으로 파고 들어간 이 벌레

로써 무간지옥에 떨어지니 참으로 가련하도다. 살탈(殺脫)의 행위로 생명을 죽인 이숙(異熟)으로 업의 나찰로 태어나니 참으로 가련하도다. 교합(交合)의 행위로 탐욕이 치성한 이숙으로 벌레로 태어나니 참으로 가련하도다. 피와 살과 대소변으로 삼보(三寶)에게 공양하고, [별도의 뜻을 지닌] 은의(隱意, lDem dgoṅs)[99]를 알지 못한 채 말 그대로 법을 행하여, 야차와 나찰로 태어나는 가련한 대승인(大乘人)이여! 그와 같이 행하는 붓다가 어찌 괴이하지 않으리! 그대의 행위 이것으로 붓다가 되면 사냥꾼과 어부와 창녀 또한 남김없이 깨달음을 얻는 것이 확실하다. 그대들 마을의 친교사 진언사들이 모두 우리는 대승인이다.'라고 말하지 말고, 전도된 견해를 버리도록 하라. 오류가 없고 더러움이 없는 삼장을 닦도록 하라. 사전에 십불선(十不善)을 행한 것을 참회토록 하라. 그같이 행하지 않고 삿된 법을 행하면, 업의 익음은 속임이 없으니, 도사께서 설하신 성언(聖言)들에서, '법성(法性)이 공적(空寂)함을 설함이 진실일지라도 또한 업의 이숙(異熟)을 믿어라. 업

들에게 골수를 먹히게 된다."라고 하였다.

99 은의(隱意, lDem dgoṅs)는 언어 밖에 다른 뜻을 가리키는 뜻이니, 여기에는 ① 영입밀의(令入密意), ② 상밀의(相密意), ③ 대치밀의(對治密意), ④ 전변밀의(轉變密意)의 네 가지가 있다. 여기서 전변밀의(轉變密意)는 유행하는 비루한 말들을 사용하여 유행하지 않는 심오한 법의 뜻을 알도록 전용하는 것을 말한다. 예를 들면, 아버지를 죽이고, 어머니를 죽이고, 상가를 이간시키고, 아라한을 죽이고, 악한 마음으로 여래의 몸에서 피를 내게 하면 무상보리를 얻는다고 설하는 것은 글자 그대로 실행하라는 뜻이 아닌 것과 같다. 여기서 무명의 실체가 없음을 아는 것이 어머니를 죽이는 것이며, 성냄의 실체가 없음을 아는 것이 아버지를 죽이는 것이며, 오온을 부수어 없애는 것이 상가를 이간시키는 것이며, 습기의 아뢰야식에 실체가 없음을 아는 것이 아라한을 죽이는 것이며, 법성의 공함을 반야의 지혜로 깨닫는 것이 여래의 몸에서 피를 내는 것으로 이름을 바꾸어서 설한 경우와 같다.

은 속임이 없고 자기 뒤를 따르니, 땅과 물과 불과 바람의 넷에서 익지 않고, 삼악도의 참지 못할 고통이 자기 몸에서 익으니, 악행을 버리고 삼장을 닦도록 하라. 대승을 원하고 바라는 자들은 두 자량(資糧)을 쌓고, 소취(所取)와 능취(能取)의 둘을 끊도록 하라. 보시 등의 십바라밀(十波羅蜜)을 행하고, 모든 보살의 학처(學處)를 닦도록 하라. 자비로 유정의 이익을 완성하라. 그같이 행하면 대승이니, 그대들 밴지와(ḥBan ḥji ba)에게 기별하는 이것으로 대승행(大乘行)을 버리지 말고 의지하라.'라고 자애로써 훈계하였다. 그같이 행하지 않고, 그대들이 전도된 견해와 행위들을 행하면, 무명의 어두움의 무더기에 의해서 반야는 미혹해지고, 탐욕의 진흙 바다에 의식이 침몰하고, 아만의 큰 산에 의해서 악도에 들어가 고통에 짓눌리고, 질투의 사나운 바람으로 윤회에서 떠돌고, 아집(我執)의 억센 밧줄에 의해서 결박을 당하고, 해탈을 얻기 어려운 곤경에 처하지 않겠는가? 이것이 뿌랑(Pu raṅs)의 법왕 예시외가 티베트의 진언사들에게 띄운 통문이다.

그와 같이 네 가지의 허물을 설하여 보인 뒤, '그것들로부터 돌아서라.'라고 말하였다. 이 보살 법왕의 뜻은 티베트의 진언사들도 또한 삼장의 문에 들어옴으로써, 조르돌(交合殺脫) 등의 악행들이 저절로 소멸한 뒤, 교법이 다시 청정해짐과 비밀진언의 법을 또한 배우면 현밀(顯密)이 함께 행해져서 교법이 널리 펴지고 융성하게 됨을 고려한 것이다. 이것은 『비로자나현증속(毗盧遮那現證續)』에서, '방편이 결여(缺如)된 지혜와 학처(學處)들을 또한 강설한 것은, 대웅세존(大雄世尊)께서 성문들이 그것을 지니도록 위해서 설하였다.'라고 설함과 같다.

이 통문과 대역경사 린첸쌍뽀(寶賢)의 삿된 진언행(眞言行)을 비난한 취지에는 차이가 있지 않다. 법왕 예시외의 통문의 의취해설(意趣解說)을 완결한다."[100]

3.『보리도등론』의 역사적 가치

아띠쌰(Atīśa) 디빰까라쓰리즈냐나(Dipamkara Śrijñāna, 吉祥燃燈智)의『보리도등론』의 역사적 가치는 두 가지의 측면에서 고찰할 수가 있다. 1)『보리도등론』의 불교사적 중요성과 2) 후전기 티베트불교에 미친 지대한 영향이다.

1) 불교 역사상의 중요성

앞에서 이미 법왕 장춥외(菩提光)의 요청으로 저술된『보리도등론』의 역사적 배경을 상세하게 밝혔으며, 여기서는『보리도등론』자체가 지니고 역사적 가치 또는 그 중요성에 대해서 말하고자 한다.

먼저『보리도등론』의 특성을 설명하면,『까담쩨뛰(噶當派大師箴言集)』에서, "『현관장엄론(現觀莊嚴論)』에서, '적멸을 추구하는 성문들'이라는 등으로써 설해 보인 교계(敎誡)에 의지해서 심오하고 광대한 팔사(八事)를 연설하고, 은의(隱義)들을 아띠쌰께서 동시에 도차제(道次第)로 드

100 『답밀승적쟁론(答密乘的爭論, dGag lan ṅes don ḥbrug sgra)』, pp.179~187, 쏙독빠·로되갤챈(Sog slog pa Blo gros rgyal mtshan, 智幢), 사천민족출판사, 1998, 사천, China.

러내 보인 것이 『보리도등론』이고, 그 가운데서 대승의 발심(發心)을 별도로 분리해 낸 것이 로종(Blo sbyoṅ, 修心)이라고 알려졌다."라고 함과 같이, 미륵자존의 『현관장엄론』의 가르침을 아띠쌰께서 수행의 구결(口訣)로 전용한 뒤, 대소승과 현밀의 모든 교법을 삼사(三士)의 도차제로 잘 안배해서, 모든 성교(聖教)을 모순 없이 이해하고, 모든 성언(聖言)이 교계(教誡)로 출현하게 하고, 붓다의 밀의를 쉽게 얻게 하고, 큰 죄행이 스스로 소멸하게 하는 네 가지의 특점을 지니고 있다. 뿐만 아니라, 단지 276행(行)의 68게송(偈頌) 또는 69게송에 불과한 단문에 아띠쌰께서 생존했던 11세기 인도불교의 특색인 현밀겸수(顯密兼修)의 불교관과 그때까지 전승되던 유식과 중관 두 대승의 상사교계(上師教誡)와 밀교의 전승교계(傳承教誡)가 남김없이 들어 있음과 동시에 여타의 교계들로 아름답게 장엄함으로써, 장구한 인도불교의 발전과 변천의 과정에서 생성되어 전해져 오는 현밀의 모든 전승교계와 구결들을 『보리도등론』에 집약시켜 놓음으로써, 후기 인도불교가 마지막에 낳은 완벽한 수행구결로서 불멸의 역사적인 가치가 있다.

특히 이같이 탁월한 논서가 출현할 수 있었던 배경에는 아띠쌰께서 인도 후기불교의 모든 학파의 가르침들을 섭렵하고 성취한 뒤, 각각의 학파들의 법통을 잇는 전승자가 됨으로써 가능하였던 일이라고 본다. 이는 아띠쌰께서 입적을 앞두고 자기의 후계자로 선지식 돔뙨빠(ḥBrom ston pa)를 지목한 뒤, 자신의 법통에 대하여 제자들에게 말씀하신 것으로 알 수 있다. 『까담쩨뛰(噶當派大師箴言集)』에서, "조오제(Jo bo rje) 아띠쌰께서 녜탕(sÑe thaṅ)에서 이타의 사업을 위해 도솔천(兜率天)으로 가실 무렵 선지식 돔뙨빠를 후계자로 정한다고 말씀하시고, 미륵보살과 아상가(Asaṅga, 無着), 바수반두(Vasubandu, 世親), 촉데(mChog sde, 勝軍),

비니따쎄나(Vinītasena, 戒軍), 닥빼뻴(Grags paḥi dpal, 吉祥稱), 하리바드라(Haribhadra, 獅子賢), 꾸쌀리(Kusali) 형제, 쎄르링빠(gSer gliṅ pa, 金洲法稱)로부터 전해 오는 광행전승(廣行傳承)도 내가 가지고 있다. 문수보살과 유무(有無)의 변집견(邊執見)을 파괴하는 나가르주나(Nāgārjuna, 龍樹)와 짠드라끼르띠(Candrakīrti, 月稱), 위드야꼬낄라(Vidyākokila, 明杜鵑), 붓다빨리따(Buddhapālita, 佛護)로부터 전해 오는 심견전승(深見傳承)도 내가 가지고 있다. 대비여래(大悲如來)이신 지금강불(持金剛佛, Vajradhāra)과 일체지자(一切智者)이신 띨로빠(Tillopa), 나로빠(Nāropa)와 돔비빠(Ḍombhipa), 라마제(Bla ma rjes)[아와두디빠(Avadhūtipa)]로부터 전해 오는 수행가지전승(修行加持傳承)도 내가 가지고 있다."[101]라고 하였으며, 또한 문수보살과 적천보살(寂天菩薩)과 쎄르링빠(金洲法稱)로부터 전승되는 대승의 자타상환(自他相換)의 로종(Blo sbyoṅ, 修心)의 법통[102] 또한 전승하여 인도 후기불교의 모든 법통을 한몸에 지님으로써, 그와 같은 뛰어난 논서의 저술이 가능했다고 본다.

이것은 아띠쌰께서 서부 응아리(阿里)의 토딩(mTho ldiṅ) 사원에서 『보리도등론』을 저술한 뒤 인도에 보냈을 때, 인도의 빤디따들이 한결같이 말하길, "만약 아띠쌰께서 티베트에 가지 않았다면, 여래의 모든 경론의 심요를 가려 모으되, 문장이 간결하고 이해가 쉬운 이와 같은 논

---

101 『까담쩨뛰(噶當派大師箴言集)』, pp.82~83.

102 로종(Blo sbyoṅ, 修心)의 법통에 대해서 선지식 용진·예시걜챈(智幢)의 『텍빠첸뾔로종기티익로쌍공걘(大乘修心訣教導書善慧義趣莊嚴論)』에서는, "또는 문수보살께서 아사리 샨띠데와(Śāntideva, 寂天)[시와하(Shi ba lha)]에게 전하고, 그 뒤 차례로 전승되어 아사리 쎄르링빠(金洲法稱)에게, 그가 조오제(大恩人) 아띠쌰 존자에게 전하였다."라고 해서 적천보살의 가지전승(加持傳承)을 밝히고 있다.

서는 인도 땅에서는 저술하기가 어려운 것이다."라고 논평한 사실을 통해서도 알 수가 있다.

또 한편 삼승과 현밀의 도차제의 정수인 『보리도등론』 가운데 들어 있는 현밀의 삼종전승(三種傳承)의 우빠데싸(敎誡)들이 어떠한 경론을 근거로 해서 성립한 것인가에 대해서, 선지식 용진·예시걜챈(Yoṅs ḥdzin Ye śes rgyal mtshan, 智幢)의 『대승수심결교도서선혜의취장엄론(大乘修心訣教導書善慧義趣莊嚴論)』[103]에서 다음과 같이 설명하였다.

> "이 우빠데싸의 경론의 근원은 『화엄경(華嚴經)』과 『십만송반야경(十萬頌般若經)』 등의 대승경전들과 그것을 주석한 논전인 미륵보살의 『현관장엄론(現觀莊嚴論, mṄon par rtogs paḥi rgyan)』과 『대승장엄경론(大乘莊嚴經論, mDo sde rgyan)』 등과 성용수(聖龍樹)의 『보만론(寶鬘論, Rin chen phreṅ ba)』과 『보리심석(菩提心釋, Byaṅ chub sems ḥgrel)』 등과 성무착(聖無着)의 『본지분(本地分 : 菩薩地, Byaṅ sa)』 등과 대승의 논사들이 지은 그 논전들의 의취를 하나로 안배한 것이니, 특히 문수보살의 교계(敎誡)에 의거해서 대승의 경론들을 한 사람의 [성불의] 수행차제를 하나로 안배한 적천보살(寂天菩薩)의 『보살집학론(菩薩集學論, bsLab pa kun las btus pa)』과 『입보리행론(入菩提行論)』의 둘과 그들 일체를 하나로 거두어 모은 것이, [다시 말해 인도의 대승불교의 세 가지 큰 흐름인] 삼종전승을 하나로 화

---

103 『대승수심결교도서선혜의취장엄론(大乘修心訣教導書善慧義趣莊嚴論)』의 원명은 "텍빠첸뾔로종기티익로쌍공걘셰자와슉쏘(Theg pa chen poḥi blo sbyoṅ gi khrid yig blo bzaṅ dgoṅs rgyan shes bya ba bshugs so, 大乘修心訣教導書善慧義趣莊嚴論)"이다.

합한 우빠데쌰가 길상하신 아띠쌰 존자께서 저술하신 『보리도등론』이니, 그러므로 이 단계에서의 로종(修心)의 가르침의 근원은 마땅히 『보리도등론』인 것이다."

위와 같은 대승의 삼종전승의 우빠데쌰가 하나로 집성된 논전이 『보리도등론』이기에 글의 심오하고 광대한 의취를 제대로 이해하는 일은 결코 쉬운 것이 아니다. 선지식의 가르침을 통해서 비로소 확연하게 알 수 있는 것이니, 이 뜻에 대해서는 아띠쌰께서 직접 해설을 단 『보리도등론난처석(菩提道燈論難處釋)』에서 다음과 같이 밝혔다.

"글자는 많지 않으나 의미가 심대한
이 논서는 제대로 알기가 어려우니,
참된 스승님들을 의지하지 않고서는
모든 곳에서 길을 잃고 헤매게 된다.

그러니 지혜를 지닌 사부(士夫)는
스승님을 크게 기쁘게 해드린 뒤,
스승의 전승법계로부터 내려오는
바른 구결(口訣)을 청하도록 하라.

여기서 지존하신 스승님 쎄르링빠(gSer gliṅ pa, 金洲法稱)와 지존하신 스승님 보디바드라(Bhodhibhadrao, 菩提賢)의 보병(寶甁)과 같은 금구(金口)에서 흘러나온 감로(甘露)와 같고, 꿀과 같은 구결의 물방울을 [구게(Gu ge) 왕국의] 왕족 출신의 제자 장춥외(Byaṅ chub ḥod,

菩提光)와 곁에서 오랫동안 시봉을 해온 제자 비구 출팀갤와(Tshul khrim rgyal ba, 戒勝) 두 사람이 거듭거듭 권청(勸請)을 해온 보답으로 여기저기 흩어져 있는 구결의 물방울들로 스승님께서 직접 설하신 것과 계경(契經) 등의 가르침에 수순해서 여기서 거두어 모은 뒤 기술코자 한다."[104]

위에서 언급한 대로 대승과 현밀의 우빠데싸들이 『보리도등론』 가운데 실제로 어떻게 들어 있는가를 12가지의 항목으로 요약해서 소개하면 다음과 같다.

첫째, 원심(願心)과 행심(行心)의 두 보리심 가운데 원보리심(願菩提心) 하나만으로는 원만보리를 이루지 못하므로 보살은 행보리심(行菩提心)을 실천해야 하고, 또한 그것의 뿌리인 오계(五戒)와 십선(十善)과 별해탈계와 보살계 등의 계율을 실천해야 한다. 그것이 원만보리의 자량을 갖추는 좋은 방편임을 밝히고자, "행심(行心)의 본질인 율의를 제외해선, 진정한 원심(願心)이 자라나지 못하니, 원만보리의 원심이 자라나길 원함으로, 고로 힘써 이 율의를 반드시 수지하라."(제19송)라고 하였다. 또한 "그러므로 청정한 원만보리를, 소연하는 보살의 율의계들을, 열심히 행함으로써 대보리의, 자량들을 원만하게 구족한다."(제33송)라고 하였다.

둘째, 원만보리의 자량을 구족하는 뛰어난 방편으로 사마타(止)의 성취를 적극적으로 권장하였으니, "복덕과 지혜의 자성이 되는, 자량을 속히 구족하는 원인으로, 모든 부처님들께서 신통력을, 일으키는 것이

---

104 『보리도등론난처석(菩提道燈論難處釋, Byaṅ chub lam gyi sgron maḥi dkaḥ ḥgrel)』, pp.9~10, Sherig Parkhang, 1999, Delhi, India.

라고 승인하였다."(제34송)라고 함으로써, 사마타의 선정을 닦는 이유가 단지 신통과 삼매의 지혜만을 얻기 위한 방법이 아니라, 복덕자량을 성취하고, 유정의 이익을 위한 방편으로 닦는 것임을 밝혔다.

셋째, 원만보리의 성취는 사마타의 선정 하나만으로 얻지 못하므로 항상 반야바라밀과 함께 닦아야 하는 것임을 밝히되, "유가사가 사마타를 얻으면, 신통들 또한 성취하게 되지만, 반야바라밀의 유가를 떠나서는, 이장(二障)이 소멸되지 않는다."(제41송)라고 하였으며, 또한, "그러므로 번뇌와 소지(所知)의, 장애들을 남김없이 끊기 위해, 반야바라밀다의 유가(瑜伽)을, 항상 방편과 더불어 근수하라."(제42송)고 설함으로써, 반야바라밀의 수행이 단지 제법의 진실 또는 진여법성(眞如法性)만을 깨닫기 위함이 아니라, 번뇌와 소지장(所知障) 등을 없애는 가장 뛰어난 방편임을 밝혔다.

다섯째, 원만보리의 성취는 공성과 무아의 깨달음 하나만으로는 얻지 못하므로 항상 방편을 함께 닦아야 함을 밝히되, "대저 방편을 여읜 반야와, 반야를 여읜 방편들은 또한, 속박이라 말하니 그렇다고, 그 둘을 버려서도 안 된다."(제43송)라고 하였으며, 또한, "방편을 수습한 힘으로 보살 자신이, 어떤 법을 소연해서 반야를 근수하는, 그것은 신속히 원만보리를 증득하고, 무아 하나만을 닦아서는 얻지 못한다."(제46송)라고 함으로써, 마음을 깨치면 성불한다는 견성성불(見性成佛)이 요의(了義)가 아님을 설하였으니, 그와 같은 견성성불은 여래의 색신(色身)을 산출하지 못하는 허물이 있기 때문이다.

여섯째, 원만보리를 성취하는 주된 원인 반야의 본질을 밝히되, "온(蘊)·계(界)·처(處)의 법들이, 진실로 무생(無生)임을 깨달아, 자성이 본래 공(空)함을 아는 것이, 반야(般若)라고 분명하게 설하였다."(제47송)라고 함으로써, 일체법이 본래부터 성상(性相)이 공적(空寂)하여 본불생(本不生)임을 설하여 중관학파의 교설을 충실하게 따르고 있다. 또한 이 게송은 중관학파와 밀교의 우빠데쌰(敎誡)이기도 하니, 성용수보살의 『보리심석(菩提心釋, Byaṅ chub sems ḥgrel)』에서 『밀집금강속(密集金剛續)』의 "[자아(自我)와 자재천(自在天) 등의 상인(常因)의] 모든 실사(實事)를 여의고, 온(蘊)과 계(界)와 처(處)와, 소취(所取)와 능취(能取)를 끊어버리고, 법무아(法無我)의 평등성에 의해, 자기 마음도 본래 무생(無生)으로, 공성(空性)의 자성이다."라는 보리심의 본질을 밝힌 비로자나불의 게송을 인용함으로써, 중관과 밀교가 모두 제법무생(諸法無生)의 교리 위에서 성립하고 있음을 밝혔다.

일곱째, 금강설인(金剛屑因)으로 외도의 자아설(自我說)과 창조설과 내도의 유부(有部) 등이 주장하는 육인(六因)과 사연(四緣)에 의해서 사물이 발생한다고 주장하는 삿된 견해를 부정하기 위해서, "사물은 자기로부터 발생하지 않으며, 다른 것과 둘로부터도 또한 아니며, 원인 없이 생하는 것도 아니니 그러므로, [사물에는] 본질이 성립하는 자성이 없다."(제49송)고 설하였다. 특히 유부 등이 육인과 사연에 의해서 사물이 발생한다고 주장하는 것은 연기설를 바르게 이해하지 못한 것이니, 성용수보살은 『중론(中論根本頌)』의 「관인연품제일(觀因緣品第一)」에서 이것들을 비판하고 있다. 예를 들면, "사물(dṄos po)들의 자성(自性)이, 연(緣) 등에 있지 않듯이, 나의 실질(實質)이 있지 않으면, 타인의 실질도 있지 않다."(제5송)라고 함과 같고, 『보리심석(菩提心釋)』에서, "제법이 인(因)에서 발생하는 것은 영원히 바뀌지 않는 법이며, 인(因)도 역시 공(空)한 것이기에, 그것이 무생(無生)임을 깨닫는다."라고 함과 같다.

여덟째, 이일다인(離一多因)으로 유식학파의 유심(唯心) 또는 유식

(唯識)의 논설을 부정하여 제법무아(諸法無我)의 평등성에 의해서 마음도 불생(不生)임을 밝히되, "또한 [내외(內外)의] 모든 제법을, 하나와 다수의 자성으로 분석하면, 본질이 성립함을 보지 못함으로써, 자성이 있지 않은 것이 확실하다."(제50송)라고 함으로써, 소취(所取 : 外境)와 능취(能取 : 內心)의 둘이 공적(空寂)한 마음이 실유(實有)한다.'는 무이지(無二智)의 마음도 역시 자성이 없음을 밝혔다. 이것은 아사리 아르야데와(Āryadeva. 聖天)가, "의식 또한 승의(勝義)에서, 그것을 지자(智者)들은 승인하지 않으니, 하나와 다수의 자성을 여읨으로써, 허공의 연꽃과 같다."라고 설함과 같다.

아홉째, 연기증인(緣起證因)에 의해서 중관귀류견(中觀歸謬見)이 붓다의 궁극적 견해이자 용수보살의 정견임을 밝히되, "『칠십공성론(七十空性論)』의 정리와, 『중론』 등에서도 역시, 모든 사물들의 자성(自性)이, 공(空)함이 성립한다고 설하였다."(제51송)라고 하였다. 또한 이 게송은 낙초·로짜와(Nag tsho lo tsā ba)의 『보리도등론주강해장엄(菩提道燈論註講解莊嚴)』에서 제기한 일곱 가지의 질문 가운데 하나인 "중관과 유식의 둘 가운데 진실의(眞實義)를 위해서 어떤 것을 지녀야 하는지?"에 대한 답변으로 이 게송을 설한 것이라고 하였다.

또한 『보리도등론난처석』에서, "그와 같은 사대증인(四大證因)에 의해서 ① 모든 사물이 남김없이 무생(無生, sKye ba med pa)이며, ② 극무주(極無住, Rab tu mi gnas pa)이며, ③ [자성이] 열반(涅槃, Mya ṅan las ḥdas pa)[105]

105 [자성이] 열반(涅槃, Mya ṅan las ḥdas pa)이란 모든 유정에게 내재하는 마음의 법계는 본래 자성이 청정해서 괴로움의 번뇌장이 없음을 뜻하니, 아띠쌰 존자의 『법계견가(法界見歌, Chos kyi dbyiṅs su lta baḥi glu)』에서, "깊고 적정하고 무희론이며 진여이고, 광명이며 무위이고, 불생불멸이고 본래청정이며, 자성열반(自性涅槃)의, 법계는 중앙과 가장자리가 없으니, 침

이며, ④ [본래] 청정(清淨, rNam par dag pa)이며, ⑤ 무근무본(無根無本, rTsa med pa gshi med pa)이며, ⑥ 제법이 불성립(不成立, Grub pa med pa)임을 과거의 지자들께서 이미 잘 증명해 보였다.

이 남섬부주의 지자들께서 이와 같이 설하였다. 아사리 아상가(Asaṅga, 無着)는 교법의 이문(異門 : 差別)[106]을 설하였다. 그는 반야바라밀의 의미를 유심(唯心, rNam par rig pa tsam)으로 해설하였고, 현재의 나의 스승님 쑤와르나드위빠(Suvarṇaṇḍvāipa, 金洲法稱)와 나의 스승님 쌴띠와(Śantiba, 寂靜)께서도 또한 그와 같이 사유하였다.

아사리 나가르주나(Nāgārjuna, 龍樹)는 교법의 정수(精髓 : 空性)를 해설하였다. 그는 반야바라밀다의 의미인 유무(有無)의 양변을 떠난 중도(中道)의 뜻을 통달하고, 다른 지자들의 마음 흐름에도 또한 그와 같이 설하였다. 그와 같이 나의 스승님 보디바드라(Bodhibadra, 菩提賢)와 지존하신 꾸쌀리빠(Kusalipa, 大乞士)께서도 그와 같이 사유하였다.

아사리 나가르주나의 금구(金口)의 감로 그것으로 아사리 아르야데와(Āryadeva, 聖天)와 아사리 짠드라끼르띠(Candrakīrti, 月稱)와 아사리 바뱌(Bhavya / Bhāvaviveka, 清辨)와 아사리 쌴띠데와(Śantideva, 寂天)와 나의 스승님 보디바드라에 이르기까지의 심의(心意)를 만족시켰으며, 나에게도 또한 감로의 방울이 조금 뿌려졌다.

그와 같이 사대증인(四大證因)에 의해서 모든 제법이 무생(無生)임을 확립한 뒤, 과거의 아사리들의 뒤를 따라서 중관의 교의(教義)에 안주

몰과 도거와 착란이 없는, 무분별의 심오한 혜안(慧眼)으로 본다."라고 하였다.

106 교법의 이문(異門, bsTan paḥi rnam graṅs)은 교법의 차별을 말하니, 이것은 경의분변(經義分辨, gShuṅ ḥbyed)의 뜻으로 경전의 요의(了義)와 미요의(未了義)를 분변해서 밝힘이다.

토록 하라."라고 해서 중관귀류견(中觀歸謬見)을 확립하였다.

열 번째, 심경불이(心境不二)의 무이지(無二智)도 또한 무생(無生)임을 밝히니, "반야로써 [인(人)과] 모든 제법들, 그것의 자성을 보지 못함과 같이, 반야 그것도 [무자성임을] 정리로 설한바, 무분별(無分別) 그것을 닦도록 하라."(제54송)고 해서, 제법의 무자성을 아는 반야의 지혜 또한 자성이 없음을 밝혔다.

열한 번째, 모든 현교의 수행법들은 점수(漸修)에 의해서 성불하는 법임을 밝히길, "그같이 진성(眞性)을 수습하면, 차례로 난위(暖位) 등을 얻은 뒤, 환희지(歡喜地) 등도 얻게 되어, 붓다의 보리도 머지않아 얻는다."(제59송)라고 해서, 한 생애에 성불하는 유일한 길은 무상유가속(無上瑜伽續)의 수행법을 제외하고서는 있지 않음을 설하였다.

덧붙이면, 불교에서 성불하는 법에는 두 가지의 길이 있으니, 현교(顯教)라 부르는 바라밀다승(波羅蜜多乘)과 밀주승(密呪乘)이 그것이다. 바라밀다승은 3아승지겁의 수행을 통해서 성불하는 점수(漸修)의 길을 제시하고, 밀주승은 교설에 따라 1생(生)과 3생(生)과 7생(生)과 16생(生)에 성불하는 돈수(頓修) 또는 즉신성불(卽身成佛)의 길을 밝혔다.

여기서 바라밀다승의 가르침도 요약하면, 방편과 반야를 함께 닦아 번뇌와 소지의 이장(二障)을 정화하여 무루(無漏)의 복덕과 지혜의 두 자량(資糧)을 성취한 뒤, 상호(相好)와 정토와 권속 등을 성취하는 색신(色身)과 십력(十力) 등을 비롯한 21가지의 무루지(無漏智)를 성취한 법신(法身)을 동시에 성취하는 것이 곧 성불이니, 이것을 반야와 방편의 합일이라 말한다. 여기서 법신의 자량에 상응하며 원인이 되는 반야와 공성과 무아 등의 지혜에 관한 교설들은 문수보살로부터 내려오는 쌉모따귀(Zab mo lra brgyud, 深見傳承)에 거두어지고, 색신에 상응하는 청정한 선행과 복덕 등의 방편에 관한 교설들은 미륵보살로부터 내려오는 갸첸 쬐귀(rGya chen spyod brgyud, 廣行傳承)에 거두어지고, 이 두 전승에다 적천보살의 가지전승(加持傳承)과 밀교의 전승교계를 잘 배합해서 무오류의 성불의 길을 제시한 우빠데쌰(教誡)가 『보리도등론』인 것이다.

열두 번째, 현밀(顯密)의 도차제와 함께 한 생애에 성불하는 무상유가(無上瑜伽)의 길을 밝히니, "행하기 쉽고 빠르게 보리자량을, 원만하게 갖추기를 원함과 또는, 사속(事續)·행속(行續) 등의 딴뜨라에서 설한, 밀주행(密呪行)을 만약 닦기를 원하면,"(제61송)부터 "모든 딴뜨라를 청문하고 강설하고, 호마와 공시(供施) 등을 행함이, 아사리의 관정과 [허여]를 받고, [십]진실(十眞實)을 알면 허물이 없다."(제67송)까지 설하는 것으로써, 간략하게 밀교의 우빠데쌰(教誡)를 설명하였다.

2) 후전기 티베트불교에 미친 영향

앞에서 말한 대로 아띠쌰 존자께서 『보리도등론』을 저술하게 된 직접적 동기는 법왕 장춥외의 간청에 의한 것이었다. 그리고 간청의 목적 또한 자주(自註)인 『보리도등론난처석(菩提道燈論難處釋)』에서 다음과 같이 밝혔다.

> "'현량(賢良)한 제자'라고 함은, 대승의 법기(法器)이므로 그렇게 말한다. 그가 누구인가? 하면, '보리광(菩提光, Byaṅ chub ḥod)'이라 부르는 이 사람이다. '간청에 의해'라고 함은, 그가 나에게 이와 같이, '이 티베트 땅에는 붓다의 교법인 이 대승의 도(道)를 잘못 이해하는 사람들로, 스승과 선지식의 올바른 섭수(攝受)를 받

지 못한 자들이 서로 다투고, 각자의 추론으로 심오하고 광대한 교의를 자기의 분별로 변석하고, 각자 어긋나는 점들이 허다하게 있으니, 그들의 의심들을 불식(拂拭)시켜 주시길 청합니다.'라고, 나에게 거듭거듭 요청함으로써, 그의 목적을 위해서 내가 계경 등을 수순해서 보리도(菩提道)의 등불을 자세히 밝히고자 한다."

위와 같은 목적으로 저술된 『보리도등론』의 가르침에 의해서 법왕 장춥외 당시 티베트불교가 안고 있던 온갖 사견(邪見)과 이설(異說)과 비행(非行) 등의 심각한 문제점들을 바로 잡아줌과 동시에 힘차게 일어나고 있던 티베트 후전기의 불교가 나아가야 할 길과 방향을 도차제의 사상으로 잘못됨이 없이 바르게 제시해 주었다. 이를 통해 티베트의 후전기의 불교는 사상적으로 중관(中觀)의 교의에 입각한 삼사도의 차제에 의해서 바라밀다승(波羅蜜多乘)이 발전하는 동시에 현밀(顯密)의 차제에 의해서 서로를 무시하거나 배격하지 않고 그 둘을 함께 닦는 현밀쌍수(顯密雙修)의 불교로 발전하게 된다.

이처럼 후전기 티베트불교는 아띠쌰의 『보리도등론』을 통해서 인도 후기 불교의 흐름을 그대로 받아들이지만, 여기서 한 가지 특기할 사항은 특별히 티베트에서 크게 발전하고 성행한 대승의 자타상환(自他相換)의 보리심을 전문적으로 닦는 로종(Blo sbyoṅ, 修心)의 법풍(法風)을 결합함으로써, 티베트불교가 인도불교의 진정한 계승자 역할을 하는 동시에 그들만의 특색을 수립하게 되었다는 것이다. 또한 각 종파별로 전승하는 법통에 의지해서 자기 종파의 교학체계와 수행체제를 정립함으로써, 인도 후기 불교의 전승이라는 하나의 큰 흐름 속에서 서로가 동질성을 유지하면서도 자기 종파의 색채를 지키면서 티베트불교는 발전을 거듭하였다.

이후 선지식 돔뙨빠(ḥBrom ston pa)의 까담빠(bKaḥ gdams pa)와 역경사 마르빠 · 최끼로대(Marpa Chos kyi blo gros)의 까귀빠(bKaḥ brgyud pa)와 쾬 · 꾄촉갤뽀(ḥKhon dKon cog rgal po)의 싸꺄빠(Sa skya pa)를 비롯해서 그 뒤에 조낭빠(Jo naṅ pa)와 겔룩빠(dGe lugs pa) 등의 많은 종파가 출현하였지만, 이러한 풍조는 바뀌지 않고 『보리도등론』의 가르침을 전승하는 많은 도차제의 전적들이 여러 종파에서 저작되면서 더욱 확고하게 한 것을 알 수가 있다.

예를 들면, 까담빠에서는 선지식 뽀또와 · 린첸쌜(Po to ba Rin chen gsal, 寶明)의 『베우붐응왼뽀(Beḥu bum sṅon po, 青色手冊)』와 선지식 도룽빠 · 로되중내(Gro luṅ pa Blo gros ḥbyuṅa gnas, 慧生)의 『땐림첸모(bsTan rim chen mo, 教次廣論)』와 『땐림충와(bsTan rim chuṅ ba, 教次略論)』를 필두로 많은 선지식이 여러 가지의 람림(Lam rim, 道次第)과 땐림(bsTan rim, 教次第)을 저술하여 제자들에게 강설한 사실이 『까담쩨뛰(噶當派大師箴言集)』에 잘 나와 있다. 또한 까귀빠에서는 닥뽀하제 · 다외슈누(Dvags po lha rje Zba ḥod gshon nu, 月光童子)의 『람림타르갠(Lam rim thar rgyan, 解脫道莊嚴論)』과 팍모두빠 · 도제갤뽀(Phag mo gru pa rDo rje rgal po)의 땐림(bsTan rim, 教次第)과 닥뽀 · 따씨남걜(Dvags po bKra śis rnam rgyal, 吉祥勝)의 『착첸다왜외쎄르(Phyag chen zla baḥi ḥod zer, 大印月光釋)』 등이 저술되었다. 싸꺄빠에서는 싸꺄빤디따 · 꾼가걜챈(Sa skya paṇḍita Kun dgaḥ rgal mtshan, 慶喜幢)의 『툽빠공빠랍쌜(Thub pa dgoṅs pa rab gsal, 能仁教說明解)』 등이 있고, 겔룩빠에서는 쫑카빠 · 로쌍닥빠(Tsoṅ kha pa Blo bzaṅ grags pa, 善慧稱)의 『람림첸모(Lam rim chen mo, 菩提道次第廣論)』와 『람림충와(Lam rim chuṅ ba, 菩提道次第略論)』가 대표적이고, 닝마빠(rÑiṅ ma pa, 古派)에서는 자뻴뚤 · 오갠직메최왕(rDza dpal sprul Orgyan ḥjigs med chos dbaṅ, 無畏王)의 『꾼쌍라매섈룽(Kun bzaṅ bla maḥi shal luṅ, 普賢上師口訣)』 등을 들 수 있으며, 이들은 모두가 뛰어난 도차제의 논전들이라고 할 수가 있다.

특히 『보리도등론』의 도차제 사상의 중요성을 깊이 인식하고, 이를 모든 불교의 뼈대로 삼아 현밀과 삼승(三乘)의 교법을 회통한 이가 바로 신(新) 까담빠(bKaḥ gdams pa)로 불리는 겔룩빠의 창시자인 쫑카빠(Tsoṅ kha pa) 대사였다. 이것은 조오제께서 임종 시에 이 법문을 다른 제자들에게는 전하지 않고 오직 돔뙨빠에게 부촉(咐囑)하길, "이 도차제를 조오제께서 선지식 돔뙨빠(ḥBrom ston pa)에게 은밀하게 교수하였다. 돔뙨빠께서 여쭙길, '당신께서는 다른 사람에게는 밀주(密呪)의 교계를 주시면서, 제게는 이 도차제를 주시니 어찌된 겁니까?'라고 묻자, 조오제께서 답하시길, '내가 자네가 아니고선 달리 줄 곳을 얻지 못했다.'라고 하신 뒤, 이 구결을 선지식 돔뙨빠에게 부촉하고, 그를 교법의 법주로 가지하였다."라고 4대 빤첸라마의 『보리도등론석승소희연(菩提道燈論釋勝笑喜宴)』에서 설함과 같이, 이 도차제의 구결은 참으로 알기도 어렵기도 하거니와 실천은 더더욱 어려운 것임을 쫑카빠 대사께서 몸소 체득한 뒤, 『보리도등론』의 교계를 더욱 공고히 하고 널리 전파하고자 『람림첸모(菩提道次第廣論)』와 『밀종도차제론(密宗道次第論)』 등의 저술을 통해서 아띠쌰의 도차제 사상의 진정한 계승자가 된 것이라고 볼 수가 있다.

이러한 사실은 지존하신 쫑카빠 대사께서 어느 날 『보리도등론』의 도차제의 중요성을 깨닫고 크게 환희한 뒤, 자기의 스승이신 우마와(dBu ma ba)[107]에게 올리는 서한에서 여래의 말씀들 전체가 그대로 성불의 교

---

107 『역대장족학자소전1(歷代藏族學者小傳一)』에서, "쫑카빠 대사는 가와동(dGaḥ ba gdoṅ, 寺名)에서 스승 우마와(dBu ma ba)의 통역으로 문수보살에게 현밀의 난해한 문제들을 물었다."

계임을 자신이 깨닫게 된 사연을 통해서 알 수가 있다.

"오늘날 티베트에는 현밀의 두 방면에 걸쳐서 무수한 교계들이 드러나 있으며, 그 전부들 역시 어떠한 불보살들로부터 전승되지 않은 것이 하나도 없습니다. 그렇지만, 단지 각각의 이담(Yi dam, 本尊)들이 설한 교계라는 이유로 해서, 여타의 교계들을 수용하지 않는다면 편협한 생각에 떨어지게 되어서, 도(道)의 올바른 심요(心要)에 대한 명쾌하고 확실한 이해를 얻을 방법이 없습니다. 그러므로 사사로움이 없는 마음을 지닌 이들이 오류가 없는 올바른 길을 추구하면, 쑤뜨라(契經)와 딴뜨라(密續)로 논쟁의 여지가 없는 그것들과 또한 어긋나지 않고, 그것들에서 설하는 바를 섭수(攝受)하니, 그 또한 한 대승의 도리에 수순해서 요의(了義)와 미요의(未了義)를 바르게 변별해서, 다른 쪽으로 인도하지 못하게 정리(正理)로 무해(無害)하게 성립시키는 없어서는 결코 안 되는 것으로 드러남으로써, 모든 경언(經言)과 그것의 의취(意趣)를 추구하는 더러움이 없는 정리의 문을 크게 중시한 뒤, 그것을 마음 흐름에 낳게 하는 차제[교계]가 이전부터 많이 전해 오고 있을지라도 그 정도에 만족하지 않고, 오로지 교법을 얻고자 하는 염원으로 간절함을 일으켜서, 본존과 스승을 하나로 여겨서 끊임없이 기원하고, 갖가지 수복정죄(修福淨罪)의 법들을 힘써 닦은 결과, 지금은 모든 경언과 그 의취를 밝히는 큰 논전들에 대하여 단

라고 기록하고 있듯이, 우마와는 쌰꺄빠의 고승으로 쫑카빠 대사의 수행에 지대한 영향을 미쳤다.

지 한 부분만이 아닌 그 전체가 모두 실천되어야 하는 것임을 깨닫게 되었습니다.

그리고 또한 이 도리에 대해서 분명한 확신을 어려움이 없이 낳게 해주는 그것이, 내외의 모든 학파의 바다와 같은 교설에 통달함은 물론이고, 내도(內道)의 삼장(三藏)의 정수인 삼학(三學)의 심요를 전도됨이 없이 통달한 뒤, 단지 이론에만 그치도록 하지를 않고 실천 수행에 들어가게 함에도 빼어나서, 실지(悉地)를 얻은 허다한 선지식들이 크게 섭수하고, 현밀의 무수한 본존들이 호념하고 가지한 대보살 디빰까라 쓰리즈냐나(Dīpaṃkara Śrījñāna, 吉祥燃燈智)의 교계인 보리도차제(菩提道次第)였습니다. 이것이 현밀의 차제를 전도됨이 없이 바르게 결택한 희유한 구결임을 보고 나서, 저 또한 제자의 인도차제(引導次第)를 단지 그 위에 얹어서 가르치고 있습니다. 이 교계는 또한 모든 경론과 교계들의 전부를 하나의 도차제로 엮어서 교시함으로써, 강설하고 청문하는 양쪽이 그와 같이 강론하고 수습한다면, 비록 그 구결의 양이 적음에도 불구하고 모든 경론의 차제를 자연스레 안배하게 됨으로써, 여타의 많은 갖가지 교계들을 별도로 설하지 않아도 되는….”[108]

위와 같이 쫑카빠 대사처럼 먼저 여래의 심오한 의취(意趣)를 바르게 얻어서 정견을 확립한 뒤 완전한 수행성취의 길로 나아가기보다는, 현실에서는 대부분이 먼저 성취를 원해서 수행의 길에 들어감으로써 붓다

108 『투우깬둡타(Thuḥu kvan grub mthaḥ, 宗教源流史)』, pp.260~261.

의 의취에 미달하고 정견을 얻지 못하는 오류를 범하게 된다. 또한 그러한 실례는 역사적으로 티베트의 후전기 불교가 일어나던 시기에 많이 일어났던 일이기도 하다.

이처럼 견(見)·수(修)·행(行)의 셋 가운데 정견의 확립이 선행되어야 한다고 말하는 것은 선지식의 가르침과 예리한 지혜를 갖추지 못하면 깨닫기가 불가능하기 때문이다. 따라서 도차제의 구결이 기존의 모든 교계 가운데서 가장 체득하기 어려운 교계가 되는 것이다. 이러한 까닭에 조오제도 임종 시에 이 법문을 다른 제자들에게는 전하지 않고, 오직 선지식 돔뙨빠 한 사람에게만 부촉하고, 그를 교법의 법주로 가지하였다.

쫑카빠 대사도 일찍이 『보리도등론』의 교계가 희유한 구결임을 알고 나서 극진한 공경심을 지니게 되었고, 후일 중관귀류견(中觀歸謬見)의 입장에서 인법무아(人法無我)를 결택하는 학통(lHag mthoṅ, 毘鉢舍那章)에 심혈을 기울인 『보리도등론』의 완벽한 주석서인 『람림첸모(菩提道次第廣論)』를 저술하면서, 이 책의 서두에서 지은이의 위대함에 대해 말하길, "이 교계는 대체로 미륵자존께서 저술하신 『현관장엄론(現觀莊嚴論)』의 가르침[109]이며, 특별히 이것[람림첸모의 교계]의 교전은 『보리도등론』이다. 그러므로 그 논의 저자가 또한 이 논의 저자[110]인 셈이기도 하다."

---

109 『보리도차제광론의난명해(菩提道次第廣論疑難明解)』에서, "미륵자존의 저술인 『현관장엄론』의 기지(基智)의 단계에서, 무상(無常) 등의 16가지의 법(法)들로 하사(下士)와 중사(中士)의 도를 열어 보였고, 도지(道智)와 일체종지(一切種智)에 의해서 세 종성의 모든 도차제를 열어 보였다. 그 뒤에 '[그 전체를] 거두어 모은 것이 이것의 교계 또는 구결(口訣)이다.'라고 한다고 꾼켄·린뽀체(Kun mkhyen rin po che)가 설했다."라고 하였다. 차리·깰쌍톡메(Cha ris sKal bzaṅ thogs med), 『보리도차제광론의난명해(菩提道次第廣論疑難明解)』, p.67, 감숙 민족출판사, 2005, 난주, China.

110 이 뜻은 『보리도차제광론의난명해(菩提道次第廣論疑難明解)』에서, "또한 이 도차제의 교설

라고 하여 무한한 존경심을 표하였으며, 또한 “법은 이 우빠데싸(敎誡)의 논전인 『보리도등론』이다. 아띠싸께서 저술하신 논서가 많이 있을지라도 뿌리와 같이 완전무결한 것은 『보리도등론』이니, 현밀의 두 가지 핵심을 거두어 모은 뒤 열어 보임으로써 능전(能詮 : 설하고자 하는 내용)이 완전무결하고 마음을 조복하는 차제를 핵심으로 삼음으로써 실천하기가 쉽고, 대승의 [중관과 유식의] 두 큰 도리에 정통하신 두 분 스승님의 교계로서 장엄함으로써 다른 교설에 비해서 특별히 뛰어나다.”라고 찬사를 표하였다.

오늘날 티베트에서 이 『보리도등론』은, 티베트불교 전전기(前傳期)에 저술된 또 하나의 명저인 아사리 까말라씰라(Kamalaśīla, 蓮華戒)의 『중관수습차제(中觀修習次第)』와 더불어 후대 티베트에서 저술된 모든 수행서적들의 부동의 준거가 된다. 뿐만 아니라, 현밀을 포함하는 인도 대승불교의 가르침을 어떠한 교리적 모순이 없이 회통해서 이해하는 바른 안목을 열어주고, 불교의 목적인 무주처열반을 증득하는 수행법을 바르게 제시해 줌으로써, 특히 초학자들이 대승의 심오한 뜻을 오류 없이 바르게 이해하여 정견을 확립시켜 주는 데 없어서는 결코 안 되는 귀중한 논전이다.

이러한 취지에서 대학자 쌈동 린뽀체(Zam gdoṅ rin po che)는 “수습차제(修習次第)”라고 부르는 *BHĀVANĀKRAMAḤ OF ĀCĀRYA*

의 근원은 통상 『현관장엄론(現觀莊嚴論)』의 교계이며, 특별히 『현관장엄론』의 이 교계를 삼사도(三士道)의 차제에 안배해서 실천하는 수행결(修行訣)의 교전이 『보리도등론』인 까닭에, ‘그 저자가 이 도차제의 전편에서 무릇 논설하고자 하는 이 교계의 저자인 셈이라는 뜻이다.’라고 아꺄용진(Akyā yoṅs ḥdzin)이라 부르는 양짼·가외로되(dByaṅs can dGaḥ baḥi blo gros)가 설했다.”라고 하였다. 위의 같은 책, p.69.

*KAMALAŚĪLA*의 발간사에서 『보리도등론』을 평하길, "견줄 바 없이 고귀한 스승이신 아띠쌰 존자가 티베트에서 『보리도등론』을 저술한 뒤 인도에 보냈을 때, 인도의 석학들이 한결같이 말하길, '만약 아띠쌰께서 티베트에 가시지 않았다면, 여래의 모든 경론의 심요를 가려 모으되, 문장이 간결하고 이해가 쉬운 이와 같은 논서는 인도 땅에서는 저술하기가 어려웠을 것이다.'라고 하였다."[111]라고 하였듯이, 만약 아띠쌰 존자께서 티베트에 오시지 않았다면, 삼장(三藏)의 정수를 삼사도의 차제로 이해하여 대소승의 모든 경전 가운데 단 하나의 구절도 버림이 없이 한 중생의 성불하는 도(道)의 지분으로 전용하는 최상의 우빠데쌰인 『보리도등론』과 같은 논서 자체를 저술할 의향조차 내기 어려운 것이 자명한 것이다.

그러므로 뒷날 쫑카빠 대사도 『람림첸모(菩提道次第廣論)』를 저술하면서 『보리도등론』의 위대성을 말하길, "모든 불법을 모순 없이 깨달음과 경전의 말씀들이 하나도 남김없이 성불의 우빠데쌰(敎誡)로 출현함과 붓다의 의취(意趣)를 어려움 없이 얻음과 죄행의 험한 절벽으로부터 지켜주는 [네 가지의 위대한 점이 있다.]"라고 찬양한 것이다.

끝으로 이 네 가지 위대한 점에 대해서 좀 더 설명하면서 『보리도등론』의 해제를 마무리하고자 한다. 근래에 『보리도등론』의 다수의 판본을 비교·정리하여 교정본을 출간한 로쌍노르부 샤스뜨리(Lobsang Norbu Shastri)는 그의 『보디빠타쁘라디빠(BODHIPATHAPRADĪPAḤ, 菩提道

---

111 Restored, translated & edited by Losang Norbu Shastri, *BHĀVANĀKRAMAḤ OF ĀCĀRYA KAMALAŚĪLA*, pp. i ~ ii, 제2판 간행사(刊行辭), 1994. Central Institute of Higher Tibetan Studies, Sarnath, Varanasi, India.

燈論)』에서 『보리도등론』의 위대성을 다음과 같이 논술하였다.

"이 『보리도등론』은 절륜무비(絶倫無比)하신 아띠쌰 존자의 모든 저술 가운데 뿌리와 같은 것이다. 이 가운데서 한 보특가라(人)가 성불하는 차제를 삼사도의 수행차제에 거두어서 제시하고, 현밀의 수행도(修行道)를 전부 논설의 대상으로 삼고 있다. 그 또한 ① 죽음과 무상(無常)을 사유해서 가만(暇滿)의 사람 몸에서 해탈의 정수를 취하도록 권유하고, ② 이생의 집착에서 마음이 돌아서지 못하면 불법을 닦는 대열에 들어오지 못하고, ③ 오온(五蘊) 등을 실재하는 것으로 집착하면 해탈하지 못하고, ④ 타인의 이익을 이루려고 하는 뛰어난 의요(意樂)가 마음에서 일어나지 않으면 대승의 길에 들어가지 못하고, ⑤ 대승의 길 또한 방편과 반야를 분리해서 공성만을 닦는 것으로는 또한 성불하지 못하는 도리에 이르기까지의 도(道)의 차제를 완전하게 설함으로써, 논설코자 하는 소전(所詮)을 완전하게 갖추고, ⑥ 그 전체를 수행의 차제로 잘 묶어놓아서 실천하기가 수월하고, ⑦ 대승의 아사리인 나가르주나(龍樹)의 부자(父子)와 아쌍가(無着)과 바쑤반두(世親) 형제의 비공통의 교설을 오롯이 드러냄으로써, 다른 학설에 비해서 매우 뛰어난 것이니, 요약하면, 이 논서는 다음의 네 가지의 위대한 점을 통해서 크게 뛰어난 것이다.

첫째, 이 우빠데쌰(敎誡)에 의지함으로써 여래께서 허다한 교화대상들의 이익을 위해서 현밀과 갖가지 수레 등에서 설한 미요의(未了義)와 요의(了義)의 모든 교설 일체를 직접 또는 간접적으로 일부는 도(道)의 핵심으로 삼고, 일부는 도의 지분으로 삼는 등의 한 중생의 성불방편으로 분명하게 이해하는 확신을 쉽게 가지게 함으로써, 모든 불법을 모순 없이 깨닫게 하는 위대함이다.

둘째, 붓다의 교법인 현밀의 경전과 논전들에서 단 하나의 글자도 버리지 않는 것에서부터 수행의 첫 단계인 선지식을 사사하는 도리에서 시작하여 사마타(止)와 위빠사나(觀)에 이르기까지의 각각의 도차제를 곧바로 실천할 수 있는 차제로 묶어놓아 째곰(dPyad sgom, 觀修)과 족곰(ḥJog sgom, 住修)[112]의 요체를 완전하게 이해하게 만들어 줌으로써, 모든 경문이 우빠데샤로 출현하게 만드는 위대함이다.

셋째, 그 도리에 의지해서 여래의 구경의 의도인 해탈과 일체지자로 향하는 도차제의 본질과 순서, 수목(數目) 등을 쉽게 알게 함으로써, 붓다의 의취를 어려움 없이 얻게 만드는 위대함이다.

넷째, 그와 같이 대소승과 요의와 미요의의 경전들에 대하여 좋고 나쁜 생각들을 가지는 법을 유기하는 죄행과 또한 삼사(三士)의 수행도의 같지 않은 점들을 바르게 인식하게 함으로써, 모든 죄행을 간접적으로 물리침으로써 법을 버리는 큰 죄행이 저절로 없어지게 하는 위대함이다."[113]

112 째곰(dPyad sgom, 觀修)과 족곰(ḥJog sgom, 住修)은 티베트불교에서 사용하는 용어이다. 째곰(觀修)은 위빠사나(觀)와 같은 뜻으로 제법의 실상(實相)을 분석하는 것이고, 족곰(住修)은 사마타(止)와 같은 뜻으로 어떤 대상에 마음을 일념으로 머물게 하는 것을 말한다.

113 *BODHIPATHAPRADĪPAḤ*(菩提道燈論), 「해제(解題)」, pp. xxxvii~xii.

제 2 부

『보리도등론』 역해

1
장

들어가는 말

"지나(Jinaḥ, 勝者)의 모든 성언(聖言)의 요체를 집성하고, [용수보살과 무착보살의] 두 가지 대승 견해의 정점이자, 길상연등지(吉祥燃燈智)의 심수(心髓)를 뽑아서 만든, 위대한 논전인 『보리도등론(菩提道燈論)』을 설하고자 한다.

[천상과 지상과 지하의] 삼세간(三世間)의 유일한 등불이자, 능인(能仁)의 모든 성언(聖言)의 요체를 거두어 모음이자, [중관과 유식학파의] 두 대승의 심오하고 광대한 궤도이고, [심견(深見)과 광행(廣行)과 가지(加持)의] 삼대전승(三大傳承)[1]의 불법의 강물이 하나로 조화된 구결이며, 증상생(增上生)과 결정승(決定勝)[2]의 큰 길이자, 모든 경론(經論)의 [심오한 의취를] 여는 열쇠이자, 인도와 티베트의 모든 지자들이 가신 바른 길이자, 상·중·하의 삼사(三士)가 닦아야 할 바를 빠짐없이 설해 보인 논전인 『보리도등

1 [심견(深見)과 광행(廣行)과 가지(加持)의] 삼대전승(三大傳承)은 옛날 인도에서 유행하였던 대승불교의 세 가지의 전승으로 문수보살에서 용수보살로 이어지는 심관전승(深觀傳承)과 미륵보살에서 무착보살로 이어지는 광행전승(廣行傳承)과 문수보살에서 적천보살로 이어지는 가지전승(加持傳承) 또는 지금강불에서 띨로빠로 전승되는 밀교의 가지전승(加持傳承)을 말한다. 이것은 또한 아띠쌰(Atiśa) 존자의 교증(敎證)의 법통이자 그의 가르침의 특색이기도 하다.

2 증상생(增上生)과 결정승(決定勝)의 둘은 불교를 수행해서 얻는 두 가지의 선과(善果)이다. 증상생은 윤회세계에서 얻는 세간의 선한 과보이고, 결정승은 출세간의 선한 과보이다. 증상생(增上生, mṄon mtho)은 범어 아부유다야(Abhyudayaḥ)와 티베트어 응왼토(mṄon mtho)의 번역으로 직역하면 현고(現高)의 뜻이다. 이것은 곧 선취(善趣)인 인간세계나 천계(天界)에 태어나서 부귀와 권세를 누림을 뜻한다. 다시 말해, 『다조르밤뽀니빠(聲明要領二卷)』에서, "아부유다야(Abhyudayaḥ)라고 함은 하늘과 인간 등의 높은 지위와 권세를 얻은 이름이다."라고 하였으며, 『보만론석(寶鬘論釋)』에서, "여기서 증상생은 안락이니, 하늘과 인간의 심속(心續)에 귀속되는 온갖 종류의 안락과 평사(平捨)이다."라고 설함과 같다. 결정승(決定勝, Ṅes par legs pa)은 결정선(決定善)을 뜻하는 범어 니쓰레야싸(Niḥśreyasaḥ)와 티베트어 응에빠렉빠(Ṅes par legs pa)의 번역으로 열반과 해탈과 일체지자(一切智者)의 경지를 뜻하는 성문과 연각과 보살이 얻는 세 보리(菩提)의 선과(善果)이다. 『다조르밤뽀니빠(聲明要領二卷)』에서, "니쓰레야싸(Niḥśreyasaḥ)는 해탈과 열반의 이름이자, 말과 결부하면 결정승이라 한다."라고 하였다.

론』 그것이 여기서 설하고자 하는 법이다."라고 4대 빤첸라마·로쌍최끼 갤챈(善慧法幢)의 『보리도등론석승소희연(菩提道燈論釋勝笑喜宴)』에서 설하였듯이, 이 『보리도등론』을 해설함에는 셋이 있으니, 곧 책 이름의 뜻과 번역례(飜譯禮)와 본문의 뜻이다.

그러나 보통 티베트에서 논전을 주해할 때 그 논전의 신뢰성을 확고히 하기 위해서 인도 비끄라마씰라(Vikramaśīla, 戒香寺)[3]의 전통을 따르는 관례가 있다. 바로 법의 연원이 청정함을 선양하기 위해서 지은이의 위대함을 밝힘과 그 가르침에 존경심을 품도록 하기 위해서 법의 위대함을 밝힘과 그 두 가지의 위대함을 지닌 법의 강설과 청문을 어떻게 할 것인가 하는 셋을 밝히는 전통이다. 선례에 따라서 그것을 간략히 소개하면, 잠괸·로되타얘(無邊慧)의 『보리도등론정해(菩提道燈論精解)』에서 다음과 같이 설하였다.

"첫째는 이 논전의 저자의 위대함이니, 현겁(賢劫)[4]의 보살의 마

3 비끄라마씰라(Vikramaśila, 戒香寺)는 역경사 빠찹·출팀갤챈(Pa tshab Tshul khrim rgal mtshan, 12세기)이 쓴 『정법염처경(正法念處經)』의 발문에 의하면, 빨라왕조(Pāla, 685~1166)의 2대 왕인 데와빨라왕(Debapāla, 730~777)에 의해서 마가다(Magadha) 갠지스(Gangges)의 강변에 세워졌다고 하였다. 이 승원은 나란다(Nālanda, 施無厭寺) 승원과 함께 밀교의 중심지로 번영하다가, 1203년 바끄띠야르 깔지(Baktyar Khalji)가 이끄는 이슬람군대에 의해서 완전히 파괴되었다. 역사적으로 이 대승원은 인도의 위대한 빤디따(Paṇḍita, 智者)와 성취자들이 주석하였으니, 예를 들면, 아사리 하리바드라(Haribhadra, 獅子賢)의 제자 붓다즈냐나빠다(Buddhajñānapāda, 佛智足) 등의 밀교의 수많은 성취자들과 육문(六門)을 수호하는 빤디따(智者)들과 아띠쌰(Atīśa, 982~1054) 존자와 투쟁견고(鬪爭堅固) 시대의 제2의 붓다로 알려진 아사리 아바야까라굽따(Abhayākaragupta)와 아사리 싸꺄쓰리바드라(Śākyaśribhadra, 1127~1225) 등등이 차례로 출현하면서 현밀을 겸수하는 종풍을 크게 선양하였다.

4 현겁(賢劫)은 현겁(現劫)이라고도 하며, 현재 우리들이 살고 있는 [머무는 겁인] 주겁(住劫)의 다른 이름이다. 현재의 주겁(住劫)을 현겁(賢劫) 또는 광명겁(光明劫) 등으로 부르는 이

음의 바람과 같이 오늘날 인도의 동쪽 벵골 지역의 큰 왕가에 탄생한 뒤, 삼장(三藏)을 배워 통달한 교법(教法)의 공덕과 그것을 법답게 수습하여 얻은 증법(證法)의 공덕 일체를 얻은 뒤에, 붓다가야의 대보리사(大菩提寺)에서 이교도의 삿된 교설을 세 차례에 걸쳐서 파사현정(破邪顯正) 하는 등의 인도와 티베트에서 여래의 성교(聖教)를 크게 현양하신 일과 특별히 티베트 땅에 오셔서 심오하고 광대한 법륜을 널리 굴리시고, 특히 이 논전을 저술하는 등의 방법을 통해서 쇠락한 여래의 교법을 새로이 수립하고, 그 전통이 조금이라도 남아 있는 것들을 다시 회복시킴으로써, 모든 이들을 증상생과 결정승의 길로 직간접적으로 인도하신 분이 바로 위대한 빤디따(Paṇḍita)이자 대은인(大恩人)이신 길상하신 아띠샤(Atiśa) 존자이다. 낙초(Nag tsho) 로짜와(譯經僧)의 『팔십찬(八十讚, sTod pa brgyad cu pa)』에서, '대은인께서 티베트에 오시지 않았다면 우리 모두는 눈먼 장님처럼 되었고, 지혜가 만개한 당신께서 오심으로써 티베트 땅에 지혜의 태양이 떠올랐다.'라고 함과

유는 『비화경(悲華經)』에서, "이 겁에서 1천 명의 부처님이 차례로 출현함으로써 현겁 또는 광명겁이라 한다."고 설한 데서 기인한다. 이 주겁에서 부처님들이 출현하는 시기는 겁초(劫初)의 인간들의 수명이 무량수에서 8만 세로 감소한 뒤, 4만 세에 구류손불(拘留孫佛)로 음역하는 끄라꾸찬다(Krakuchanda, 滅累佛) 부처님이, 3만 세에 구나함모니불(俱那含牟尼佛)로 음역하는 까나까무니(Kanakamuni, 金寂佛) 부처님이, 2만 세에 가섭불(迦葉佛)로 음역하는 까쌰빠(Kāśyapa, 燃燈佛) 부처님이, 인간의 수명 100세에 석가모니불이 출현한 뒤, 다시 수명이 증가하여 8만 세가 될 때 마이뜨레야(彌勒佛) 부처님이 출현한다. 이와 같이 중겁이 18번 돈 끝에 현겁천불(賢劫千佛)의 마지막 부처님인 선관불(善觀佛)이 출현함과 동시에 말한 겁이 시작한다고 논에서 설하고 있다. 그러므로 석가세존은 현겁의 네 번째 부처님이 되는 셈이다. 또한 주겁(住劫)은 1대겁(大劫)으로 구성되고, 1대겁은 처음의 초한겁(初限劫, 겁초장시劫初長時)과 중간의 18중겁(中劫)과 마지막의 말한겁(末限劫, 최후중겁最後中劫)을 합한 20중겁(中劫)으로 구성된다.

같다.

둘째는 법의 위대함이니, [천상과 지상과 지하의] 세 세간을 밝히는 유일한 등불이자, 능인(能仁)의 모든 성언(聖言)의 요체를 거두어 모음이며, 두 가지 대승의 궤도이고, 세 전승의 불법의 강물이 하나로 조화된 구결이자, 증상생과 결정승의 큰 길이며, 모든 경론(經論)을 여는 열쇠이고, 인도와 티베트의 모든 지자들이 가신 바른 길이자, 상·중·하의 삼사(三士)가 닦아야 할 바를 남김없이 설해 보인 논전을 『보리도등론』이라 부르니, 현밀(顯密)의 모든 요체를 집성함으로써 말하고자 하는 바를 완전하게 갖추고, 중생을 교화하는 차제를 핵심으로 설해 보임으로써 수지하기 수월하고, 두 대승의 교의에 정통한 [용수보살과 무착보살의] 두 스승님의 가르침으로 장식함으로써 여타의 학설에 비해서 매우 뛰어나기 때문에 위대한 것이다.

셋째는 두 가지의 위대함을 지닌 법의 강설과 청문을 행하는 도리이니, 법을 듣는 자세와 법을 강설하는 도리와 끝으로 공통적으로 어떻게 마무리하는가 하는 법들이다. 자세한 것은 보리도차제(菩提道次第論)를 밝힌 많은 교도서(教導書)에서 설명한 바와 같이 알도록 하라."

위에서 언급하였듯이, 이 『보리도등론』은 곧 책 이름의 뜻과 번역례(飜譯禮)와 본문의 뜻 세 부분으로 이루어져 있다. 그 각각의 의미에 대해서는 이어서 해설한다.

2
장

책 이름의 뜻

◎ 범어로 보디빠타쁘라디빰(Bodhipāthapradīpaṃ)은
티베트어로 장춥람기된마(Byaṅ chub lam gyi sgron ma)이며,
우리말로는 [보리의 길을 환히 밝히는 빛나는 등불을 뜻하는]
『보리도등론(菩提道燈論)』이다.

여기서 글자의 의미를 풀이하면, 범어 보디(Bodhi)와 티베트어 장춥(Byaṅ chub)은 깨달음(覺)을 뜻하는 보리(菩提)이며, 빠타(Pātha)와 람(Lam)은 길을 뜻하는 도(道)이고, 쁘라디빰(Pradīpaṃ)과 된마(sGron ma)는 등불이라는 뜻이다. 논(論)은 범어 쌰쓰뜨라(Śāstra)와 티베트어 땐쬐(bsTan bcos)의 번역으로, 본래 책명(冊名)에는 없으나 저자가 붙여서 존경을 표한 것이다. 본디 논(論) 또는 논전(論典)이라는 말에는 아사리가 제자에게 법을 강설하여 제자의 심사(心思)를 고쳐서 바로 잡는다는 뜻이 들어 있기 때문이다. 『아비달마구사론 1』(권오민 역주)에서, "참다운 스승께 예배하고서 무엇을 하고자 함인가? '나는 이제 마땅히 대법장론(對法藏論)을 설하리라.' 이는 즉 학도들을 가르치고 타이르는 것이기 때문에 논(論, Śāstra)[5]이라고 칭한 것이다."라고 함과 같다.

또한 『보리도등론』이라는 명칭의 심오한 뜻을 4대 빤첸라마의 『보리도등론석승소희연(菩提道燈論釋勝笑喜宴)』에서 다음과 같이 해설하였다.

---

5 논(論, Śāstra)은 범어 쌰쓰뜨라(Śāstra) 또는 쌰쓰뜨람(Śāstraṃ)과 티베트어 땐쬐(bsTan bcos)의 번역이니, 그것의 말뜻은 '아사리가 법을 설해 보인(bstan) 뒤, 제자의 심사(心思)를 바로 잡음(bcos)이다.'라고 함이다. 여기서 바로 잡음의 쬐빠(bCos pa)는 개정(改正, ḥChos pa)과 구호(救護, sKyob pa)의 두 의미를 지님으로써 이 둘을 땐쬐(bsTan bcos, 論)의 공덕이라 말한다. 그러므로 『중론정리대해(中論正理大海, dBu maḥi rnam bśad rigs paḥi rgya mthso)』에서, "번뇌의 적들을 남김없이 바로잡고, 악취와 윤회에서 구호하는 어떤 그것이 개정과 구호의 공덕인 까닭에 땐쬐(bsTan bcos, 論)이다."라고 하였다.

"논전의 이름을 설명하면, 이 논전이란 유법(有法, Chos can)[6], 그대를 『보리도등론』이라 부르니, 단덕(斷德)과 증덕(證德)의 자체인 붓다의 지혜가 보리이고, 그곳으로 가는 십지(十地) 또는 오도(五道)의 본질을 환히 밝히고, 그것들을 깨닫지 못함과 전도되게 깨달음과 의심의 어두움을 남김없이 없애버리는 논전임으로써 그와 같이 말하기 때문이다.

붓다의 지혜라는 유법, 그대를 보리라고 부르니, [번뇌와 소지의] 두 가지 장애가 남김없이 정화되고, 진소유(盡所有)와 여소유(如所有)의 모든 법들을 남김없이 통달[7]하기 때문이다. 선지식 돔뙨빠(ḥBrom ston pa)[8]께서, '티베트 말로는 청정성취(淸淨成就, Byaṅ

---

6 유법(有法, Chos can)에는 세 가지의 의미가 있으니, ① 인명용어인 유법(有法), ② 선례와 관습, ③ 모든 사물의 뜻이 그것이다. 여기서 인명용어인 유법(有法)은 전술(前述)과 전구(前句) 등에 해당하는 주어로서 증인(證因)과 종법(宗法)의 둘이 함께 의존하는 근거인 소의(所依)가 된다. 예를 들면, "소리는 무상(無常)하다. 소작성(所作性)이기 때문이다."라고 하는 경우, 주어인 소리에 종법(宗法)인 무상함과 증인(證因)인 소작성의 둘이 포함됨으로써 소리가 유법이 된다.

7 '진소유(盡所有)와 여소유(如所有)의 모든 법들을 남김없이 통달함'이란, ① 진소유(盡所有)인 모든 법들인 세속의 일체법의 차별상인 연기(緣起)를 여실하게 아는 지혜를 말하고, ② 여소유(如所有)인 제법의 실상(實相)인 승의(勝義)와 진여(眞如)의 공성을 여실하게 아는 지혜를 말한다.

8 선지식 돔뙨빠(ḥBrom ston pa)의 본명은 걜왜중내(rGyal baḥi ḥbyuṅ gnas, 勝者源, 1004~1064)이며, 아띠쌰 존자의 수제자로 까담빠(bKaḥ gdams pa, 敎誡派)의 개조이기도 하다. 그는 중앙 티베트의 뙤룽(sTod luṅ)에서 출생한 뒤 어려서 어머니를 잃고 19살 때 티베트 동부의 캄(Kham) 지방으로 가서 선지식 쎄쭌(Se btsun)을 모시고 중관을 비롯한 구밀(舊密) 등을 배웠다. 그 당시 그곳에 와있던 인도의 빤디따(Paṇḍita) 쓰므르띠즈냐나끼르띠(Smṛtijñānakīrti, 念智稱)로부터 범어를 배워서 역경사(譯經師)가 되었다. 아띠쌰를 만나기 위해서 서부 응아리(mṄaḥ ri) 지방으로 출발하여 네팔과 접경 마을에서 그를 처음 만났으며, 그때부터 입적할 때까지 시봉하였다. 티베트의 여러 역사서에 따르면 선지식 돔뙨빠가 처음 아띠쌰 존자를 만났던 때는 그가 42세가 되던 1045년이었다. 그때는 이미 아띠쌰 존자께서 구게(Gu ge) 왕국에서 3년 동안에 걸쳐서 『보리도등론』과 『난처석』의 법문 등을

grub)[9]가 된다.'라고 말했다.

십지(十地) 또는 오도(五道)라는 유법, 그대를 도(道)라고 부르니, 대보리로 나아가게 하는 궤도이기 때문이다. 의미는 '삼세의 제불이 가신 유일한 길을 환히 밝힌다.'고 하는 정언(定言)이다. 아띠쌰 존자께서, '일체법의 의미를 이름으로 붙인 것이다.'라고 설함과 같다."

또한 이와 같이 논전을 번역하는 첫머리에 범어(梵語)를 시설한 것은 법의 연원이 청정함을 인식하게 하고, 과거의 아사리(軌範師)와 법왕과 대신과 역경승(譯經僧) 등에 대하여 법의 은혜를 알게 하고, 은혜를 갚으려는 마음을 낳게 하고, 범어에 대한 경모하는 마음을 일으키도록 하기 위

마치고 네팔로 돌아가던 시기였으며, 만난 장소는 국경지방에 병란이 발생해서 잠시 머물렀던 접경도시 뿌렝갸싱(Pu hreṅs gya shiṅ)이었다. 조오제(大恩人)께서 입적하신 뒤 서기 1056년에 까담의 본사인 라뎅(Rva sreṅ) 사원을 건립하고, 문하에 선지식 뽀또와(Po to ba)와 쨴응아와(sPyan sṅa ba)와 푸충와(Phu chuṅ ba)의 세 동문형제를 배출하여 까담의 교법을 티베트 전역에 전파하였다, 그의 저술로는 『조오제삼십찬(大恩人三十讚, Jo bo rjeḥi bstod pa sum cu pa)』과 『수심팔좌(修心八座, Blo sbyoṅ thun brgyad ma)』와 『팔천송반야경대소(八千頌般若經大疏)』 등이 있다.

9 청정성취(淸淨成就, Byaṅ grub)의 뜻을 걜찹·닥빠된둡(普稱義成)의 『보리도등론제호석(菩提道燈論醍醐釋)』에서, "선지식 돔뙨빠(ḥBrom ston pa)께서, '우리말로 「보리(菩提, Byaṅ chub)」라고 할지라도 「청정성취(淸淨成就, Byaṅ grub)」라는 의미로 다가온다. 청정(淸淨, Byaṅ ba)은 진여(眞如)의 자성이 청정함이니, 그것을 오도(五道)로 닦아 이룸으로써 객진(客塵)의 더러움의 일체를 벗어난 뒤, 자기와 어떤 이가 그것을 점차로 성취하는 뜻이다.'라고 설하였으니, 그 길은 오도(五道) 또는 부처님이 설하신 모든 법들이다. 부처님께서, '내가 세상에 온 것은 단지 선취(善趣)에 가는 목적이 아니라 해탈을 위한 것이다. 그 또한 하열한 뜻을 위해서가 아니라 최상의 뜻을 위해서이다.'라고 하였다."고 하였다.

또한 여기서 보리(菩提, Byaṅ chub)를 보통 결과를 뜻하는 붓다의 깨달음(覺)으로 옮기지만 정확히는 번뇌와 소지의 두 장애가 소멸되어 청정함인 장(Byaṅ ba)과 진여를 통달하여 여소유(如所有)와 진소유(盡所有)의 두 지혜가 원만함인 춥(Chub pa)이 결합된 용어임을 아는 것이 필요하다.

한 것이라고 말하였다. 특히 법은(法恩)의 깊고 중함을 인식해서 그 은혜를 갚고자 애쓰는 것이 중요하니, 『욱가장자청문경(旭伽長者請問經)』에서, "어떤 사람으로부터 육바라밀을 설하는 게송 하나를 들은 뒤, 그 사람에게 있는 모든 글자 수만큼의 겁(劫) 동안에 세간의 편리한 물품들로 공경할지라도 또한 그의 은혜에 미치지 못한다. 왜냐하면 [물품들] 그것은 기만의 법임에 비해서 전자는 설한 자의 생각이 어떠하든지 간에, [육바라밀을] 들은 그것이 어느 때 법계를 깨우치는 원인이 되니, 법계의 원인과 동분이기 때문이다."라고 설함과 같이, 경문을 번역하고 또한 그것을 강설해서 법의 인연을 맺어주고, 수행의 길로 안내해서 해탈의 길로 나아가게 하는 것은 더 말할 필요가 없는 것이다.

3
장

번역례

◎ 성문수사리동자보살(聖文殊師利童子菩薩)님께 예배하옵니다.

로짜와(譯經僧) 마·게왜로되(rMa dGe baḥi blo gros, 善慧)[10]는 번역을 개시하기 전에 먼저 문수사리동자보살님께 번역의 배례를 올렸다. 이는 이 논서가 일반적으로 모든 경전에 대한 해설서에 해당하는 관계로 무엇보다도, 대승을 증득하고 번역에 장애가 없고 오류가 없이 잘 마무리할 수 있도록 문수보살님께 가호를 청하는 목적으로 글머리에 안치한 것으로 알려졌다.

이와 같은 번역례(飜譯禮)가 티베트에 자리 잡게 된 연유와 과정을 소개하면, 갤찹·닥빠된둡(普稱義成)의 『보리도등론제호석(菩提道燈論醍醐釋)』에서는 선지식 싸라와(Śa ra ba)의 논설을 인용하여 다음과 같이 밝혔다.

> "처음에는 인도의 필경사(筆耕士)와 동일하게 자기가 신봉하는 어떤 대상에 예배를 하였으나, 뒷날 법왕 티랠빠짼(Khri ral pa can)[11]의 재위 때에 경전의 주석과 논전들에 대해서 그 전적의 주

---

10 마·게왜로되(rMa dGe baḥi blo gros, 善慧)는 대역경승 린첸쌍뽀(Rin chen bzaṅ po, 寶賢, 958~1055)의 제자이니, 『까담최중쎌된(噶當派源流)』에서, "대역경승 [린첸쌍뽀]의 다섯 명의 총명한 어린 제자 가운데 둘은 카체(Kha che : 까시미르)에 도착해서 열병으로 병사하고, 남은 셋이 마·게왜로되(善慧)와 망에르·로짜와·장춥쩨모(Maṅ wer lo tsā ba Byaṅ chub rtse mo)와 장·로짜와·린첸슈누(lJaṅ lo tsā ba Rin chen ghon nu)였다. 처음 대역경승 아래서 학습하여 정통하였으며, 조오제(Jo bo rje, 大恩人)에게 법을 청문하고, 장시간 사사하였다. 『보리도등론』 등을 비롯하여 많은 전적을 번역하였다."라고 하였듯이, 그는 뛰어난 역경사로 많은 범어의 전적들을 티베트어로 번역한 업적을 남겼다.

11 법왕 티랠빠짼(Khri ral pa can, 806~836)은 법왕 쌔나렉징왼(Sad na legs mjiṅ yon)의 셋째 아들이다. 806년에 탄생해서 12살에 왕위에 올라 836년에 서거한 티베트왕조의 제41대 왕

제와 일치하게 예배하도록 제정함으로써, 로짜와(譯經僧)의 번역례도 또한 그와 같이 하도록 정하였다.

첫째, 율경(律經)을 번역할 때는 '일체지자(一切智者)에게 예배하옵니다.'로 정하였다.

둘째, 소승의 경전을 번역할 때는 '삼보(三寶)님께 예배하옵니다.'로 정하였다.

셋째, 대승의 경전 또는 논전을 번역할 때는 '제불보살님께 예배하옵니다.'로 정하였다.

넷째, 윤회의 고통과 쇠락을 설해 보인 경전 또는 논전을 번역할 때는 '관자재보살님께 예배하옵니다.'로 정하였다.

다섯째, 대법장(對法藏 : 論典)을 번역할 때는 '세존문수사리보살님께 예배하옵니다.'로 정하였다.

여섯째, 밀전(密典)을 번역할 때는 '금강수보살님께 예배하옵니다.'로 정하였다.

여기서 [그렇게 제정한 이유를 말하면] 첫째의 경우이니, 계율의 학처(學處)를 제정하는 그것은 오로지 일체지자만이 행하는 경계로써 달리 그 어떤 대논사(大論師)와 성문과 보살의 행할 바 경계가 아

이다. 재위 기간에 당나라와 화친을 도모해서 822년에 당번회맹비(唐蕃會盟碑)를 건립하고, 원만한 역경사업을 위해서 번역조례에 해당하는 역례삼조(譯例三條, bKaḥ bcad rnam gsum)를 제정하고, 인도에서 많은 아사리들을 초청하여 범어전적들을 번역해서 티베트불교를 진흥시켰다. 후세의 역사서에서 법왕 쏭짼감뽀(Soṅ btsan sgam po)와 법왕 티쏭데짼(Khri sroṅ lde btsan)과 함께 법왕조손삼대(法王祖孫三代)라 추앙한다. 참고로 역례삼조는 첫째, 티베트에서는 설일체유부 이외의 다른 승단은 건립하지 못하며, 그들의 율부(律部)도 번역하지 못한다. 둘째, 무상유가(無相瑜伽)의 모속(母續)에 속하는 경전들은 번역하지 못한다. 셋째, 도량제도(度量制度)는 인도 마가다 국의 도량을 표준으로 한다고 제정하였다.

님을 알게 하기 위한 목적이다.

둘째이니, 법이 근본이고, 부처님께서 설하시고, 승가에게 필수이기 때문이다.

셋째이니, 부처님께서 설하시고, 승가에게 필수이기 때문이다.

넷째이니, 사물에 대해 모든 부처님의 대비가 평등할지라도 또한 명성에 의지해서 그가 대비자(大悲者)로 알려지고, 대비의 대상이 고통임을 알게 하기 위한 목적이다.

다섯째이니, 사물에 대해 모든 부처님의 반야가 평등할지라도 또한 그가 지자(智者)로 알려지고, 대법(對法)은 유루(有漏)의 반야와 무루(無漏)의 반야의 둘의 자성임으로써 그와 같이 한 것이다.

여섯째이니, '밀전(密典)은 비밀주(秘密主)에게 예배하옵니다.'라고 함은 법에 허물이 있지 않음에 의해서 지혜가 부족한 하열한 자에게 대비의 방편으로 비밀로 부치고, 말씀대로 학습함이 마땅함을 알게 하기 위한 목적이다. (중략)

그러면 여기서 문수사리보살에게 정례함으로써, '이 책이 대법장(對法藏 : 論典)에 속하는 것이 아닌가?'라고 하면, 전적으로 속하는 것이니, '이 책 또한 법을 결택하는 논전이므로 대법장이다.'라고 한다. 증상생(增上生)과 결정승(決定勝)의 두 도(道)와 결정승의 삼승(三乘)과 대승의 바라밀다와 밀주(密呪)의 두 도리를 결택함으로써 그렇다고 말한다."

여기서 제불보살님의 지혜를 대표하는 성문수사리동자보살님의 본질을 문수보살님의 예찬게(禮讚偈)에서 다음과 같이 밝혔다.

"미려한 동자의 몸을 지니시고
지혜의 등불을 찬란히 밝히시어,
삼세간의 [무지의] 어둠을 없애는
문수사리보살님께 예배하옵니다."

위의 게송과 같이 성문수보살님은 제불여래의 지혜를 하나로 모은 지혜의 본존이시니, 곧 제불의 지신(智身)이다. 이 뜻을 『문수진실명경(文殊眞實名經)』에서, "붓다는 처음도 없고 끝도 없으며, 본초불(本初佛)은 원인 또한 없으며, 오직 정결한 지혜의 눈 하나이니, 그것이 지혜의 몸(智身)이며, 여래이시다."(제100송)라고 찬양함과 같다.

이와 같은 문수보살의 심오한 본질을 좀 더 설명하면, 롱쏨 빤디따·최쌍(Roṅ zom Paṇḍita chos bzaṅ, 法賢)은 『문수진실명석삼상론(文殊眞實名釋三相論)』에서 다음과 같이 변석하였다.

"아르야만주쓰리(聖文殊師利)의 자기의 본질은 어떤 것이며, 그의 이름은 또한 무엇과 무엇들이며, 그 또한 여실하게 칭송함이란, 어떻게 낭송하는 것인가 하면 다음과 같다.

1) 여기서 성문수사리(聖文殊師利)는 [그 본질이] 무이지(無二智)이니, 그것은 모든 삼세제불의 지혜의 자성이며, 보리심의 본질이며, 일체법의 법성과 별개가 아닌 동체이다. 이러한 까닭에 현현의 색신인 보신과 화신의 자성인 지혜의 기반으로 출현한다. 붓다와 보살의 형색들로 대소승의 갖가지 모양으로 널리 출현하는 그 자체들 또한 '성문수사리(聖文殊師利)이다.'라고 주장한다.

묻기를, '제불의 무이지의 자성이 성문수사리라면, 시방삼세의 붓다들의 각각의 각성(覺性)의 지혜들은 하나의 법인가? 아니면 별개인가? 그와 같이 그의 법성과 그의 행위 또한 하나인가? 아니면 별개인가?'라고 하였다.

답하길, '그것은 이와 같이 알도록 하라. 어떤 이의 논리에 의하면, 여래들의 지혜의 심속(心續, 마음의 흐름)은 또한 별개이며, 그의 법성과 그의 행위 역시 별개이다. 그렇지만 사상(四相)의 문을 통해서 동등하니, 그 넷이란 법이 동등하고, 몸이 동등하고, 언설이 동등하고, 지혜가 동등하다고 주장한다.

어떤 이의 논리에 의하면, 지혜는 사람 각각의 심속에서 성립한 까닭에 별개이다. 그의 법성과 그의 행위는 하나로 화합함이니, 별개가 아니라고 주장한다.

어떤 이의 논리에 의하면, 나와 남의 심속으로 구별함은 자아(自我)를 보는 아견(我見)의 습기이며, 그 아견은 착란이니, 그것에 의해서 생기하고 그것의 힘에 의해서 출현한 것은 그와 같이 진실이 아님으로써, 유정의 단계에서도 별개의 심속이 성립되지 않으니, 아견의 결박이 있지 않은 붓다들에게 서로 다른 지혜의 심속이 어떻게 성립하겠는가? 그러므로 제불들은 심속이 별개임과 별개의 심속으로 유정의 이익을 행함과 그와 같이 별개의 모양으로 이익을 행함과 별개의 국토에서 이익을 행함과 별개의 시간에서 유익을 행함이 있지 않음이니, 내지는 대소승의 모든 경전들에서 성문수사리라고 알려짐과 관자재와 금강수라고 함과 석가능인불과 연등불과 미륵불이라 함과 또는 비로자나불과 부동불과 길상보(吉祥寶)라는 등으로 알려지고, 보신과 화신의 몸으로 알려지고, 각자의 교화 대상과 정토와 성불의 모양과 교법과 별시에 대지혜의 기반으로 나타나는 일체들 또한 제불의 무이지(無二智)로 법성을 증득한 힘과 과거의 서원과 대비의 힘에 의해서 선업의 훈습을 지닌 교화 대상의 마음 위에 각각으로 단지 나타남을 구분하는 것밖에는 제불의 분상(分上)에서는 미세한 차별조차 또한 얻지 못한다.'라고 하였다. 그러므로 여기서 성문수사리의 공덕을 낭송하는 이것은, 시방삼세의 모든 붓다들의 공덕을 칭송하는 것임을 알도록 하라고 하였다.

여기서 성문수사리의 몸으로 나타나는 모양에 의거해서 각각의 도리로 알려짐은 이와 같다. 성문(聲聞)의 [모습으로 나타나는] 도리에 의하면, 성문수사리는 보살의 부류에 속하고, 지금 현재도 성도(聖道)를 얻지 못한 범부라고 주장한다. 바라밀승의 공통의 도리에 의하면, 십지(十地)의 자재보살이라 주장한다. 남섬부주에서는 또한 석가세존의 권속이며, 색구경천(色究竟天)에서는 또한 비로자나불을 상수(常隨)하는 제자라고 주장한다. 심오한 쑤뜨라(契經)에 의하면, 이미 과거세에 성불함이나, 보살의 모양으로 머무른다고 주장한다. 밀주(密呪)의 도리에 의하면, 어떤 이는 부족의 주존인 여래의 정수리에서 화현한 화신의 자성인 보살의 모양으로 머무른다고 주장한다. 유가속(瑜伽續)의 도리에 의하면, 어떤 이는 세존 비로자나불의 마음에서 화현한 16명의 화신의 지혜살타 가운데 금강리(金剛利)이니, 문수금강(文殊金剛)이라 주장한다. 대유가속(大瑜伽續)의 도리에 의하면, 어떤 이는 문수지혜살타라고 또한 칭하고, 금강보살이라 또한 칭한다. 그와 같이 금강살타와 꾼뚜쌍뽀(普賢)와 마하쑤카(大樂) 등의 모든 붓다들의 주존과 모든 만다라들의 군주로 또한 설한다. 『문수환망속(文

殊幻網續)』에 의하면, 모든 여래들의 마음에는 문수금강이 머무르니, 그 또한 본초불의 모양과 지혜살타의 모양으로 머무른다고 주장한다. 이것들은 성문수사리의 자성(自性)을 열어 보임이다."

또한 여기서 티베트어로 "장춥쎔빠잠뻴슈누르규르빠(Byaṅ chub sems dpaḥ ḥjam dpal gshon nur gyur pa)"로 옮기는 문수사리동자보살(文殊師利童子菩薩)의 심오한 뜻이니, 구루 빠드마쌈바와(蓮花生)는 그의 『문수진실명경보일월치성등석(文殊眞實名經寶日月熾盛燈釋)』에서 다음과 같이 논설하였다.

"문수(Mañju, 柔和)에는 세 가지 뜻이 있으니, 광대한 속제(俗諦)의 문수와 심오한 승의(勝義)의 문수와 정수(精髓)의 무생(無生)의 문수 셋이다. 광대한 속제의 문수에도 또한 세 가지 뜻이 있으니, 광대한 방편의 문수와 광대한 만다라의 문수와 광대한 몸의 문수 셋이다.

심오한 승의의 문수에도 또한 세 가지 뜻이 있으니, 심오한 자성의 법신과 심오한 본질의 보신과 심오한 대비의 화신 셋이다.

정수의 무생의 문수에도 또한 세 가지 뜻이 있으니, 무생의 문수와 본래청정의 문수와 무사절려(無事絶慮)의 문수 셋이다.

문수는 자통이 없으므로 문수(Mañju, 柔和)이며, 사리(Śrī, 吉祥)는 둘이니, 자증(自證)인 자기의 길상과 대비(大悲)인 타인의 길상이다. 자증인 자기의 길상은 아뢰야(일체의 터전)가 진실로 무생(無生)의 본래청정임을 깨달음이다. 대비인 타인의 길상은 그와 같이 깨닫지 못하는 이들에게 무생의 본래청정의 뜻을 열어 보임이다.

동자(Kumāra)[동진(童眞)]는 [본성이 해맑고 빛나는] 8세 동자의 모습으로 머무름이며, '됨이다(Gyur pa, 되다)'란, 진실무생(眞實無生)의 본래청정을 이룸이다.
또는 '성문수사리동자보살님께'라고 함은, 문수는 셋이니, 자성(自性)인 인위(因位)의 문수와 수도위(修道位)의 문수와 구경의 과위(果位)의 문수이다. 동진은 본성이 정결하고 밝은 동자이다. 됨은 법성모(法性母)의 법계가 됨이다. 께(La)는 소의(所依)의 라(La)와 분리(分離)의 라(La)이다.
정례함은 셋이니, 공통의 예배와 비공통의 예배와 특별한 위없는 예배의 셋으로, 공통의 예배는 이해하기 쉽다. 비공통의 예배는 예배를 소연(所緣)하는 것이니, 분한(忿恨)의 마음을 여읜 의미에 예배를 행함이며, 특별한 위없는 예배(Phyag)는 [번뇌장과 소지장(所知障)과] 모든 습기가 본래 청정함에 예배를, 무생(無生)에다 행함(ḥTshal ba)이니, 무사(無事)이며 사유의 경계를 떠남이다."

4
장

『보리도등론』 강설

제1. 귀경게와 저술의 다짐

본송(本頌)에서 다음과 같이 말하였다.

◎ 삼세의 모든 지나들과 그의 교법과
승가(僧伽)에게 공손히 예배하온 뒤,
현량한 제자 보리광의 간청에 의해
보리도의 등불을 환히 밝히고자 한다. (제1송)

제1송에서는 저술에 들어가기 전에 어디에 절하는가 하는 예경의 대상이 누구인지를 밝힘과 동시에 어떤 원인과 동기에 의해서 저술하게 되었는가를 밝혔으니, 이것을 4대 빤첸라마의 『보리도등론석승소희연(菩提道燈論釋勝笑喜宴)』의 논설을 요약해서 설하면 다음과 같다.

> "선지식 뽀또와(Po to ba)[12]께서 설하길, '앞의 두 구절로 공통의 귀의처를 설하고, 뒤의 두 구절로 논전이 저술된 이유를 서두에 설해 보였다.'라고 하였다. 그러므로 논전을 저술하는 첫머리에 예배의 대상이 달리 있음이니, 시방삼세의 지나(Jinaḥ, 勝者)[13]이니,

---

12 선지식 뽀또와·린첸쌜(Po to ba Rin chen gsal, 寶明, 1027~1105)은 돔뙨빠(ḥBrom ston pa)의 제자로 『입보리행론(入菩提行論)』 등의 까담의 육서(六書)로 대중을 교도함으로써 까담의 경전파(經典派, gShuṅ pa ba)로 알려졌다. 그의 저술로는 『베우붐응왼뽀(Beḥu bum sṅon po, 青色手册)』가 있다.

13 지나(Jinaḥ, 勝者)는 티베트어로 걜와(rGyal ba, 勝者)이며, 여래의 많은 존호들 가운데 하나이다. 말뜻은 "죄악과 불선의 부정한 업들로부터 승리함으로써 승자(勝者)라 한다."고 『다조르밤뽀니빠(聲明要領二卷)』라고 하였듯이, 보통은 번뇌마(煩惱魔)와 오온마(五蘊魔)와

모든 부처님들과 그의 법이니, 삼세의 그 부처님들께서 설하신 법인 십이분교(十二分教)[14]의 교법과 그것을 실천하는 행법(行法)과 그것을 증득한 증법(證法)과 승가인 [성문사과(聲聞四果)를 증득한]

사마(死魔)와 천자마(天子魔)의 넷으로부터 승리함으로써 승자(勝者)라고 칭한다. 또한 비슷한 존호로 구존승(具尊勝)이 있으니, 이것은 범어 비자이(Vijayī)와 티베트어 남빠르걜와응아(rNam par rgyal ba mṅaḥ)의 번역으로 삼계의 번뇌로부터 승리함으로써 그와 같이 부른다. 『잠뻴챈죄(文殊眞實名誦)』의 제48송에서, "승자(勝者, rGyal ba)이며 존승(尊勝, rNam rgyal)이며 승적(勝敵, dGra las rgyal)이시며, 전륜(轉輪)의 대력자(大力者)이시다."라고 함과 같고, 『문수진실명경 역해』(중암 선혜 지음)에서, "모든 제불여래들의 지혜의 몸인 까닭에 타인의 공덕의 복분에 패하지 않음으로써 승자(勝者)이며, 모든 분별로부터 승리함으로써 존승(尊勝)이며, 모든 원적과 사마(邪魔)로부터 승리함으로써 승적(勝敵)이시며," 라고 함과 같다.

14 십이분교(十二分教)는 부처님께서 설하신 모든 성언(聖言)들을 문체와 함의(含義)에 따라 12가지로 구분한 것으로, 줄여서 구분교(九分教)로 설하기도 한다. ① 계경(契經)은 어떤 처소에서 어떤 사람을 위해서 설함으로써 장소와 계합하고, 속제와 진제의 특성을 설함으로써 성상(性相)과 계합하고, 온계처(蘊界處) 등을 설함으로써 법과 계합하고, 심오한 의취를 설함으로써 의리에 계합하는 등의 네 가지 계합을 설함으로써 계경이라 한다. ② 응송(應頌)은 법문의 중간 또는 대부분 마지막에 게구(偈句)를 읊고, 설해진 내용을 함축하여 이끌어주는 것을 응송이라 한다. ③ 기별(記別)은 보살과 성문 등에게 과거와 미래, 현재에 어떻게 되었고, 어떻게 되는가 따위를 기별함으로써 수기(授記)라 한다. ④ 풍송(諷誦)은 산문을 사용하지 않고 단지 사구(四句) 등의 게송으로 법을 설하는 것을 풍송이라 한다. ⑤ 자설(自說)은 불법이 장구한 세월 동안 머물도록 하기 위해서 타인의 간청에 의하지 않고 붓다 스스로 원하여 설한 것을 자설이라 한다. ⑥ 인연(因緣)은 계경과 비나야(律經) 등에서 처음 무엇으로 말미암아 말의 첫머리를 끄집어내서 설함을 인연이라 한다. ⑦ 비유(譬喩)는 듣는 사람들이 이해하지 못하는 의미를 비유를 들어서 명확하게 알도록 열어 보이는 것을 비유라 한다. ⑧ 본사(本事)는 과거에 일어났던 이야기를 거론하여 설함으로써 본사라 한다. ⑨ 본생(本生)은 세존께서 과거세에 보살행을 닦으실 때 어디에서 태어났고 어떤 어떠한 고행과 난행을 행하였는가를 설함으로써 본생이라 한다. ⑩ 방광(方廣)은 크게 널리 설함과 또는 광대한 계경에서 보살지(菩薩地)와 바라밀 등을 광대하게 설함으로써 광설(廣說) 또는 방광이라 한다. ⑪ 미증유(未曾有)는 불보살과 성문과 연각들이 소유한 불가사의하고 희유한 공덕과 정토의 장엄한 모습 등을 설해 보인 법문을 미증유라 한다. ⑫ 논의(論議)는 제법의 자상(自相)과 공상(共相)들을 상세히 설명하여 계경의 뜻을 연설하고 인도하는 논장(論藏)과 같은 택법(擇法)을 논의라 한다.

사쌍팔배(四雙八輩)의 성문[15]과 연각과 보살의 지위에 머무는 보살들이기 때문이다.

부처님을 무변한 공덕의 문을 통해서 찬양하는 법이 있을지라도 또한 여기서는 '지나(勝者)'라고 하는 단덕(斷德)의 문을 통해서 직접 찬양함으로써 증덕(證德)을 또한 더불어 드러내 보임이다. 단증(斷證)[16]을 서로 혼동함이 없기 때문이다.

불세존을 또한 '지나'라 부르니, 원인이 되는 죄악의 법을 파괴하고, 죄악의 결과인 마라와의 싸움에서 승리하였기 때문이다. 계경(契經)에서, '나는 죄악의 법에서 승리하였으니, 유행자(遊行者, Ñer ḥgro)여, 그러므로 나는 승리자이다.'[17]라고 설함과 '마라와의 싸움에서 완전한 승리를 구가하소서!'라고 설하였기 때문이다.

이것으로 공통의 귀의처를 설함과 같이 원인인 [번뇌가 흘러나옴이

---

15 사쌍팔배(四雙八輩)의 성문을 아사리 무착보살(無着菩薩)은 승수념소(僧隨念疏)에서 설하되, "승가 안에는 예류향(豫流向)이 있고, 예류과(豫流果)가 또한 있다. 승가 안에는 일래향(一來向)이 있고, 일래과(一來果)가 또한 있다. 승가 안에는 불환향(不還向)이 있고, 불환과(不還果)가 또한 있다. 승가 안에는 아라한향(阿羅漢向)이 있고, 아라한과(阿羅漢果)가 또한 있다. 그들이 사쌍(四雙)의 보특가라(人)와 팔배(八輩)의 보특가라(人)들이니, 그들이 세존의 성문의 승가이다."라고 함과 같다.

16 단증(斷證, sPaṅs rtogs)은 단덕(斷德)과 증덕(證德)의 둘을 말한다. 단덕은 견도(見道)와 수도(修道)에서 끊는 번뇌장과 소지장과 업장(業障)과 습기장(習氣障)의 일체의 허물을 끊어버린 부처님의 공덕을, 증덕은 제법의 차별상을 모두 아는 진소유지(盡所有智)와 제법의 실상을 여실하게 아는 여소유지(如所有智) 등을 증득한 부처님의 지혜의 공덕을 말한다.

17 이 경구(經句)는 『아함경(阿含經)』에 나오는 것이다. 과거 세존께서 보리수 아래에서 성불하신 뒤, 바라나시로 길을 가는 도중에 외도의 일파인 유행파(遊行派)에 속하는 한 도인을 만났다. 그가 세존에게 묻기를 '그대는 누구이며, 어디로 가는가?'라고 묻자, 세존께서, '죄악과 번뇌들로부터 나는 승리하였다. 유행자(遊行者)여, 그러므로 나는 승리자이다.'라고 하신 말씀을 요약한 것이다.

없는] 무루(無漏)의 도제(道諦)[18]와 결과인 멸제(滅諦)를 핵심으로 삼는 니르바나(涅槃)[19]를 법으로 함이 마땅하니, '능인(能仁)의 삼신(三身)과 열반과 사쌍팔배'라고 나오기 때문이다.

성문의 사쌍팔배 등을 '승가(僧伽)'라고 하니, 귀의처와 착함을 안 뒤 믿음을 얻음으로써 그것을 희구하고 갈라놓음이 불가하기 때문이다. 계경에서, '불·법·승 셋은 백억(百億)의 마라들도 또한, 왜냐하면 갈라놓음이 불가함으로써, 그러므로 승가라고 말한다.' 라고 설하였기 때문이다. '그와 같이 삼세의 부처님과 삼세의 법인 도제와 멸제의 둘과 삼세의 성자 그들 모두에게 정례합니다.' 라고 하였다.

어떤 분인가 하면, 출가한 법왕인 장춥외(Byaṅ chub ḥod, 菩提光)[20]가 인도에서 많은 빤디따(Paṇḍitaḥ, 智者)들을 초빙한 가운데 이 분만이 오직 지비력(智悲力)의 셋이 출중함을 본 뒤, 아띠쌰(Atiśa)라

18 무루(無漏)의 도제(道諦)는 범어로 마르가싸뜨얌(Mārgasatyaṃ)이며, 티베트어로는 람기덴빠(Lam gyi bden pa)이다. 그 도에 의해서 멸진(滅盡)을 추구하거나 또는 표현하거나 또는 소연하거나 또는 얻게 됨으로써 도제라 한다. 곧 자기의 증과(證果)인 적멸을 얻게 하는 길이니, 곧 집(集 : 原因)을 끊어 버리는 대치법으로 무루의 정도를 닦는 것은 마치 양약을 복용하는 것과 같은 것으로 여실하게 붓다의 눈에 비침으로써 도성제(道聖諦)라 한다.

19 멸제(滅諦)를 핵심으로 삼는 니르바나(涅槃)의 멸제는 범어로 니로다싸뜨얌(Nirodhasatyaṃ)이며, 티베트어로는 곡빠이덴빠(ḥGog paḥi bden pa)이다. 멸진(滅盡)을 얻음으로써 모든 번뇌들이 소멸하는 까닭에 멸제라 한다. 곧 자기의 원인인 정도에 의지해서 마땅히 끊어야 할 대상인 집(集 : 原因)과 업과 번뇌들이 영원히 일어나지 않게 하는 것이니, 곧 윤회의 인과가 연속하는 것이 끊어짐이 멸(滅)이다. 이것은 마치 질병이 없는 안락을 얻게 함과 같은 것으로 여실하게 붓다의 눈에 비침으로써 멸성제(滅聖諦)라 한다.

20 장춥외(Byaṅ chub ḥod. 菩提光)는 서부 티베트 응아리(mṄaḥ ri) 지방에 융성했던 구게(Gu ge) 왕국의 출가한 법왕이다. 불법을 파괴한 랑다르마(gLaṅ dar ma) 왕의 8대손으로 1042년에 아띠쌰(Atiśa) 존자를 티베트에 초청해서 티베트불교를 재건하였다.

는 존명[21]을 바친 것으로 명확한 것이다. 그 도리가 어떤 것인가 하면, [아띠쌰 존자께서 불·법·승의 세] 귀의처의 공덕[22]을 본 뒤, 견고한 믿음을 지닌 마음에서 일으킨 몸과 말의 극진한 존경심으로써 행한 것이다. (중략)

그와 같이 절을 하는 것에는 필요성이 있으니, 마라의 장애가 종식되어 저술이 완결됨과 상류인(上流人)[23]의 고결한 품행과 일치하고, 추종하는 우리들에게 실천을 배우도록 하기 위함이기 때문이다. [원문의 접속사] '떼(Te)'는 나머지를 불러옴이니, 그와 같이 '예배하온 뒤[착재떼(Phyag byas te)]'는 '무엇을 하고자 함인가?' 하면, 뛰어난 일을 하고자 함이다. 위없는 보리의 도(道)를 온전하게 밝

---

21 아띠쌰(Atiśa)라는 존명은 범어 아띠쌰(Atiśa) 또는 아띠쌰야(Atiśayaḥ)에서 취한 것이다. ① 탁월(卓越, Phul byuṅ), ② 수승(殊勝, Khyad par ḥphags pa)의 뜻이니, 법왕 장춥외(Byaṅ chub ḥod, 菩提光)께서 존경의 뜻으로 올린 이름이다.

22 귀의처의 공덕은 곧 삼보(三寶)의 공덕을 말하니, 여기에는 『삼보수념경(三寶隨念經)』에서 설한 공통의 공덕과 미륵보살의 『보성론(寶性論)』에 설한 비공통의 공덕이 있다.
『보성론』에 따르면, 1. 불보(佛寶)는 무위(無爲) 등의 여덟 가지의 공덕을 소유하니, 곧 ① 무위(無爲), ② 자연성취(自然成就), ③ 불의타지(不依他知), ④ 지혜(智慧), ⑤ 자비(慈悲), ⑥ 위력(威力), ⑦ 자리(自利)의 법신, ⑧ 타리(他利)의 보신이 그것이다.
2. 법보(法寶)는 불가사량(不可思量) 등의 여덟 가지의 공덕을 소유하니, 곧 ① 불가사량(不可思量), ② 무이(無二), ③ 무분별(無分別)의 공덕으로, 멸제(滅諦)의 세 가지의 공덕과 ④ 청정(淸淨), ⑤ 현현(顯現), ⑥ 대치(對治)의 공덕으로, 도제(道諦)의 세 가지의 공덕과 ⑦ 이과(離果), ⑧ 이인(離因)의 도제와 멸제의 공통의 둘을 합한 여덟 가지가 그것이다.
3. 승보(僧寶)는 명지해탈(明智解脫)의 여덟 가지의 공덕을 소유하니, 곧 ① 여소유(如所有)를 앎, ② 진소유(盡所有)를 앎, ③ 자증지(自證智)의 명지(明智)의 셋과 ④ 탐장(貪障)에서 해탈, ⑤ 애장(碍障)에서 해탈, ⑥ 하열장(下劣障)에서 해탈함의 해탈의 셋과 ⑦ 명지(明智)의 전체와 ⑧ 해탈의 전체의 둘을 합한 여덟 가지가 그것이다.

23 여기서 상류인(上流人)은 야랍담빠(Ya rab dam pa)의 옮김이니, "상류인(上流人)은 과거의 성자들이니, 그들이 처음 해탈과 일체지자의 수행을 개시한 이래 그와 같이 행함과 일치하게 자신 또한 고상한 대열에 합류하기 원함으로써 그와 같이 행함이다."라고 걜찹·닥빠된둡(普稱義成)의 『보리도등론제호석(菩提道燈論醍醐釋)』에서 설하였다.

히는 등불과 같은 논전을 환히 밝히고자 함이니, 불을 켜는 것이기 때문이다. 그와 같이 드러내 보이는 이 등불의 강설을 다짐하는 것에는 필요성이 있으니, 저술을 완결하기 위함이기 때문이다. 그와 같이 저술하는 인(因)과 연(緣)을 또한 적시하였으니, 인은 아래[제68송의 2구]에서 '계경 등의 법들에서 설한 것을 보고'라는 것으로 설명하였다. 연은 '그 또한 스승님을 기쁘게 해드리고, 티베트 전체의 교법의 법주로 머무르므로 [장춥외(菩提光)는] 현량한 제자이다.'라고 선지식 뽀또와께서 승인하였다. 자주(自註)[『보리도등론난처석(菩提道燈論難處釋)』]에서, '현량한 제자라고 함은 대승의 법기(法器)이므로 그렇게 말한다.'고 설함과 같이, 그 법왕은 보살의 종성으로 태어났고, 몸은 비구이고, 삼보에 견고불변의 믿음을 지닌 자이며, 현밀(顯密)에 대하여 반야의 안목이 광대하고, 대은인 아띠쌰 존자를 허다한 어려움을 겪으면서 초청하였으며, 마음에 드는 모든 물품들로 기쁘게 해드린 자기의 현량한 제자 출가법왕인 보리광(菩提光)이, '티베트에서 붓다의 교법에 대한 갖가지의 사견이설이 준동함으로써, 지금 교법의 전체에 어떻게든 도움을 주십시오.'라고 절박한 상황을 말했기 때문이다.

유일한 지존, 조오제(Jo bo rje)라는 유법(有法), 능인(能仁)의 의취를 밝히는 논전을 저술할 능력이 있음이니, 그와 같은 원만한 원인인 상사전승의 구결을 지님과 본존의 존안을 친견함과 오명(五明)[24]에 정통한 [강설과 변론과 저술의] 지자삼사(智者三事)를 갖추었

---

24 오명(五明)은 고대인도에서 내외의 학문 일체를 다섯 가지로 나눈 것이다. ① 공예학에 해당하는 공교명(工巧明), ② 의학에 해당하는 의방명(醫方明), ③ 문법학에 해당하는 성명(聲

기 때문이다. 뽀또와의 『베우붐응왼뽀(靑色手册)』에서, '그와 같이 스승의 구결을 지니고, 본존의 존안을 또한 친견하고, 오명(五明)의 일체에 통달함으로써, 보리의 길을 능히 밝힐 수가 있기 때문이다.'라고 설하였기 때문이다. 제1송의 3, 4구(句) 둘로써 이 논전의 목적[필요] 등의 사법(四法)을 설해 보인 것이니, '보리도(菩提道)'라고 함과 '환히 밝히고자 한다.'라는 등으로 큰 목적[큰 필요]과 목적[필요]과 소전(所詮 : 內容) 등을 직접 설한 뒤, 주석을 간접적으로 설하기 때문이다."

또한 선지식 쌰라와(Śa ra ba)[25]는 『보리도등론』을 저술하는 목적과 큰 목적 등의 사법(四法)에 대하여 다음과 같이 설명하였다.

"이 논전의 [설하고자 하는 내용인] 소전(所詮, brJod bya)은 [하사·중사·상사의] 삼사(三士)의 도차제(道次第)이며, 목적(目的, dGos pa)은 이것을 통해서 이것을 듣고 사유함에 의해서 깨달음과 큰 목적(目的, dGos paḥi dgos pa)은 점진적으로 수행에 들어감으로써 임시적인 선취(善趣)의 몸을 얻은 뒤, 구경의 무주처열반(無住處涅槃)[26]에

明), ④ 논리학에 해당하는 인명(因明), ⑤ 불교학에 해당하는 내명(內明)이 그것이다.

25 선지식 쌰라와·왼땐닥(Śa ra ba Yon tan grags, 功德稱, 1070~1141)은 뽀또와(Po to ba)의 수제자로 선지식 랑리탕빠(Glaṅ ri thaṅ pa, 1054~1123)와 함께 한 쌍의 일월처럼 널리 알려졌다.

26 무주처열반(無住處涅槃, Apratiṣṭhita-nirvāṇa)은 미륵보살의 『현관장엄론(現觀莊嚴論)』에서, "지혜에 의해서 윤회에 머물지 않으며, 대비에 의해서 열반에 머물지 않는다."라고 한 바와 같이, 반야의 묘혜(妙慧)에 의해서 삼유(三有)의 윤회의 변제에도 머물지 않고, 방편의 대비에 의해서 소승의 열반에도 머물지 않는 부처의 완전한 열반인 대열반을 말한다.

이르기까지를 얻음과 연결(連結, ḥBrel ba)은 목적인 논전과 연결하고, 큰 목적과 연결함이다."

제2. 본문의 강설

여기에는 1. 삼사(三士)의 개요, 2. 삼사 각각의 특성, 3. 상사(上士)의 바라밀다승(波羅蜜多乘)의 길, 4. 상사의 진언승(眞言乘)의 길의 넷이 있다.

1. 삼사의 개요

본송(本頌)에서 다음과 같이 말하였다.

◎ **하사·중사·상사로 말미암아**
세 종류의 사부가 있음을 알라.
그들 [근기의] 특성을 밝히고자
각각의 차별성을 적고자 한다. (제2송)

위의 제2송에 대해 선지식 씰라씽하(Śī la siṅ ha, 獅子戒)가 지은 『보리도등론주(菩提道燈論註)』에서 여섯 가지의 사견을 파척하기 위한 목적으로 저술된 것이라고 하였다. 이 가운데, 첫 번째의 "몰록 닦는 돈수(頓修)가 합당하고, 점수(漸修)는 필요하지 않다."라고 말하는 것을 타파하기 위해서 이 게송을 설한 것으로 알려졌다.

제2송의 요지는 가만(暇滿)의 사람 몸에서 증상생(增上生)의 선취(善

趣)의 길과 결정승(決定勝)의 보리의 길을 닦아 이루는 능력과 지혜를 지닌 근기의 유정을 사부(士夫)로 규정해서 보통의 사람과 구별함과 동시에 그들 사부도 각자의 특성의 차별에 의해서 상·중·하의 셋이 있음을 알아야 하는 것 등을 갖가지의 문을 통해서 분명하게 알도록 하기 위해서 적는 것임을 밝힌 것이다.

위의 게송의 뜻을 4대 빤첸라마의 『보리도등론석승소희연』에서 다음과 같이 설하였다.

> "앞에서 '보리도의 등불을 환히 밝히고자 한다.'라고 말한 '그 보리도란 어떤 것인가?'라고 하면, 보통 사부(士夫, sKyes bu)는 무릇 유정(有情) 가운데 포함될지라도 여기서 사부의 대어(對語)인 범어 뿌르샤(Puruṣa)[27]는 뜻을 이룰 수 있음에 들어감으로써, 후생 이후의 뜻을 이룰 수 있는 능력을 지님으로써 사부라고 칭하니, 후생의 [고락과 선악 등의] 취사를 변석하는 의식이 강렬하므로 사람이라 말하고, 단지 이생의 일만을 추구하는 범부를 여기서는 사람 또는 사부라고 칭하지 않는다. 뽀또와(Po to ba)의 『베우붐응왼뽀(靑色手冊)』에서, '후생에 악도에 떨어짐을 두려워함으로써 죄악을 버리고, 윤회의 허물을 억념하여 해탈을 원함으로써 사제

27 사부(士夫, sKyes bu / Puruṣaḥ)는 사람을 지칭하는 말로 역중생(力中生, Manujaḥ / Śed las skyes)과 마납파(摩納婆 : 儒童 : 力子, Mānavaḥ / Śed bu) 등과 같은 의미이다. 사부의 의미에 대하여 『다조르밤뽀니빠(聲明要領二卷)』에서, "뿌루샤(Puruṣaḥ)로 천 개의 머리가 있고, 베다(吠陀)의 경문을 낭송하고 설하는 자가 있다는 이야기가 있음과 능력을 지닌 뿌르샤가 유일하게 존재한다고 주장을 함으로써 뿌루샤라 부른다."고 하였듯이, 외도들이 상주하여 불멸하는 존재로 여기는 자아의 하나이나 여기서는 단지 그 명칭에 담긴 뜻을 취해서 일반적인 사람과 구별한 것이다.

(四諦)[28]의 도리에 의해서 삼학(三學)[29]을 행하고, 소승을 두려워함으로써 보리심을 수습한다. 그와 같은 것이 사람의 행위이니, 그 밖에 달리 무엇이 사람인가?'라고 설함과 같다. 그와 같은 삼사(三士)의 길이 셋인 것으로 알라. 위없는 보리로 나아가는 그 길에는 하사(下士)의 [인간과 하늘의 선취에 태어나는] 증상생(增上生)의

---

28 사제(四諦)는 사성제(四聖諦)로 범어로는 짜뚜라르야싸따니(Caturāryasatyāni)이다. 짜뚜르(Catur)는 넷을, 아르야(Ārya)는 성스러움을, 싸따(Satya)는 진실을 뜻한다. 고집멸도의 넷을 성자들이 진실로 관조하는 것과는 달리 범부들은 전도(顚倒)로 말미암아 진리로 보지 못함으로써 사성제라 한다. 또한 하나마다 네 가지 행상(行相)이 있으므로 사제십육행상(四諦十六行相)이라 한다.

고제(苦諦)는 범어로 두카싸뜨얌(Duḥkhasatyaṃ)이며, 티베트어로는 둑앨덴빠(sDug bsṅal bden pa)이다. 유루의 행(行)을 좋아하는 애락(愛樂)들은 괴고(壞苦)에 의해서 고통이 되고, 그렇지 못한 비락(非樂)들은 고고(苦苦)에 의해서 고통이 되고, 그 둘에 속하지 않는 다른 법들은 행고(行苦)에 의해서 고통이 되니, 오온에는 삼고(三苦)가 있음으로써 고제라 한다. 다시 말해, 자기의 원인인 업과 번뇌로 생겨난 근취온(近取蘊)인 부정한 유정무정의 세간의 유루의 업과(業果)인 모든 사물들은 괴로움의 집합 자체로 마치 질병과 같은 것으로 속임이 없이 여실하게 붓다의 눈에 비침으로써 고성제(苦聖諦)라 한다.

집제(集諦)는 범어로 싸무다야싸뜨얌(Samudayasatyaṃ)이며, 티베트어로는 꾼중덴빠(Kun ḥbyuṅ bden pa)이다. 업과 번뇌의 성상(性相)에서 고통이 발생하는 것을 말하니, 여기서 번뇌는 삼계에 다시 태어나는 것으로 주장하는 탐욕 등을 말하고, 업은 유루의 불선과 선업을 말하니, 이 둘로 인하여 일체의 고통이 발생함으로써 집제라 한다. 곧 자기의 업과인 근취온인 부정한 유정무정의 세간을 발생시키는 원인이 되는 업과 번뇌들인 것이다. 그것들이 일체의 고통을 일으킴으로써 마치 질병의 원인과 같이 끊어버려야 할 것으로 붓다의 눈에 비침으로써 집성제(集聖諦)라 한다.

도제(道諦)와 멸제(滅諦)는 1부의 주석 18, 19번을 참조하기 바란다.

29 삼학(三學)은 계(戒)·정(定)·혜(慧)이며, 학(學)의 의미를 『아비달마구사론 24』(권오민 역주)에서, "누(漏)의 멸진을 획득하기 위해 항상 배우는 것[學]을 즐거워하기 때문이다. 그리고 배우는 것에는 요컨대 세 가지가 있으니, 증상(增上)의 계학(戒學)이며, 둘째는 증상의 심학(心學)이며, 증상의 혜학(慧學)이니, 계(戒)·정(定)·혜(慧)가 세 가지 자체의 본질이 된다."라고 하였듯이, 여기서 증상(增上)의 의미는 귀의로써 섭수하는 삼학(三學)을 증상삼학(增上三學)이라 한다. 『곰데칙죄첸모(貢德大辭典)』에서, "내도(內道)의 삼학은 귀의로써 섭수함으로써 외도의 삼학에 비해서 뛰어난 측면에서 그와 같이 말한다."라고 해서 외도의 삼학보다 수승하기에 증상삼학이라 한다.

길과 중사(中士)의 공통의 결정승(決定勝)의 길과 상사(上士)의 [비공통의 결정승인] 성불의 길의 셋이 있기 때문이다."

그리고 삼사(三士)의 명칭[30]은 『유가사지론(瑜伽師地論)』의 「섭결택분(攝決擇分)」과 『구사론석(俱舍論釋)』 등에서 허다하게 설하였다. 예를 들면, 『까담쩨뛰(bKaḥ gdams gces btus, 噶當派大師箴言集)』에서, "성무착보살(聖無着菩薩)이 「섭결택분」에서 삼사의 행상(行相)을 설하였다. 구별하면 모두풀이(總論)와 갖가지 명언(名言)의 문을 통한 개별풀이(各論)의 둘이 있다."라고 하였다. 모두풀이인 의향의 문을 통해서 시설하면, 상·중·하의 세 종류의 사부가 있고, 개별풀이의 문을 통해서 시설하면, 여덟 종류의 사부가 있으니, ① 죄악을 사랑하여 죄악을 행하고 행하지 않음을 통해서 시설함, ② 행위의 문을 통해서 시설함, ③ 원만의 문을 통해서 시설함, ④ 공경과 힘과 반야의 문을 통해서 시설함, ⑤ 출리(出離)의 문을 통해서 시설함, ⑥ 보시의 문을 통해서 시설함, ⑦ 계율의 문을 통해서 시설함, ⑧ 수행의 문을 통해서 시설함이다. 이들 각각에는 또한 세부적으로 허다한 분류가 있으니, 자세한 것은 「섭결택분」 등을 열람하길 바란다.

---

30 삼사(三士)는 세 종류의 사부(士夫, Puruṣaḥ)를 뜻하니, 불법을 신행하는 불자들의 부류를 불법을 추구하는 목적과 불법을 이해하는 지적 능력에 의해서 구분한 것이다. 이 삼사의 전거는 『유가사지론(瑜伽師地論)』의 「섭결택분(攝決擇分)」의 분류에 근거하여 설한 것이다.

2. 삼사의 각각의 특성

여기에는 1) 하사(下士)의 특성, 2) 중사(中士)의 특성, 3) 상사(上士)의 특성의 셋이 있다.

1) 하사의 특성

본송(本頌)에서 다음과 같이 말하였다.

◎ **어떤 이가 어떠한 방편들로**
단지 윤회 속의 안락들만을,
자기 목적으로 삼아 추구하면
그가 하사(下士)임을 알라. (제3송)

위의 게송은 이생의 복락을 전적으로 추구할지라도 금생보다는 후생의 선취(善趣)의 안락을 얻기 위해 인과의 도리에 의지해서 불선의 죄업을 버린 뒤, 귀의와 오계(五戒)와 십선(十善) 등의 모든 선한 행위에 매진하는 하사(下士)의 본질 또는 특성을 설해 보인 것이다.

이 뜻을 4대 빤첸라마의 『보리도등론석승소희연』에서 다음과 같이 설하였다.

> "이생에 조금도 집착하지 않고 후생 이후의 뜻을 능히 닦으려는 어떤 사부가 전륜성왕(轉輪聖王)이 누리는 궁극적인 인간의 안락과 제석천과 타화자재천(他化自在天)[31] 등의 욕계의 안락과 범천 등의 색계와 무색계의 윤회의 안락만을 목표로 삼아서,

올바른 방편인 업(業)의 인과를 확신하는 믿음이 선행하는 문을 통해서, 열 가지의 불선(不善)을 버리는 계율과 유루(有漏)의 [색계의] 사선(四禪)[32]과 무색계의 사등지(四等至)[33] 등의 인천승(人天

---

31 욕계(欲界)의 여섯 하늘 가운데 하나인 타화자재천(他化自在天)은 타인이 욕락(欲樂)을 즐기기 위해서 변화로 만든 향유물(享有物)을 자기 것처럼 취해서 즐기는 데 자재하므로 타화자재천이라 한다.

32 사선(四禪)은 네 가지의 색계정(色界定)을 닦아서 태어나는 하늘로, 초선천(初禪天)과 이선천(二禪天)과 삼선천(三禪天)과 사선천(四禪天)이 그것이다. ① 초선천은 욕계의 욕망에서 벗어난 뒤 초선(初禪)의 경지에 들어간 천인들이 태어나는 하늘이다. 여기에는 범중천(梵衆天)과 범천중(梵天衆)과 범보천(梵輔天)과 대범천(大梵天)의 넷이 있고, 이 대범천은 보통의 범천들과는 달리 수명과 몸체와 몸 빛 등이 그들과 같지 않게 뛰어나고, 사바세계의 주인이 됨으로써 대범천(大梵天)이라 한다. ② 이선천은 소광천(少光天)과 무량광천(無量光天)과 극광천(極光天)의 셋이 있다. ③ 삼선천은 소정천(少淨天)과 무량정천(無量淨天)과 변정천(遍淨天)의 셋이 있다. ④ 사선천은 무운천(無雲天)과 복생천(福生天)과 광과천(廣果天)의 셋이 있다.

참고로 사선(四禪)의 행상을 설명하면, 초선근분정(初禪近分定) 또는 초선미도정(初禪未到定)은 제구주심(第九住心)의 등지(等持, samādadhāti)에 경안(輕安)을 갖춘 정사마타(正奢摩他)로서 등지(等持)에 무회(無悔)와 희락(喜樂)과 경안(輕安)의 세 인상(因相)을 갖춘다. 이 심일경성(心一境性)이 도업(道業)의 감능성(堪能性)을 구족하고, 소연 등에 [자재하는] 수승한 공덕을 얻음으로써 색계선(色界禪)과 무색정(無色定)과 해탈 등의 이름을 얻는다.

어느 때, 평등한 감수(感受)와 더불어 심사(尋思, vitarka)와 사찰(伺察, vichāra)이 있게 될 때, 그것이 초선근분정이라고 부르는 초선가행심(初禪加行心)이다.

어느 때 [욕계의] 탐애와 악법들을 여의고, 심사와 사찰, 희열과 안락, [내심청정(內心淸淨)]의 [다섯 가지가] 있게 될 때, 그것을 초선근본정[정선(正禪)]이라 부르며, 여기서 심사가 멸진되면 그것이 초선수승선(初禪殊勝禪)이다.

어느 때 심사와 사찰을 여의고, 초선의 애착을 떠나서 희열과 안락과 내심청정의 [세 가지가] 있게 될 때, 그것을 제2정려(第二靜慮)[이선(二禪)]라고 부른다.

어느 때 이선(二禪)에 대한 애착을 여의고, 안락과 평사, 정념(正念)과 정지(正知)의 [네 가지가] 있게 될 때, 이것을 제3정려(第三靜慮)[삼선(三禪)]라고 부른다.

어느 때 삼선(三禪)에 대한 애착을 여의고, 비고비락(非苦非樂)의 평사와 억념이 있게 될 때, 그것을 제4정려(第四靜慮)[사선(四禪)]라고 부른다.

33 사등지(四等至)는 네 가지의 무색정(無色定)을 닦아서 태어나는 하늘로, 공무변처천(空無邊處天), 식무변처천(識無邊處天), 무소유처천(無所有處天), 비상비비상처천(非想非非想處天)이 그것이다.

乘)[34]과 범천승(梵天乘)[35]이라고 말하는 그것들로 전적으로 [유루(有漏)의 선행을] 행하는 사람으로 자신이 얻고자 하는 뜻을 추구하는 그 어떤 이들이 여기서 설하는 하사임을 알도록 하였기 때문이다. 그 또한 정법에 들어옴으로써 그가 여기서 설하는 사부지만 윤회 속의 안락만을 추구하고 타인의 이익을 외면하므로 중사와 상사에 비해서 하열하기 때문이다.

그 또한 첫 구는 가행의 차별을, 2구는 결과의 차별을, 3구는 의도 또는 심원의 차별을, 4구는 차별의 대상을 설해 보였다.

또한 하사가 증상생(增上生)의 안락만을 추구할지라도 그 방편이 잘못됨이 없음에 들어온 것이 여기서 설하는 하사의 특성인 것이니, 보통 하사가 이생의 안락만을 추구하는 경향이 있을지라도 또한 여기서 증상생의 올바른 방편을 행하는 것이 마땅하기 때문이다. 여기서 설하는 하사는 하나 외에는 달리 구분하지 못한다.

그리고 삼사(三士)의 모든 길의 근본은 선지식을 의지하는 법이니, 스승님을 기쁘게 해드린다면 가만(暇滿)의 몸에서 [해탈의] 정수를 취하길 원하고, 한가(閑暇)의 몸에서 정수를 취하길 원하고, 정법을 닦기를 원하는 마음이 일어남이 없이는 삼사도(三士道)를 행하는 것이 전혀 생기지 않음으로써, 선지식을 의지함과 가만의 법문의 둘은 삼사의 전행(前行)이 되는 것이다. 그러므로 이 논전

---

34 인천승(人天乘)은 하늘과 인간의 선취(善趣)에 태어나서 세간의 욕락(欲樂)을 얻고 누리려는 목적으로 불선의 악업을 버리고 십선(十善) 등의 선업을 오로지 닦아 성취하는 인과(因果)의 길 또는 수레를 뜻한다.

35 범천승(梵天乘)은 욕계의 번뇌가 청정한 색계의 사선정(四禪定)을 닦아서 색계의 하늘에 태어나는 길 또는 수레를 뜻한다.

에서 '스승님들께서 설해 보인'(제6송 3구)이라고 함과 '전계할 때 인욕과 자비를 지니면'(제23송 3구) 등을 설하였다. 또한 가르침을 행하려면 여기서 설해 보임과 같이 선지식을 의지하는 법 등의 정해진 차례대로 행해야 한다.

여기서 설하는 하사도(下士道)의 본행에는 네 소연경(所緣境)이 있으니, 무상(無常)과 삼악도의 허물과 귀의(歸依)와 업(業)의 인과를 사유한 뒤, 열 가지의 불선을 버리는 계율의 학처를 배우는 것이다. 그 또한 하사의 의향이 일어나는 데는 처음의 무상과 두 번째의 삼악도의 허물을 사유함과 가행(加行)인 귀의와 본행(本行)인 업의 인과를 사유한 뒤, 열 가지의 불선을 버리는 계율의 학처를 배우는 것 가운데 마지막 두 가지에 달려 있음이 분명하기 때문이다. 뽀또와의 『베우붐응왼뽀(靑色手冊)』에서, '가만의 얻기 어려움과 죽음의 수념(隨念)을 한 차례 사유함으로써, 법의 선후를 그와 같이 사유함으로써 모든 법이 일어난다.'라고 설하였기 때문이다."

2) 중사의 특성

본송(本頌)에서 다음과 같이 말하였다.

◎ **세간(世間)의 안락을 등지고**
죄업에서 돌아선 본성으로,
어떤 이가 자기의 적멸만을 추구하면
그 사람을 중사(中士)라 부른다. (제4송)

위의 게송의 요지는 갤찹·닥빠된둡(普稱義成)의 『보리도등론제호석(菩提道燈論醍醐釋)』에서, "마땅히 끊어야 하는 대상인 악도의 고통들 대부분이 소진한 윤회세계의 근사한 안락의 일체에 대해서 그것들의 본성이 단지 [삼고(三苦)에 의한] 고통과 기만의 법이라는 생각으로 탐착하지 않고 멀리 등지고, 또한 [삼유(三有)의] 세간을 성립하는 업과 번뇌의 일체를 여기서 죄악이라 칭함으로써, 그와 같은 죄업들에서 돌아선 본성으로 존재하는 소의(所依)의 어떤 이가 마땅히 얻어야 할 결과인 자기의 적멸(寂滅)인 [번뇌의] 한쪽의 고통에서 벗어난 니르바나(涅槃)만을 추구하는 사부를 삼사 가운데 중사(中士)라 부른다."라고 설함과 같다.

제4송의 뜻을 4대 빤첸라마의 『보리도등론석승소희연』에서 다음과 같이 설하였다.

> "여기서 설하는 중사의 특성이 있다. 무간지옥에서 [무색계의 제일 높은 하늘인] 유정천(有頂天)[36]에 이르기까지의 모든 세간의 윤회의 모든 고통을 갖가지의 원인들을 통해서 사유함으로써, 전륜성왕과 범천과 제석천이 누리는 안락조차 또한 꿈속에서도 원하질 않기에 [삼유(三有)의] 모든 세간의 안락들을 멀리 등지고, 혐오하는 사유의 차별과 그 사유가 불러오는 몸·말·뜻 셋의 죄악과 불선의 업에서 돌아선 본성의 일곱 가지의 별해탈계(別解脫戒)[37] 가

---

36 유정천(有頂天)은 욕계와 색계와 무색계의 삼유(三有) 가운데 가장 높은 하늘인 무색계의 비상비비상처천(非想非非想處天)을 일컫는다.

37 일곱 가지의 별해탈계(別解脫戒)는 재자가 우바새(優婆塞, 近事男)와 우바니(優婆尼, 近事女)의 계율과 사미(沙彌)와 사미니(沙彌尼)의 계율과 정학녀(正學女)의 계율과 비구와 비구니의 계율이다.

운데 어떤 하나의 금행(禁行)에 바르게 머무는 행위의 차별과 그 사유와 행위의 둘을 지닌 소의(所依)의 어떤 이가 자기의 모든 고통이 적멸한 니르바나(涅槃)만을 추구하는 결과의 차별이니, 그 세 가지의 차별성을 지니는 것은 정법을 잘못됨이 없이 성취하는 바른 길에 안주하는 것이기에, 여기서 설하는 사부이며, [삼유의] 모든 세간에 염리(厭離)의 마음이 일어남으로써 하사에 비해 크게 뛰어나다. '머리에 유정의 큰 짐을 얹는, 큰 유정이 천천히 가는 것은 아름답지 않다.'라고 함과 같이, 중생의 이익을 위한 짐을 지는 증상의요(增上意樂)[38]를 지니지 못함으로써, 상사에 비해 하열한 까닭에 그를 중사라 부른다.

그와 같이 세 구절로 각각 사유와 행위와 결과를, 마지막 구절로 차별의 대상을 설해 보였다. 선지식 쌰라와(Śa ra ba)의 법문에서, '「죄업에서」라고 한 것은 단지 죄업만을 말하지 않으니, 증상생(增上生)을 성취한 사부를 포함하는 업들 또한 [죄업]이니, 윤회세간을 성립하는 집제(集諦)인 업과 번뇌의 일체가 이것에 거두어진다고 말하였다. 「돌아선 본성」이라고 함으로써 또한 대치(對治)하는 법인 [계·정·혜의] 삼학(三學)을 설해 보였다.'라고 설하였다.

하사와 중사의 둘과의 공통의 도(道)를 마음에 지닌 대승의 사부

38 증상의요(增上意樂)는 의요(意樂)보다 더 수승한 의요로서 일체중생을 구원하고자 하는 대승보살의 발심이다. 『곰데칙죄첸모(貢德大辭典)』에서, "청정증상의요(清淨增上意樂, lHag bsam rnam dag)는 인과칠결(因果七訣)의 여섯 번째이니, '모든 유정들이 고통의 원인을 여읜다면 얼마나 좋을까? 내가 여의게 하리라.'고 생각하는 마음이다. 어의(語義)는 강렬한 의지가 뛰어남으로써 증상의요라 부른다. 그렇다면 '그와 같은 강렬한 의지란 어떤 것인가?' 하면, '모든 유정들의 이익을 나 혼자 행하리라.'는 무거운 짐을 지는 마음 그것이다."라고 하였다.

가 매우 많음으로써, 여기서 핵심은 자기의 이익으로 해탈을 닦는 잘못됨이 없는 방편에 들어옴이 여기서 직접 설하는 중사의 특성이다.

여기서 중사(中士)의 구분이니, ① 수레(乘)의 문을 통해서 구분하면 성문승(聲聞乘)에 머무름과 연각승(緣覺乘)에 머무는 둘이 있다. ② 닦음의 대상을 통해서 구분하면 사제(四諦)의 수습과 순역(順逆)의 십이연기를 수습하는 둘이 있다. ③ 또한 여기서 직접 설하는 중사도 내용의 문을 통해서 구분하면 자리(自利)를 위해 해탈을 추구하는 의향으로 십선(十善)의 계율을 배우는 것은 중사 가운데 하근이며, 그와 같은 사유를 지닌 어떤 이가 사제를 닦는 것은 중사 가운데 중근이며, 그와 같은 사유를 지닌 어떤 이가 [인법(人法)의] 이공(二空)의 무아를 닦는 것은 중사 가운데 상근이다.

조오제(Jo bo rje)께서 아사리 나가르주나(龍樹)와 짠드라끼르띠(月稱)를 수순함으로써 그와 같다면, 닦음의 대상인 세 가지의 무아의 문을 통해서 구분하는 법이 또한 있다. ① 보특가라(人)의 독립물아(獨立物我, Raṅ rkya thub paḥi rdzas yed)[39]가 단지 공(空)한 인무

39 독립물아(獨立物我, Raṅ rkya thub paḥi rdzas yed) 또는 자립물아(自立實有, Raṅ rkya thub paḥi rdzas yed)는 네 가지 실유(實有)의 하나이니, 다섯 근식(根識)과 같은 식(識)들은 자기의 자체가 타량(他量)에 의지함이 없이 능히 독립적으로 외경을 감지함으로써 실유라 한다. 독립적으로 외경을 감지하는 측면에서 실질로 존재하는 것을 말한다. 이것의 동의어로는 독립자취실유(獨立自取實有, Raṅ rkya ḥdzin thub paḥi rdzas yod)가 있다. 이 둘은 일반적으로 같은 의미로 사용되나 때로는 다른 의미로 구분해서 사용하는 경우도 있다.

같은 의미로 이해하는 경우는『둥까르칙죄첸모(東噶藏學大辭典)』에서, "독립자취실질유 그것의 사상(事相 : 根據)은 식(識)이니, 자기의 [요별(了別)하는] 본질이 자체적으로 확정되어서 다른 것(他量)에 의거함이 필요하지 않음이니, 예를 들면, 독립자취실유(獨立自取實有)의 자아로 부르는 것은 오온에 의거함이 필요가 없이 자기의 몸과 마음의 둘로부터 별사로

아(人無我)를 닦는 사부와 ② 무방분극미(無方分極微, rdul phran cha med)[40]가 뭉쳐진 외경(外境)이 공(空)한 법무아(法無我)를 닦는 사부와 ③ 인법(人法)의 둘은 단지 분별의 가립(假立)[41]에 불과해서 자성이 성립함이 공(空)한 세분(細分)의 무아를 깨닫고 닦는 사부가 있음으로써, 소승의 세 사부를 시설함이 마땅하기 때문이다.

중사도(中士道)의 본행은 '「세간의 안락을 등지고」라고 해서 고제(苦諦)와 「죄업에서」라고 해서 [원인인] 집제(集諦)와 「자기의 적멸

존재하며 자기의 이 온(蘊)들을 주재하는 자아 또는 하나의 자아가 별도로 독립적으로 존재함이 마치 상인들로부터 상주(商主)가 별도로 있는 것과 같음의 하나의 실질을 말한다." 라고 하였다. 그러나 중관귀류파(中觀歸謬派)에서는 이와 같은 것을 승인하지 않는다.

40 무방분극미(無方分極微, rDul phran cha med)는 줄여서 극미(極微, Paramāṇu) 또는 극미진(極微塵)이라 한다. 이것은 설일체유부(說一切有部)에서 주장하는 물질의 최소 단위로써 방위가 없는 미진(微塵)이라고 한다. 이 하나의 극미는 지(地)·수(水)·화(火)·풍(風)의 사진(四塵)과 색(色)·향(香)·미(味)·촉(觸)의 사진(四塵) 등 여덟 가지의 진질(塵質)을 갖춘다.

41 인법(人法)의 둘은 단지 분별의 가립(假立)이라고 함은 중관귀류파(中觀歸謬派)의 견해이니, 게셰·예시탑캐(dGe bśes Ye śes thabs mkhas, 智慧善教)의 『변요불요의론(辨了不了義論)』의 서설에서, "제법은 단지 분별의 가립으로 존재함과 단지 세간의 명언(名言)에서 존재하는 도리이니, (중략) 보특가라(人)와 같은 것을 예로 들어 설명하면, 대저 현현한 온(蘊)들을 시설처(施設處)로 미집해서 능립(能立)의 명칭분별(名稱分別, sGra rtog)의 언설로써 이것은 '보특가라(人)'라고 가립한다면, 보특가라가 존재하는 도리는 단지 그것으로 충분한 것임에도 새삼 그것으로 만족하지 못한 채, '가립한 그 보특가라(人)가 어떤 것인가?'를 분석하고 추찰하면, 온(蘊)들 하나하나와 집합 등에서 전혀 자아라는 것을 얻지 못하고, 온(蘊) 이외에 다른 본질로서의 자아라는 것을 또한 얻지 못함으로써, 그 자아가 사택(思擇)을 감당함이 성립하지 못하고, 그것이 없음에 의해서 그 자아가 자체에서 성립함이 또한 없는 것이다. 그렇다면, '자아가 자체에서 없다면 자아가 존재하는 도리는 어떠한 것인가?'라고 한다면, [답하되] '온(蘊)들을 시설처로 삼은 뒤 이것이 자아이다.'라고 명칭분별로써 단지 가립한 것으로 자아가 존재하는 도리가 충분함으로써, 그 자아는 명언(名言)의 탓으로 가립해서 존재하는 것이며, 이것을 분별의 탓으로 존재하는 것이라고 또한 말한다. 그러므로 그 자아가 자체에서 자립함을 추구해서 얻을 수 있다면, 자아가 자기의 본질이 있는 것이 되나 또한 그것이 있지 않음으로써 명칭분별의 영향으로 존재하는 것이 된다."라고 하였다.

만을 추구하면」이라고 해서 멸제(滅諦)와 「돌아선 본성」이라고 해서 도제(道諦)를 설해 보였다.'라고 한 선지식 쌰라와의 말씀처럼, 사제는 해탈을 추구하는 자들이 닦는 수행의 대상의 핵심이고 중사도의 정로이니, 십이연기 또한 그것에 거두어지기 때문이다. 또한 해탈을 추구하는 자들의 결택의 대상도 염오의 번뇌와 청정의 해탈 두 가지에 거두어짐이 정해지니, 전자는 원인인 얽어매는 집제와 결과인 얽매어진 고제의 둘에 거두어짐이 정해지고, 후자는 얻는 결과인 멸제와 얻게 하는 도제의 둘에 거두어짐이 정해지기 때문이다. 순서 또한 고제를 처음에 설함과 같이 해탈을 추구하는 자들이 처음 팔고(八苦)[42]와 육고(六苦)[43]와 삼고(三苦)[44] 등에 의해서 윤회의 전체의 허물과 각각의 허물을 잘 사유

42 팔고(八苦)는 ① 생고(生苦), ② 노고(老苦), ③ 병고(病苦), ④ 사고(死苦), ⑤ 원증회고(怨憎會苦), ⑥ 애별리고(愛別離苦), ⑦ 구부득고(求不得苦), ⑧ 오음성고(五陰盛苦)이니, 이것은 생을 받는 모든 유정들이 필연적으로 받는 여덟 가지의 고통이다.

43 육고(六苦)는 ① 정해짐이 없는 무정고(無定苦), ② 만족을 모르는 무염족고(無厭足苦), ③ 몸을 반복해서 버리는 수사신고(數捨身苦), ④ 몸을 반복해서 받는 수수생고(數受生苦), ⑤ 반복해서 위아래로 오가면서 몸을 받는 수고저변이고(數高低變易苦), ⑥ 벗이 없는 무우반고(無友伴苦)이니, 이것은 여섯 가지의 윤회의 허물이다.

44 삼고(三苦)는 삼계육도(三界六道)의 유정들이 받는 모든 고통들을 총괄하는 고통의 대명사로 고고(苦苦)와 괴고(壞苦)와 행고(行苦)의 세 가지를 말한다.
① 고고(苦苦)는 그 자체가 고수(苦受)인 까닭에 고고(苦苦)라고 한다. 즉 고통의 느낌과 그것을 일으키는 대상을 접하는 즉시 몸과 마음을 괴롭게 만드는 것으로, 예를 들면, 가시에 찔린 것과 그 즉시 전신에 고통이 생기는 것과 같다.
② 괴고(壞苦)는 일시적으로 즐거움을 주는 낙수(樂受)를 뜻하나, 시간이 경과하면서 몸과 마음에 새로운 고통을 일으킴으로서 괴고(壞苦)라고 한다, 예를 들면, 추울 때 태양을 쬐는 것과 같이 처음은 좋으나 나중에는 두통을 야기하는 것과 같다.
③ 변행고(遍行苦)는 줄여서 행고(行苦)라 한다. 유루(有漏)의 비고비락(非苦非樂)의 평등한 느낌을 말하며, 이것을 일으키는 대상과 함께 신구의(身口意)의 부정함에 의지해서 육도 중생에게 균등하게 고통을 야기함으로써 변행고이며, 고고와 괴고의 근본이 된다.

함으로써 해탈의 원하는 꾸밈없는 진솔한 마음이 일어남이 필요하니, 뽀또와의 『베우붐응왼뽀(靑色手册)』에서, '생사윤회는 불타는 가옥과 같고, 또는 견디기 힘든 지하의 감옥에 갇힌 사람과 같고, 또는 바다의 소용돌이 속에 빨려 들어감과 같고, 또는 적막한 황야에서 방황함과 같음을 사유해서'라고 설하였기 때문이다.

만약 윤회의 고통을 사유해서 염리의 마음을 일으키면 이 윤회의 원인이 무엇인가를 생각하게 됨으로써, 번뇌와 유루의 업에서 윤회세간이 성립함을 보고 난 뒤 집제를 끊기를 원함이 생김으로써, 그 뒤에 집제를 설함과 같이 윤회에 들어가는 차제를 닦도록 하니, 『베우붐응왼뽀』에서, '우리들이 윤회 속에 장기간 항상 유전하고, 그것의 원인과 근본이 자기의 번뇌이며, 그것의 핵심이 무명이고, 그것이 십이연기를 일으킴으로써, 항상 윤회가 단절되지 않는다.'라고 설함과 같다.

집제의 핵심인 무명은 사물의 실상을 전도되게 인식하는 마음일지라도, 그것은 능히 끊어버릴 수 있음을 안다면 멸제를 가히 실현할 수 있음을 봄으로써, 세 번째 멸제를 설해 보인 것으로 생각하니, 『베우붐응왼뽀』에서, '이 윤회의 큰 감옥에는 문이 많으니, 어디로부터 나오든 밖으로 나가게 된다.'라고 설하였기 때문이다. 또한 미륵자존께서도, '질병을 알고 질병의 원인을 끊도록 하라. 안락한 지위가 얻어야 할 바니 약을 의지함과 같이, 질병의 원인[集諦]과 그것을 멸함[滅諦]과 그것의 길[道諦]을 알도록 하고 끊도록 하고 소단사(所斷事)를 알도록 하고 의지토록 하라.'고 설하였기 때문이다."

3) 상사의 특성

본송(本頌)에서 다음과 같이 말하였다.

◎ 자기 심속(心續)에 귀속되는 고통으로
어떤 이가 타인의 고통마저 모두,
완전히 소멸하길 전적으로 원하는
그 사람이 상사(上士)인 것이다. (제5송)

제5송은 낙초·로짜와(Nag tsho lo tsā ba)의 『보리도등론주강해장엄(菩提道燈論註講解莊嚴)』에서 제기한 일곱 가지의 질문 가운데 첫 번째인 "대승도(大乘道)의 보특가라(人)는 어떠한 것인가?"에 대한 답변으로 설한 것이라고 뻴망·꾄촉갤첸(dPal maṅ dKon mchog rgyal mtshan, 稀寶勝幢)의 『보리도등론석승희공운(菩提道燈論釋勝喜供雲)』에서 설하였다.

위의 게송의 의미를 4대 빤첸라마의 『보리도등론석승소희연』에서 다음과 같이 설하였다.

> "하사와 중사의 둘의 도(道)를 통해서 마음을 잘 닦고 잘 닦아진 어떤 사부가 자기의 마음흐름(心續)에 귀속되는 윤회의 고통으로 자신이 처음과 끝과 중간의 셋에 걸쳐서 괴로움을 당하는 것과 같이, 윤회의 바다에 유랑하는 어느 한때 어머니가 되었던 다른 모든 유정들 또한 그와 같이 온갖 고통의 불길에 속에서 타오르는 것을 견디지 못하는 대비의 마음을 전적으로 일으킨 뒤, 타인의 모든 고통들과 그것의 원인인 [번뇌와 소지의] 두 장애를 습기와 더불어서 남김없이 모두 바르게 다시는 재발함이 없도록 소

멸하길 원하는 타인의 이익을 추구하는 의원과 상응하는, 마땅히 얻어야 할 득분(得分)인 보리를 추구하는 보배로운 마음과 그것이 전적으로 야기하는 갖가지 모든 보살행에 안주하는 그 사부가 여기서 직접 설하는 상사(上士)이기 때문이다. 그 또한 핵심은 대승을 닦는 잘못됨이 없는 방편에 들어옴이 여기서 직접 설하는 상사의 특성이다.

여기서 설한 상사도를 견해의 문을 통해서 구분하면, 중관과 유식의 둘이 있고, 수레(乘)의 문을 통해서 구분하면, 바라밀다승(波羅蜜多乘)과 진언승(眞言乘)의 둘이 있고, 신속과 서행의 길을 통해서 구분하면, 소의 수레와 말의 수레 등의 다섯 가지[45]가 있다."

또한 이 게송의 의미를 갤찹·닥빠된둡(普稱義成)의 『보리도등론제호석』에서 다음과 같이 설하였다.

"앞에서 하사와 중사의 둘의 단계에서 자기의 마음흐름(心續)에 악도와 윤회의 고통을 결택함으로써, [악도와 윤회의] 그것들을 고통으로 깨닫게 된 계기로 인해 유정들이 악도와 윤회의 고통을 두려워함으로써, 자기의 체험을 헤아려서 어떤 유정이 악도와 윤회의 고통을 감수하는 타인의 고통을 견디지 못하는 대비로써 그들의 고통을 소멸하길 원하니, 그 또한 고통의 일부가 아닌 온갖 고통이 소멸하길 원하는 것이다. 그들을 욕계의 천신과 인간

---

45 일반적으로 다섯 가지의 수레는 ① 인천승(人天乘), ② 범천승(梵天乘), ③ 성문승(聲聞乘), ④ 연각승(緣覺乘), ⑤ 대승(大乘)을 말한다.

에 안치함으로써 악도의 고통이 일시 소멸하거나 또는 성문과 연각의 안락에 안치해서 윤회의 고통이 소멸하고 또한 대승의 도를 힘써 닦는 것을 비로소 행함과 같은 일시적으로 고통이 소멸하길 원하는 것이 아니라, 모든 고통이 근원적으로 영원히 소멸한 붓다의 경지에 안치하기를 뼛속에서 우러나는 충심으로 전적으로 원하는 사람이 상·중·하의 사부 셋 가운데 상사(上士)인 것이다."

요약하면, 선지식 쌰라와(Śa ra ba)께서, "자신이 윤회에서 해탈하는 것으로는 충분하지 않고, 모든 중생들을 어머니와 아버지로 인식한 뒤 모든 유정들을 또한 윤회의 고통에서 구제하길 원할 때 뛰어난 사부라고 말하니, 그와 같은 충심이 있을 때 보리심을 일으키는 등이 있게 된다." 라고 설하였듯이, 원심(願心)과 행심(行心)의 두 가지 보리심을 일으켜서 일체지자의 붓다의 경지로 나아가는 상사의 길을 요약하면, 바라밀다승(波羅蜜多乘)의 길과 진언승(眞言乘)의 길 두 가지가 있다.

3. 상사의 바라밀다승의 길

여기서 상사의 바라밀다승의 길을 설함에는 1) 바라밀다승의 도(道)의 모양, 2) 바라밀다승의 과(果)의 모양의 둘이 있다.

1) 상사의 바라밀다승의 도의 모양

여기에도 (1) 바른 길을 설함의 다짐, (2) 바른 길을 설함의 둘이 있다.

(1) 상사의 바른 길을 설함의 다짐

본송(本頌)에서 다음과 같이 말하였다.

◎ 뛰어난 유정으로 대보리를
희구(希求)하는 그들에게,
스승님들께서 설해 보인
바른 방편을 설하고자 한다. (제6송)

위의 게송의 요지는 갤찹·닥빠된둡(普稱義成)의 『보리도등론제호석』에서, "[삼유(三有)의] 모든 세간이 고통의 자체임을 알기에 윤회에 머물지 않고, 자기의 체험을 헤아려서 유정들이 윤회에 유전하는 것을 견디지 못하는 대비의 마음으로, 유정의 고통을 소멸하기 위해 윤회를 버리지 않음으로써 열반에도 머물지 않는 의향을 지닌, 대승의 종성을 타고난 뛰어난 유정이 유정들을 윤회에서 영원히 벗어난 원만보리에 안치하기 위해서, 자기 자신이 그와 같은 사업을 실행하는 붓다가 되는 것이 필수임을 깨닫고서, 과(果)인 대보리를 이룬 붓다의 지위를 희구하는 그들에게, 참된 스승이신 쎄르링빠(gSer gliṅ pa, 金洲法稱)[46] 등의 스승님들께서

46 아사리 쎄르링빠(gSer gliṅ pa, 金洲法稱)는 범어로 쑤와르나드위빠(Suvarṇadvīpa)이며, 오늘날 보로부두르(Borobudur) 대탑이 있는 인도네시아 자바 섬에 건립된 불교 왕국의 왕자로 태어났다. 출가한 뒤, 인도의 마다가에 유학하여 유식학(唯識學)과 로종(修心)의 가르침을 전승하였다. 또한 아띠쌰(Atiśa) 존자에게 자타상환(自他相換)의 로종의 가르침을 전해 줌으로써, 후일 티베트불교에 지대한 영향을 끼친 위대한 아사리이다. 저술로는 『삭제분별수심결(削除分別修心訣, Blo sbyoṅ rtog pa ḥbur ḥjoms)』과 『집학론현관(集學論現觀, bSlab pa kun las btus pa mṅon rtogs)』 등이 있다.
또한 『까담최중쎌왜된메(噶當派原流)』는 아사리의 법통에 대해서 설명하길, "[38. 심오한 견해를 타인의 교설에 의뢰하지 않는 위대함 중에서] 스승님이신 쑤와르나드위빠(金洲法稱)는 형상

조오제에게 그와 같이 설해 보인, 바른 방편인 대승의 전도됨이 없는 바라밀의 길과 진언승의 길을 설하고자 한다."라고 설함과 같다.

또한 잠괸·로되타얘(無邊慧)의 『보리도등론정해(菩提道燈論精解)』에서 다음과 같이 설하였다.

> "여기서 '설하고자 한다.'라고 함을 논설의 근거로 삼음이니, '무엇을 설하고자 함인가?' 하면, 위없는 보리를 닦는 데 없어서는 안 되는 방편이다. '누구에게 설하려 하는 것인가?' 하면, 뛰어난 유정으로 대승의 종성이 각성되고, 타인의 이익을 위해서 대보리의 경지를 얻기를 희구(希求)하는 청정한 증상의요를 지닌 그들에게이다. '어떠한 도리로서인가?' 하면, 조오제 자신이 만들어낸 것이 아니고, 그가 쎄르링빠(金洲法稱) 등의 참된 스승님들께서 그와 같이 설한 것을 수순하고, 성언과 정리를 갖춘 것으로 바르게 설하는 것이다.
>
> 여기서 '뛰어난 유정으로'라고 하는 첫 구와 2구로써 이 법을 '누구에게 설하는 것인가?' 하는 법기의 식별과 '스승님들께서 설해 보인'이라는 3구와 4구로써 감로와 같은 법을 식별함이다.
>
> 또한 '바른 방편'이라는 것으로 [설하고자 하는 내용인] 소전(所詮)과

진실파(形相眞實派)의 유식견(唯識見)을 지니시고, 샨띠와(寂靜)는 형상허위파(形相虛僞派)의 견해를 지니시고, 조오제(大恩人)께서는 극무주(極無住)의 중관견(中觀見)을 지니셨으니, 중관교계(中觀教誡, dBu maḥi man ṅag)에서 설해 보인 것이 그것이다. 쑤와르나드위빠께서는 일체법의 무자성(無自性)을 주장하는 것은 잘못된 것으로 여김으로써, '조오제에게 그대처럼 큰 지혜를 지녔음에도 견해를 그와 같이 이해하는 것은 참으로 놀라운 일이다.'라고 거듭해서 말하였으나, 조오제께서는 중관의 견해에 대해서 다시 크게 신해하게 되었다.'고 말하였다."라고 하였다.

'설하고자 한다.'라는 것으로 목적[필요]과 '스승님들께서 설해 보인'이라는 것으로 [설하는 문구들인] 능전(能詮)의 뛰어남과 '대보리'라는 것으로 큰 목적[큰 필요]과 그것들 또한 하나가 하나에 의지함이 연결이니, 알기가 쉽다.

그렇다면, 앞에서 '보리도의 등불을 환히 밝히고자 한다.'라고 함과 '그들 [근기의] 특성을 밝히고자'라고 함과 '각각의 차별성을 적고자 한다.'라고 함과 여기서 또한 '바른 방편을 설하고자 한다.'라고 한 것 모두가 '설하고자 함을 다짐한 것이라면 중복되는 것이다.'라고 한다면, 잘못이 없는 것이다. '처음은 논전의 전체를 저술하기를 다짐한 것이고, 둘째는 삼사도의 차별을 각각 설하고자 함이고, 셋째는 대승의 종성에게 위없는 보리를 닦는 잘못됨이 없는 방편을 설하고자 한다.'고 하는 설하는 도리가 서로 다르기 때문이다."

또한 제6송에 함축된 심오한 뜻을 4대 빤첸라마의 『보리도등론석승소희연』에서는 다음과 같이 설하였다.

"이 게송은 아래 본문들의 뜻을 요약해서 설한 것으로 파악한다. 그와 같다면 이 단계에서 대승의 발심의 특성의 차별과 어떻게 닦는가 하는 차제들을 [중관과 유식과 가지파(加持派)의] 세 가지의 대승의 주장과 같이 인과칠결(因果七訣)과 자타상환(自他相換)의 문을 통해서 닦는 도리인 보리도의 차제를 논설한 그대로 취해서 보배로운 보리심을 수습함이니, 사부의 지력(智力)을 모두 동원해서 힘쓰는 것이 마땅하다. 조오제께서 입적하실 때 돔뙨빠

(ḥBrom ston pa)에게 말씀하시되, '지금 이후부터 인도에서 황금을 구하기 위해서 온 자들로부터 법을 청문하지 말라. 사부속(四部續)을 교란하여 강설한다. 선지식이여, 계경(契經)을 의지하고, 착한 마음[보리심]을 행하라.'고 유언하였다. 선지식 돔뙨빠께서도 또한 입적할 때, '자기의 머리를 뽀또와(Po to ba)의 무릎에 기대자, 그의 눈물이 머리카락 사이에 떨어지는 것을 아신 뒤, 「자네는 슬퍼하지 말라. 착한 마음[보리심]을 행하라. 이생에서 뛰어난 자가 되도록 하라.」라고 하였다. 뽀또와가 여쭙길, '은사(恩師)시여, 「착한 마음[보리심]을 행하라.」고 함은 무엇을 말합니까?'라고 하자, 돔뙨빠께서, 그를 응시하신 뒤 '보리심을 말한다.'라고 두 번 거듭 말씀하였다. 이에 뽀또와께서 말하길, '그때 내 심장에 푸르빠(金剛橛)가 꽂히는 것과 같았다.'라고 하였다. (중략) 제 · 린뽀체(rJe rin po che) 쫑카빠(Tsoṅ kha pa)께서, '발심은 대승도의 대들보이니, 광행파(廣行派)의 터전과 의지처이다. 복혜의 두 자량을 황금으로 바꾸는 연금액(鍊金液)과 같고, 광대한 선행의 자량을 거두어 모으는 복덕의 창고이다. 그와 같이 알고서 보살용자들은 고귀한 보리심을 수행의 핵심으로 지니라. 유가행자인 나 또한 그와 같이 수행한다. 해탈을 희구하는 그대들 또한 그와 같이 호지(護持)토록 하라.'고 설하였기 때문이다."

(2) 상사의 바른 길을 설함

여기에는 가. 원보리심(願菩提心)의 학처, 나. 행보리심(行菩提心)의 학처의 둘이 있다.

가. 원보리심의 학처

여기에는 가) 전행(前行)의 학처, 나) 본행(本行)의 학처, 다) 후행(後行)의 학처 셋이 있다.

가) **전행(前行)의 학처**이니, 여기에는 (가) 자량의 쌓음, (나) 귀의의 수승함, (다) 세 가지 마음의 학습 셋이 있다.

(가) **자량의 쌓음**이니, 위에서 '바른 방편을 설하고자 한다.'라고 설한 바이다. '원만보리를 닦아서 이루는 방편이 무엇인가?' 하면, 방편은 둘이니, 의향의 원만함과 가행의 원만함이다. 의향은 보리심을 일으키는 것이니, 복덕을 쌓음으로써 발생한다고 설하였기 때문에 제7송과 제8송의 1, 2구를 설하였다.

◎ **제불의 탱화와 소상 따위와**
불탑과 불경(佛經)을 향해서,
꽃과 향을 비롯한 공물들을
힘껏 장만해서 공양토록 하라. (제7송)

위의 게송의 뜻을 잠괸·로되타얘(無邊慧)의 『보리도등론정해』에서 다음과 같이 설하였다.

"여기서 '어떤 대상의 앞에서 공양을 어떻게 행하는 것인가?' 하면, 석가모니 부처님을 그린 탱화(幀畫)와 조상(彫像)과 주조상(鑄造像) 등의 몸의 성물과 사리를 모신 불탑인 마음의 성물과 십이분교(十二分教) 등의 정법의 경전인 말씀의 성물들이 실제로 존재하는 그 앞에서 공양하는 것이다. 선지식 쌰라와(Śa ra ba)께서, '「향해서」라고 함으로써, 예배 또한 설한 것이다.'라고 하였다. '어떤 물품으로 공양하는가?' 하면, 꽃과 소향(燒香)과 등불과 향수와 음식이니, 일상의 공양물들로서 행한다.

그 또한 '자기가 올리길 원하는 어떤 것으로 공양하는 것인가?' 하면, 자기에게 있는 모든 재물과 손에 있는 모든 것들을 남겨둠이 없이 공양하는 것이 마땅하니, 조오제(大恩人)께서, '백미 한 말이 있는 것을 기꺼이 희사(喜捨)하면 착한 보리심이 있고, 기꺼이 바치지 못하면 착한 보리심이 있지 않다.'라고 설하였다. 그것들을 진열함으로써 실제로 공양하는 것이다."

◎ **보현행원(普賢行願)에서 설한**
칠지공양(七支供養)들 또한. (제8송 1, 2구)

위의 두 구절로는 또는 마음으로 공양하는 의성공양(意成供養)[47]의 도리를 설한 것이니, 위의 같은 책에서, "「보현행원(普賢行願)」에서 설한 예배와 공양과 참회와 수희(隨喜)와 권청(勸請)과 회향(廻向)이니, 칠지공양(七支供養)을 또한 행하는 것이다. 그들에게 '공양하옵니다.'라고 함이니, 공양의 의미는 예배의 대상을 기쁘게 해드리는 것이다. 그 칠지공양들

---

47 의성공양(意成供養)은 "이끼뚤빠최빠(Yi kyis sprul paḥi mchod pa)"의 옮김으로 의변공양(意變供養)이라고도 한다. 실제로는 없으나 원하는 물건 등을 마음으로 생성해서 올리는 공양으로 실물 공양과 더불어 공덕을 쌓는 중요한 방법의 하나이다. 예를 들면, 우주를 만다라로 관상해서 올리는 티베트불교의 맨달(曼茶羅)공양도 여기에 속한다.

로 또한 수승한 예배의 대상들이 환희하기 때문이다."라고 하였다.

(나) 귀의(歸依)의 수승함이니, 조오제(大恩人)의 『심수요집(心髓要集, sÑiṅ po ṅes par bsdu ba)』에서, "대승의 종성을 지닌 그 사부는, 구호자가 없는 중생을 구호하기 위해, 귀의에 앞서서 전행(前行)으로, 원심(願心)을 일으키라."라고 설함과 같이, 발심을 비공통의 귀의에 앞서서 미리 행하는 것이 필요하다고 하였기 때문에 본송(本頌)에서 다음과 같이 말하였다.

◎ 보리의 정수에 이를 때까지
불퇴전의 견고한 마음들로, (제8송 3, 4구)

◎ 불법승 삼보를 굳게 믿고
두 무릎 땅 위에 꿇은 뒤,
두 손을 공손히 합장하고
먼저 삼귀의를 세 번 한다. (제9송)

제8송 3, 4구와 제9송의 의미를 4대 빤첸라마의 『보리도등론석승소희연』에서 다음과 같이 설하였다.

"[보리의 정수에 이르는] 그 [특별한] 때까지 귀의해야 하는 도리가 있다. 일반적 귀의는 살아 있을 때까지이며, 여기서는 그것이 아니라 보리의 정수[보리장(菩提藏)]에 이르기까지이니, 법신을 실현하는 때까지이기 때문이다. 보리의 정수에는 둘이 있으니, 장소의 보리의 정수와 깨달음의 보리의 정수이다. 처음에도 둘이 있으니, 전자는 [석가세존이 성불하신 곳인] 금강보좌(金剛寶座)와 같은 화신불의 처소와 색구경천(色究竟天)의 밀엄찰토(密嚴刹土)와 같은 보신불의 처소인 보리의 정수이다. 후자는 '위없는 지혜법신이다.'라고 선지식 부뙨·린첸둡(Bu ston rin chen grub, 寶成)[48]이 설함과 같다. '어떠한 의향(意向: 意樂)으로 어떤 대상에 어떠한 생각과 어떠한 행위를 통해서 귀의하는가?' 하는 도리가 있으니, 원인의 단계에서의 [특별한] 의향인 보리의 정수에 이르기까지 모든 유정들을 소연(所緣)하는 대비로써, 삼보를 귀의처로 받들어 지님에서 영원히 물러서지 않는 견고한 불퇴전의 마음으로, [특별한] 대상인 부처님과 법과 비공통의 승가인 불퇴의 보살성자의 승가인 삼보에게 귀의하는 것이다. [특별한] 생각인 삼보의 각각의 공덕을 듣고서 정결한 믿음을 강렬하게 일으키는 흥취를 지님으로써, [특별한] 몸의 행위인 두 발의 무릎을 땅에 대고 또는 쪼그리고 앉아서, 가사를 어깨에 걸치고, 두 손을 모아서 합장한 모양으로 한 뒤 귀의하기 때문이다.

그리고 어떠한 경우에는 [복창의] 횟수를 통해서 귀의함이 또한 있으니, 원심(願心)을 일으키는 발심(發心) 의식을 행할 때 처음 귀의의 본행(本行) 의식을 세 번 또는 세 번 복창하고, 그 세 번째 때

---

48 선지식 부뙨·린첸둡(Bu ston rin chen grub, 寶成, 1290~1364)은 티베트불교의 저명한 대학승(大學僧)으로, 그가 저술한 현밀(顯密)의 허다한 주석서들 가운데 『부뙨최중(Bu ston chos ḥbyuṅ)』 등이 유명하다. 그의 학통을 샬루빠(Shva lu baḥi grub mthaḥ) 또는 부뙨빠(Bu lugs)라고 칭한다.

에 귀의계(歸依戒)[49]를 얻기 때문이다. 선지식 싸라와(Śa ra ba)께서, '성문에게 귀의하지 않는 것은 가피가 적어서가 아니다. 길이 다르면 친구로 결속하는 것이 불가함과 같다.'라고 설하였다. 그 또한 『장엄경론(莊嚴經論)』에서, '모든 재앙과 악취(惡趣)와 비법(非法)과 괴취(壞聚)와 소승들에서 [구호함으로써], 그러므로 [부처님은] 최승의 귀의처이시다.'[50]라고 해서, 금생의 해악과 후생에 악취와 [바른 방편이 아닌] 비법(非法)과 삿된 길에서 구호하기 위해서 귀의

---

49 귀의계(歸依戒)는 곧 귀의의 학처(學處)이니, 모든 계율의 근본이 되는 율의로써 여기에는 세 가지의 학처가 있다. 첫째, 마땅히 행해서는 안 되는 응지학처(應止學處)와 둘째, 마땅히 행해야 하는 응행학처(應行學處)와 셋째, 앞의 두 학처와 공통의 행지학처(行止學處)이다.
첫째의 응지학처(應止學處)는 ① 부처님께 귀의한 뒤에는 [자재천 등의] 세속의 신들에게 절하지 않는 것이다. ② 법에 귀의한 뒤에는 타인을 해치는 행위를 하지 않는 것이다. ③ 승가에 귀의한 뒤에는 불교의 견해와 같지 않은 사람을 신뢰하고 의뢰하지 않는 것이다.
둘째의 응행학처(應行學處)는 ① 부처님께 귀의한 뒤에는 불상의 재료가 어떠하든지 또는 모양이 어떠하든지 또는 훼손되어 온전하지 않을지라도 부처님이라는 생각을 지녀야 한다. ② 법에 귀의한 뒤에는 법의 의미를 담은 글자 하나 이상에 대해서 법보라는 생각을 지녀야 한다. ③ 승가에 귀의한 뒤에는 단지 승려의 차림을 한 이상에는 공경하지 않는 생각을 가져서는 안 된다.
셋째의 행지학처(行止學處)는 삼보의 전체에 대한 학처이니, ① 삼보의 공덕을 수념하는 문을 통해서 밤낮으로 여섯 번에 걸쳐서 귀의를 행한다. ② 삼보의 은혜를 수념하는 문을 통해서 공양에 정진하고, 음식과 음료수의 헌신(獻新)을 또한 행한다. ③ 귀의의 이익을 수념하는 문을 통해서 자신 또한 귀의하고 다른 사람도 귀의하도록 이끌어준다. ④ 어떤 일을 행하고, 어떤 필요한 것이 있으면 삼보에게 공양한 뒤 기원하고, 다른 세속의 방편을 버리는 것이다.

50 이 구절의 의미를 무착보살(無着菩薩)의 『장엄경론석(莊嚴經論釋)』에서, "여기서 모든 재앙에서 구호함이란, '부처님의 위력으로 소경은 눈을 얻고, 귀머거리는 소리를 듣고, [벙어리는 말을 하고,] 마음이 광란한 자는 안정을 얻고, 병에 감염된 자는 낫게 된다.'라고 하는 그와 같은 것들이다. 악취(惡趣)에서 구호함은 부처님의 광명으로 그곳에 떨어진 자들을 벗어나게 함과 그곳에 들어가는 것을 차단하기 때문이다. 비법(非法)에서 구호함은 [대소승의] 이승(二乘)에 의해서 외도의 삿된 견해에서 일으켜 세우기 때문이다. 괴취(壞聚)에서 구호함은 [대소승의] 이승(二乘)으로 고통에서 구제하기 때문이다. 소승에서 구호함은 종성이 정해지지 않은 중생을 대승으로 들어가게 하기 때문이다."라고 하였다.

하는 것은 하사(下士)의 귀의이고, 괴취(壞聚)의 유루온(有漏蘊)[51]으로 [선악의 분별인] 행(行)의 본성인 윤회의 고통에서 자기의 해탈을 위해서 귀의하는 것은 중사(中士)의 귀의이며, 소승을 두려워해서 모든 유정들을 윤회의 두려움에서 구호하기 위해서 비공통의 삼보에게 귀의하는 것이 대승의 상사(上士)의 귀의라고 설하였다.

그러면 '귀의의 수승함과 원심(願心)에는 차이가 있는 것인가, 없는 것인가?'라고 하면, '귀의의 수승함은 유정을 고통에서 구호하기 위한 목적으로 붓다가 되기를 원함으로써, 원심과는 본질에서는 차이가 없다. 의식이 같지 않은 것이다.'라고 선지식 까마와(Ka ma ba)[52]께서 주장하였다. 선지식 뽀또와께서는, '그 둘의 차이는 원심은 유정의 이익을 위해서 붓다가 되기를 원하고, 붓다가 된 뒤에는 구제를 [행함이] 상주(商主)가 자기 힘으로 호송을 하는 것과 같고, 귀의의 수승함은 유정을 고통에서 구제하길 원함으로써 그 힘을 소유한 삼보에게 청한 뒤, 상주가 힘든 일을 타인에게 의지해서 호송하는 것과 같은 것이다.'라고 하였다.

이것에 대해서 또한 『장엄경론』에서, '이것은 그것을 진실로 원함으로써 자임(自任)하는 그것 또한 대비에서 행하는 것임을 알

51 괴취(壞聚)의 유루온(有漏蘊)은 곧 번뇌와 업으로 받은 근취온(近取蘊)인 오온을 말한다. 여기서 괴취는 찰나찰나에 생멸하고 갖가지의 요소들이 모여서 생겨난 사람의 몸을 말하고, 유루온은 대경을 소연해서 탐욕 등의 번뇌가 흘러나와서 윤회에 떨어지게 하는 까닭에 유루온이라 한다.

52 선지식 까마와(Ka ma ba)의 본명은 셰랍외(Śes rab ḥod, 般若光, 1057~1131)이며, 선지식 괸빠와(dGon pa ba, 1016~1082)의 제자이다. 중앙 티베트의 롱쐬 자방에 까마(Ka ma) 사원을 건립하고 700여 명의 제자들을 양육하였다. 그에게는 외부의 조악한 사물들을 좋게 바꾸는 삼매의 힘을 지녔다고 알려졌다.

도록 하라.'고 해서, 붓다가 되기를 원함으로써 귀의를 자임하는 것을 또한 설함으로써, 전적을 많이 본 지자(智者)들은 변석토록 하라. 여기서 귀의의 원인과 대상과 본질과 학처와 이익들은 도차제의 책들을 통해서 알도록 하라."

(다) 세 가지의 마음의 학습이니, 보리심을 일으키는 발심의 본행을 행하기 전에 먼저 자심(慈心)과 비심(悲心)의 마음을 닦는 로종(Blo sbyoṅ, 修心)이 필요함을 설하기 위해서 본송(本頌)에서 다음과 같이 말하였다.

◎ **그 뒤 모든 유정들을 위해서**
자심(慈心)을 먼저 행함으로써,
삼악도에 태어나는 따위와
죽음과 이주 등으로 고통받는, (제10송)

◎ **중생들을 남김없이 살피어서**
삼고(三苦)로 괴로움을 당하는,
고통과 고통의 원인들로부터
중생을 해탈시키길 원함으로써, (제11송 1~4구)

위의 게송에서 제10송의 1구와 2구는 자애를 설해 보였고, 그 뒤의 세 구절은 대비(大悲)의 대상을 설해 보였고, 마지막 세 구절은 대비의 모양을 설해 보임과 동시에 보리심을 닦는 법도 또한 곁들어서 설하였다.

위의 게송들의 의미를 잠괸·로되타애(無邊慧)의 『보리도등론정해』

에서 다음과 같이 설하였다.

"자량의 쌓음이 선행(先行)하는 귀의와 특별한 귀의 의식을 마친 그 뒤, [무시이래로 은혜로운] 어머니가 되었던 모든 유정들을 소연(所緣)하는 자심(慈心)이 인과칠결(因果七訣)[53]의 하나인 대비(大悲)의 결정적 원인이 됨으로써, 자애로운 마음을 먼저 행하는 [사전에 닦는] 것이 마땅하다. 그러므로 모든 유정들을 은혜로운 어머니로 인식하고, 은혜를 기억하고, 은혜를 갚는 문을 통해서 애중히 여기고 사랑하는 마음이 절절하게 일어나면 그때 대비를 닦는다. 소연(所緣)의 대상인 삼악도에는 처절하고 장시간 이어지는 온갖 고통들이 있으며, 사람에게는 생로병사 등의 고통이 있으며, 욕계(欲界)의 여섯 하늘에는 죽음과 이주(移住)와 낮은 세계로 떨어지는 고통들이 있으며, '등'으로 설해 보이는 [색계와 무색계의] 두 상계(上界)에는 선정에 취해서 법을 행하려는 마음이 없고, 자기의 자리를 지키는 힘을 상실하는 고통들이 있으니, 요약하면 삼고(三苦)에 의해서 전적으로 괴로움을 당하는 모든 유정들을 대비의 눈으로 살핌이니, 삼악도의 고통들인 고고(苦苦)와 욕계의 고통인 괴고(壞苦)와 상계의 고통인 행고(行苦)와 그것들을 일

---

53 인과칠결(因果七訣)은 대승의 보리심을 닦는 두 가지의 방법 가운데 하나이다. 『반야경(般若經)』에서 설하는 의취대로 보리심을 닦는 것으로 다음 일곱 가지를 말하니, ① 모든 유정들을 어머니로 인식하기, ② 어머니의 은혜를 기억하기, ③ 어머니의 은혜 갚기, ④ 자애를 희구하는 마음 닦기, ⑤ 대비를 희구하는 마음 닦기, ⑥ 증상의요(增上意樂)를 희구하는 마음 닦기, ⑦ 대보리를 희구하는 마음 닦기이다. 다른 하나는 『화엄경』과 『입보리행론』 등에서 설하는 자타상환(自他相換)의 문을 통해서 닦는 법이다.

으키는 근본인 업과 번뇌와 그것들의 원인을 사유한 뒤, 그것에서 모든 중생들을 해탈시키길 원하는 대비와 그것으로 야기하는 대보리를 얻고자 원하는 로종(Blo sbyoṅ, 修心)을 견실하게 수습하는 것이 필요하다. 계경(契經)[『법집경(法集經)』]에서, '보살은 많은 법들을 배우지 말라. 하나의 법을 배우도록 하니, 「무엇인가?」 하면 대비이다.'라고 설하였기 때문이다."

나) 본행(本行)의 학처이니, 본송(本頌)에서 다음과 같이 말하였다.

◎ **불퇴전(不退轉)을 서약하는**
보리심을 일으키도록 한다. (제11송 5, 6구)

위의 게송의 의미를 4대 빤첸라마의 『보리도등론석승소희연』에서 다음과 같이 설하였다

"자애와 대비의 대상을 잘 수습한 뒤 보배로운 위없는 보리심을 일으키도록 하라. '어떠한 도리로 일으키는가?' 하면, 불퇴전을 서약하는 문을 통해서 하는 것이다. 보통은 원심(願心)의 일으킴은 의식에 의거하지 않을지라도 또한, 이 보배로운 마음에서 영원토록 물러서지 않고, 보리심을 얻기까지는 한순간도 또한 버리지 않는 견고한 마음으로 원심을 발심의식을 통해서 수지한 뒤, 아래에서 나오는 다섯 가지의 학처를 반드시 배우는 것이 필요하다."

또한 위의 같은 책에서 귀의와 원심을 일으키는 발심의식(發心儀式)을

다음과 같이 요약해서 설하였다.

"그 또한 처음 삼보와 스승님에게 있는바 모든 것들로 공양하고, 사례(謝禮)를 한 뒤, 칠지공양(七支供養)[54]을 널리 행해서 자량을 쌓은 뒤에 기원을 행한다. '그와 같이 과거의 여래·응공·정등각·불세존들과 높은 지위에 안주하는 대보살들께서 위없는 정등각을 위해서 발심함과 같이, 아무개라 부르는 저 또한 아사리에 의해서 위없는 정등각을 위하여 발심하도록 간청하나이다.'라고 세 번 간청한다.

그 뒤 수승한 귀의를 행하니, '아사리시여, 헤아려 살펴주소서! 이름을 아무개라 부르는 저는 이 순간부터 보리의 정수에 이를 때까지, 두 발을 가진 자들의 지존이신 모든 부처님들께 귀의하나이다. 아사리시여, 헤아려 살펴주소서! 이름을 아무개라 부르는 저는 이 순간부터 보리의 정수에 이를 때까지, 모든 법들의 최상인 탐착을 여읜 적멸의 법들에 귀의하나이다.

아사리시여, 헤아려 살펴주소서! 이름을 아무개라 부르는 저는 이 순간부터 보리의 정수에 이를 때까지, 무리들 가운데 최승인 불퇴전의 거룩한 보살승가에 귀의하나이다.'라고 세 번 간청한다. 이에 아사리께서 귀의의 학처들을 설한다. 제자는 다시 보현행원(普賢行願) 또는 『입보리행론』에서 설한 공양 등의 칠지공양을 올린다. 스승님에게 도사(導師)라는 생각을 지니고, 모든 유정들에

54 칠지공양(七支供養)은 ① 예배, ② 공양, ③ 참회, ④ 수희(隨喜), ⑤ 청전법륜(請轉法輪), ⑥ 청불주세(請佛住世), ⑦ 회향의 일곱 가지이다.

게 자애와 대비의 생각을 지니고, 자기에게는 꿈과 환상과 같다는 생각을 지닌다.

그 뒤 보리심을 지님은 '시방에 계시는 모든 불보살님들에게 헤아려 살펴주소서! 아사리시여, 헤아려 살펴주소서! 이름을 아무개라 부르는 저는 이생과 다른 생애들에서 보시의 자성과 계율의 자성과 수습의 자성인 선근(善根)을 저는 행하고, 행하게 하고, 행하는 것을 수희하는 그 선근으로, 그와 같이 과거의 여래·응공·정등각·불세존들과 높은 지위에 안주하는 대보살님들께서 위없는 정등각을 위해서 발심함과 같이, 아무개라 부르는 저 또한 이 시간부터 나아가 보리의 정수에 이를 때까지 위없는 정등각을 위하여 발심하도록 간청하나이다. 구제받지 못한 유정들을 구제하겠나이다. 해탈하지 못한 유정들을 해탈시키겠나이다. 안도의 한숨을 쉬지 못한 유정들을 안도의 한숨을 쉬게 하겠나이다. 대열반에 들지 못한 유정들을 대열반에 들게 하겠나이다.'라고 세 번 간청한다.

만약 아사리를 얻지 못하면 [불상과 경전 등의] 성물 앞에서 예배하고 공양한 뒤, '아사리시여, 헤아려 살펴주소서!'라고 한 말들을 행하지 말고, 다른 의식들을 앞서와 같이 행하는 것[55]을 또한 발심 의식에서 설하였다.

---

55 아사리가 없이 행하는 의식에 대하여 조오제(大恩人)의 『발심율의의궤차제(發心律儀儀軌次第, Sems bskyed pa daṅ sdom paḥi cho gaḥi rim pa)』에서, "만약 아사리가 없을지라도 또한 그와 같이 발심하는 의궤는 여래세존 석가모니불과 시방의 제불여래를 마음으로 사유한 뒤, 예배와 공양의 의식 등을 행한 뒤 기원을 행하고, '아사리시여, 헤아려 살펴주소서!'라고 함을 제외한 귀의 등을 앞서의 차례와 같이 행한다."라고 설하였다.

여기서 '구제받지 못한 유정들을 구제하겠나이다.'라는 등의 네 가지 서약의 의미에 대해서 선지식 싸라와(Śa ra ba)께서, '성문을 근거로 해서 사과(四果)와 결부하면, 예류(豫流)를 얻으면 모든 세간에서 벗어나고, 일래(一來)를 얻으면 욕계의 번뇌에서 대체로 해탈하고, 불환(不還)을 얻으면 모든 욕계의 번뇌를 끊어버림으로써 위안을 얻고, 아라한(阿羅漢)을 얻으면 세간의 고통과 삼계의 번뇌에서 완전히 해탈한다. 또한 대승을 근거로 하면, 초지(初地)를 얻으면 세간에서 벗어나고, 칠지(七地)를 얻으면 상집(相執)[56]의 결박에서 해탈하고, [팔지(八地)와 구지(九地)와 십지(十地)의] 삼정지(三淨地)[57]를 얻으면 무상(無相)을 얻고 [불지(佛地)를] 자연히 성취하는 위안을 얻고, 성불하면 비열반(非涅槃)의 모든 소단사(所斷事)에서 벗어난다.'라고 설하였다.

또한 선지식 침·탐째켄빠(Chima thams cad mkhyen pa)께서는 사제와 결부해서, '고폭류(苦暴流)[58]를 건너지 못함에서 벗어나고, 집(集)의 결박에서 벗어나지 못함에서 해탈하고, 아견(我見)으로 위안을 얻지 못함을 도제(道諦)에 의해서 위안을 얻고, 분별의 근심에서 벗어나지 못함을 멸제(滅諦)에 의해서 열반을 얻는다.'라고 설하였다."

---

56 상집(相執, mTshan mar ḥdzin pa)은 사물의 상(相)을 실유로 집착하는 전도된 마음이니, 다시 말해 일체의 모든 법을 실재하는 것으로 집착하는 전도된 분별이다.

57 팔지(八地)의 부동지(不動地)와 구지(九地)의 선혜지(善慧地)와 십지(十地)의 법운지(法雲地)의 셋에 안주하는 보살은 아만(我慢)이 완전하게 정화되어 전혀 있지 않음으로써 삼정지(三淨地)라 부른다.

58 고폭류(苦暴流)는 고통의 사나운 강물이란 뜻이니, 생로병사의 넷을 폭류에 비유해서 설한 것이다.

다) **후행(後行)의 학처**이니, 여기에는 (가) 원심(願心)의 공덕을 억념함, (나) 보리심을 닦음, (다) 두 자량을 쌓음, (라) 유정을 버리지 않음, (마) 흑백의 팔법(八法)에 취사를 행하는 법을 배우는 학처의 다섯 가지가 있다.

(가) 원심의 공덕을 억념함이니, 본송(本頌)에서 다음과 같이 말하였다.

◎ **그같이 원보리심(願菩提心)을**
일으킨 공덕이 어떤 것인가?
그것의 복덕들을 『화엄경』에서
미륵보살이 자세히 설하였다. (제12송)

위의 게송의 의미를 4대 빤첸라마의 『보리도등론석승소희연』에서 다음과 같이 설하였다

"앞에서 설한 바와 같이 보리를 희구하는 원심(願心)을 발심의식을 통해서 일으킨 어떤 공덕 또는 이익 그것이다. '어디에서인가?' 하면, '미륵자존께서 지혜를 지님으로써 선재동자(善財童子)에 설하였다.'라고 설함과 같이, 『화엄경』에서 미륵자존께서 설하였다. 그 계경에서, '선남자여, 보리심은 모든 불법의 종자와 같다. 모든 중생들의 백법(白法)을 자라나게 하는 밭과 같다.'라는 등의 122가지의 비유를 통해서 말씀하였고, 『집학론(集學論)』에서는 16가

지의 비유[59]를 인용하였다. 선지식 쌰라와(Śa ra ba)께서, '그들 공덕 또한 간추리면 네 가지에 거두어지니, 종자와 같음과 밭과 같음으로 자리(自利)와 이타(利他)의 공덕을, 「보리심은 단창(短槍)과 같다.」는 것으로 역연(逆緣)의 방면을 파괴함을, 「모든 보석을 거두어 모은 여의주와 같다.」는 것으로 소망하는 모든 것을 성취하는 공덕을 설해 보였다.'라고 하였다. 선지식 도룽빠(Gro luṅ pa)[60]께서는, '요약하면, 과위(果位)의 부처님의 공덕이 무량하고 불가

---

59 여기에 나오는 보리심의 16가지의 공덕은 아사리 적천보살의 『집학론(集學論)』의 「보시바라밀품(布施波羅蜜品)」에 인용된 것을 재인용한 것이다. 이것은 또한 『화엄경』의 「입법계품(入法界品)」에 설해진 보리심의 122가지의 공덕을 요약해 놓은 것으로 자구와 순서에 약간의 차이가 있으니 다음과 같다.
"1. 선남자여, 보리심은 모든 불법(佛法)의 종자와 같다. 2. 모든 중생들의 백법(白法)을 자라나게 함으로써 밭과 같다. 3. 모든 세간들이 의지함으로써 대지와 같다. 4. 모든 빈곤들을 바르게 파괴함으로써 [재신(財神)] 비사문천(毘沙門天)과 같다. 5. 모든 보살들을 온전히 호지함으로써 아버지와 같다. 6. 모든 의리(義利)들을 바르게 성취함으로써 여의주왕(如意珠王)과 같다. 7. 모든 소망들을 원만히 갖추게 함으로써 보병(寶甁)과 같다. 8. 모든 번뇌의 적들을 패배시킴으로써 단창(短槍)과 같다. 9. 모든 비리작의(非理作意)들을 덮어버림으로써 갑옷과 같다. 10. 모든 번뇌들의 머리를 떨어뜨림으로써 이검과 같다. 11. 모든 번뇌들의 나무를 잘라버림으로써 도끼와 같다. 12. 모든 해악들로부터 지켜줌으로써 무기와 같다. 13. 윤회의 폭류(暴流)에서 건져냄으로써 쇠갈고리와 같다. 14. 모든 장애의 가림을 흩어지게 함으로써 풍륜(風輪)과 같다. 15. 모든 보살의 행위와 서원을 섭략(攝略)함으로써 개론과 같다. 16. 하늘과 인간과 아수라의 모든 세계에서 보탑(寶塔)과 같다. 선남자여, 그와 같이 보리심은 그 공덕과 다른 공덕의 무량한 차별을 지닌다."

60 선지식 도룽빠(Gro luṅ pa)의 본명은 로되중내(Blo gros ḥbyuṅa gnas, 慧生, 12세기)이며, 역경승 로댄쎄랍(Blo ldan śe rab, 1059~1110)의 제자로 일체의 경론에 박통한 것으로 널리 알려졌다. 저서로는 『최중갸짜라된콕칭왜띠까(阿底峽小簡百法要義總綱疏)』와 『땐림첸모(bsTan rim chen mo, 教次廣論)』, 『땐림충와(教次略論)』, 『람림(道次第)』 등이 있다. 특히 『땐림첸모』는 조오제(大恩人)의 『보리도등론』의 의취를 주해한 독보적인 걸작으로 쫑카빠(Tsoṅ kha pa)의 『보리도차제광론(菩提道次第廣論)』도 이것에 의거해서 저술한 것으로 알려졌다. 『투깬둡타(宗教源流史)』에서는, "돌룽빠 대사의 『땐림첸모』는 [오직 인도의 경적만을 인용해서 해설한] 『보리도등론』의 독보적인 주석서인 까닭에, 쫑카빠 대사도 또한 이 대론을 열람할 때 갖가지 공양을 올리고 [향을 피워서] 맞이하였으며, 『람림첸모』도 이것과 대부분 일치하게 저술하였다."라고 함과 같다.

사의한 일체가 또한 이것의 공덕이니, 이것이 핵심적 원인이 되기 때문이다.'라고 설하였다."

(나) 보리심을 닦음이니, 본송(本頌)에서 다음과 같이 말하였다.

◎ **그 계경을 읽거나 스승님께 들어서**
원만한 보리심의 무변한 공덕들을,
잘 요지하고 그것이 상주하는 요인으로
그와 같이 거듭거듭 발심토록 하라. (제13송)

위의 게송의 의미를 4대 빤첸라마의 『보리도등론석승소희연』에서 다음과 같이 설하였다

"그와 같이 보리심을 마땅히 일으켜야 하니, '누구인가?' 하면, 원심(願心)을 발심의식을 통해서 일으킨 그 보살이 대보리를 소연(所緣)하는 원보리심의 공덕이 무변하고 불가사의함을 『화엄경』 등의 계경들과 『보살지(菩薩地)』 등의 논전들을 자기 스스로 읽거나 또는 스승님께 잘 들어서, 의심을 완전히 해소하고 확실하게 안 뒤, 필요성인 자기의 마음흐름에 상주하고 쇠퇴하지 않고 자라나게 하는 요인(要因)이니, 원인으로 거듭거듭 일으키되 최소한 밤낮으로 세 번씩 보리심을 일으켜야 하기 때문이다.
간혹 어떤 이가 '그것이 상주하는(De gnas)' 대신 '그 뒤(De nas)'라고 읽는 것은 판본이 부정확하기 때문이다. 자주(自註)인 『보리도등론난처석』의 본문 번역에서도 또한 '그것이 상주하는 요인으

로(De gnas rgyu mtshan du), 그와 같이 거듭거듭 발심토록 하라(De ltar yaṅ daṅ yaṅ du).'로 나오기 때문이다.

만약 앞에서 설한 발심의식을 얻지 못하면 '거룩한 부처님과 달마와 중중존(衆中尊)께, 대보리에 이를 때까지 저는 귀의하옵니다. 제가 보시 등을 행한 바 이것들에 의해서, 중생의 이익을 위해서 붓다가 되게 하소서!'라고 조오제(大恩人)의 저술들에서 나오는 그대로 행하도록 하라. 그러면 '보리심의 공덕이 무변하다.'라고 설하면, '그것을 어디에서 설한 것인가?'라고 하면, 그것의 답으로 본송(本頌)에서 다음과 같이 설하였다.

◎ 『근수청문경(勤授請問經)』들에서
이것의 복덕을 상세히 설한바,
그것을 세 게송으로 요약해서
간략하게 여기서 적고자 한다. (제14송)

◎ 보리심의 복덕이란 어떠한가?
그것에 만약 형체가 있다면,
허공계를 다 채우고도 또한
그것이 오히려 남음이 있다. (제15송)

◎ 갠지스 강의 모래알처럼 수많은
부처님의 정토들에 어떤 사람이,
갖가지 보석들을 가득히 채우고
세간의 의호에게 올리는 것보다도, (제16송)

◎ 어떤 이가 두 손을 합장하고
대보리를 마음으로 경배하면,
이 공양이 더욱 더 뛰어나서
그것에는 변제조차 있지 않다. (제17송)

여기서 '이 보리심의 복덕 또는 이익을 자세하게 설해 보인 것은 무엇 때문인가?'라고 하면, 그것은 '『근수청문경(勤授請問經)』들에서 세 게송으로 요약해서 설한 그것을 여기에서 또한 적고자 한다.'라고 접속함이다. 그러면 '계경에서 설해진 이익이 어떤 것인가?'라고 하면, 여기서 설한 보리심의 이익이 심히 광대한 것이니, 보리심의 복덕이란 어떤 그것은 형체로 성립하지 않을지라도 만약 형체가 있다고 한다면, 시방의 허공계를 다 채우니, 차고 넘치도록 채운다. 그 이익이 허공계에 비해서도 또한 남으니 허공이 수용하지 못하기 때문이다. 이것으로 광대함을, 나머지 두 게송으로는 정도를 가늠하지 못함으로써 변제가 있지 않음을 설해 보였다. 달리 또한 '보리심에는 복덕의 변제가 있지 않도다.'라고 해서, 정도를 가늠하지 못하는 복덕이 있는 것이다. 그릇의 특별함인 갠지스 강가 모래알의 수효 또는 갠지스 강물을 티끌로 쪼갠 모래알들이 존재하는 그만큼의 부처님의 정토들을 행해서, 믿음을 지닌 어떤 이가 뛰어난 공양물인 하늘나라의 보석인 제청보(帝靑寶, dBaṅ gi rgyal po)들로 전체를 가득히 채우고, 수승한 국토인 세간의 의호(依怙)이신 불세존에게 공양을 올리는 것보다, 대승의 종성인 어떤 이가 삼보 또는 스승님의 면전에서 정결한 믿음으로 두 손을 합장하고 위없는 대보리를 마음으로 경배하면, 이렇게 보리심을 일으킨 공양이 더욱 더 뛰어나기 때문이다."

(다) 두 자량을 쌓음이니, 본송(本頌)에서 다음과 같이 말하였다.

◎ **원보리심(願菩提心)들을 일으킨 뒤에는**
허다한 노력으로 두루 자라나게 하고, (제18송 1, 2구)

위의 제18송은 낙초·로짜와(Nag tsho lo tsā ba)의 『보리도등론주강해장엄』에서 제기한 일곱 가지의 질문 가운데 두 번째의 "이생범부(異生凡夫)의 몸에 보리심이 일어나는가, 일어나지 않는가?"에 대한 답변으로 설한 것이라고 뻴망·꾄촉갤챈(稀寶勝幢)의 『보리도등론석승희공운』에서 설하였다.

위 구절의 의미를 4대 빤첸라마의 『보리도등론석승소희연』에서 다음과 같이 설하였다

"선지식 뽀또와(Po to ba)께서, '복혜의 두 자량을 쌓는 노력은 이것으로 섭수하는 것이 좋으니, 발심의 이익을 기억하고, 하루 여섯 번씩 걸쳐 닦는 두 가지의 문을 통해서 원보리심들을 일으킨 뒤에는 삼보에 공양하고, 승가를 받들어 모시고, 신귀(神鬼, ḥByuṅ po)에게 또르마(gTor ma, 食子)를 올리고, 빈궁한 자에게 보시하는 등의 복덕과 지혜의 두 자량을 쌓고, 허다한 노력으로 그 원심이 두루 자라나게 함이 마땅하니, 『자량담(資糧譚, Tshogs kyi gtam)』에서, 「나는 오늘 복덕과 지혜의 자량 가운데 어떤 것으로, 타인에게 어떠한 이익을 행하고자 한다.」라고 보살은 거듭거듭 생각한다.'라고 설하였기 때문이다."

(라) 유정을 버리지 않음이니, 본송(本頌)에서 다음과 같이 말하였다.

◎ **이것을 타생에서도 또한 기억하기 위해** (제18송 3구)

(마) 흑백의 팔법(八法)에 취사를 행함이니, 본송(本頌)에서 다음과 같이 말하였다.

◎ **그와 같이 설한 학처들 또한 호지하라.** (제18송 4구)

위의 두 구절의 의미를 갤찹·닥빠된둡(普稱義成)의 『보리도등론제호석』에서 다음과 같이 설하였다.

"그 또한 선지식 쌰라와(Śa ra ba)께서, '마지막 두 가지의 학처를 설한 이것은 「타생에서도 또한」이라고 말한 두 구절이니, 여기서 원심(願心)을 얻고 상실하지 않으면 후생에서 전생을 기억한 뒤 [원심이] 현전함이 또한 있다. 그와 같이 현전하지 않을지라도 또한 기억하게 채찍질하는 것으로도 현전하게 된다.'라고 설함과 같이, 필요성이니, 무량한 공덕을 지닌 이 보배로운 보리심을 이생에서 [특별한] 생각과 행위의 원만함의 두 문을 통해서, 그와 같이 일으킨 그대로 후생과 후생의 후생이라고 하는 후생 등의 타생에서도 또한 잊지 않고 기억하기 위한 목적으로 앞의 세 학처뿐만 아니라, 일곱 가지의 별해탈계(別解脫戒)에 네 가지의 근본타죄(根本墮罪)와 여덟 가지의 근본타죄와 행심(行心, ḥJug sems)에 근본타죄와 같은 여덟 가지 가운데 어떤 것이 발생하면, 그것들의 율의를 버림과 같이 유정을 마음으로 버림과 네 가지의 흑법(黑法) 가운데 어떤 것이 발생하면 원심을 버리는 것이고, 만약 이들 다섯 가지가 발생하면 별해탈계의 근본타죄가 발생하는 것보다도 그 죄가 큼으로써, 그것들이 일어나지 않도록 하기 위해서 『가섭청문경(迦葉請問經)』에서 그와 같이 설한, '학처인 유정을 마음으로 버림을 버림과 네 가지의 흑법을 버리고, 그것들을 다스리는 법인 네 가지의 백법(白法)을 배우는 마지막 두 가지의 학처들이 또한 쇠퇴하지 않도록 온전히 호지하라.'고 하였다."

또한 제18송의 의미에 대하여 조오제(大恩人)의 『보리도등론난처석』에서 다음과 같이 설명하였다.

"그와 같이 원심을 일으키고 그것의 공덕을 아는 그것으로 그것을 증장시키기 위해서, '허다한 노력으로 두루 자라나게 하고'라고 말하였다. 이것의 뜻을 내가 지은 『발심의궤(發心儀軌)』[61]에서 자세하게 설하였으니, '그와 같이 보리심을 발한 보특가라는 보리심을 증장시키기 위해서, 최소한 낮에 세 번 밤에 세 번씩, 「거룩한 부처님과 달마와 중중존(衆中尊)께, 대보리를 이룰 때까지 저는 귀의하나이다. 제가 보시 등을 행한바 이것들에 의해서, 중생의 이익을 위해서 붓다가 되게 하소서!」라고, 보리심을 발하도록 하라.'고 하였다.

---

61 이것은 『아띠싸백법록(阿底峽百法錄)』에 수록된 『발심율의의궤차제(發心律儀儀軌次第, Sems bskyed pa daṅ sdom paḥi cho gaḥi rim pa)』인 것으로 생각된다.

또한 '이것을 타생(他生)에서도 또한 기억하기 위해, 그와 같이 설한 학처들 또한 수호하라.'고 한 이 뜻을 또한 내가 『가섭청문경』에서 발췌해서 그 『발심의궤』에다 적어놓았으니, 이와 같다. '보리심을 쇠퇴시키는 네 가지의 흑법(黑法)[62]에서 돌아서도록 하라. 넷이란 무엇인가? ① 친교사(親教師)[63]와 아사리(軌範師)[64]와 스승[65]과 응공처(應供處)[66]를 기만함이다. ② 달리 후회할 바가 없는 것에 대해서 악작(惡作, ḥGyod pa)[67]을 견인함이다. ③ 대승

---

62 네 가지 흑법(黑法)의 전거는 『보적경(寶積經)』의 「가섭청문품(迦葉請問品)」이다. 이 경에서 타생에서 발심을 잊어버리거나 또는 실현하지 못하는 네 가지 법[흑법]과 보리를 얻기 전까지 중간에 보리심을 잊지 않거나 또는 실현함에는 네 가지 법[백법]을 갖춘다고 하였다.

63 친교사(親教師, mKhan po)는 범어 우빠다야(Upādhyāyaḥ)의 옮김이다. 본래 출가계를 전수하는 청정한 비구를 일컬으나, 또한 크고 작은 승원의 승원장을 지칭하는 말로 쓰인다. 『다조르밤뽀니빠(聲明要領二卷)』에서, "우빠다야(Upādhyāyaḥ, 親教師)는 우뻬따-아디야떼-아쓰맛(Upetya adhīyate asmāt)이라고 하니, 처음 누구로부터 계율을 받게 되면 그의 면전에 특별히 나아간 뒤, [수계(受戒)의] 갈마(羯磨)를 표백(表白)함과 같이 [가부(可否)를] 묻고 답함으로써 성언(聖言)을 전수하는 것을 말하니, 이전에 알려진 것과 의미의 둘을 결합해서 친교사라 명명한다."라고 하였다.

64 아사리(阿闍梨, Slob dpon)는 범어 아짜랴(Ācārya)의 음역으로, 의역하여 궤범사(軌範師)라 한다. 『다조르밤뽀니빠(聲明要領二卷)』에서, "아짜랴(Ācārya)는 아짜랴떼-아쓰민(Ācāryate asmin)이라 하니, 누구로부터 법과 예식 등을 듣고 배우는 그를 일컬음으로써 아사리라 부른다."라고 하였듯이, 자기의 제자에게 법과 재물의 문을 통해서 이익을 주는 선지식을 말한다.

65 스승은 상사(上師)이니 선지식의 뜻이다. 티베트어로 라마(Bla ma)이자, 범어는 구루(Guru)이다. 『곰데칙죄첸모(貢德大辭典)』에서, "석의(釋義)는 공덕의 문을 통해서 모든 중생들의 스승이니, 으뜸이 됨으로써 그와 같이 말한다. 스승의 대어(對語)는 구루이니, 으뜸과 무거움과 굳건함 따위에 해당한다고 함으로써, 공덕의 문을 통해서 타인보다 뛰어나거나 각별하게 수승함으로써 으뜸이다. 공덕의 무더기가 매우 큼으로써 무거움이다. 탐착과 성냄 따위가 흔들지 못함으로써 굳건함이다."

66 응공처(應供處)는 앞의 둘 사이에 들지는 않으나 공덕을 지닌 분들을 뜻한다.

67 악작(惡作, 後悔)은 범어 까우끄르땸(Kaukṛtyaṃ)과 티베트어 괴빠(ḥGyod pa)의 번역이다. 사이전(四異轉 : 선악과 무기 가운데 어떤 것으로 바뀜)의 하나로, 과거에 지은 행위를 언짢게 여

에 바르게 안주하는 보특가라(人)에 대해서 칭찬이 아닌 말과 비방하는 말과 칭송이 아닌 악담을 지어서 퍼뜨림이다. ④ 증상의요(增上意樂)가 아닌 것으로 타인에게 첨광(諂誑)[68]을 행하는 것이다. 대신 보리심을 증장시키는 네 가지의 백법(白法)을 배우도록 하라. 넷이란 무엇인가? ① 목숨을 위해서 또는 웃음거리를 위해서도 또한 거짓말을 하지 않음이다. ② 첨광(諂誑)이 없이 모든 유정들의 면전에 증상의요를 가지고 머무름이다. ③ 모든 보살들에게 도사(導師)라는 생각을 일으키고, 그들의 진실함을 사방에 칭찬하고 퍼뜨림이다. ④ 소분(小分)의 수레를 원치 않기에 모든 유정들을 성숙시키고, 그들 모두가 위없는 정등각을 바르게 지니게 함이다.'
특별히 신통을 신속하게 얻기를 원하는 보살은 『관자재소문칠법경(觀自在所問七法經)』을 배우도록 하라.
앞에서 이미 설한 '허다한 노력으로 두루 자라나게 하고'라는 구절의 의미는 이것이니, 지존하신 스승님들께서 세 가지의 증장(增長)에 의해서 두루 자라나게 함을 다음과 같이 설하였다."

기고 후회하는 마음으로 인해 상심하고 마음의 평온을 깨뜨리는 심소유법이다. 다시 말해, 악작이란 그릇되게 지은 악소작(惡所作) 자체이니, 그릇되게 지은 것을 소연하여 생겨난 마음의 후회를 말한다.

68 『아비달마구사론 4』(권오민 역)에서, "첨(諂)이라 이를테면 마음의 아곡(阿曲)을 말하니, 이것으로 말미암아 능히 스스로를 참답게 드러내지 않게 되며, 혹은 [남의 허물을] 바로잡아 다스리지 않게 되며, 혹은 방편을 설(設)하여 이해하지 못하도록 하게 되는 것이다. 광(誑)이란 이를테면 다른 이를 미혹하게 하는 것을 말한다."고 하였다. 또한 같은 책의 주석 38)에서, "자신의 마음을 방편으로 숨기고 교활한 모략으로써 타인의 마음을 유혹하여 실제의 앎과는 어긋나게 하는 것을 첨이라 이름한다."(『현종론』 권27, 앞의 책 p.227)라고 하였다.

나. 행보리심의 학처

여기에는 가) 보살의 율의를 받음의 필요성, 나) 보살의 율의를 받는 법, 다) 보살의 율의를 받은 뒤에 학처를 배움 셋이 있다.

가) 보살의 율의를 받음의 필요성이니, 앞에서 말한 대로 보리심을 일으킬지라도 또한 보살행을 배우지 않으면 성불하지 못하고, 보살계를 받지 않으면 비록 보시 등을 배울지라도 또한 보살행이 되지 못함으로써, 보살행의 근거인 율의(律儀)를 받는 것이 필요함을 설해 보이기 위해서 본송(本頌)에서 다음과 같이 설하였다.

◎ **행심(行心)의 본질인 율의를 제외해선**
진정한 원심(願心)이 자라나지 못하니,
원만보리의 원심이 자라나길 원함으로
고로 힘써 이 율의를 반드시 수지하라. (제19송)

위의 게송의 의미를 4대 빤첸라마의 『보리도등론석승소희연』에서 다음과 같이 설하였다.

"원심(願心)이 견고하고 발심의식을 통해서 수지한 그것으로 이 행심(行心)[69]의 율의를 게으름과 겁냄이 없이 강렬한 노력으로 반

---

69 행심(行心, ḥJug sems)은 행보리심(行菩提心)의 준말로 보살의 율의를 실천함에 들어감을 말한다. 이것은 원심(願心)을 발한 뒤 유정에게 대비의 마음을 일으킴으로써 유정을 위해서 붓다가 되는 일에 진력하고, 원인이 되는 보살계의 실천에 들어감이 필수임을 앎으로써, 행보리심의 본질 또는 자체가 되는 보살의 율의계(律儀戒)를 수지한 뒤, 그 보살의 학처

> 드시 받도록 하라. 필요성은 과위(果位)의 이름을 원인에다 붙인 원만보리를 소연하는 율의의 명칭인 원심 그것을 자라나게 하고 구경에 도달하길 원함으로써 받는 것이 필요하기 때문이다. 원심이 자라나는 것은 행심의 율의에 의지하는 것이니, 행심의 본질인 율의를 수지하는 것을 제외해서는 진정한 원심이 크게 자라나지 못하기 때문이다. 조오제(大恩人)의 『심수요집(心髓要集)』에서, '증상의요(增上意樂)를 지님으로써, 행심을 일으키는 것으로, 앞서의 원심 그것이 광대하게 자라난다.'라고 설하였기 때문이다."

또한 행심(行心)의 본질[70]에 대하여 조오제의 『보리도등론난처석』에서 설명하길, "여기서 '행심의 본질'이라고 함은, 청정한 증상의요를 말함이며,"라고 하였으며, 또한 "[증상의요는] 이와 같은 것이라고 드러내 보이니, '이와 같이 비옥한 땅에서 산림과 곡식이 풍성하게 자라나듯이, 선량한 계율의 땅에서 모든 불법이 일어나고 자라난다.'라고 하는 것으로 이

들을 배우고 실천하는 것을 말한다. 이 뜻을 선지식 낸조르첸뽀(rNal ḥbyor chen po, 大瑜伽師)께서, "조오제(大恩人)의 주장은 결과를 다짐하고, 원인을 다짐하는 둘이니, 그 뜻이 현재 문사수(聞思修)를 수행하는 등의 모든 법들의 결과가 붓다의 삼신(三身) 자체임으로써, 유정의 이익을 위해서 그 결과인 삼신을 얻기를 원해서 발심하는 그것을 원심이라 하고, 유정의 이익을 위해서 오로지 붓다를 되기 위하여, 그것이 원인이 없이는 발생하지 않음으로써, 그것의 원인인 육바라밀 등을 자력으로 직접 행하길 원해서 발심을 행하는 그것에 들어감이다."라고 『까담쩨뛰(噶當派大師箴言集)』에서 설하였다.

70 행심(行心)의 본질은 일반적으로 남을 해치는 행위의 근본을 끊어 없애고, 범계(犯戒)의 이어짐을 차단하고 제멸하는 마음으로 율의의 본질 또는 자성이기도 하다. 『해심밀경소(解深密經疏)』에서, "계율의 자성(自性)은 네 가지의 공덕이니, ① 타인으로부터 바르게 잘 받음이다. ② 매우 청정한 의요(意樂)로서 받음이다. ③ 만약 위범하게 되면 다시 깨끗하게 함이다. ④ 위범하지 않기 위해서 공경함을 일으키고, 정념의 머무름을 지니고 방호함이다."라고 설하였다.

해한다."라고 설하였다.

나) **보살의 율의를 받는 법**이니, 여기에는 (가) '누가 받는가?'하는 받는 대상, (나) 별해탈계의 우열의 차이, (다) '누구로부터 받는가?' 하는 주는 대상, (라) '어떻게 받는가?' 하는 의식의 넷이 있다.

(가) **'누가 받는가?' 하는 계율을 받는 대상**이니, 본송(本頌)에서 다음과 같이 말하였다.

◎ **칠종의 별해탈계(別解脫戒) 가운데**
항상 다른 계율 하나를 지님들은,
후일 보살계를 받아 지니게 되는
복분이 있으나 달리는 있지 않다. (제20송)

위의 제20송은 낙초·로짜와(Nag tsho lo tsā ba)의 『보리도등론주강해장엄』에서 제기한 일곱 가지의 질문 가운데 세 번째의 "별해탈계는 보살계의 기반으로 필요한지, 필요하지 않은지?"에 대한 답변으로 위의 게송을 설한 것이라고 뻴망·꾄촉갤챈(稀寶勝幢)의 『보리도등론석승희공운』에서 설하였다.

위의 게송의 요점을 설명하면, "여기서 다른 계율이란 별해탈계(別解脫戒)를 말하니, 그러면 [원심(願心)을 일으킨 사부] 그의 몸에 '별해탈계가 필요한 것인지, 필요치 않은 것인지? 어떠한 것인가?'라고 하면, 진실에 있어서는 필요하지 않을지라도 몸과 말의 불선의 업을 단속하는 [별해탈계와 보살계의] 공통이 되는 버리는 마음은 반드시 필요한 것이다."라고 갠·람림빠(rGan lam rim pa)의 『보리도등론본주(菩提道燈論本註)』에서 설하였다.

위의 게송의 의미를 4대 빤첸라마의 『보리도등론석승소희연』에서 다음과 같이 설하였다.

"아사리 보디바드라(Bodhibhadra, 菩提賢)께서 『율의이십송주(律儀二十頌註)』에서, '별해탈계는 보살계의 지분이 되니, 한 부분인 것으로 알라. 그러므로 다른 별해탈계를 지니는 이것은 보살계를 바르게 수지하는 그릇이 되니, '이 학처의 문구를 또한 주도록 하라.'는 의미이다. 여기서 생명을 죽이는 따위들로부터 돌아서는 의식이 다른 것이 아니니, 그것들을 또한 물리치지 못한 이는 보살계를 바르게 받아 지니는 법의 그릇이 됨이 또한 있지 않다.'라고 설한 의미의 요약을 자주(自註)인 『보리도등론난처석』에서 설하였다. 오계거사(五戒居士, Yoṅs rdzogs dge bsñen)에서 비구계에 이르는 일곱 가지의 별해탈계와 또는 그와 상응하는 [살생 등의] 성죄(性罪)를 버림은 언제나이니, 몸이 살아 있을 때까지 지켜야 하는 [별해탈의] 계율들은 보살계에 의뢰하니, [별해탈계의 어떤] 다른 하나를 지니는 이들에게는 보살계가 발생하는 복분(福分)이 있으나, 그 밖에 달리는 원만한 보살계가 발생하는 일이 있지 않다. 직접 또는 간접적으로 타인에게 이익을 주는 것이 가능한 그 보살계에는 타인을 해침과 그 근원의 둘로부터 돌아서는 하나가 필요하기 때문이니, 자주(自註)인 『보리도등론난처석』에서, '이제 율의계(律儀戒)의 소의(所依 : 法器)의 차별을 설해 보이길 원함으로써'라고 하는 등을 설하였기 때문이다.

그러면 '일주야계(一晝夜戒)[71]를 법의 그릇으로 설하지 않는 것은 무엇인가?'라고 하면, 그것에는 이유가 있다. 지키는 시간이 짧고, 죄악과 욕망의 둘로부터 떠나는 것이 아님으로써 보살계의 법의 그릇으로 적당하지 않기 때문이다. 만약 별해탈계는 죽음과 함께 버리게 됨으로써, '이것의 소의가 됨이 어떻게 가능하겠는가?'라고 하면, 선지식 낸조르첸뽀(rNal ḥbyor chen po, 大瑜伽師)[72]께서, '지팡이가 늙은이가 일어서는 의지처가 되듯이, 후에 넘어지지 않은 늙은이가 지팡이 머리부터 잡음으로써 행함과 같이, 처음 별해탈계가 보살계가 발생하는 의지처가 되어주고, 그 뒤 다른 해침과 그 근원의 둘로부터 돌아서는 그것이 대보리에 이르기까지 유실됨이 없게 보살계가 행한다.'라고 설하였으며, 이것에 의거해서 예전부터 의지처가 있는 계율과 의지처가 없는 계율이라는 명칭이 생겼다.

[이 게송은 또한] 낙초·로짜와(Nag tsho Lo tsā ba)의 법통의 세 번째의

---

71 일주야계(一晝夜戒)는 팔관재계(八關齋戒) 또는 팔재계(八齋戒) 등으로 부른다. 재가자가 밤낮의 하루 동안에 지키는 계율로 티베트어로 근주계(近住戒, bsÑen gnas kyi sdom pa)이니, ① 살생하지 말라, ② 훔치지 말라, ③ 사음하지 말라, ④ 거짓말하지 말라, ⑤ 술 마시고 노래하지 말라, ⑥ 꽃다발을 머리에 쓰고 향수를 바르지 말라, ⑦ 높고 큰 침상에 앉지 말라, ⑧ 오후에 음식을 먹지 말라 등의 이와 같은 여덟 가지를 하루 동안 지키지 못하고 어기면 죄가 되는 것을 말한다.

72 선지식 낸조르첸뽀·장춥린첸(rNal ḥbyor chen po Byaṅ chub rin chen, 大瑜伽師·菩提寶, 1015~1078)는 티베트 캄(Khams) 지방에서 태어났으며, 낸초(Ñan mthso) 지방에서 조오제(大恩人)와 만난 뒤 그의 시자가 되었다. 조오제의 예물을 전달하기 위해서 인도의 [비끄라마씰라(戒香寺)]에 세 차례에 걸쳐서 왕래하였다. [까담빠의 본사] 라뎅(Rva sgreṅ) 사원의 법주(法主)로 12년 동안 주석하였다. 제자로는 카락빠(Kha rag pa)와 네우쑤르빠(sNeḥu dzur pa)와 늒룸빠(sÑug rum pa)의 세 동문제자와 뙤룽빠(sTod luṅ pa)와 갸왼닥(rGya yon bdag) 등이 있다. 이 갸왼닥으로부터 닥뽀하제(Dvags po lha rje)가 도차제(道次第)를 청문하였으며, 그가 뒷날『보리도등론』의 주석서인『해탈도장엄론(解脫道莊嚴論)』을 저술하였다.

질문[73]인 [별해탈계는 보살계의 기반으로 필요한지, 필요하지 않은지?]에 대한 답변을 또한 이 본문으로 답해 보인 것이기도 하다."

(나) 별해탈계의 우열의 차이이니, 본송(本頌)에서 다음과 같이 설하였다.

◎ 일곱 가지의 별해탈계를
여래께서 설하신 가운데,
범행(梵行)이 으뜸이 되니
그것은 비구계들이라 하셨다. (제21송)

위의 제20, 21송은 낙초·로짜와(Nag tsho lo tsā ba)의 『보리도등론주강해장엄』에서 제기한 일곱 가지의 질문 가운데 네 번째인 "별해탈계를 지니는 자가 보살계를 받으면 바뀌는 것인가, 또는 둘 다 지니는 것인가?"에 대한 답변으로 위의 게송을 설한 것이라고 뻴망·뀐촉걜챈(稀寶勝幢)

73 낙초·로짜와(Nag tsho Lo tsā ba)의 학통의 세 번째 질문이란 조오제(大恩人)께서 『보리도등론』을 저술한 동기를 그의 자주(自註)인 『보리도등론난처석(菩提道燈論難處釋)』에서 밝히길, "현량한 제자 보리광(菩提光)이 항상, 나에게 칠구(七句, Tshig bdun)를 질문해 오기를, '본송에서는 그 의미가 불명하다.'고, 요청한 목적을 위해서 쓰고자 한다."고 하였듯이, 이 일곱 가지의 질문의 내용을 낙초·로짜와의 『보리도등론주강해장엄(菩提道燈論註講解莊嚴)』에서, "① 대승도(大乘道)의 보특가라(人)는 어떠한 것인가? ② 이생범부(異生凡夫)의 몸에 보리심이 일어나는지, 일어나지 않는지? ③ 별해탈계는 보살계의 기반으로 필요한지, 필요하지 않은지? ④ 별해탈계를 지니는 자가 보살계를 받으면 바뀌는 것인지, 또는 둘 다 지니는 것인지? ⑤ 두 가지 자량을 쌓음에는 방편과 반야를 겸행하는 것이 필요한지, 필요하지 않은지? ⑥ 중관과 유식의 둘 가운데 진실의(眞實義)을 위해서 어떤 것을 지녀야 하는지? ⑦ 대승의 비밀진언의 문에 들어오면 어떻게 해야 하는지?"라고 밝힌 일곱 가지를 말한다.

의 『보리도등론석승희공운』에서 설하였다.

위의 게송의 의미를 4대 빤첸라마의 『보리도등론석승소희연』에서 다음과 같이 설하였다.

"여기서 '일곱 가지의 별해탈계에 안주하는 사부(士夫 : 法器)에 우열의 차별이 있는 것인가, 없는 것인가?'라고 하면, 『비나야경(毘奈耶經)』에서 일곱 가지의 별해탈계를 여래께서 설하였으니, 재가자의 계율보다는 출가자의 계율이 으뜸이 되고, 범행(梵行)을 닦는 출가자의 계율 가운데 길상함 또는 원만함은 근원계(近圓戒)인 비구[비구니]의 계율들이니, 그것이 붓다의 교법에 들어옴에 원만무결(圓滿無缺)하기 때문이다. 그러므로 비구계를 보살계의 최상의 기반으로 승인한다.

이것은 『월등경(月燈經)』에서, '비구의 계율을 으뜸으로 삼는 것으로써, 최승의 보리에 마음을 일으키라.'고 설함과 '셋 가운데 비구가 으뜸이고, 중간은'이라고 함과 '부처님 교법의 타오르는 보등(寶燈)의 법의 그릇은, 난행(難行)을 닦는 자인 황색 가사를 걸친, 석가의 아들인 비구들이기 때문이다.'라고 설하였기 때문이다.

그러면 별해탈계를 지니는 자가 보살계를 받을 때, '[별해탈계가 보살계로] 바뀌는 것인지, 또는 둘 다 지니는 것인지? 어떠한 것인가?'라고 하면, '조오제(大恩人)는 계율 위에 계율을 받음이 있는 행위 둘이 있음을 주장하였다.'[74]라고 선지식 네우쑤르(sNeḥu

74 '조오제(大恩人)는 계율이 위에 계율을 받음이 있는 행위 둘이 있음을 주장하였다.'는 원문의 "조오돔빠야르댄자와니댄두셰(Jo bo sdom pa yar ldan bya ba gñis ldan du bshed)"의 의역이니,

zur)[75]의 『교차제(敎次第, bsTan rim)』에서 말하였다. 또한 낙초·로짜와(Nag tsho Lo tsā ba)의 주석[『보리도등론주강해장엄』]에서도, '「그 두 가지의 계율이 하나인 것인지, 다른 것인지?」라고 하면, 또한 하나이기도 하고, 또한 다른 것이기도 하다. 이와 같이 율의계(律儀戒)의 행위 등은 다름이 없으니, 일곱 가지의 별해탈계 가운데 어떤 하나에 안주하는 것은 율의계임으로써 또한 하나인 것이다. 또한 다른 것이기도 하니, 별해탈계를 사물로 주장함과 타인을 해치는 것에서 돌아선 뒤 남을 해치지 않음과 보살계를 사물로 주장하지 않음과 타인의 이익을 행함으로써 또한 다른 것이기도 하다.'라고 설하였다. 그러므로 네 번째의 질문에 답한 것이라고 또한 인정한다."

이것은 별해탈계가 보살계를 받는 기반이 됨으로써 별해탈계 위에 다시 보살계를 받아서 함께 지니는 뜻이라고 생각된다. 그리고 『까담쩨뛰(噶當派大師箴言集)』에 실린 낸조르첸뽀(rNal ḥbyor chen po, 大瑜伽師)의 법문들에는 둘 대신 셋을 뜻하는 "조오돔빠야르댄자와쑴댄두셰(Jo bo sdom pa yar ldan bya ba gsum ldan du bshed)"로 나오니, 이 경우는 재가자의 계율 위에 출가계를 받고, 다시 그 위에 보살계를 받는 뜻으로 본다.

75 선지식 네우쑤르빠·예시바르(sNeḥu dzur pa Ye śes ḥbar, 智輝, 1042~1118)는 중앙 티베트의 팬율(Phan yul) 지방에서 태어났으니, 조오제(大恩人)께서 서부 티베트 응아리(mṄaḥ ri)에 오신 해였다. 어려서부터 천생의 삼매를 지녔으며, 출가한 뒤 라뎅(Rva sreṅ) 사원에서 선지식 뙨빠와(dGon pa ba)의 제자가 되어 오랫동안 그를 사사하였다. 후일 선지식 뽀또와(Po to ba)를 14년 동안 섬기면서 법을 청문하였으며, 한 차례 선정에 들면 10일 동안 지냈다. 삼매의 힘으로 문둥병 등의 전염병을 치료해서 유정의 이익을 크게 행하였다. 그의 법문 가운데, "원친(怨親)의 분별로는 성불하지 못하니, 모든 유정들이 부모와 같음을 아는 것이 필요하다. 범속한 분별로는 성불하지 못하니, 모든 유정들이 본존과 같음을 아는 것이 필요하다. 상집(相執)의 분별로는 성불하지 못하니, 모든 유정들의 법성이 공성과 같음을 아는 것이 필요하다."라고 설하였다. 제자로는 선지식 게르곰첸뽀·슈누닥빠(dGyer sgom chen po gShon nu grags pa) 등 뛰어난 제자들이 많이 있다.

(다) '누구로부터 받는가?' 하는 보살계를 주는 대상이니, 본송(本頌)에서 다음과 같이 설하였다.

◎ **전계(傳戒) 의식에도 능통하고**
자신 또한 그 계율에 안주하고,
전계할 때 인욕과 자비를 지니면
그가 참된 스승임을 알도록 하라. (제23송)

위의 게송의 의미를 4대 빤첸라마의 『보리도등론석승소희연』에서 다음과 같이 설하였다.

> "이 게송이 본래 '[무착보살의] 『보살지(菩薩地)』의'라고 하는 게송 아래에 나와 있지만 먼저 받는 것이 설명하기 쉽기에 순서를 바꾸었다. 그러면 '계율의 받는 대상인 전계사(傳戒師)가 어떠해야 하는가?'라고 하면, 계율을 전수하는 참된 스승은 네 가지의 원만한 공덕을 지님이, 여기서 설해 보이는 참된 스승의 덕상(德相)임을 마땅히 알아야 하니, 곧 전계(傳戒) 의식을 바르게 전해 받음과 계율이 깨어지지 않게 지킴과 계율을 회복시키는 환정법(還淨法)이니, 그것들에 ① 정통한 지혜가 원만함, ② 자신 또한 어떤 보살의 계율에 안주함이 원만함, ③ 보살계를 전수함에 있어서 인욕의 힘 또는 변재가 원만함, ④ 자비를 지닌 의요(意樂)가 원만함을 지니기 때문이다. 특히 이들 넷 가운데서도 또한 앞의 둘이 중요하다고 선지식 샹롬빠(Shaṅ rom pa)와 락쏘르와(Lag sor

ba)[76] 두 분께서 주장함과 같은 것이 원만하니, 『입보리행론』의 [「정지수호품(正知守護品)」]에서도, '언제나 항상 선지식으로, 대승의 뜻에 정통하고, 보살의 뛰어난 금행(禁行)을, 목숨을 위해서도 또한 버리지 말라.'(제102송)라고 하였기 때문이다.

(라) '어떻게 받는가?' 하는 보살의 계율을 받는 의식이니, 첫째는 전계사(傳戒師)가 있는 의식이고 둘째는 전계사가 없이 받는 의식이다.

첫째, 전계사로부터 받는 의식이니, 본송(本頌)에서 다음과 같이 말하였다.

◎ [무착보살의] 『**보살지(菩薩地)**』의
「계품(戒品)」에서 설한 의궤대로,
올바른 덕상(德相)을 소유하신
참된 스승으로부터 계율을 받으라. (제22송)

위의 게송의 의미를 4대 빤첸라마의 『보리도등론석승소희연』에서 다음과 같이 설하였다.

---

76 선지식 락쏘르와(Lag sor ba)의 생몰연대 등은 정확히 알 수가 없으나, 선지식 낙초·로짜와(Nag tsho Lo tsā ba)의 법통을 잇는 제자로 알려졌다. 『까담최중쌜왜된메(噶當派原流)』에서, "그의 제자 락쏘르와에 의거해서 중앙 티베트에 낙초(Nag tsho)의 까귀(bKaḥ brgyud, 教授)가 어떻게 출현하였는가를 아래에서 설하고자 한다."라고 하였듯이, 『보리도등론』의 자주(自註)인 『보리도등론난처석』도 그를 통해서 알려졌다.

"여기서 자주(自註)인 『보리도등론난처석』에서, '아사리 무착보살(無着菩薩)의 의식과 적천보살(寂天菩薩)의 의식 두 가지를 설하고자 한다.'라고 제기한 뒤, 밑에서 '그 둘의 법궤를 따름으로써, 스승으로부터 받는 의식은 「계품(戒品)」[77]에 의거해서 기재하였고, 스승이 없이 받는 수계 의식은 『집학론(集學論)』에 의거해서 기재하였다.'라고 함과 같이, 조오제(大恩人)는 [용수와 무착과 적천의] 세 가지 대승의 교계(教誡)[78]를 지님으로 말미암아 행심(行心)의 계율을 설하는 이 단계에서 아사리 무착보살과 적천보살의 두 가지의 전통에 의거한 것이다.

그러므로 두 가지 대승의 몇몇 같지 않은 의식의 차이를 제외하고는 의미에 있어서는 차별이 없으니, '그 두 가지의 전통에 중관학파와 유식학파의 이름을 붙인 뒤, 계율을 받는 대상과 의식과 근본타죄(根本墮罪)가 같지 않다고 말하는 것은 무지의 소치인 것이다.'라고 말한 것은 올바른 논설이다. 여기서 '받으라'고 함은 논설의 대상을 제기함이다. '무엇인가?' 하면, 행심(行心)의 율의이다. '누구로부터 받는가?' 하면, 올바른 덕상(德相)을 원만하게 소유한 그가 참된 스승임을 안 뒤, 그로부터 율의를 받는 것이다. '어떤 법에 의지해서 받는가?' 하면, 성무착보살(聖無着菩薩)이 저

---

77 계품(戒品)은 『유가사지론(瑜伽師地論)』의 「본지분(本地分)」에 속하는 『보살지(菩薩地)』에 들어 있는 「계품(戒品, Tshul khrims kyi leḥu)」을 말한다.

78 교계(教誡, gDams ṅag)는 구결(口訣) 또는 규결(竅訣)의 뜻으로, 경전에서는 교계(教誡) 또는 교수(教授)로 번역한다. 『곰데칙죄첸모(貢德大辭典)』에서, "담악(gDams ṅag)은 추구하는 방법을 잘못됨이 없이 설해 보이는 말을 일컫는다. (중략) 그 또한 담악은 니티남델(Ñi khri rnam ḥgrel)에서, '여기서 추구하는 바의 사(事)인 얻고자 하는 바를 친히 설해 보임이 교계와 교도인 것이니'라고 설하였다."고 하였다.

술한 『보살지(菩薩地)』의 「계품(戒品)」에서 설한 의식으로 받는 것이다.

이것은 전행(前行)과 본행(本行)과 결행(結行)의 의식 셋을 통해서 받는 것이니, 그 또한 전행의 의식은 [보살계를 받기를 청하는] 간청(懇請, gSol gdab)과 홍취를 일으킴(sPro bskyed)과 자량을 쌓음(Tshogs bsags)과 [신속히 주시길 청하는] 권청(勸請, bsKul gdab)과 뛰어난 의요(意樂)의 일으킴(bSam pa khyad par can bskyed pa)과 [보살인지, 원심을 발했는지를 묻는] 질문(質問, Bar chad thun moṅ ba dri ba)과 학처(學處, bsLab pa)를 간략하게 설함의 일곱 가지이다.

본행의 의식은 시방삼세의 불보살님의 모든 학처들을 ['받았는가?'를 세 번 묻고, 받았다고 세 번 답하는] 세 번에 이르는 질문을 승인하는 것이다.

결행의 의식은 '[보살계를 받은 것을 증명하신 시방의 제불보살님께 저를 살펴주시길 청하는] 살펴주시옵소서!'와 지혜로 살펴주심에 들어가는 이익과 계율을 받음을 경솔하게 말하지 않음과 보살의 학처들을 간략하게 설명함과 [전계(傳戒)에 감사하는] 사례공양(謝禮供養, gTaṅ rag gi mchod pa)의 다섯 가지이다. 이것에 대한 자세한 것은 조오제의 『수계의식(受戒儀式)』[79]과 『계품광주(戒品廣註, Tshul khims leḥu rnam ḥbyed)』를 통해서 알도록 하라."

---

79 여기서 '내가 지은 수계의식'은 데게 대장경 논장(論藏)의 조외최충(Jo boḥi chos chuṅ, 阿底沙小集部)에 실려 있는 『발심율의의궤차제(發心律儀儀軌次第, Sems bskyed pa daṅ sdom paḥi cho gaḥi rim pa)』인 것으로 보인다.

둘째, 전계사(傳戒師)가 없이 받는 의식에도 두 가지가 있으니, 전체와 개별적 문을 통해서 계경의 말씀대로 설하는 것을 다짐함과 그 계경에서 설한 발심과 율의를 수지하는 법을 설해 보임이다.

첫 번째, 전체적으로 계경의 말씀대로 설하는 것을 다짐함과 개별적 문을 통해서 계경의 말씀대로 설하는 것을 다짐함을 본송(本頌)에서 다음과 같이 각각 설하였다.

◎ **만약 힘써 노력해도 이 같은**
참된 스승을 얻지를 못하면,
다른 방법으로 보살계를 받는
여법한 의식을 설하고자 한다. (제24송)

◎ **과거 무량겁 전에 문수보살이**
허공왕(虛空王)이 되었을 적에,
어떻게 보리심을 일으켰는가를
『문수불토장엄경』에서 설한 대로
그같이 여기에 자세히 적는다. (제25송)

4대 빤첸라마의 『보리도등론석승소희연』에서, 두 게송의 의미를 묶어서 다음과 같이 설하였다.

> "먼저 [총괄해서 계경의 말씀대로 설함을 다짐함이니] 그와 같은 덕상(德相)을 소유한 스승으로부터 율의를 받으라고 설한 대로 힘써 노력해서 찾을지라도 또한, '불행한 시절 탓에 이와 같은 스승을 만

약 얻지 못한다면 어떻게 해야 하는가?' 하면, 스승이 있어서 받는 것과는 달리 별도로 계율을 수지하는 방법이 있는 것이다. 스승이 없이 계율을 수지하는 의식을 계경에서 설한 대로 여기서 또한 바르게 설하고자 하기 때문이다.

다음 [개별적 문을 통해서 계경의 말씀대로 설함을 다짐함이니] 여기서 스승이 없이 계율을 받는 의식을 어떤 경전에서 설하였는가 하면, '과거 [무량겁 전에] 전륜성왕(轉輪聖王) 암바라자(Ambarāja, 虛空王)가 되었던 문수보살이 [뇌음왕불(雷音王佛)의 발아래 나아가] 그와 같이 위없는 보리심을 일으킨 법을 『문수불토장엄경(文殊佛土莊嚴經)』에서 설한 바 같이, 그대로 여기에 자세히 적는다.'라고 개별적으로 설하길 다짐하였다."

두 번째, 그 계경에서 나오는 발심과 율의를 수지하는 법에는 둘이 있으니, 처음은 그 계경에서 발심(發心)하는 법을 본송(本頌)에서 다음과 같이 말하였다.

◎ **"세간의 구호자들의 면전에서**
대보리를 위하여 발심한 뒤,
모든 중생을 귀빈으로 모시고
그들을 윤회에서 건지겠나이다." (제26송)

위의 게송의 의미를 잠괸·로되타얘(無邊慧)의 『보리도등론정해』에서, "보현보살 또는 허공고보살(虛空庫菩薩) 등이 60중겁(中劫) 동안 정등각 부처님과 비구의 승가와 그 권속들에게 밤낮으로 세 번씩 수미산 크기의 보석의 무더기를 올린 뒤 발심한 것이 『삼취경(三聚經)』 등에 나오는 것 역시 그와 같은 것임으로써, 전계사(傳戒師)가 없이 율의를 받는 것 또한 자기에게 있는 모든 역량을 아끼지 않고 공양과 적복(積福)을 널리 행하는 것이 필요하다."라고 설한 것과 같이, 앞에 현전하는 여래의 존상에 전행(前行)의 의식인 예배와 공양 등을 먼저 행한 뒤, 본행(本行)에서 "모든 유정들의 구호자(救護者, mGon po)이신 제불보살님들의 면전에서 위없는 정등각(正等覺)을 위하여 발심하고, 특별히 허공계에 편만한 중생들을 남김없이 모두 귀빈으로 모시거나 또는 그것을 위해서 윤회의 고통의 폭류(暴流)에서 벗어나지 못한 그들 중생을 구제하고, [고통의 원인의 집합인] 집(集)의 결박에서 해탈하지 못한 그들 중생을 해탈시키겠나이다. 아견(我見)에 사로잡혀 안도의 한숨을 쉬지 못한 그들 유정을 도제(道諦)로써 안도의 한숨을 쉬게 하겠나이다. 번뇌의 분별로 대열반에 들지 못한 그들 중생을 멸제(滅諦)로써 대열반에 들게 하고, 귀빈으로 모시겠나이다.'라고 [세 번 낭송하는] 이것은 행심(行心)의 전행(前行)과 원심(願心)의 본행(本行)을 설해 보인 것이라고 선지식 쌰라와(Śa ra ba)께서 말씀하였다."라고 설하였다.

다음으로 율의를 수지하는 법에는 [1] 지악율의계(止惡律儀戒), [2] 섭선법계(攝善法戒), [3] 요익유정계(饒益有情戒)의 셋이 있다.

[1] 죄행들을 행하지 않는 지악율의계(止惡律儀戒)를 승인함이니, 본송(本頌)에서 다음과 같이 설하였다.

◎ “해치는 마음과 성내는 마음과
인색함과 질투하는 마음들을,
지금부터 대보리를 얻을 때까지
저는 결코 행하지 않겠나이다.” (제27송)

◎ “범행(梵行)을 받들어 행하고
죄악과 탐욕을 온전히 버리고,
율의계(律儀戒)를 환희함으로써
부처님을 따라서 배우겠나이다.” (제28송)

위의 두 게송의 의미를 잠괸·로되타애(無邊慧)의 『보리도등론정해』에서는 다음과 같이 설하였다.

> “분한(忿恨, mNar sems)의 아홉 가지의 원인[80] 가운데 어떤 것에 의거해서 성내는 마음으로 살생과 탐욕 등의 해치는 마음과 타인에게 갑자기 마음이 끓어오르는 분심(忿心)과 물건을 남에게 주지 못하는 인색함과 타인의 잘나감을 참지 못하는 질투이니, 그 네 가지를 율의를 수지하는 그날부터 위없는 보리를 얻을 때까지 행하지 않는 것이다. 이근(二根)을 교합하는 성교를 끊어버린 범행(梵行)을 받들어 행하고, 죄업과 그것의 원인인 탐욕의 대상에 애

80 분한(忿恨, mNar sems)의 아홉 가지의 원인이란 “원수가 나를 해쳤다. 해친다. 해치려 한다.”고 하는 셋과 “나의 친우를 해쳤다. 해친다. 해치려 한다.”고 하는 셋과 “나의 원수를 도왔다. 돕는다. 도우려고 한다.”라고 하는 셋이다.

착하지 않는 것이다. 그것들을 끊어버린 청정한 율의계(律儀戒)를 환희함으로써 부처님의 정결한 행위를 따라서 배우는 것이다."

2 중생에게 이익을 행하는 요익유정계(饒益有情戒)를 받아지님을 승인함이니, 본송(本頌)에서 다음과 같이 설하였다.

◎ **"저는 신속한 방편으로써**
보리를 얻음을 기뻐 않고,
한 유정의 이익을 행하는 원인으로[81]
미래의 마지막까지 머물겠나이다." (제29송)

위의 게송의 의미를 갤찹·닥빠된둡(普稱義成)의 『보리도등론제호석』에서 다음과 같이 설하였다.

"그와 같이 받은 뒤에 저는 신속한 방편으로, 질속한 법으로 과위(果位)의 보리를 얻는 것을 '기뻐하는 것인가?'라고 하면, 그와 같이 기뻐하지 않으니, 그러면 '어떤 것을 기뻐하는가?'라고 하면, '먼저 모든 유정들을 부처님의 지위에 안치한 뒤에 저는 붓다가 되기를 원함으로써, 만약 어떤 한 유정이라도 윤회 속에 남게 되면 또한 그 하나의 유정을 자리(自利)를 행하는 원인으로 삼아서,

---

81 제3구인 '한 유정의 이익을 행하는 원인으로'의 원문은 '쎔짼찍기규이니(Sems can gcig gi rgyu yis ni)'이다. 이 구절의 의미를 4대 빤첸라마는 '한 유정의 이익을 행하는 원인으로'라고 해석을 하였고, 갤찹·닥빠된둡(普稱義成)은 '그 하나의 유정을 자리(自利)를 행하는 원인으로'라고 해석하였다.

저는 미래의 마지막 순간에 도달할 때까지 윤회 속에 머무는 것이 마땅하면 또한 머무는 것을 기뻐하겠나이다.'라고 함이다.

선지식 쌰라와(Śa ra ba)께서, '큰 희원을 지닌 보살에게는 자신이 먼저 성불한 뒤 교화사업으로 타인의 이익을 행하길 원하는 하나와 그것이 아닌 한 중생도 남김없이 또한 자기의 손으로 해탈에 안치한 뒤 자기는 뒤에 성불하길 바라는 둘 가운데, 여기서 문수보살은 후자를 선택하였기에 「저는」이라고 함이니, 친히 승인한 이것과 같이 행하는 것이다. (중략) 석가세존은 전자에 속하니, 미륵보살보다 발심이 42중겁(中劫)이나 늦었다고 했다.

우리들은 후자와 같이 마음을 닦고, 서원하는 것이 마땅하다. 그것이 아니면 유정에 대해서 친소를 행하게 된다. 그 또한 자기가 전혀 능력을 갖추지 못한 채 머물면서 유정의 이익을 행한다고 말하는 것이 아니다. 유정의 이익을 행하는 능력을 점차로 갖추는 것이니, 하나의 유정조차 또한 남김없이 해탈의 경지에 안치하기까지는 진실의 변제를 실현하지 않고, 윤회 속에 머물면서 유정의 이익을 행하는 갑옷을 입고 서약하는 것이다. 다른 대승의 계경들에서도 또한, '일체지자가 된 상태에서도 보살행이 전혀 끊어짐이 없는 것이니, 이와 같이 문수와 보현과'라고 하는 등을 설하였다."

3 섭선법계(攝善法戒)를 받아지님을 승인함이니, 본송(本頌)에서 다음과 같이 설하였다.

◎ **"한량없고 사의(思議)조차 못하는**
나의 불국토를 온전히 정화하고,

모두가 내 이름을 지니게 하고
그 이름이 시방에 머물게 하겠나이다." (제30송)

위의 게송의 의미를 4대 빤첸라마의 『보리도등론석승소희연』에서 다음과 같이 설하였다.

"그와 같이 윤회 속에 머물면서, '어떤 일을 하는가?'라고 하면, 수량의 한도가 한량이 없고, 공덕을 사의(思議)조차 하지 못하는 자기의 불국토(佛國土)의 협곡과 가시 등의 모든 허물들을 온전히 정화하고, 중생들이 내 이름을 듣고 지님이니, 보고 듣고 기억하고 접촉하는 것만으로 또한 유정들에게 이익을 주기를 원함으로써, 시방의 모든 불국토에 내 이름이 편만하게 하고, 지니고 머물게 함으로써 유정의 세간을 또한 정화하는 것이다. 그와 같이 전자는 물질세간을 후자는 유정세간을 정화하는 것이다."

또한 위의 게송의 의미를 갤찹·닥빠된둡(普稱義成)의 『보리도등론제호석』에서 다음과 같이 설하였다.

"그와 같이 보살이 타인의 이익을 위해 윤회 속에 머물면서, '어떤 일을 하는가?'라고 하면, '한량없고 사의조차 못하는 자기의 불국토(佛國土)를 온전히 정화한다.'라고 말함이니, 그 또한 선지식 싸라와(Śa ra ba)께서, '한량없고 사의(思議)조차 못하는 자기의 불국토를 온전히 정화한다.'라고 하는 것은, '존재하는 모든 물질세간과 유정세간을 청정하게 한다.'라고 하는 것이니, 이같이 요의(了義)는 아니다.[82] '석가세존께서는 사바세계를 정화하였고, 무량광불께서는 서방의 극락세계를, 부동여래(不動如來)께서는 동방의 환희세계를 정화하였다.'라고 함은, 모두 하열한 것을 신해하는 자들의 뜻에 순응함이다.

정화의 방법 또한 『반야경』에서 설한 것처럼 육바라밀에 안주하면서, 모든 물질세간과 유정세간이 청정해지기를 발원하는 것이다. 그 또한 유정을 먼저 붓다로 닦고, 그 뒤 차례로 보리심을 일으키고, 발심의 학처를 수습하고, [업장 등을] 정화하면 물질세간이 스스로 청정해지니, [성문의] 부파와 경부행중관파(經部行中觀派)는 물질세간을 외부의 사물로 승인하고, 유식파(唯識派)와 유가행중관파(瑜伽行中觀派)는 마음의 현현으로 주장함으로 일치하지 않을지라도, 모두가 또한 동업(同業)에서 성립함을 주장하는 것은 일치한다고 하였다.

그와 같이 모든 물질세간과 유정세간을 정화하는 것 또한 여기서는 '애씀이 필요 없이 이름을 지니는 것만으로 모든 유정들이 모든 죄업을 점차로 끊어버리고, 육신통(六神通) 등의 공덕의 일체를 점차로 구족한 뒤 불퇴전의 지위를 이룸과 그 이름이 또한 한곳에 치우침이 없이 시방의 세간계의 전체에 머물게 하겠나이다.'라고 함이다. (중략)

일반적으로 단지 이름을 듣는 것만으로 불퇴전을 이루는 등의 허다한 공덕을 또한 설하였고, 선업이 다한 원인으로 철저하게

82 이 구절의 원문은 '이같이 요의(了義)이다.'를 뜻하는 '디신두응에된인(ḥDi bshin du ṅes don yin)'이나, 문맥의 흐름으로 볼 때 부정사 '마(Ma)'가 빠진 것으로 보고 고쳤다.

소진해서 공덕이 발생하지 않는 것 또한 설하였다. 『여래출생경(如來出生經)』 등에서, '수미산(須彌山)만 한 초목의 덩어리 속에 겨자씨 크기의 불씨를 넣을지라도 그 불씨가 그 전체를 차례로 불태워서 먼지조차 남기지 않고 없애버리듯이, 여래를 소연하는 선근은 비록 겨자씨 크기에 불과해도 '수미산만 한 번뇌의 초목 또한 불태우고 최후에는 성불함과 금강석 부스러기는 삼킬지라도 소화가 되지 않고 몸 밖으로 나오는 것과 같이, 부처님을 소연하는 선근은 비록 작은 것을 지어도 그것을 소진시키는 어떠한 조건으로도 소진되지 않고 최후에는 일체지자의 원인이 된다.'라고 설하였다. 『무진의경(無盡意經)』에서, '바다에 물방울 하나가 떨어진 비유로써 대보리로 회향한 선근 또한 보리의 정수에 안주하기까지는 버려지지 않고 소진되지 않는다.'라고 설함으로써, 여래를 소연하는 선근 또한 갖가지 방법으로 쌓고, 그와 같이 쌓은 뒤 회향하지 않거나 또는 잘못되게 회향할지라도 또한, 최후에 그것을 얻는 것을 종자의 비유와 함께 『묘법연화경』에서 설하였다. 일반적으로는 어떤 선근을 행한 그 일체를 순간순간 억념하는 것으로 기억하고, 대보리로 회향하는 것을 설하였다."

◎ **"나의 몸과 말의 업(業)을**
일체에서 청정하게 하고,
의업(意業) 또한 정화하여
불선업들을 짓지 않겠나이다." (제31송)

단지 이름만을 듣는 것으로써 국토가 청정해지는 것을 또한 갤찹·닥빠된둡(普稱義成)의 『보리도등론제호석』에서 다음과 같이 설하였다.

"나의 몸·말·뜻 셋이 청정함이 필수이니, 공통의 열 가지의 불선업(不善業)을 끊어버린 위에 결과가 없는 행위를 끊어버린 단계에서 설해 보임과 같이, 몸·말의 업이 타인의 이익과 일체지(一切知)의 지혜자량이 되지 못하는 것들 역시 끊어버린 뒤, 일체의 시간에서 그들 죄업에 의해 물들지 않게 청정하게 하고, 그와 같이 뜻의 업도 또한 번뇌와 불선의 마음과 유정을 돌아보지 않고 자기의 해탈만을 추구함과 대보리를 닦을지라도 또한 삼륜(三輪)[83]에 애착하는 일체를 버림이다. 요약하면, 자비가 있을지라도 또한 실유(實有)로 집착하고, 공성을 닦을지라도 또한 자비로 섭수하지 않고, 자비의 본질이 되지 못하는 일체를 버린 뒤 청정하게 하는 것이다. 그 또한 요약하면, '삼문(三門)의 불선업들을 전혀 짓지 않겠나이다.'라고 문수보살님께서 뇌음왕불(雷音王佛)의 면전에서 서약함과 같이, 자신 또한 시방의 부처님들의 면전에서 승인하고 서약하는 것이다."

다) 보살의 율의를 받은 뒤에 학처를 배움

여기에는 (가) 증상계학(增上戒學)을 닦는 법, (나) 증상정학(增上定學)을 닦는 법, (다) 증상혜학(增上慧學)을 닦는 법의 셋이 있다.

---

83 삼륜(三輪, ḥKhor gsum)은 보시와 결부하면, 베푸는 자인 시주(施主)와 베푸는 물건과 베푸는 대상의 셋이다.

(가) 증상계학을 닦는 법이니, 여기에는 첫째, 계율의 학처의 실제, 둘째, 계율의 학처의 위대함의 둘이 있다.

첫째, 계율의 학처의 실제이니, 본송(本頌)에서 다음과 같이 말하였다.

◎ **나의 몸·말·뜻을 청정케 하는 원인인**
행심(行心)의 본질인 율의에 머물고,
삼종계(三種戒)를 잘 학습함으로써
삼종계의 학처를 크게 공경하게 된다. (제32송)

위의 게송의 의미를 4대 빤첸라마의 『보리도등론석승소희연』에서 다음과 같이 설하였다.

> "위에서 몸·말·뜻의 셋을 청정케 하는 것이 필요함을 설해 보였다. 그러면 '삼문(三門)을 청정케 하는 원인이 무엇인가?'라고 하면, 그것의 답으로 제32송을 설하였다. 이것으로 계율을 학습함으로써 그것을 공경함이 자라나게 되니, 계율이 원만하게 됨을 설해 보였다. 다음의 게송으로 계율이 원만하게 되면, 원만보리의 원인인 자량을 신속하게 갖추게 됨을 설하였다.
> 그 또한 '학습(學習, bsLab)'이란 말은 설하려는 논제(論題)이다. '무엇을 학습함인가?'라고 하면, [보살의] 삼종계(三種戒)의 학처이다. '누가 배우는 것인가?'라고 하면, 행심(行心)의 본질인 율의에 머무는 그 보살이다. 필요성이니, '어째서 학습하는가?'라고 하면, 보살 자신의 몸·말·뜻 셋의 타죄(墮罪)가 맑아지고, 유정에게 크

게 유익한 원인이 됨을 배우는 것이다. '어떻게 학습하는가?'라고 하면, 잘(Legs par) 이니, 여법하게 배우는 것이다. 그와 같이 학습함으로써, '어떻게 되는가?'라고 하면, 그 삼종계를 힘써 잘 학습하면, 잘 숙련한 힘으로 뒷날 앞에서 설한 삼종계의 학처를 애중히 여기는 공경심이 점점 크게 자라나게 되는 것이다.

여기서 '잘(Legs par)'이라고 하는 말은, 청정함과 물러나지 않음과 온전히 갖춤의 셋에 들어감으로써, 지악율의계(止惡律儀戒)를 잘 학습함으로써 사부(士夫)의 몸이 훌륭함과 같이 청정해진다. 유정요익계(有情饒益戒)를 잘 학습함으로써 원만보리에서 물러나지 않고, 쇠퇴하지 않음으로써 전염병이 완전히 나아짐과 같이 깨끗하게 된다. 섭선법계(攝善法戒)를 잘 학습함으로써 항아리에 물을 잘 채우는 것과 같이 [온전하게 선근을 갖추게] 된다. '보살대유정(菩薩大有情)'이라는 말의 뜻도 또한 그 셋을 통해서 번역한 것이다. 왜냐하면, '지악율의계로써 모든 잘못들을 정화하고, 섭선법계로써 모든 공덕들에 통달하고, 유정요익계로써 대유정(大有情)이 되기 때문이다.'라고 설하였다."

둘째, 계율학처의 위대함이니, 계율과 증상정학(增上定學)을 연결하는 것으로, 본송(本頌)에서 다음과 같이 말하였다.

◎ **그러므로 청정한 원만보리를**
소연하는 보살의 율의계들을,
열심히 행함으로써 대보리의
자량들을 원만하게 구족한다. (제33송)

위의 게송의 의미를 4대 빤첸라마의 『보리도등론석승소희연』에서 다음과 같이 설하였다.

"[보살의] 삼종계(三種戒)를 잘 학습함으로써 몸·말·뜻 셋이 청정해지고, 그러므로 [끊어버려야 하는 대상인] 소단사(所斷事)가 청정해지고, [다스리는 법인] 대치품(對治品)을 원만하게 갖춤이 결과인 보리인 것이다. 그것을 타인의 이익을 위해서 [반드시 얻어야 하는] 득분(得分)으로 소연하는 보살들이 지악율의계(止惡律儀戒)가 핵심이 되는 삼종계가 청정해지고, 수호하는 것을 정지(正知)와 정념(正念)과 크게 공경하는 마음으로 견실하게 노력함으로써, 위없는 원만보리의 원인인 복덕과 지혜자량의 둘을 원만하게 구족하는 것이다."

(나) 증상정학(增上定學 : 止)을 닦는 법이니, 여기에는 첫째, 신통의 원인으로 사마타(止)를 학습함, 둘째, 사마타를 수습하는 법의 둘이 있다.

첫째, 신통의 원인으로 사마타(止)를 학습함이니, 본송(本頌)에서 다음과 같이 말하였다.

◎ 복덕과 지혜의 자성이 되는
자량을 속히 구족하는 원인으로,
모든 부처님들께서 신통력을
일으키는 것이라고 승인하였다. (제34송)

◎ 어떤가 하면 날개가 나지 않은
새는 하늘을 날지 못하듯이,
그같이 신통력을 여의고서는
유정의 이익을 행하지 못한다. (제35송)

◎ 신통이 있는 이가 하루지간에
짓고 쌓는 복덕들 어떤 그것을,
신통들이 없는 사람은 백생을
애써도 또한 갖춤이 있지 않다. (제36송)

◎ 신속하게 원만보리의 자량을
온전하게 구족하길 희구하는,
그가 근수하면 신통을 얻으나
나태해선 그것을 얻지 못한다. (제37송)

위의 네 게송의 의미를 4대 빤첸라마의 『보리도등론석승소희연』에서 다음과 같이 설하였다.

"처음의 제34송으로는 자기의 이익을 위해 복혜의 두 자량을 갖추는 것은 신통에 의뢰하는 것임을 설해 보였다. 두 번째의 제35송으로는 청정한 타인의 이익을 이루는 것도 신통에 의뢰하는 것임을 설해 보였다. 세 번째의 제36송으로는 광대한 복덕을 모으는 것도 신통에 의뢰하는 것임을 설해 보였다. 마지막의 제37송으로는 신속하게 성불하는 것도 또한 신통에 의뢰함으로써, 보살은 마땅히 신통을 일으켜야 하는 것임을 설해 보였다.

그러면 '자량들을 원만하게 구족한다.'라고 하면, '두 자량을 쌓는 뛰어난 방편이 무엇인가?' 하면, 복덕과 지혜의 자성인 두 자량을 원만하게 구족하는 뛰어난 원인으로, 삼세의 모든 부처님들께서 육신통(六神通)을 일으키는 것이라고 승인하였다. 『현관장엄론(現觀莊嚴論)』에서 육신통을 교수함에는 필요성이 성립하고, 그것을 구결(口訣)로 설하였기 때문이니, 『반야경』에서, '수보리여, 비유하면 날개가 없는 새는 하늘을 날지 못한다. 그와 같이 보살도 또한 신통에 의지함이 없이는 유정에게 법을 설함이 불가하니, 잘못된 길에 들어가 있는 유정들은 길을 식별함이 불가한 것이다.' 라고 한 뜻을 명심한 뒤, 그 비유처럼 날개가 나지 않은 새는 하늘을 날지 못하듯이, 그와 같이 신통력을 여의고서는 자기의 복분과 상응하게 유정의 이익을 광대하게 행하지 못하는 것이다.

그 또한 신족통(神足通)에 의해서 부처님의 정토와 교화 대상이 있는 어떤 국토에 들어가고, 타심통(他心通)으로 타인의 심성과 생각하는 바를 여실하게 안다. 천이통(天耳通)으로 그들의 언어를 알고, 숙명통(宿命通)으로 과거의 원인을 알고, 천안통(天眼通)으로 미래에 어떻게 되는지를 알고, 누진통(漏盡通)으로 청정해탈의 길을 열어 보임으로써 삼승(三乘)을 희구함과 근기를 성숙시키고, 해탈케 하는 것이다.

또한 신통이 없는 동안에는 유정의 이익을 직접 행하는 것이 어려우니, 유정의 안락과 이익은 부처님의 교법에 달려 있고, 부처님의 교법은 승가에 달려 있고, 승가는 율의를 지키는 것에 달려 있음으로써, 계율을 지킴이 단절되지 않도록 힘껏 행하라고 하였다.

조오제(大恩人)께서 돔뙨빠(ḥBrom ston pa)에게 '그대가 승가로서' 라고 진중하게 행할 것을 마음에 새긴 뒤, 라뎅(Rva sgreṅ) 사원[84]을 건립하라고 하였으니, 뽀또와(Po to ba)의 『베우붐응왼뽀(青色手册)』에서, '조오제께서 말씀하심과 같이 중생의 이익을 실제로 행하지 못하는 위의 비유처럼, 전적으로 행하길 원하면 부처님의 교법이 세상에 오랫동안 머물도록 하게 하니, 그 또한 승가에 달려 있음으로써 능력이 있으면 그 뒤 방편을 행하고, 능력이 없으면 자기 마음이 그와 같이 승인하고, 유정의 이익을 행함이 쇠퇴하지 않게 수호하라.'고 설하였기 때문이다.

자량(資糧)을 신속하게 갖추는 것 또한 신통에 달린 것이니, 소의(所依 : 바탕)인 보리심이 동등할지라도 또한 신통이 있음으로써, 하루지간에 짓고 쌓는 어떤 복덕의 자량들 그것을 만약 신통을 여윈 사람은 백생(百生)을 애써도 또한 갖춤이 있지 않기 때문이다. 이것으로 지혜의 자량을 또한 간접적으로 드러내 보였다. 그러므로 신속하게 성불하는 원인으로 신통을 얻기 위해서 부지런히 근수(勤修)하는 것이 필요하니, 신속하게 원만보리의 원인인 두 자량을 온전하게 구족하길 희구하는 그는 그것의 방편인 신통을 일으키는 것이 필수이다. 그 또한 치열한 정진으로 그것의 원인을 힘써 노력함으로써 육신통을 얻는 것이지, 나태해선 그것을 얻지 못하니 부지런히 정진하는 것이 필요하기 때문이다.

그러면 '그가 근수하면 신통을'이라고 한다면, '무엇을 근수함으

---

84 라뎅(Rva sgreṅ) 사원은 조오제(大恩人)께서 열반에 든 뒤 선지식 돔뙨빠(ḥBrom ston pa)께서 1057년에 건립한 최초의 까담빠의 본사이다.

로써 신통을 얻는 것인가?'라고 하면, 다음과 같이 본송(本頌)에서 말하였다.

◎ **사마타(止)를 이룸이 없이는**
신통이 생기지 않음으로써,
사마타(止)를 수득하기 위해서
거듭거듭 힘써 정진토록 하라. (제38송)

'[타고난] 생득(生得, sKyes stobs)과 약물과 진언에 의거하는 미세한 신통과 전생을 기억하는 것은 일정하지 않을 뿐더러 또한, [닦아서 얻은 힘인] 수소생력(修所生力, bsGoms stobs)에서 발생한 뛰어난 신통도 역시, 청정한 경안(輕安, Śin sbyaḥs)[85] 으로 섭수하는 사마타(止)를 얻은 것이 아님으로써 광대한 신통이 발생하지 않으니, [여기서 말하는 신통이] 아니니, 실제로 얻은 것이 아니므로 신통이 아니다.'라고 설함과 '제사선(第四禪)의 극도로 청정함을 얻은 뒤, 무분별의 지혜를 온전히 지님과 그와 같이 굳게 머묾을 작의(作意)

---

85 경안(輕安, Śin sbyaḥs)은 곧 경안락(輕安樂)이니, 사마타(śamatha, 止)의 수습을 통해서 발생하는 몸과 마음의 가벼움과 즐거움을 말한다. 『람림첸모(菩提道次第廣論)』에서, "경안의 모양을 원만히 갖추고 감지하기 쉬운 경안이 발생하는 전조는, 싸마디(三摩地)를 근수하는 그 뿌드갈라(人)의 정수리에 무거운 물체가 놓여 있는 것과 같은 생각이 드나, 그 기분은 불쾌한 육중함이 아니다. 이것이 생기자마자 번뇌의 끊음을 즐거워하는 마음을 장애하는 마음의 조중(粗重)이 즉시로 사라지고, 그것의 다스림인 마음의 경안이 먼저 발생한다. 즉 [무착보살의] 『성문지(聲聞地)』에서, '얼마 지나지 않아서 그의 거칠고 감지하기 쉬운 심일경성(心一境性)과 심신(心身)의 경안이 발생하는 전조로, 그의 정수리가 무겁다는 감각이 생기지만 그 또한 해가 되는 무거움이 아니다. 그것이 생기자마자 번뇌의 끊음을 즐거워하는 마음을 가로막는 번뇌들의 품류가 되는 마음의 조중이 사라지고, 그것을 퇴치하는 심신의 경안이 발생한다.'라고 하였다."고 함과 같다.

함으로부터, 최승의 신통력의 성취를 얻는다.'라고 [『장엄경론(莊嚴經論)』의 「신통품(神通品)」에서] 설하였기 때문이다. 그 이유로 인해 사마타(止)를 닦아 수득(修得)하기 위해서 구주심(九住心)[86]의 방

---

86 구주심(九住心, Sems gnas dgu)은 사마타(止)를 닦아서 심일경성(心一境性)을 성취하는 아홉 단계로 세속의 선정(禪定)에 속한다.
① 내주(內住)는 소연의 대상에 마음을 머물게 함이다. 단지 바깥의 경계로 달아나는 마음을 거두어서, 잠시 소연의 대상에 머물게 하는 것으로, 그 힘이 오래가지 못한다.
② 속주(續住)는 소연의 대상에 마음을 연속해서 머물게 함이다. 초주(初住)에서는 한 자리에서 마음이 소연의 대상에 머무름이 일좌(一座) 시에 단지 십분의 일이며, 나머지 구분은 산란하는 것이며, 이 이주(二住)에서는 초주(初住)의 머무는 시간을 연장해서 가히 염주 한 벌을 돌리는 시간만큼 흩어지지 않는다고 한다.
③ 안주(安住)는 산란이 일어나면 그것을 알아차려서 멸하는 것이다. 이주(二住)에서는 산란이 생긴 뒤 한참 지나서 그것을 인식하며, 이 삼주(三住)에서는 산란이 생기는 즉시 깨달아서 소연의 대상에 머물게 한다.
④ 근주(近住)는 산란을 퇴치한 뒤, 소연의 대상에 거듭거듭 노력해서 마음을 머물게 하는 것이다. 앞의 삼주(三住)에서의 산란은 소연의 대상을 잊어버려서 생기는 것이며, 이 사주(四住)에서는 산란이 남아 있을지라도 소연의 대상을 잊어버리지 않는다.
⑤ 조복(調伏)은 [삼마지(三摩地)의 공덕을 체험해서] 선열을 일으키는 것이다. 앞의 사주(四住)에서는 마음을 거두어 잡는 힘이 강해져서 시시로 마음을 거두어서 더욱 미세하게 둘지라도 쉽게 가라앉음(沈沒)이 발생한다. 이 오주(五住)에서는 삼마지의 공덕을 사유해서 마음을 진작시키고, 이렇게 고양된 힘으로 사주(四住)의 가라앉음(沈沒)을 물리치는 까닭에, 삼마지의 조복이라 한다. 또 사주(四住)에서는 조분(粗分)의 가라앉음이 우선하고, 이 오주(五住)에서는 조분의 가라앉음은 없고, 단지 세분(細分)의 가라앉음만이 남아 있다. 또한 오주(五住) 이상에서는 조분의 침도(沈掉)가 전혀 없다.
⑥ 적정(寂靜)은 산란한 마음의 과실을 보아서 삼마지를 염오하는 마음을 없애는 것이다. 앞의 오주(五住)에서는 마음을 진작시켜서 세분의 가라앉음(沈)을 제거하는 것이나, 가벼운 탐욕 등의 심사(尋思)가 남아서 마음이 흔들리는 연고로, 이 육주(六住)에서는 이러한 미세한 산란을 차단하는 것이며, 이 미세한 산란을 가리켜서 삼마지의 상위분(相違分) 또는 삼마지의 염오심이라고 한다. 앞의 오주(五住)와 육주(六住)의 다른 점은 오주(五住)에서는 미세한 가라앉음(沈)을 끊는 것이고, 육주(六住)에서는 미세한 들뜸(掉)을 끊는 것이다.
⑦ 최극적정(最極寂靜)은 혼몽과 수면 등의 발생을 제멸하는 것이다. 이 칠주(七住)에서는 세분의 혼침(昏沈)과 세분의 도거(掉擧)가 이미 소멸되어서, 마치 도적이 손발이 잘려서 힘이 없는 것과 같이, 탐욕과 우수 등의 상태도 이와 같다. 또한 이 칠주심(七住心)은 마치 허공과 같아서 이미 사마타(止)를 얻은 것으로 쉽게 오인하는 까닭에, 대부분 여기서 착오를 일으키게 되는 것이다.
⑧ 전주일경(專住一境)은 소연의 대상에 공용(功用)을 씀이 없이, 마음이 저절로 들어가도

편을 거듭거듭 힘써 정진하는 것이 필요하니, 아사리 빠오(dPaḥ bo / Śūra, 聖勇)께서, '끊임없는 유가(瑜伽)로 선정을 닦는 데 정진하라. 거듭거듭 휴식하면, 나무를 비빌지라도 불이 일어나지 않으니, 유가의 수습법도 또한 그와 같이, 뛰어남을 얻지 못하면 포기하지 말라.'고 설하였기 때문이다."

둘째, 사마타(止)를 수습하는 법이니, 여기에는 첫 번째, 사마타의 자량에 의지함, 두 번째, 사마타를 수습하는 법, 세 번째, 사마타를 수습한 공덕의 셋이 있다.

첫 번째, 사마타(止)의 자량에 의지함이니, 본송(本頌)에서 다음과 같이 말하였다.

◎ 사마타의 지분이 무너져서는
크게 정근하고 수습할지라도,
설령 수천 년이 경과할지라도

록 애쓰는 것이다. 앞의 칠주(七住)에서는 침도(沈掉)의 방해를 받지 않는 것이며, 이 팔주(八住)에서는 침도가 전혀 없는 것인데도 어째서 힘써 일념으로 전주(專注)해야 하는 것인가? 이렇게 함으로서 다음의 구주(九住)에서는 공용을 쓰지 않고도 자연스럽게 평등하게 삼마지에 들어가기 때문이다.

⑨ 등지(等持)는 마음이 [침도를 여의고] 평등하게 머물게 되면, 중정을 지키는 평사(平捨)를 닦는다. 이것이 평등의 지킴이라는 정언이다. 여기서 평등이란 침몰(沈沒)과 도거(掉擧)가 없는 것이며, 일향으로 [마음을] 쏟음이란 앞의 팔주(八住)의 다른 이름인 것이다. 즉 앞의 일향으로 [마음을] 쏟음이 완전히 익어져서 이 구주심(九住心)에서는 공용을 가히 쓰지 않고도 자동적으로 삼마지에 들어가는 것이다. 그러나 이 등지는 세속삼마지(世俗三摩地)로서 외도와 공통적이며, 초선근분정(初禪近分定)에도 못 미치는 선정이다.

싸마디(定)를 이루지 못한다. (제39송)

◎ **그러므로 「정자량품(定資糧品)」에서**
설한 바의 지분들에 잘 머물면서, (제40송 1, 2구)

위의 게송의 의미를 4대 빤첸라마의 『보리도등론석승소희연』에서 다음과 같이 설하였다.

> "만약 '거듭거듭 힘써 정진토록 하라.'고 하면, 이것은 '단지 정진 하나만으로 사마타(止)를 이루는 것인가?'라고 하면, 그것이 아니니, 사마타의 자량에 의지하는 것이 매우 중요함을 설해 보이기 위해 위의 제39송과 제40송의 1, 2구를 설하였다. 선지식 돔뙨빠(ḥBrom ston pa)께서, '우리들이 오직 구결의 결과라고 생각한 뒤, 소분의 구결을 추구할지라도 또한 싸마디(定)가 발생하지 않는 그것은 자량에 머물지 않은 결과이다.'라고 하였으며, 선지식 뽀또와(Po to ba)께서도 또한, '우리들이 싸마디의 자량을 견실하게 행하지 못함으로써 싸마디가 발생하지 않으며, 구결에 의한 결과라고 생각하고, 구결만을 오로지 추구함으로써 범행(梵行)을 닦는 자가 수인모(手印母)를 의지하는 구결과 만나게 되는 것이다.' 라고 하였다. 그러므로 사마타의 지분과 자량이 쇠퇴해서는 크게 정근(精勤)해도 설령 수천 년 동안 수습할지라도 또한 사마타의 싸마디를 이루지 못한다.
> 그와 같이 사마타의 자량이 쇠퇴하면 사마타를 이루지 못하니, 그러므로 지분들에 잘 머물고 수습함으로써 싸마디를 일으키도

록 하라. 그러면 '「정자량품(定資糧品)」에서 설한 지분이 무엇인가?' 하면, 자주(自註)인 『보리도등론난처석』에서, '아사리 보디바드라(菩提賢)의 「정자량품(定資糧品)」에서 설한 바의, ① [마업(魔業)을 버리는] 유기(遺棄), ② [문혜(聞慧)를 먼저 닦는] 전행(前行), ③ [신통이 없이 문혜(聞慧)에 의해 법을 설하는 것을 막는] 차단(遮斷), ④ [갖가지 근심과 번뇌를 없애는] 해우(解憂), ⑤ [윤회에서 벗어나고자 하는] 염리(厭離), ⑥ [갖가지 삼마지(三摩地)의] 공덕[87]의 억념, ⑦ [공덕을 억념하고 즐거운 마음으로 노력하는] 정근(精勤), ⑧ [지관(止觀)과 방편과 반야의 둘을 겸수하는] 쌍운(雙運)[88], ⑨ 안주(安住)의 방편의 지분이다.'라는 것들로 말하였다.

로짜와(譯經僧) 마·게왜로되(rMa dGe baḥi blo gros, 善慧)는 이 법을 번역한 분이고, 조오제로부터 직접 법을 들음으로써, 『성문지(聲

87 [갖가지 삼마지(三摩地)의] 공덕에 대하여 『보리도차제약론석하권(菩提道次第略論釋下卷)』에서, "① 심신이 즐겁고 편안해서 현생(現生)에 안락하게 머무는 것이며, ② 심신의 경안(輕安)함을 얻어서 선소연(善所緣)에 마음이 원하는 대로 안주하는 것이며, ③ 삿된 대경을 향해 멋대로 달아나는 산란한 마음을 멸해서 악행이 생기지 않고, 뜻대로 선행을 할 수 있는 강한 힘이 생김이며, ④ 사마타(止)에 의지해서 신통변화(神通變化) 등의 공덕을 이루는 것이며, ⑤ 특별히 그것에 의지해서 진성(眞性)을 통달하는 위빠사나(觀)를 닦아서 윤회의 근본을 신속하게 끊는 것 등이다."라고 하였다.

88 「정자량품(定資糧品)」에서, "쌍운(雙運 : 兼修)이니, 이와 같이 지관(止觀)과 방편과 반야의 둘이다. 왜냐하면, 지(止)가 견고하지 못한 관(觀)은 굳건하게 머물지 못하니 바람 속의 등불과 같다. 관(觀)을 여읜 지(止)는 장애의 그물들을 남김없이 정화하지 못하니, 마치 색계와 무색계 등의 선정이 다시 윤회에 떨어지는 것과 같으니, 그러므로 『입보리행론(入菩提行論)』의 「선정품(禪定品)」에서, '사마타(止)와 잘 갖춘 위빠싸나(觀)로, 번뇌를 온전히 파괴함을 요지한 뒤, 먼저 지(止)를 추구해서 이루니, 그 또한, 세간을 탐착 않고 [지(止)를 닦는] 환희로 성취한다.'(제4송)고 설하였다. 그와 같이 방편과 반야도 역시 그러하니, 어째서인가 하면, 색신과 법신의 둘을 성취하기 위함과 번뇌와 소지(所知)의 두 장애를 끊어버리기 위함이기 때문이다."라고 하였다.

聞地)』의 그것[정자량(定資糧)]과 『세간자재성취법(世間自在成就法)』의 서두(序頭)와 보리바드라의 그것과 계경(契經)의 「정자량품」 등의 전부인 것이라고 선지식 쌰라와(Śa ra ba)께서 말씀하였다. 지존하신 쫑카빠(Tsoṅ kha pa) 대사께서는, '지관(止觀)의 싸마디를 진심으로 닦아 이루기를 원하는 이들은, 사마타의 지분의 자량을 『성문지』에서 설한 13가지 등에 크게 힘써 노력하는 것이 매우 중요하다.'라고 설하였다. 이것과 일치하게 선지식 샹롬빠(Shaṅ rom pa)께서도, '13가지의 전부가 또한 필요할지라도, 핵심이 되는 지분은 청정한 계율과 [욕심이 적은] 소욕(所欲)과 [만족을 아는] 지족(知足)과 [적정한 처소인] 아란야(寂靜處)에 머무름의 넷이 전적으로 필요하다.'라고 설하였다."

두 번째, 사마타(止)를 수습하는 법이니, 본송(本頌)에서 다음과 같이 말하였다.

◎ **어떤 적절한 대상들 가운데 하나를**
닦는 마음은 현량하니 일념으로 머물라. (제40송 3, 4구)

위의 제40송의 4구의 티베트어 원문은 "이니게라샥빠르자(Yi ni dge la gshag par bya)[89]이며, 자주(自註)인 『보리도등론난처석』에서도 별도로 해석하지 않음으로써, 여기에는 여러 가지의 해석이 있게 되었다.

---

89 이 구절의 의미를 선지식 갠·람림빠(rGan lam rim pa)는 『보리도등론본주(菩提道燈論本註)』에서, "마음이 다른 곳으로 흩어짐이 없이 현량한 상태에 안주하라."라고 하였다.

처음은 [닦는] 마음은 현량(賢良)한 것으로 해석하는 것이니, 4대 빤첸라마는 "닦고자 하는 어떤 대상 그것을 닦는 마음은 현량(賢良)하니, 다른 곳으로 뜻이 흩어짐이 없이 일념으로 머물게 하기 때문이다."라고 하였다. 저자도 이 뜻을 취해서 이 구절을 번역하였다.

다음은 닦고자 하는 대상을 현량(賢良)함으로 해석하는 것이니, 걜찹·닥빠된둡(普稱義成)은, "어떤 적절한 대상들 가운데 하나를 소연한 뒤, 마음을 그것의 상태(狀態, rNam pa)의 현량(賢良)함에 안주하라."고 하였다.

또 다른 해석에서, 선지식 걘·람림빠(rGan lam rim pa)는 『보리도등론본주』에서처럼, "마음이 다른 곳으로 흩어짐이 없이 현량한 상태에 안주하라."라고 하였다.

본인의 생각에는 다 합당한 해석으로 보니, 첫째는 원문의 문장이 구조상으로도 두 가지 해석이 가능하기 때문이다. 둘째는 외도나 흑도의 수행은 현량하지 못한 부정하고 어리석은 마음으로 선정을 닦는 경우가 허다하고, 또한 사마타의 소연으로 현량하지 못한 흑신(黑神)과 같은 삿된 대상에다 마음을 안치하는 경우가 허다함에 반해서, 불교의 수행은 부처님의 형상과 같은 현량한 대상을 소연하여 현량한 마음으로 닦음과 또는 공성과 같은 현량한 대상에 일념으로 머물면서 제법무아를 닦는 마음은 현량하기 때문이다.

위 구절의 의미를 전자의 뜻으로 4대 빤첸라마의 『보리도등론석승소희연』에서 다음과 같이 설하였다.

> "앞에서 설함과 같이 사마타의 자량에 잘 안주하는 그가 어떤 적절한 대상[소연]이니, 돌조각과 작대기 같은 것이 아니라, 부처님

께서 설하신 주편소연(周遍所緣)과 정행소연(淨行所緣)과 선교소연(善巧所緣)과 정혹소연(淨惑所緣)의 사종소연(四種所緣)[90] 가운데 어떤 적절한 대상[소연]이다. '가운데 하나를(gCig dag la)'[91]이라고 함은, 그들 가운데 처음에는 오직 하나의 대상만을 소연하는 것이니, 아사리 빠오(dPaḥ bo, 聖勇)께서, '하나의 소연에 견고하게 머무는 도리로, 의념(意念)을 견고하게 안치하라. 많은 소연의 대상을 품음으로써, 마음은 번뇌로 어지러워진다.'라고 설하였기 때문이다. 여기에 마음을 잡아가지는 도리가 또한 있으니, 닦고자

---

90 사종소연(四種所緣)은 주편소연(周遍所緣)과 정행소연(淨行所緣)과 선교소연(善巧所緣)과 정혹소연(淨惑所緣)이니, 사마타(止)를 닦을 때 마음이 소연하는 네 가지의 대상이다. 또한 주편소연(周遍所緣)은 일체의 모든 법에 주편하는 소연이니, 여기에는 ① 유분별(有分別)의 영상소연(影像所緣), 무분별의 영상소연(影像所緣), 사변제소연(四邊際所緣), 소작성취소연(所作成就所緣)의 넷이 있다. 이들 네 가지 소연에 대하여 『수습차제하편(修習次第下篇)』에서, "세존께서는 유가사들의 소연사(所緣事)로 네 가지를 설시하였으니, 무분별영상(無分別影像)과 유분별영상(有分別影像)과 사변제(事邊際)와 소작성취(所作成就)가 그것이다. 사마타(止)는 일체법의 영상과 여래의 상호 등을 신해해서 반연하는 것이니, 이것을 무분별영상이라 한다. [제법의] 진실의(眞實義)를 분별함이 없으므로 무분별이라고 부른다. 또 그와 같이 듣고 수지하는 제법의 영상(影像)을 신해하여 반연함으로써 영상이라 부른다. 유가사가 [제법의] 진실의를 깨닫기 위해서 위빠사나(觀)로 영상들을 관찰하는 그때, 위빠사나의 본질인 법의 진실을 사유하는 분별이 있으므로 유분별영상이라고 부른다. 이것은 유가사가 영상의 본질을 분별해서 일체법의 자성을 여실하게 통달하는 것이니, 마치 얼굴의 영상이 거울 속에 나타남을 관찰해서 자기 얼굴의 곱고 추함 등을 분명하게 아는 것과 같다. 어느 때 사물의 궁극의 실상인 진여(眞如)를 증득하는 그때, 사물의 구경의 진실[사변제(事邊際)]을 체달함으로써 초지(初地)에 [증입하는] 사변제소연이라 부른다. 그 뒤 신령한 금단(金丹)을 복용함과 같이, 극히 청정한 순간들이 문득 발생해서 수도위(修道位)의 나머지 지위들로 차례로 바뀌어 옮겨간 뒤, 어느 때 모든 장애들을 남김없이 소멸한 표상인 일체의 소작(所作)들을 원성하게 되는 그때, 불지(佛地)에 [증입하는] 그 지혜를 소작성취소연이라고 부른다."라고 하였다.

91 '가운데 하나를(gCig dag la)'의 닥(dag)은 여기서 복수(複數)의 뜻이 아닌 '확실적(確實的)'인 의미이다. 다른 판본에는 '가운데 하나'를 '찍닥라(Cig dag la)'와 '식닥라(Shig dag la)' 또는 '찍라양(gCig la yaṅ)'으로 나온다.

하는 어떤 대상 그것에 대하여 닦는 마음은 현량(賢良)하니, 다른 곳으로 뜻이 흩어짐이 없이 일념으로 머물게 하기 때문이다."

또한 갤찹·닥빠된둡(普稱義成)의 『보리도등론제호석』에서는 위 구절의 의미를 후자의 뜻으로 다음과 같이 설하였다.

"그 또한 방금 설해 보임과 같은 [사마타(止)의] 자량과 지분에 잘 안주함으로써, '사마타를 닦는 대상[소연]이 어떤 것인가?'라고 하면, 『성문지(聲聞地)』에서 경전의 말씀을 갖추고, 깨달음을 갖추고, 차서가 정연하고, 전도됨이 없는 넷을 지닌 것이 필요하다고 말한 요건을 갖춘 대상[소연]이니, 자기의 숙세의 유업(遺業)과 지력(智力)과 번뇌를 행함과 상응하는 어떤 적절한 대상들 가운데 하나를 소연한 뒤, 마음을 그것의 상태(狀態, rNam pa)의 현량(賢良)함에 머물게 하라.'고 함이다.

선지식 쌰라와(Śa ra ba)께서, '소연의 대상 그 또한 경전의 말씀에 나오는 것을 스승님께서 구두로 전해 줌이 필요하니, 비록 경전에 나올지라도 자기가 만든 것과 자기 힘으로도 아니고, 스승님께서 구두로 전해 주는 것도 경전에 나오지 않는다면 그것에 신뢰가 생기지 않는다. 참된 스승님을 만나고, 만난 뒤에 가르침을 얻음으로써 싸마디(定)가 발생하고, 발생한 것이 쇠퇴하지 않는 모든 것에도 또한 자량을 쌓는 것이 필요함으로써, 갖가지의 방법으로 복덕을 쌓는 것에 힘쓴다. 복덕을 쌓음으로써 신통을 지닌 스승님을 만나면 자기의 숙세의 유업(遺業)과 지력(智力)과 번뇌를 행함에 상응하는 어떤 적절한 대상들 가운데 하나에 이끌어준다.

우리가 그 같은 경우를 만나지 못할 때는 조오제(大恩人)의 삼사도(三士道)의 차제로써 마음을 닦는 이것들이 오직 구결이 되는 것이다. 법에서 설한 모든 소연도 또한 이것에 거두어지니, 유업(遺業)이 있으면 이 모든 것들에서 싸마디가 현전(現前)함이 있고, 그 같이 찾아옴이 또한 있는 것이다.

번뇌를 행함을 정화하는 소연의 대상으로는 탐착에는 부정관(不淨觀)을 닦는 등의 다섯 가지가 또한 적절하다. 그 또한 목건련 존자가 두 제자에게 하나의 같은 소연을 가르쳐 주어서 싸마디가 발생하지 못하였으나, 사리불 존자는 지혜가 제일인 까닭에 그 소연의 대상을 바꿔줌으로써 싸마디가 발생한 것과 같이, 하나의 소연의 대상이 모두에게 통용되는 것은 정해진 것이 아니니, 하나의 약이 모든 병자에게 통용되지 않는 것과 같다. 탐욕이 많은 자에게 자비관(慈悲觀)과 성냄이 큰 자에게 부정관(不淨觀)은 적절하지 못하고, 호흡을 세는 수식관(數息觀)이 모두에게 적합해도 크게 어리석은 자에게는 적합하지 않고, 오직 이무아(二無我)가 최고의 무상(無相)의 소연이 된다고 말할지라도, 또한 때가 아닌 때에 설하면 두 가지의 허물이 생긴다고 아사리 짠드라하리빠(Candraharipa, 月獅子)의 『보만(寶鬘, Rin po cheḥi phreṅ ba)』과 월칭논사(月稱論師)의 『입중론(入中論)』에서 설함과 같은 것이다. 연기법(緣起法)은 모두에게 통용하는 것이다.

아사리 까말라씰라(蓮花戒)의 『수습차제(修習次第)』에서 십이분교(十二分教)의 법을 소연하거나 또는 온(蘊) 등을 소연하거나 또는 부처님의 몸을 소연하는 것을 또한 설하였는바, 그것들 모두는 전도되지 않은 것이다."

세 번째, 사마타(止)를 수습한 공덕이니, 본송(本頌)에서 다음과 같이 말하였다.

◎ **유가사가 사마타(止)를 얻으면**
신통들도 또한 성취하게 되지만, (제41송 1, 2구)

위의 두 구절의 의미를 4대 빤첸라마의 『보리도등론석승소희연』에서 다음과 같이 설하였다.

> "앞에서 설함과 같이 강물이 흘러가듯이 싸마디(定)에 정진하는 유가사는 사마타를 얻게 되니, 그것을 수행함으로써 신통들을 얻게 되고, 자리이타(自利利他)의 둘을 부지런히 행하게 된다. 선지식 쌰라와(Śa ra ba)의 어록에서, '신통뿐만 아니라 무분별의 지혜도 또한 일어남으로써 「들도 또한(Dag kyaṅ)」이라고 설하였다.'라고 한 것은 매우 훌륭한 말씀이다. 조오제께서도, '신통력을 지니도록 함과 무루도(無漏道)를 일으키기 위해서, 처음 사마타를 일으키도록 하라.'고 설하였기 때문이다."

또한 위의 두 구절의 의미를 갤찹·닥빠된둡(普稱義成)의 『보리도등론제호석』에서 다음과 같이 설하였다.

> "그 또한 앞에서 설함과 같이 사마타의 자량과 지분에 안주한 뒤, 자기의 숙세의 유업(遺業)과 상응하는 등의 어떤 적절한 대상들

가운데 하나에, 수정오장(修定五障)[92]과 팔단행(八斷行)[93]의 도리

---

92 수정오장(修定五障, Tiṅ ṅe ḥdzin gyi gegs ñes pa lṅa)은 사마타(止, Śamatha)의 오장(五障)이라고도 하니, 아사리 쓰티라마띠(Sthiramati, 安慧)의 『변중변론소(辨中邊論疏, dBus mthaḥ rnam ḥbyed paḥi ḥgrel bśad)』에서, "① 해태(懈怠, Le lo)는 [싸마디(定)를] 수습할 때 허물이니, 그것으로 수습하지 않기 때문이다. ② 실념(失念 : brjes ṅas)는 정근할 때 교계를 잊어버림은 허물이니, 그것으로 마음이 등인(等引)에 안주하지 못하기 때문이다. ③ 침도(沈掉, Byiṅ rgod)는 등인(等引)에 안주할 때 침몰(沈沒, Byiṅ ba)과 도거(掉擧, rGod pa)의 둘은 허물이니, 그것으로 마음이 도업(道業)을 감능(堪能)하지 못하기 때문이다. ④ 침몰(沈沒)과 도거(掉擧)가 일어날 때 부작행(不作行, ḥDu mi byed)은 허물이니, 부작행은 평사(平捨)이니, 그것으로 그 둘을 그치지 않게 하기 때문이다. ⑤ 잘 그쳤을 때 작행(作行, ḥDu byed)은 허물이 된다. 작행은 [생각을 일으키는] 작사(作思)이다. 침몰과 도거를 여읨으로써 등인(等引)을 이루기 때문에 잘 그침이라 한다."라고 하였다.

93 팔단행(八斷行)은 수정오장(修定五障)을 대치하는 법으로 아사리 쓰티라마띠(Sthiramati, 安慧)의 『변중변론소(辨中邊論疏)』에서, "해태(懈怠)를 단멸하기 위해서 넷이 필요하니, 희구(希求, ḥDun pa)와 정근(精勤, rTsol ba)과 현득신(現得信, Dad pa)과 경안(輕安, Śin sbyaṅs)이다. 희구는 원함이다. 정근은 정진이다. 현득신은 진정으로 믿음이다. 경안은 도업(道業)을 감능(堪能)함이다. 해태(懈怠)를 단멸하기 위해서 어떻게 그것들을 안치하는가 하면, 그러므로 그들을 또한 순서대로 알도록 하니, '① 처(處 : 三摩地), ② 그것에 머무름, ③ 원인, ④ 결과에 머무름 ⑤ 소연(所緣)을 잊어버리지 않음[정념(正念)], ⑥ 침몰과 도거를 알아차림[정지(正知)], ⑦ 그것을 버리려는 작행(作行), ⑧ 그것이 그쳤을 때 본자리에 들어감이다.'라고 설하였다. 그들은 하나로부터 하나가 발생함으로써 해태를 단멸하는 것을 설해 보였다. 정근의 처(處)[싸마디(定)]를 희구함이다. 그것에 머무는 것은 정근이다. 원함은 정근에 선행하기 때문이다. 처[싸마디]를 희구하는 원인은 [실제로 구해서 얻고자 하는] 현득신(現得信)이니, 어째서인가 하면, '믿게 되면 희구하기 때문이다.'라고 말하였다. 원인과 결과에 믿음을 지니면 행하길 원하게 된다. 머무름을 정근하는 그것의 결과는 경안(輕安)이다. 어째서인가 하면, '정진(精進, brTson ḥgrus)을 개시하면 싸마디(定)의 특별함을 얻기 때문이다.'라고 말하였다. 싸마디가 특별하게 나아감이 경안의 원인이다. 그러므로 정진을 개시한 싸마디가 특별하게 나아감으로써 경안은 정근의 결과라고 말하였다. 그와 같이 정진을 개시 취악취(取惡趣)의 분별의 허물을 여읨으로써 희열이 일어남이다. 뜻이 즐거움으로써 몸과 마음의 둘이 크게 경안함이 도업을 감능(堪能)하는 모양이다. '그러므로 싸마디의 특별함을 얻기 위해서'라고 함이다. 여기서 원인과 결과를 함께 갖추는 정진이 해태를 다스리는 대치(對治)라고 설하였다. '네 가지 허물을 대치로 꼽음과 같이'라고 하는 거기에, 정념(正念, Dran pa)은 교계를 잊어버림을 대치한다. 정지(正知, Śes bshin)는 침몰과 도거를 대치한다. 작사(作思, Sems pa)는 부작행(不作行)을 대치한다. 평사(平捨, bTaṅ sñom)는 작행(作行)을 대치하니, 작행의 평사로 알라. (중략) '정념은 소연(所緣)을 잊지 않음이다.'라고 함은, '마음을 머물게 하는 교계를 [뜻으로 말하는] 의언(意言)이다.'라고 하는 정언이다. '정지(正知)는 정념을 잊지 않으면 침몰(沈沒)과 도거(掉擧)를 알아차린다.'라고 함은, 정념이 잘

로써 마음이 [대상의] 현량(賢良)함에 머무는 그 유가사가 어느 때, 정려정등지(靜慮正等至)[초선근본정(初禪根本定)]의 사마타를 얻게 되면, 그것을 단지 얻는 것만이 아니라 극도로 청정한 제사선(第四禪)을 얻은 뒤, '제사선(第四禪)의 극도로 청정함을 얻은 뒤, 무분별의 지혜를 온전히 지님과 그와 같이 굳게 머무름을 작의(作意)함으로써, 최승의 신통력의 성취를 얻는다.'라고 『장엄경론(莊嚴經論)』 [「신통품(神通品)」]에서 설한 도리로써, 신변(神變)의 대경을 아는 신통을 얻는 것을 주장함으로써, 몸이 솜털처럼 가벼움을 닦는 등의 각각에 굳게 머무름을 작의(作意)함에 의거해서 그와 같이 원하는 신통들을 성취함으로써, '그 힘으로 자기의 보리자량을 갖추고, 유정의 이익을 모두 이루는 것이다.'라고 하였다."

여기서 조오제께서 티베트에 머무실 때 있었던 신통의 일화를 소개하면, 침·탐째켄빠의 『아띠쌰대전기(阿底峽大傳記)』에 이렇게 나와 있다.

"그 당시 조오제에게 두 명의 젊은 비구가 각자의 깨달음을 검증하기 위해 찾아왔다. 조오제의 앞에는 좀 모자라는 사미(沙彌) 하나밖에는 없었다고 하였다. 한 비구가 말하길, '수편처정(水遍處

머무르고 정지를 지님이다. '그러므로 정념을 잊지 않는다면'이라고 말하였으니, 침몰과 도거를 알아차린 뒤 사마타(止)와 위빠사나(觀)의 둘을 함께 행하는 까닭에, '말이 필요 없이 들어감이다.'라고 하는 정언이다. '평사(平捨)는 다른 대경을 생각하지 않는 부작행이다.'라고 하는 정언이다. (중략) 침몰과 도거를 여의기 위해서 작행을 행하니, '침몰과 도거를 여의면 또한 평사라 한다.'라고 설한다. 그와 같이 그의 마음이 본자리에 들어감[낼두죽빠(rNal du ḥjug pa)]이 도업의 감능인 것이다."라고 하였다.

定, Zad par chuḥi tiṅ ṅes ḥdzin)을 보고 싶으십니까?'라고 물었다. 조오제께서, '그렇다.'라고 말하자, 그의 미간에서 물이 흘러나오고, 그 뒤 물이 점점 불어나서 응암쐐(Ṅam śod) 지역이 모두 물로 변하였다. 또 다른 비구가 말하길, '백편처정(白遍處定, Zad par dkar poḥi tiṅ ṅes ḥdzin)을 보고 싶으십니까?'라고 물었다. 조오제께서, '그렇다.'라고 말하자, 또한 미간에서 흰색이 출현해서 응암쐐(Ṅam śod) 지역이 모두 하얗게 변하였다. 그 뒤 삼매에서 일어남과 동시에 미간으로 거두어졌다. 이에 조오제께서, '훌륭하다! 훌륭하다! 선정이 뛰어나다.'라고 말하였다.

그 뒤 침푸(mChims phu)에 도착하였을 때 또한 그 비구 둘이 찾아왔다. 한 비구가 말하길, '환상과 같은 탱화 하나를 보고 싶으십니까?' 라고 물었다. 조오제께서, '그렇다.'라고 말하자, 작은 자루 크기의 탱화 속에 삼세의 모든 부처님의 [일대기(一代記)를 상징하는] 12상성도(相成道)가 선명하게 보였다. 다른 비구가 말하길, '여환삼매(如幻三昧)를 보고 싶으십니까?'라고 물었다. 조오제께서, '그렇다.'라고 말하자, 따라불모(多羅佛母)의 탱화가 찬란하게 빛나는 것을 보았다.

그 뒤 모레 아침나절에 사원의 옥상에서 연회가 열렸는데 그 비구가 왔는지를 찾았으나 보이질 않자, 조오제에게 '그 둘이 어디로 갔습니까?'라고 여쭙자, 조오제께서, '그 둘이 여기에 오지 않았다. 그들은 대지의 여신과 나무의 여신 등이 보낸 음식을 가져온 것이다.'라고 말하였다. 조오제 자신도 또한 한식옥정(漢式屋頂)[94]의 처

94 한식옥정(漢式屋頂, dBu rtseḥi bya ḥdab)은 티베트의 건축물들 가운데 중앙에 있는 궁전 모양의 옥정(屋頂)을 말한다.

마 아래를 날아서 도는 것을 대유가사(大瑜伽師)의 거처의 주인인 늙은 비구니가 보았다."[95]

(다) **증상혜학(增上慧學 : 觀)을 닦는 법**이니, 여기에는 방편과 반야의 쌍운(雙運)이 합당함을 설하는 문을 통해서 첫째, 증상혜학(增上慧學)의 학습을 설해 보임, 둘째, 증상혜학(增上慧學)을 학습하는 법의 둘이 있다.

첫째, 증상혜학(增上慧學)의 학습이니, 여기에는 첫 번째, 증상혜학의 반야를 마땅히 학습해야 하는 이유, 두 번째, 방편과 반야를 쌍운(雙運)함이 마땅한 이유, 세 번째, 방편과 반야의 쌍운의 길을 설함의 셋이 있다.

첫 번째, 증상혜학의 반야를 마땅히 학습해야 하는 이유이니, 본송(本頌)에서 다음과 같이 말하였다.

◎ **반야바라밀의 유가를 떠나서는**
이장(二障)이 소멸되지 않는다. (제41송 3, 4구)

◎ **그러므로 번뇌와 소지(所知)의**
장애들을 남김없이 끊기 위해,
반야바라밀다의 유가(瑜伽)를

---

95 침·탐째켄빠, 『아띠쌰대전기(阿底峽大傳記)』, pp.166~167.

항상 방편과 더불어 근수하라. (제42송)

위의 게송들의 의미를 4대 빤첸라마의 『보리도등론석승소희연』에서 다음과 같이 설하였다.

"그러면 '사마타와 그것으로 야기한 신통이 생기한 것만으로 충분한 것인가?'라고 하면, 아사리 짠드라고미(Candragomi, 皎月)께서, '선정(禪定)의 들불로 거듭거듭, 죄악의 수풀을 태울지라도 또한, 아견(我見)의 질긴 뿌리를 뽑지 못하면, 빗물에 젖은 수풀처럼 눈앞에서 문득 소생한다.'라고 설함과 같이, 세간의 선정으로는 번뇌의 현행을 누를지라도 또한, [제법의] 진성(眞性)을 깨닫는 반야바라밀의 수습이니, 유가 수행을 떠나서는 이장(二障)과 그것의 종자가 또한 소멸하지 않는다. 그러므로 탐욕 등의 번뇌와 [외경과 내심의] 이현(二現)의 착란의 습기와 소지장(所知障)을 남김없이 끊어버리기 위해서, 진성을 깨닫는 반야바라밀을 보시 등의 방편과 함께 닦는 [쌍운(雙運)의] 유가 수행을 항상 닦아야 하니, 아사리 싼띠데와(Śāntideva, 寂天)께서 [『입보리행론』의 「반야품(般若品)」]에서, '번뇌와 소지(所知)의 두 장애의, 어두움을 다스리는 법인 공성을, 신속하게 일체지를 원하는 이가, 어째서 그것을 닦지 않는가?'라고 설하였기 때문이다.

여기서 앞의 두 구절로는 [제법의] 진성을 깨우치는 반야를 떠나서는 번뇌를 끊음이 전혀 불가하기에, 성문과 연각도 또한 세분(細分)의 공성을 깨달음이 있음을 설해 보였다. 뒤의 네 구절로는 대소승의 차별은 견해로서는 구분하지 못하기에 대승으로 [해탈의 길을] 가는 자들은 광대한 방편으로 섭수하는 반야를 반드시 학습해야 하는 것임을 설해 보였다."

또한 위의 게송들의 의미를 갤찹·닥빠된둡(普稱義成)의 『보리도등론제호석』에서 다음과 같이 설하였다.

"그 또한 방금 설한 것처럼 증상계학과 증상정학의 둘을 학습할지라도 또한, 반야바라밀을 닦는 유가를 떠나서는 [사물의] 실집(實執)을 끊어버리지 못하기 때문에, 그것의 근본이 되는 [번뇌와 소지(所知)의] 두 장애가 소멸하지 않는다. 두 장애가 소멸하지 않으면 또한 윤회하는 자이니, 그러므로 사제(四諦)에 미혹한 탓에 탐착과 성냄의 모양으로 생기하는 번뇌장(煩惱障)과 실집(實執)에 의지하는 분별인 소지장(所知障)이라 부르는 그 둘을 남김없이 끊어버리기 위해서, 사마타(止)에 의지해서 인법(人法)의 둘에 자아가 없음을 관조하는 반야바라밀의 유가를 닦는 것이니, 사마타가 없으면 바람 속에 놓인 등불처럼 반야로 무아의 의미를 밝게 깨닫지 못하니, 그와 같이 반야를 닦는 그것 또한 방편과 분리되지 않도록 항상 삼사도(三士道)의 차제와 반야바라밀을 [보시 등의] 다섯 방편과 함께 닦도록 하라."

두 번째, 방편과 반야를 쌍운(雙運)함이 마땅한 이유이니, 본송(本頌)에서 다음과 같이 말하였다.

◎ 대저 방편을 여읜 반야와

반야를 여읜 방편들은 또한,
속박이라 말하니 그렇다고
그 둘을 버려서도 안 된다. (제43송)

위의 제43송은 낙초·로짜와(Nag tsho Lo tsā ba)의 주석[『보리도등론주강해장엄』]에서 제기한 다섯 번째 "공성을 닦는 것으로 충분하고, 방편분(方便分)은 필요하지 않다."라는 질문의 답변으로 설하여진 것이라고 4대 빤첸라마의 『보리도등론석승소희연』에서 설하였다. 또한 선지식 씰라씽하(Śīla siṅha, 獅子戒)가 지은 『보리도등론주』에서는 여섯 가지의 사견을 파척하기 위한 목적으로 설해진 가운데 네 번째의 "공성을 닦는 것으로 충분하고, 방편분(方便分)은 필요하지 않다."라고 말하는 것을 타파하기 위해서 위의 게송을 설한 것으로 알려졌다.

위의 게송들의 의미를 4대 빤첸라마의 『보리도등론석승소희연』에서 다음과 같이 설하였다.

> "원만보리를 추구하는 사부(士夫)는 방편과 반야의 둘을 버리거나 내던짐이 없이 쌍운(雙運 : 兼修)의 길을 마땅히 학습해야 하니, '그 이유가 무엇인가?' 하면, 세존께서 『무구칭경(無垢稱經)』에서, '방편을 여읜 반야는 속박이다. 반야를 여읜 방편 또한 속박이다.' 라고 설하였기 때문이다. 그와 같이 이 본송으로 낙초·로짜와(Nag tsho Lo tsā ba)의 주석[『보리도등론주강해장엄』]에서 제기한 다섯 번째의 질문에 답변하였다."

세 번째, 방편과 반야의 쌍운(雙運)의 길을 설함이니, 여기에는 개략적으로 설함과 자세하게 설함의 둘이 있다.

먼저 방편과 반야의 쌍운의 길을 개략적으로 설함이니, 본송(本頌)에서 다음과 같이 말하였다.

◎ **반야란? 방편이란 무엇인가?**
[잘못 아는 등과] **의심들을,**
없애기 위해 방편들과 반야의
바른 차별을 명확하게 밝힌다. (제44송)

위의 게송의 의미를 잠괸·로되타애(無邊慧)의 『보리도등론정해』에서 다음과 같이 설하였다.

> "그러면 '그들 각각의 본질이 무엇인가?'라고 하면, '반야는 무엇이며, 방편은 무엇인가?'라고 하는 것으로써, 알지 못함과 잘못 앎과 의심하는 것들을 없애기 위해서 방편들과 반야의 본성이 뒤섞인 것처럼 보이는 그것을 잘못됨이 없이 각각의 바른 차별 또는 차이를 뒤섞임이 없이 명확하게 밝히고자 한다."

다음은 방편과 반야의 쌍운의 길을 자세하게 설함이니, 여기에는 방편의 특성을 요지함, 그것을 익힘의 필요성, 반야의 특성을 요지함 셋이 있다.

처음은 방편의 특성을 요지함이니, 본송(本頌)에서 다음과 같이 말하였다.

◎ **반야바라밀다를 제외한**
보시바라밀다 따위들의,
모든 선한 법들의 일체를
제불은 방편이라 설하였다. (제45송)

위의 제45송 1, 2구는 선지식 씰라씽하(Śī la siṅ ha, 獅子戒)가 지은 『보리도등론주』에서는 여섯 가지의 사견을 파척하기 위한 목적으로 설해진 가운데 세 번째의 "진언도(眞言道)에 의해서 성불하며, 반야바라밀다의 도는 필요하지 않다.'라고 말하는 것을 타파하기 위해서 위 게송의 1, 2구를 설한 것으로 알려졌다.

위의 게송의 의미를 4대 빤첸라마의 『보리도등론석승소희연』에서 다음과 같이 설하였다.

> "여기서 방편이 무엇인가를 또한 정립하고 있으니, 반야바라밀다를 [제외한] 버림이니, 별도로 분리한 뒤 반야바라밀다 이외의 다른 것인 보리심으로 섭수하는 보시바라밀다와 따위들이니, 나머지 넷 등의 백업(白業)인 선한 법들의 일체를 삼세의 제불께서는 방편으로 설하였기 때문이다."

다음은 방편을 익힘의 필요성이니, 본송(本頌)에서 다음과 같이 말하였다.

◎ **방편을 수습한 힘으로 보살 자신이**
어떤 법을 소연해서 반야를 근수하는,
그것은 신속히 무상보리를 증득하고

무아 하나만을 닦아서는 얻지 못한다. (제46송)

위의 제45, 46송은 낙초·로짜와(Nag tsho lo tsā ba)의 『보리도등론주강해장엄』에서 제기한 일곱 가지의 질문 가운데 다섯 번째의 "두 가지의 자량을 쌓음에는 방편과 반야를 쌍운(雙運 : 竝行)하는 것이 필요한가, 필요하지 않은가?"에 대한 답변으로 위의 게송을 설한 것이라고 빼망·꾄촉걜챈(稀寶勝幢)의 『보리도등론석승희공운』에서 설하였으며, 또한 역경사 쿠뙨·쬔뒤융둥(精進堅固)과 응옥·렉빼셰랍(妙慧)의 다섯 가지 질문 가운데 첫 번째의 "방편과 지혜의 분리에 의해서도 성불합니까, 하지 못합니까?"에 대한 답변으로 설해진 것이라 하였다.

위의 게송의 의미를 4대 빤첸라마의 『보리도등론석승소희연』에서 다음과 같이 설하였다.

> "무상(無常)과 업과(業果)에서 시작해서 보시 등의 방편들의 수습을 매우 견실하게 행한 힘으로, 보살 자신이 내외의 [법인] 어떤 사물을 소연해서 상집(相執)하는 대경을 끊는 반야를 근수(勤修)하는 것은 이장(二障)을 끊어버리는데 힘이 강대함으로써, 그것은 무상보리를 신속히 증득하고, 방편의 선품(善品)을 팽개친 뒤 무아 하나만을 닦아서는 위없는 보리를 얻지 못하니, '소분(小分)으로부터 소분과 일체로부터 일체의 결과를 얻는다.'라고 설하였기 때문이다. '지혜를 지닌 그 누가 [전체가 아닌] 일부에 만족하리오.'라고 설함과 같기 때문이다."

마지막은 반야의 특성을 요지함이니, 본송(本頌)에서 다음과 같이 말하였다.

◎ 온(蘊)·계(界)·처(處)의 법들이
진실로 무생(無生)임을 깨달아,
자성이 본래 공(空)함을 아는 것이
반야(般若)라고 분명하게 설하였다. (제47송)

위의 제47송은 선지식 씰라씽하(Śīla siṅha, 獅子戒)가 지은 『보리도등론주』에서는 여섯 가지의 사견을 파척하기 위한 목적으로 저술된 것이라고 한 가운데, 다섯 번째 "소취(所取 : 外境)와 능취(能取 : 內心)의 둘이 공적(空寂)한 마음이 실유(實有)한다."라고 말하는 것을 타파하기 위해서 이 게송을 설한 것으로 알려졌다.

위의 게송의 의미를 4대 빤첸라마의 『보리도등론석승소희연』에서 다음과 같이 설하였다.

> "여기서 첫 구로는 반야의 대상을, 제2구로는 [그것들의 진실한] 모양을, 마지막의 두 구절로는 반야의 특성을 요지함을 설해 보였다. 오온(五蘊)과 십팔계(十八界)와 십이처(十二處)의 35가지의 그 법들은 유법(有法) 또는 소연의 대상이다. 그들 위에 반드시 행해야 하는 법 또는 행상(行相)이 자성이 무생(無生)임을 깨달아 아는 것이다. 윤회에 유전하는 주된 원인이 그와 같이 현현한 이들 사물을 진실한 것으로 애착하는 것이며, 그 실집(實執)들 가운데서 또한 자성이 생함을 집착함이 다른 실집의 의지처가 됨으로써 그것을 물리치는 것이 필요하다. 여기서 자성이 발생하지 않음을

깨닫는 것이 필요한 까닭에, 그와 같이 발생하지 않음을 깨달음으로써 일체법이 자성이 공(空)함을 아는 것이 방편과 반야의 둘 가운데서 반야라고 분명하게 설하였고, 반야의 학습의 핵심 또한 그것인 것이다.

선지식 쌰라와(Śa ra ba)께서 또한, '「밝은 지혜로 분석해서 전혀 성립하지 않음을 깨닫는다.」라고 함은, 「과거에 있던 것이 없어지고 사라졌다.」라는 것을 닦는 것이 아니며, 본래부터 공(空)해서 자성이 없기에, 자성이 없는 것임을 깨닫는 것이다.'라고 하였다. 『보성론(寶性論)』에서, '자아의 애집(愛執)을 남김없이 반야로써 끊는다.'라는 등을 설함과 같이, [대승도(大乘道)의 요체는] 방편과 반야의 둘이니, 그 둘의 숫자의 확정과 차제의 확정과 특성의 셋을 보리도의 등불로 환히 밝혔다.

[방편과 반야의] 숫자의 확정이니, '어떻게 밝혔는가?' 하면, 소지(所知)의 유법(有法), 대승의 길은 방편과 반야의 둘로 숫자가 확정됨이니, 거기에는 그 둘로 구별함이 있다. 거기에는 그 둘 이외의 많은 숫자가 필요하지 않으며, 그보다 적으면 거두지 못하기 때문이다.

첫째의 [숫자가 둘로 확정된] 증문(證文)은 '그러므로 번뇌와 소지(所知)의'라는 제42송으로 설해 보였으니, 이 게문(偈文)으로 방편과 반야의 둘을 오랫동안 수습함으로써 이장(二障)을 파괴할 수가 있음을 설해 보였다. 두 번째의 증문은 '대저 방편을 여읜 반야와'라는 제43송으로 설해 보였으니, 방편과 반야의 분리에 의해서는 초지(初地)조차도 또한 얻지 못하기 때문이다.

[방편과 반야의] 차제의 확정이니, '방편을 수습한 힘으로 보살 자신이'라는 제46송으로 설해 보였다. 방편의 수습을 먼저 행한 뒤,

반야를 닦는 것을 설하였으니, 이 뜻은 육바라밀을 학습하는 순서에 의해서도 또한 성립함과 『입보리행론』에서도 또한, '이들 지분의 일체를, 능인(能仁)께서 반야의 의미로 설하였다.'라고 설한 의취이기도 하다. 그렇지만 '정지(正智)의 추구를 먼저 행한 뒤'라는 등의 예외가 있기도 하다.

[방편과 반야의] 특성의 확정이니, '반야바라밀다를 제외한'이라는 제45송과 '온(蘊)·계(界)·처(處)의 법들이'라고 하는 제47송의 앞뒤 두 게송으로 설해 보였다. '그 둘을 어떻게 실행하는가?'라고 하면, '길상혜(吉祥慧)여, 수승한 길에서, 그 또한 방편과 반야의 둘을, 수습함과 같이 처음에는 번갈아 행하고, 나중에는 두 날개와 같이 의지해서 함께 행하니, 그것을 수습함으로써 성불한다.' 라고 함과 같이 배우는 것이다."

둘째, 증상혜학(增上慧學)을 학습하는 법이니, 여기에는 첫 번째, 증상혜학을 학습하는 법을 자세하게 설함과 두 번째, 증상혜학 학습의 결론 둘이 있다.

첫 번째, 증상혜학(增上慧學)을 학습하는 법을 자세하게 설함이니, 여기에는 첫째의 위빠싸나(觀)의 자량에 의지함, 둘째의 위빠싸나의 수습법, 셋째의 위빠싸나 수습의 결과의 셋이 있다.

첫째의 위빠싸나의 자량에 의지함이니, 4대 빤첸라마의 『보리도등론석 승소희연』에서, "『수습차제중편(修習次第中篇)』에서, 「위빠사나(觀)의 자량이란 무엇인가?」 하면, 참된 선지식을 친근하고, 다문(多聞)을 널리 구하고, [여실히 사유하는] 여리작의(如理作意)의 세 가지이다.'라고 세 가지의 위빠싸나의 자량[96]을 설하였으며, 『해심밀경(解深密經)』에서는, '위빠사나는 청문과 사유에서 생긴 청정한 견해의 원인에서 발생한다.'라고 둘로 요약해서 설하였다.

그와 같이 위빠싸나의 자량에 의지함에는 또한 ㉮ 정리(正理)[97]에 의지하는 사소생(思所生)의 반야, ㉯ 성언(聖言)에 의지하는 문소생(聞所生)의 반야 둘이 있다."라고 하였다.

㉮ 정리(正理)에 의지하는 [바른 사유를 통해서 일으키는] 사소생(思所生)의 반야이니, 여기에는 발생의 결과를 분석하는 파유무생인(破有無生因)과 발생의 원인을 분석하는 금강설인(金剛屑因)과 제법의 자성을 분석하는 이일다인(離一多因)의 셋이 있다.

---

96 『수습차제중편(修習次第中篇)』에서 세 가지 위빠싸나(觀)의 자량을 설명하되, "[첫째] '어떠한 선지식을 섬기는 것인가?' 하면, 다문이 광대하고, 경문에 밝고, 자비를 갖추고, [법의 강설 등에] 싫증과 피곤을 잘 감내하는 이 네 가지의 덕성을 지닌 스승을 의지하는 것이다. [둘째] 다문을 널리 구함이란, 무릇 세존의 십이분교(十二分教)의 요의와 불요의의 뜻을 존중하고 널리 청문하는 것이다. 『해심밀경(解深密經)』에서, '성언(聖言)을 원하는 만큼 청문하지 않는 것이 위빠사나의 장애이다.'라고 설한 바와 같다. 또 같은 경에서, '위빠사나는 청문과 사유에서 생긴 청정한 견해의 원인에서 발생한다.'라고 설하였다. 또한 『나라연청문경(那羅延請問經)』에서, '다문에서 반야가 출생하며 반야가 있어 번뇌를 멸한다.'라고 설하였다. [셋째] [여실히 사유하는] '여리작의(如理作意)란 무엇인가?' 하면, 무릇 요의의 계경과 미요의의 계경 등을 바르게 결택하는 것이니, 이와 같이 보살이 법에 의심이 없으면, 수행에 일향으로 나아가게 된다. 만약 이와 같지 않으면 의심의 수레를 타고 갈림길에 도착한 길손과 같아서 갈 곳을 정하지 못하고 방황하는 것이다."라고 하였다.

97 정리(正理)는 도리(道理)와 이치(理致)의 뜻이다. 『다조르밤뽀니빠(聲明要領二卷)』에서, "느야야(Nyāya)는 요게육따뜨와다느야야(Yoge yuktatvādanyāya)라고 함으로써, 도리를 지닌 합리(合理)라고 설함으로써 그 도(道)는 착오가 없고, 준거가 됨으로써 정리라 한다."라고 하였다.

1 발생의 결과를 분석하는 파유무생인(破有無生因, Yod med skye ḥgog gtan tshigs) 또는 파사구생인(破四句生因, Mu bshi skye ḥgog gtan tshigs)이니, 본송(本頌)에서 다음과 같이 설하였다.

◎ 있는 법이 다시 생하는 것은 정리가 아니며
없는 법이 생하는 것은 또한 허공 꽃과 같다.
허물이 [유무(有無)의] 둘에 성립하기 때문에
[사물은] 둘로부터도 또한 발생하지 않는다. (제48송)

위의 게송의 의미를 4대 빤첸라마의 『보리도등론석승소희연』에서 다음과 같이 설하였다.

"앞에서 자성이 [생함이 없는] 무생(無生)임을 깨닫는 지혜를 반야라고 설함에 대하여 실유론자(實有論者)들이, '그것은 옳지 않다. 사물들은 자성이 발생하고 소멸함이 실제로 성립하기 때문이다.' 라고 말하면, 그렇다면, 싹의 자성이 발생하면 원인의 단계에서 [자성이] 있음(有)에서, 없음(無)에서, 그 둘(有無)에서, 아니면(非有無) [별도의] 그 둘이 아닌 자성이 있어서 싹이 발생하는 것인지를 분석하라.
처음과 같이, 싹이라는 유법(有法), 원인의 단계에서 자성이 있어서 발생하는 것은 정리가 아니니, 있음이 이미 성립함으로써 다시 발생할 필요가 없기 때문이다. 이미 성립한 것이 다시 또한 생한다면 발생이 끝이 없기 때문이다.
두 번째와 같이, 원인의 단계에서 없어도 또한 자성이 발생하는 것은 정리가 아니니, '백천만의 원인에 의해서도 또한, 비사물(非事物)은 [사물로] 전변시키지 못한다.'라고 [『입보리행론』의 「반야품」에서] 설함과 같이, 원인의 힘이 그처럼 클지라도 또한 이미 자성이 성립한 싹을 발생시키는 것이 불가하니, 비유하면, 허공의 꽃과 같다. 그리고 원인의 단계에서 없으면 통상 없다는 것이 불필요하나 또한, 자성이 성립한 것이 원인의 단계에서 없다면 일체에서 없는 것이 필요하니, '「이전에 생했다가 지금은 없다.」라고 하는 것은, 그러므로 단멸에 떨어진다.'라는 것으로 설해 보인 정리(正理)이다.

세 번째와 같이, 원인의 단계에서 있음과 없음의 그 둘로부터 또한 자성이 발생하는 것은 정리가 아니니, 여기에는 이미 앞에서 설한 잘못이 그 둘에 떨어지기 때문이다.

네 번째와 같아도 또한 옳지 않으니, 원인의 단계에서 있는 것도 또한 아니고, 없는 것도 또한 아닌 그와 같은 사물은 존재하지 않기 때문이다.

그와 같이 싹이라는 유법(有法), 자성이 [생함이 없는] 무생(無生)이다. '있음과 없음과 그 둘과 그 둘이 아닌 자성이 생하지 않기 때문이다.'라고 함으로써, 반야의 대경[사물]이 무생(無生)임이 정리로 성립하니, 『입능가경(入楞伽經)』에서, '대혜(大慧)여, 자기 마음의 현현인 사물은 [자성의] 있음과 없음에서 발생함이 있지 않기 때문에, 모든 사물은 무생(無生)이다.'라고 설함과 『칠십공성론(七十空性論)』에서, '있는 것은 있기 때문에 발생하지 않고, 없기 때문에 없는 것은 발생하지 않으니, 법이 같지 않기 때문에 유무(有無) [둘]로부터도 [발생하지] 않으니, [제법은] 생함이 없기에 머물고 멸함이 없다.'라고 함과 『입보리행론』에서, '이미 있으면 발생시킴이 어찌 필요하고, 없으면 또한 그것으로 무엇을 하겠는가? 그 둘에 대해 그것으로 무엇을 하겠는가? 그 둘을 떠난 것에 또한 그것으로 무엇을 하겠는가?'라고 설함과 같이, 많은 경론(經論)들에서 이 정리가 허다하게 나온다."

또한 위의 게송의 의미를 갤찹·닥빠된둡(普稱義成)의 『보리도등론제호석』에서 다음과 같이 설하였다.

"앞에서 온(蘊) 등의 법들이 자성이 [생함이 없는] 공성(空性)임을 승인한 그것은 성립하지 않고, '실재하는 사물이 있다.'라고 하면, 그 잘못된 분별을 타파하니, 만약 있다고 한다면 원인과 결과로 존재함이 마땅한 가운데, 결과의 분상에서 분석하면, 온(蘊) 등의 법들이 [자성이] 있음과 없음과 그 둘의 자성을 지닌 것에서 발생한다. '있는 법이 생한다.'라고 하면, 그 또한 정리(正理)가 아니니, 있는 법은 이미 성립하였기에 인(因)과 연(緣)이 발생시키는 것이 필요하지 않기 때문이다. 이미 있음이 성립한 그것의 본질로 발생하면 발생하지 않는 때가 없고, 발생이 끝도 없이 또한 생기기 때문이다.

그러면 '없는 법이 생한다.'라고 하면, 그 또한 정리(正理)가 아니니, 허공의 꽃과 같으니, '백천만의 원인에 의해서도 또한, 비사물(非事物)은 [사물로] 전변시키지 못한다.'라고 [『입보리행론』의 「반야품」에서] 설함과 같이, 원인의 힘이 그처럼 클지라도 또한 없는 것은 발생시키는 것이 불가하니, 없는 법이 원인에서 발생한다면 [유인

(有因)과 무인(無因)이] 차별이 없는 까닭에 연(緣)이 아닌 것에서도 또한 발생하게 되니, 허공의 꽃과 토끼의 뿔도 또한 생하게 된다. 또한 '결과의 본질로도 있지 않고, 원인의 본질로도 있지 않은 그 둘로부터 사물이 발생한다.'라고 하면, 그 또한 정리(正理)가 아니니, '그것이 생한 뒤에 있는 것인지? 생함이 없이 있는 것인지?'를 분석하면, 원인의 본질로 있는 것 또한 성립하지 않으니, 있는 법과 없는 법은 상위함으로써 그 둘로부터 발생하는 것은 옳지 않기 때문이다. 또한 있음은 발생의 방면이니, 이미 발생한 것이 다시 또한 생하면 발생이 끝이 없는 등과 없음은 비발생의 방면이니, 허공의 꽃과 같이 인(因)의 대상이 아니니, 앞에서 설해 보인 허물이 그 둘에 떨어지기 때문이다. 결과인 온(蘊) 등의 법들이 그 둘로부터 또한 발생하지 않으니, 그 또한 『칠십공성론(七十空性論)』에서, '있는 것은 있기 때문에 발생하지 않고, 없기 때문에 없는 것은 발생하지 않으니, 법이 같지 않기 때문에 유무(有無) [둘]로부터도 [발생하지] 않으니, [제법은] 생함이 없기에 머물고 멸함이 없다.'라고 설함과 같다."

[2] 발생의 원인을 분석하는 금강설인(金剛屑因, rDo rje gzegs maḥi gtan tshigs)이니, 본송(本頌)에서 다음과 같이 설하였다.

◎ **사물은 자기로부터 발생하지 않으며**
다른 것과 그 둘로부터도 또한 아니며,
원인 없이 생하는 것도 아니니 그러므로
[사물에는] 본질이 성립하는 자성이 없다. (제49송)

위의 게송의 의미를 4대 빤첸라마의 『보리도등론석승소희연』에서 다음과 같이 설하였다.

“이것은 『중론(中論根本頌)』에서, ‘자기로부터도 아니며 다른 것으로부터도 아니며, 그 둘로부터도 아니며 원인이 없음도 아니니, 사물은 어떤 것들도 어디에서도 또한, 발생함이 어느 때에도 또한 있지 않다.’라고 함과 아사리 짠드리끼르띠(月稱)께서, ‘그것은 그것으로부터 발생하지 않으니, 다른 것들로부터 어떻게 가능하겠는가?’라고 하는 등은 『중론』과 주석서에서 설해 보이는 의미의 핵심을 결집한 것이다.

그렇지만 이것들의 의미를 강설하면, 『입중론자주(入中論自註)』에서, ‘여기서 「아니며」라고 함은, 있음[사물]을 논증하는 입론(立論)은 자기로부터 발생함과 연결이 되고, 있음[사물]과는 [연결됨이] 아니니, 그것을 타파하고 간접적로 성립하기 때문이다.’라고 함의 앞의 절반의 구절은 증인(證因)과 뒤의 절반의 구절은 입론(立論)으로 설하는 것과 같이 논식을 세우지 않고, 넷으로 사변생(四邊生)을 타파하는 [종(宗)인] 명제를 천명하였다.

사변생(四邊生)을 정리로 배척하면 자성의 발생이 없는 것이 간접적으로 성립함을 설해 보임으로써, 금강설인(金剛屑因)을 또한 간접적으로 설해 보임이 주석서의 의취일지라도 또한, 여기서는, ‘왜냐하면 자기와 [타자(他者)인] 다른 것과 그 둘로부터 발생함과 원인에 의뢰하지 않는 있음[사물]이 없음으로써 사물들은 자성을 여읜다.’라는 것으로 증인을 직접 거론함과 같이, 여기서는 또한 말구(末句)로서 [종(宗)인] 명제를, 「사물은」이라는 것으로 유법(有

法)을, 나머지 문구로는 증인(證因)을 설해 보였다.
그와 같이 내외의 사물들이란 유법(有法), 그것들은 자기로부터 발생하지 않으니, 그와 같이 발생하면, 발생이 무의미함과 끝이 없기 때문이다. 달리 또한, '원인과 결과가 하나이면, 소생(所生 : 産出物)과 능생(能生 : 産出者)이 하나가 된다.'라고 하는 모순이 또한 생기기 때문이다.
[타생(他生)이니] 본질은 다른 것으로부터 또한 발생하지 않으니, 만약 본질이 다른 것이라면 도움을 받는 자와 도움을 주는 자가 연관이 없어지게 된다. 그와 같다면, '일체에서 일체가 발생하기 때문임과 원인과 결과가 다른 것이라면 원인과 원인이 아닌 것이 같아진다.'라고 하는 정리에 의해서 타파되기 때문이다. 이것은 또한 이일다인(離一多因)의 핵심이니, 이것은 자기로부터 발생[自生]을 타파함으로써 하나의 자성과 다른 것으로부터 발생[他生]을 타파함으로써 별개의 자성을 배척하기 때문이다.
[자타생(自他生)이니] 사물은 자타의 둘로부터도 또한 발생하는 것이 아니니, 이미 앞에서 자타의 하나하나에서 발생하는 것을 배척하기 때문이다.
[무인생(無因生)이니] 사물은 원인이 없이 발생하는 것도 또한 아니니, 그와 같다면, 세속 사람들이 결과인 곡식을 산출하기 위해서 농사일에 힘쓸 필요가 없기 때문임과 무인(無因)은 다른 것에 의뢰하지 않기 때문에 항상 있거나 또는 없게 된다.'라고 하는 힐척을 면하지 못하기 때문이다.
그와 같이 사변생은 정리가 아니니, 그러므로 사물들에는 본질이 성립하는 자성이 있지 않다."

또한 위의 게송의 의미를 갤찹·닥빠된둡(普稱義成)의 『보리도등론제호석』에서 다음과 같이 설하였다.

> "원인의 분상에서 분석하는 금강설인(金剛屑因)은 '사물은 자기로부터 발생하지 않으며, (중략)'라고 설하였다. 그 또한 '온(蘊) 따위들이 인(因)의 사물로 실재하는 것이 아닌가?'라고 생각하면 또한, 그들을 원인의 분상에서 분석하면, '온 등이 자기의 원인으로부터 발생함인가? 다른 원인으로부터 발생함인가? [자타의] 둘로부터 발생함인가? 원인이 없음(無因)에서 발생함인가?'라고 하는 사변(四邊)에서 발생하지 않는 것이다.
>
> 여기서 ① [사물이] 자기로부터 발생함을 주장함은 타당하지 않으니, 이와 같이, '없다면 어떤 것도 연(緣)이 되지 못하고, 있다면 연이 또한 무엇을 하겠는가?'라는 정리에 의해서 타당하지 않은 것이다. 자기의 [자성이] 성립함으로부터 발생함인가? 아니면 비성립(非成立)으로부터 발생함인가? 만약 성립함으로부터 발생한다면 발생이 무의미하게 되고, 끝없이 발생하게 되는 것이다. 비성립으로부터 발생한다면 발생 대상인 자기가 성립하지 못함과 같이, 능생(能生)의 원인 또한 성립하지 않음으로써 없는 것이니, 없음(無)은 모든 작용력들이 공허한 까닭에 원인이 되지 못하고 결과도 역시 되지 못한다. 그러므로 [승의에서] 온 등의 사물은 원인의 분상에서 자기로부터 발생하지 않는다.
>
> ② '[사물이] 다른 원인으로부터 발생한다.'고 할지라도 또한, 다른 [원인]에서 [발생함은] 성립하지 않는다. 결과인 자기가 성립하면 발생시킴이 필요하지 않고, 끝없이 발생하는 허물이 앞에

서와 같이 생기니, 자기가 성립하지 않으면 의거함이 없음으로써 다른 것이 어떻게 되겠는가? 이와 같이, '다른 것이란 다른 것에 의지해서 다른 것이니, 다른 것이 아닌 것이 다른 것이 어떻게 되겠는가?'라는 도리에 의해서, 그 둘은 서로 의존하기 때문이다. 뿐만 아니라, 다른 것으로부터 다른 것이 발생하면 차별이 없는 까닭에 일체에서 일체가 발생함으로써, 아사리 월칭논사(月稱論師)께서 설함과 같이 불꽃에서 또한 짙은 어둠이 역시 일어나게 되는 것이다. 달리 또한 다른 것으로부터 다른 것이 발생한다면, 상주(常住)하는 다른 것으로부터 발생하는 것인가? 무상(無常)한 다른 것으로부터 발생하는 것인가? '만약 상주하는 것으로부터 발생한다.'고 한다면, 아닌 것이니, 상주하는 원인(常因)은 힘이 걸림 없이 자재함으로써, 모든 결과들이 일시에 발생해야 하는 것임에도 실제로는 결과들이 점차로 발생함을 보기 때문이다, '상주하는 원인이 결과를 점차로 발생시킴이 어째서 잘못인가?'하면, 상주하는 원인이 결과를 점차로 발생시킴은 또한 타당하지 않다. 그와 같다면 결과에 차례가 있듯이 원인에도 또한 순서가 있음이 마땅함으로써 상주가 무너지기 때문이다. '만약 무상한 것으로부터 발생한다.'고 한다면, 과거 또는 미래 또는 현재 가운데 어느 것으로부터 발생하는 것인가? '만약 과거로부터 발생한다.'고 한다면, 과거는 소멸함과 분리되어서 없는 것이니, 없는 것은 모든 작용력이 공허함으로써 원인이 되는 것이 불가능하고, 미래로부터도 또한 아닌 것이니, 미래는 자기의 본질이 성립하지 않음과 또는 얻지 못하는 것임으로써 없는 것이기 때문에 원인이 되지 못한다. '만약 현재로부터 발생한다.'고 한다면, 그것은 동시에 서로가 도움을 주지 못하기 때문에 동시에 원인과 결과가 양립함이 불가능함으로써, 사물이 다른 것(원인)으로부터 발생하는 것이 아니다. 또한 결과인 육식(六識)이 사연(四緣)[98] 으로부터 발생하는 것에 의거하면, 인지연(因之緣)은 앞의 식(識)으로부터 발생하는 분상에서 자기로부터 발생하는 것이며, 소연연(所緣緣)은 색 따위의 나머지 연(緣)으로부터 발생하는 분상에서 다른 것으로부터 발생하는 것이며, 종자와 밭과 물과 거름과 사람의 노력 따위들로부터 새싹이 발생할 때조차도, 종자로부터 발생하는 분상에서는 자기로부터 발생인 것이며, 다른 원인으로부터 발생하는 분상에서는 다른 것으로부터 발생하는 것이다. 사람이 발생하는 것에 의거할지라도 또한 의식의 종자로부터 발생하는 분상에서는 자기로부터 발생인 것이며, 부모의 교합에서 발생하는 분상에서는 다른 것으로부터 발생하는 것이니, 그

98 사연(四緣)의 연(緣, Pratyayāḥ)은 결과를 발생시키고 성숙시키는 데 도움이 되는 사물을 말하니, 여기에는 네 가지가 있다.
① 인연(因緣) 또는 인지연(因之緣)은 '헤뚜쁘라따야(Hetupratyayaḥ)'이니, 결과의 본질을 산출하는 주된 원인 능작인(能作因)을 제외한 나머지 오인(五因)은 인(因)이 되는 동시에 연(緣)이 됨으로써 인연(因緣)이라 한다. 『뻴쩩최끼남당제장(吉積法異門備忘錄)』에서, "아뢰야식은 인(因)이 되고 또한 연(緣)이 됨으로써 인지연이다."고 하였다.
② 등무간연(等無間緣)은 '싸마난따라쁘라따야(Samanantarapratyayaḥ)'이니, 마음과 함께 작용하는 심상응(心相應)의 심소법(心所法)들은 이전의 어떠한 한 법이 소멸하면서 그 뒤에 한 법을 일으키는 것을 등무간연이라 한다. 예를 들면, 의근(意根)이 소멸하는 그 즉시 의식(意識)이 발생함으로써 등무간연이 되는 것이다.
③ 소연연(所緣緣)은 '알람바나쁘라따야(Ālaṃbanapratyayaḥ)'이니, 식(識)을 대경의 모양에 의해서 일으키는 것이니, 외경인 색과 소리 등을 소연함으로써 발생하는 까닭에 소연연이라 한다.
④ 증상연(增上緣)은 '아디빠띠쁘라따야(Adhipatipratyayaḥ)'이니, 결과를 산출하는 데 강력하게 작용하는 주연(主緣)을 말하니, 눈 등의 다섯 감관은 자기의 결과인 오식(五識)을 일으키는 주연이 됨으로써 증상연이라 한다.

와 같이 일체가 또한 같은 것이다.

③ '자타의 둘로부터 발생한다.'고 한다면, 원인과 결과는 앞뒤의 시간이 별개인 까닭에 인지연(因之緣) 따위는 또한 자기를 이루지 못함으로써, 둘로부터 발생하는 것은 성립하지 않으니, 자기와 다른 것은 다른 법으로 존재함으로써 둘로부터인 것도 또한 타당하지 않다. 자기 또는 다른 것으로부터 발생함을 주장하는 방면의 허물을 앞에서 설한 바가 둘에 또한 귀착되기 때문에 온 등의 사물은 자타의 둘로부터도 또한 발생하지 않는 것이다.

④ 또한 [사물은 원인의 없음(無因)에서도 발생하지 않으니] 원인이 없음을 주장하는 [순세외도(順世外道)와 같은] 자들이 '연꽃의 줄기와 꽃술과 이파리 따위 그것들을 어떤 원인이 만들었는가? 그와 같이 공작의 반점 따위의 무늬들을 어떤 원인이 만들었는가? 그러므로 그들 따위의 모든 사물은 원인이 없음으로부터 발생한 것이다.'고 한다면, 그것들은 원인과 더불어 성립하니, 원인이 없이 발생한다면 차별이 없음으로써, 암코끼리와 두견수(杜鵑樹) 따위에도 또한 연꽃의 그것들이 있게 된다. 새매에게도 공작의 그것들이 있게 되는 것이니 실제는 그와 같은 것이 아니기 때문이다. 달리 또한 '무인(無因)은 다른 것에 의뢰하지 않음으로써, 항상 있거나 또는 없는 것이다.'라고 함과 같이 된다는 도리로 말미암아 그와 같이도 또한 아님이니, 사물들은 일부의 장소에서 몇몇이 발생함을 봄으로써, 속제(俗諦)에서 원인에 의뢰함과 더불어 성립함으로써, 무인에서 발생하는 것이 또한 아니다. 그러므로 온 따위의 사물들은 승의(勝義)에서 무생(無生)인 것이며, 세속에서 원인과 조건으로부터 결과가 발생하는 것으로 드러난 이것은 긴

것에 의지해서 짧음과 등불에 의지하는 불빛과 저편에 의지해서 이편이 있음과 같이 단지 의뢰해서 발생하는 것이 세속이니, 실유(實有)로 성립하는 것이 아니다. 자성(自性)이 원인과 조건들로부터 발생하는 것은 정리가 아니니, '원인과 조건으로부터 발생한다면 자성이 소작성(所作性)이 되니, 자성들이 어떻게 소작성이 되겠는가?'라고 하는 정리에 의해서 자성은 원인이 조작하지 못하는 그것으로 말미암아, 온 따위의 그것들은 본래부터 본질이 [성립하지 않아] 자성이 없는 공성인 것이다.'라고 함이다."

3 제법의 자성을 분석하는 이일다인(離一多因, gCig du bral gyi gtan tshigs)이니, 본송(本頌)에서 다음과 같이 설하였다.

◎ **또한** [내외(內外)의] **모든 제법을**
하나와 다수의 자성으로 분석하면,
본질이 성립함을 보지 못함으로써
자성이 있지 않은 것이 확실하다. (제50송)

위의 게송의 의미를 4대 빤첸라마의 『보리도등론석승소희연』에서 다음과 같이 설하였다.

"이것을 『입능가경』에서, '그와 같이 깨끗한 거울 속의 영상은, 하나와 다수 [자성을] 멀리 여의어서, [거기에 나타나도 또한 있는 것이 아니니, 그와 같은 것이 사물의 실성(實性)이다.]'라고 하는 등과 [아사리 나가르주나(龍樹)의] 『중론』의 귀경게(歸敬偈)에서, '다른 것도 아니고 하나인 것도 아니며,'[99]라고 함과 [아사리 싼따락시따(Śantarakṣita, 寂護)의]『중관장엄론(中觀莊嚴論)』에서, '자파와 타파가 말하는 이들 사물은, 진실에 있어서는 하나와, 다수의 자성을 여읜 까닭에, 자성이 없으니 영상(影像)과 같다.'라는 성언(聖言)들로 설해 보인 정리를 안립하였다. 다른 정리의 이문(異門 : 法門)들을 설해 보이기 위해서, 앞에서 이미 [증인(證因)들을] 설함으로 해서, 또한 내외의 모든 사물이란 유법(有法), 자성이 없는 것이 분명하니, '자성이 성립하는 하나와 그와 같이 성립하는 다수가 어디에 성립하는가?'라고 분석하면, 대경의 분상에서 성립하는 본질을 티끌만큼도 보지 못함으로써, 가히 얻지 못하기 때문이다. 예를 들면, 거울 속의 영상(影像)과 같다.

여기서 종법(宗法 : 命題)의 입론(立論)은, 그 유법(有法), 그대는 자성이 성립하는 하나가 없다. 부분(部分, Cha bcas)이기 때문이다. 그 유법은, 그와 같이 자성이 성립하는 다수도 없다. 그와 같이 성립하는 하나의 자성이 정리로 배척되었기 때문이다. 주편(周遍)의 성립은, 자성이 성립하면, 그와 같이 성립하는 하나의 자성과 그와 같이 성립하는 다수의 어떤 것이 성립함이 주편함이니, 하나와 다수는 직접적으로 상위함이 아님으로써, 있으면 하나와 다수의 어떤 것으로 존재하기 때문이다.『중관장엄론』에서, '하나와 다수를 제외하고는, 다른 모양을 지니는, 사물은 불가능하고 이 둘은, 서로를 배제하고 존재하기 때문이다.'라고 설하였기 때문이다."

---

99 "다른 것도 아니고 하나인 것도 아니며,"는 원문의 "타대된민된찍민(Tha dad don min don gcig min)"의 옮김이다.

㉯ 성언(聖言)에 의지하는 [바른 청문(聽聞)을 통해서 일으키는] 문소생(聞所生)의 반야이니, 본송(本頌)에서 다음과 같이 말하였다.

[4] 제법의 무자성(無自性)을 분석하는 연기증인(緣起證因, rTen ciṅ ḥbrel bar ḥbyuṅ baḥi gtan tshigs)

◎ 『칠십공성론(七十空性論)』의 정리와
『중론(中論根本頌)』 등에서도 역시,
모든 사물들의 자성(自性)이
공(空)함이 성립한다고 설하였다. (제51송)

◎ 그로 인해 [그것들을 인용하면] 글이 번다해져
여기선 [성언과 정리들을] 널리 설하지 않고,
[교리로] 확정된 종의만을 [조금 설한 것은]
단지 수행의 목적을 위해 설해 보인 것이다. (제52송)

위의 제51송은 낙초·로짜와(Nag tsho lo tsā ba)의 『보리도등론주강해장엄』에서 제기한 일곱 가지의 질문 가운데 여섯 번째의 "중관과 유식의 둘 가운데 진실의(眞實義)을 위해서 어떤 것을 지녀야 하는지?"에 대한 답변으로 설해진 게송이라고 뻴망·꾄촉갤챈(稀寶勝幢)의 『보리도등론석승희공운』에서 설하였다.

위의 두 게송의 의미를 4대 빤첸라마의 『보리도등론석승소희연』에서 다음과 같이 설하였다.

"앞의 네 구절로는 공성을 요의(了義)의 많은 성언(聖言)들을 통해서 마땅히 알아야 함과 뒤의 네 구절로는 여기서 글을 길게 쓰지 않는 이유를 설해 보였다. 그러므로 지혜를 지닌 자들은 심오한 공성에 대하여 올바른 확신을 일으키기 위해서, 공성을 요의의 성언으로 논증하는 아사리 나가르주나(龍樹)의 『집경론(集經論)』과 정리(正理)로 논증하는 『칠십공성론(七十空性論)』에서 나오는 정리(正理)[100]와 심오한 공성을 무변한 정리의 이문(異門 : 法門)의 통해서 결택하는 『중론』과 등(等)인 나머지의 오이취론(五理聚論)[101]들과 성천논사(聖天論師)와 청변논사(淸辨論師)의 논전들과 특별히 성용수(聖龍樹)의 의취를 해설한 뛰어난 논사들인 불호논사(佛護論師)와 월칭논사(月稱論師)와 적천논사(寂天論師)의 논전들과 요약하면, 반야경 등의 심오한 계경들에서 사물들의 자성 또는 존재도리가 본래부터 공성으로 성립함을 설하였으니, 그것들을 널리 보고 공성의 견해의 의취를 정확하게 깨닫도록 하라.

그러면 '광대한 성언(聖言)과 정리(正理) 그것들을 여기서 적지 않는 것이 어째서인가?'라고 하면, 이유가 있으니, 왜냐하면 그로인해 여기서 그것들을 적게 되면 글이 매우 번다해져, 이유가 그러

---

100 여기서 『칠십공성론(七十空性論)』의 정리[연기증인]는 예를 들면, 같은 책의 제3송에서, "그러므로 모든 사물의, 자성이 인(因)과 연(緣)과 [그것들의] 집합 또는, 각각들에 또는 일체에, 있지 않으니 그러므로 공(空)하다."라고 함과 "인과 연에서 발생한 사물들을, 진실한 것으로 분별하는 어떤, 그것이 도사께서 무명이라 설하시니, 그로부터 십이연기가 발생한다."라고 함과 같은 것이다.

101 오이취론(五理聚論)은 『근본중론(根本中論)』을 제외한 나머지 ① 『칠십공성론(七十空性論)』, ② 『회쟁론(廻諍論)』, ③ 『육십정리론(六十正理論)』, ④ 『세연론(細硏論)』, ⑤ 『보만론(寶鬘論)』의 다섯 논전을 말한다.

하기에 여기서 그것들을 적지 않으나, 조금 설해 보인 것은 성언(聖言)과 정리(正理)로 이미 확정된 종의(宗義)만을 무아의 수행의 목적을 위해서 설한 것이기 때문이다.

여기서 '『칠십공성론』의 정리와'라고 함은 자주(自註)인 『보리도등론난처석』에서, '이것은 연기증인(緣起證因)[102]을 설해 보임이니,'라고 함과 조오제(大恩人)의 『심수요집(心髓要集)』에서 또한, '연기(緣起) 등의 어떤 정리의 수습을 통해서, 사물로 집착하는 [실집(實執)의] 마라(魔羅)를 남김없이 물리치라.'고 함과 또한 『베우붐응왼뽀(青色手冊)』에서도, '상주와 단멸 등의 악견을 끊는 것은, 연기를 닦음으로써 [끊는] 것이다.'라고 해서, 정리의 왕인 연기증인을 찬양하고 설해 보였다. 그와 같이 보특가라(人)와 온(蘊)이란 유법(有法), 그대는 자성이 없으니, 인(因)과 연(緣)으로 발생하였기 때문이다. 이 뜻을 『무열용왕청문경(無熱龍王請問經)』에서, '연(緣)에서 발생한 어떤 것들 그것은 무생(無生)이니, 그것에는 생겨난 자성(自性)이 있지 않다. 연(緣)에 의뢰하는 어떤 것들 그것은 공(空)이라 말하니, 공성을 아는 어떤 사람 그는 방일하지 않는다.'라고 함과 또한, '연(緣)에서 발생한 어떤 것들, 그것들은 자성이 추호도 없다.'라고 함과 『중론』에서도, '연기(緣起)한 어떤 것들, 그것은 자성이 공(空)하다.'라고 함과 '어떤 것을 의지해서

102 연기증인(緣起證因)은 예를 들면, 『중론(中論根本頌)』의 「관사제품(觀四諦品)」에서, "왜냐하면 연기하지 않은, 어떠한 법도 있지 않다. 그러므로 공(空)하지 않은, 어떠한 법도 있지 않다."라고 함과 『출세간찬(出世間讚)』에서, "의지해서 발생한 어떤 그것을, 당신은 공(空)이라 승인하시고, '사물은 자주자립하지 못한다.'라고, 견줄 바가 없는 당신의 사자후(獅子吼)로써 [설하였다.]"(제22송)라고 함과 같다.

어떤 것이 발생하니,'라고 설해 보였다."

이와 같은 연기증인(緣起證因)의 심오한 이치를 인명논식을 통해서 설명하면, 선지식 디차·예시갸초(sDi tsha Ye śes rgya mtsho, 智海)는 『혜도대해규문(慧度大海竅門, Par phyin rgya mtshoḥi ḥjug ṅogs)』[(Par gleṅ, p.43 ba 3)]에서 다음과 같이 설하였다.

"'인위(因位)와 도위(道位)와 과위(果位)의 세 가지의 유법(有法), 그대는 진실로 있지 않다. 연기(緣起)이기 때문이다. 비유하면, 거울 속의 영상(影像)과 같다.'라고 함이다.

그 또한 『무열용왕청문경』에서, '연(緣)에서 발생한 어떤 것들 그것은 무생(無生)이니, 그것에는 생겨난 자성(自性)이 있지 않다. 연(緣)에 의뢰하는 어떤 것들 그것은 공(空)이라 말하니, 공성을 아는 어떤 사람 그는 방일하지 않는다.'라고 해서, 어떤 사물이든 또한 인과 연에 의지해서 발생한 이상 그 사물은 승의에서 무생임으로써, 거기에는 실유(實有)하는 생겨난 자성이 있지 않다고 설하였기 때문이다. 이 뜻을 마음에 새긴 뒤 쫑카빠(Tsoṅ kha pa) 대사께서, '어떤 어떠한 법들로 연에 의지하는, [내외의 법] 그것과 그것들은 자성이 공(空)하다.'라고 하는, 이 말씀보다 더 경이로운, 선설(善說)의 묘리가 어디 있겠나이까?'라고 [쫑카빠 대사의] 『연기찬(緣起讚)』에서 설하였다.

또한 월칭논사(月稱論師)의 『사백론석(四百論釋)』에서, '여기서 아(我)라고 하는 것은, 어떤 다른 사물들에 의뢰하지 않은 본질 또는 자성이니, 그것이 없다면 무아(無我)인 것이다.'라고 하였으며, 또한 『입중론(入中論)』에서, '그러므로 무인(無因)과 자재천(自在天)의 원인 따위들과 자기와 타자의 둘로부터 사물들이 발생하는 것이 아니다. 그러므로 사물은 의지해서 발생한다. 그러므로 사물은 의지해서 발생함으로써, 이들 분별로는 [연기를] 변석하지 못한다. 그러므로 이 연기증인(緣起證因)으로 모든 악견의 그물들을 끊어버리도록 하라.'고 설함과 같다.

'이 연기의 논식(論式)의 소립법(所立法 : 논증하려는 법)은 진실로 있지 않다.'라는 것으로 상변(常邊)을 멸해 버리고, '연기(緣起)이기 때문이다.'라는 증인(證因)으로 단변(斷邊)을 멸해 버리고, 나아가 무인(無因)에서 발생한다는 주장과 자재천 등의 원인에서 세간이 발생한다는 주장 등의 모든 악견의 일체를 멸해 버리는 것이다.

그리고 '싹이라는 유법(有法), 그대는 진실로 있지 않다. 연기(緣起)이기 때문이다.'라고 입론(立論)을 하면, 유식파(唯識派)는 주편상위(周遍相違)[103]로 주장하고, 화지부(化地部) 등의 내도(內道)의 일부는 연기를 상주(常住)로 주장해서 [연기를] 불성인(不成因, Ma grub paḥi rtags)으로 주장한다. 그러므로 [쫑카빠 대사의] 『연기찬』에서, '[연생(緣生)이 무자성인] 연기도리를, 모순과 성립하지 않는 것으로 보는, [내외의] 이들이 당신의 종지(宗旨)를, 어떻게 요해(了解)할 수 있겠나이까?'라고 설하였다."

---

103 주편상위(周遍相違, Khyab pa ḥgal ba)는 네 가지의 사응성(似應成, Thal ḥgyur ltar snaṅ bshi)의 하나로 증인(證因, rTags)과 소립(所立, bsgrub bya)이 일치하지 않는 것을 말한다. 예를 들면, "소리(聲)라는 유법(有法), 상주(常住)하는 것이다. 소작(所作)이기 때문이다."라고 함과 같으니, 여기서 입론(立論, sGrub byed)과 [증인(證因)의] 주편(周遍)이 상위한 까닭에 주편상위라고 한다.

둘째의 위빠싸나의 수습법이니, 여기에는 첫 번째의 위빠싸나 수습의 의미와 두 번째의 그것에 안주하는 법의 둘이 있다.

첫 번째의 위빠싸나 수습의 의미이니, 본송(本頌)에서 다음과 같이 말하였다.

◎ **고로 남김없이 제법들의**
자성들을 보지 못함으로,
무아를 닦는 어떤 그것이
곧 반야의 수행인 것이다. (제53송)

위의 게송의 의미를 4대 빤첸라마의 『보리도등론석승소희연』에서 다음과 같이 설하였다.

> "온(蘊)·계(界)·처(處)에 거두어지는 모든 법들을 무실유(無實有)로 결택함으로써, 고로 보특가라(人)와 온 등의 남김 없는 모든 법들의 비공통의 [특별한] 자성들이 있다고 하면, 정리로 추찰할 때 마땅히 얻어야 함에도 불구하고 티끌만큼도 또한 보지 못함으로, '인(人)과 법(法)에는 본질이 성립하는 자아가 있지 않다.'라고 하는 정리로 분석하고 닦는 그것이 반야바라밀의 수행인 것이니, 『수습차제중편』에서, '반야로 모든 사물의 자성을 여실히 관찰한 뒤에 [일체법의 자성을] 가히 봄이 없이 선정을 수습하는 까닭에 승혜정려자(勝慧靜慮者)라고 부르는 것이니, [이것은 『허공고경(虛空庫經)』과 『보정경(寶頂經)』 등에서 설한 바와 같다.]'라고 설하였기 때문이다."

또한 위의 게송의 의미를 갤찹·닥빠된둡(普稱義成)의 『보리도등론제호석』에서 다음과 같이 설하였다.

> "그 또한 앞의 정리들로 일체법의 [존재 도리를] 결택함으로써 자성이 있지 않음이 성립하였다. 고로 소취(所取)의 외경과 능취(能取)의 내심의 둘에 거두어지는 또는 온(蘊)·계(界)·처(處)에 거두어지는 모든 법들의 자성들이 남김없이 사물과 비사물의 어떤 것으로도 또한 보지 못함을 깨달음으로써, 그것들에는 인아(人我)와 법아(法我)의 둘이 없음을 닦는 어떤 그것이 일체법의 승의(勝義)의 존재도리 [공성]을 아는 것이 반야의 수행인 것이다.
> 선지식 싸라와(Śa ra ba)께서, '내도의 [성문의] 부파들이 소지(所知 : 現象界)의 물질 등의 외경과 능취의 내심 등이 실사(實事)로 성립함을 승인한 뒤, 외도가 변계분별(遍計分別)로 가립(假立)한 보특가라(人)가 공(空)함과 [대승의] 유식학파가 유식(唯識)을 의타기(依他起)의 실사(實事)로 승인한 뒤, 소취와 능취의 둘이 공한 것으로 주장하는 것들은 구경의 반야의 수행이 아닌 것임을 계경(契經)과 중관의 논전들에서, 「소분(小分)의 공성은 외도들의」라고 설함과 같은 것으로써, 사물과 비사물의 어떤 본질로도 또한 성립하지 않음을 닦는 그것이 오직 구경의 반야의 수행인 것으로 설해 보였다."

두 번째의 위빠싸나에 안주하는 법이니, 본송(本頌)에서 다음과 같이 말하였다.

◎ **반야로써 [인(人)과] 모든 제법들**

그것의 자성을 보지 못함과 같이,

반야 그것도 [무자성임을] 정리로 설한바[104]

무분별(無分別)[105] 그것을 닦도록 하라. (제54송)

이 게송의 제3, 4구의 원문은 자주(自註)인 『보리도등론난처석』에서는 "쎄랍데니릭쌔빠(Śes rab de ñid rigs bśad pa), 남똑메빠데곰자(rNam rtog med pa de sgom bya)"로 나온다. 원문의 의미를 『보리도등론난처석』에서 다음과 같이 해설하였다.

"모든 다른 법들을 볼지라도 전혀 [자성이] 성립함이 있지 않다면, '자기의 이 마음은 [자성이] 있는 것인가?'라고 하면, '반야 그것도 [자성이 없음을] 정리로 설한바'라고 하였으니, 묘관찰(妙觀察, So sor rtog pa)의 반야 그것에 [자성이] 어찌 있겠는가? 없는 것이다. '어떻게 없는 것인가?'라고 하면, '정리(正理)로 설한 바'라고 함이니, 반야 그것도 또한 [무자성(無自性)임을] 사대증인(四大證因)으로 이미 설한 바이니, 분석하면 성립하지 않는다. 이 뜻을 세존께서

---

104 『보리도등론난처석』에는 "정리로 설한바(Rigs bśad pa)"로 나오나, 다른 판본에는 '정리로 분석하다'를 뜻하는 "릭째빠(Rigs dpyad pa)"로 나오거나, '명지(明智)로 분석하다'를 뜻하는 "릭째빠(Rig dpyad pa)"로 나오므로 번역에 약간의 차이가 있게 된다.

105 '무분별의 법계'의 의미를 『입무분별다라니경(入無分別陀羅尼經)』에서 설하되, "'어째서 무분별(無分別)의 법계를 무분별이라 부르는가?' 하면, 무분별이란 '그 또한 무엇인가?' 하면, 무분별은 색(色)이 없음이며, 드러내지 못함이며(bsTan du med pa), 의지함이 없음이며(rTen med pa), 불현(不現, sNaṅ ba med pa)이며, 심식(心識, rnam par rig pa)이 아니며, 무주(無住, gNas med pa)이다. 보살마하살이 무분별의 법계에 안주함으로써, 소지(所知 : 現象)와 차별이 없는 무분별의 지혜로써 일체법을 허공과 같은 것으로 본다."라고 하였다.

『이제경(二諦經)』에서, '승의(勝義)에서 일체법의 [자성을] 반야로 철저히 분석하고 추구할지라도 전혀 있지 않고, 보지 못한다. 반야 그 또한 승의에서 전혀 있지 않고 보지 못함으로써, 속제(俗諦)에서 반야라 부르니, 반야 그 또한 승의에서 전혀 무생(無生)이며 있지 않다.'라고 설하였다. (중략) 그러므로 외도들이 분별로 가립(假立)한 자아(自我) 따위와 내도(內道)의 [유부(有部) 등이]가 분별로 가립(假立)한 온(蘊)·계(界)·처(處)와 [유식학파의] 유심(唯心, Sems)과 환상(幻相, sGyu ma) 등의 분별을 없앤 뒤, 그와 같은 [무생의] 뜻에 항상 머물면서 분별을 버리도록 하라."

만약 다른 판본처럼 제3, 4구의 원문이 "셰랍데니릭째빠(Śes rab de ñid rigs dpyad pa), 남똑메빠르데곰자(rNam rtog med par de sgom bya)"로 나오는 경우, 그 의미에 대해 4대 빤첸라마의 『보리도등론석승소희연』에서 다음과 같이 설하였다.

"그러면, '그와 같이 깨달은 자가 그 반야의 [자성이 있다고] 실집(實執)하는 것을 어떻게 끊는가?'라고 하면, 그것의 답변으로 이 제54송을 설해 보였다. 묘관찰(妙觀察)의 반야로 인(人)과 법(法)의 모든 법들의 그것의 자성을 또한 추찰하여도 보지 못함과 같이, 그 반야도 또한 정리로 분석하면 자성이 있지 않다. 실유(實有)하는 하나와 다수의 자성을 여의었기 때문이다. 그와 같이 정리로 분석해서, 대경과 유경(有境 : 內心)이 무생(無生)임을 깨닫는 어떤 그것을 무분별로이니, 무분별지(無分別智)의 원인으로 반드시 닦도록 하라. 『삼마지왕경(三摩地王經)』에서, '만약 법에 자아가 없음을 묘관찰(妙觀察)이니, 낱낱이 그것을 관찰하고 만약 닦으면, 그것은 열반을 얻는 결과의 원인이다.'라고 설하였기 때문이다."

또한 제3, 4구의 의미에 대해서 선지식 갠·람림빠(rGan lam rim pa)의 『보리도등론본주』에서는, "반야 그것을 분석의 대상으로 삼아서 정리로 앞서와 같이 분석하여도 또한 [자성이 있음을] 보지 못하니, 그것을 보지 못하는 상태에서 무분별의 도리로 무아 그것을 닦도록 하라."고 하였으며, 잠괸·로되타얘(無邊慧)의 『보리도등론정해』에서는, "그와 같이 유경(有境 : 內心)이 무생(無生)임을 깨닫는 어떤 그것이 무분별로 머무는, 무분별지(無分別智)의 원인으로 정해짐으로써 그것을 닦도록 하라."고 하였다.

셋째의 위빠싸나 수습의 결과이니, 여기에는 첫 번째의 위빠싸나 수습의 결과의 직접적 이익과 두 번째의 그것을 성언(聖言)으로 증명함의 둘이 있다.

첫 번째의 위빠싸나 수습의 결과의 직접적 이익이니, 본송(本頌)에서 다음과 같이 말하였다.

◎ [실집의] **분별에서 생긴 이 삼유는**
분별의 [가립(假立)] **그 자체이니,**
그러므로 분별을 남김없이 끊음이
[고통을 떠난] **최승의 니르바나(涅槃)이다.** (제55송)

위의 게송의 의미를 4대 빤첸라마의 『보리도등론석승소희연』에서 다음과 같이 설하였다.

"선지식 쌰라와(Śa ra ba)께서, '이 게문(偈文)은 위빠사나를 닦음으로써 삼유(三有)의 뿌리를 뽑아내는 이익을 설한 것이다. 그 또한 「[실집의] 분별에서 생긴」이라는 구절로써 끊어야 할 바인 집제(集諦)를, 「삼유(三有)는 분별의 [가립(假立)] 그 자체이니」라는 구절로써 알아야 할 바인 고제(苦諦)를 설해 보였다. 제3구로는 의지할 바인 [분별을 끊는] 도제(道諦)를, 제4구로는 얻어야 할 바인 멸제(滅諦)를 설해 보였다.'라고 설한 의취대로 하면, 집(集 : 原因)인 업(業)과 번뇌라는 유법(有法), 그대는 해탈을 원하는 자들이 반드시 끊어버려야 하는 소단사(所斷事)이며, 끊어버릴 수가 또한 있으니, 사물을 실유로 집착하는 분별의 무명에서 업들이 발생하기 때문이다. 『칠십공성론(七十空性論)』에서, '인(因)과 연(緣)에서 발생한 사물들을, 진실한 것으로 분별하는 어떤, 그것을 도사께서 무명이라 설하시니, 그로부터 십이연기가 발생한다.'라고 설하였기 때문이다.

삼유(三有)인 삼계의 윤회라는 유법(有法), 그대는 해탈을 추구하는 자들이 실유가 아님을 알아야 하니, 분별로 증익(增益)한 자체이기 때문이다. 『우바리청문경(優波離請問經)』에서, '갖가지 환희로운 꽃들이 피어나고, 수려한 황금의 전각이 찬란히 빛나는, 여기엔 그것을 만든 자도 전무하니, 그것들을 분별의 탓으로 가립(假立)하고, 분별의 탓으로 세간으로 분별함이니,'라고 하였기 때문이다.

무아(無我)의 의미를 [낱낱이 분석하는] 묘관찰(妙觀察)의 반야라는 유법(有法), 그대는 해탈을 원하는 자들이 의지하는 바이니, 실유로 집착하는 분별을 남김없이 뿌리째 끊어버림이 해탈이고, 반야 그대가 실유로 집착하는 무명 그것을 직접적으로 파괴하는 것이다. 그러므로 분별을 남김없이 끊어버린 적멸(寂滅)이란 유법, 그대는 해탈을 추구하는 자들이 증득해야 할 바이니, 최승의 열반 또는 대열반이기 때문이다. 『중론』에서, '무명이 온전히 소멸함을, 앎으로써 그것을 닦음으로써,'라고 하였으며, 『사백론』에서, '[삼유(三有)의 종자는 의식이니, 대경들은 그것의 소행경(所行境)이다.] 대경에 자아가 없음을 보면, 삼유의 종자가 소멸한다.'라고 하였으며, 『입보리행론』에서, '그러므로 아(我)와 아소(我所)가 공(空)함을 보는, 그 유가사는 크게 해탈한다.'라고 설하였기 때문이다.

요약하면, 이 삼유의 윤회의 일체는 사물을 실유로 집착하는 분별에서 발생함으로써, 분별이 그것의 뿌리가 되고, 분별로써 가립한 자체인 것이다. 그러므로 뿌리인 분별을 습기와 함께 남김없이 끊어버림이 [고통을 떠난] 최승의 해탈인 무주처열반(無住處涅槃)을 얻음이자, 자리이타의 모두를 성취하는 것이다."

두 번째는 그것을 성언(聖言, Āgamaḥ)으로 증명함이니, 본송(本頌)에서 다음과 같이 말하였다.

◎ **그같이 또한 세존께서** [『환망속(幻網續)』 등에서] **설하였다.**

"[실집의] **분별이 큰 무명이니**
윤회의 바다에 떨어지게 하고,
무분별의 선정(禪定)에 머물며

허공 같은 무분별지의 빛남을 본다." (제56송)

◎ 『입무분별다라니경(入無分別陀羅尼經)』에서 또한 설하였다.

"[무생(無生)의] 이 법에 불자가
무분별을 사유하고 [닦으면],
건너기 힘든 분별들을 넘어서
차례로 무분별을 얻게 된다." (제57송)[106]

4대 빤첸라마의 『보리도등론석승소희연』에서는 위의 제56송과 앞뒤의 제55, 57게송을 하나로 묶어서 그 의미를 다음과 같이 설하였다.

"그렇다면, '윤회가 분별에서 발생하고, 무아를 닦음으로써 분별을 종자와 함께 단멸할 수 있는 근거가 무엇인가?'라고 하면, 앞에서 설함과 같이 『쌈부따(三補止續)』에서 소지(所知)의 유법(有法)을 사물로 실집(實執)하는 분별 이것이 삼유(三有)의 근본이 되는 큰 무명이니, 깊이를 알 수 없는 윤회의 바다에 떨어지게 하는 작자(作者)이기 때문이다. 작자에게 '크다'란 말을 또한 붙이니, 『불

---

106 제57송에 대한 의미를 잠괸·로되타얘(無邊慧)의 『보리도등론정해(菩提道燈論精解)』에서, "『입무분별다라니경(入無分別陀羅尼經)』에서도 또한, '대승의 이 심오한 묘법을 문사(聞思)의 반야로 [무생(無生)임을 확정함이] 선행(先行)하는 지나쁘뜨라(佛子)가, 상집(相執)의 작의(作意)와 상위하는 역품(逆品)이 무분별의 선정이니, 그것을 사유하고 닦으면, 유상(有相)을 행하는 분별의 그물, 건너기 어려움들을 잘 넘어가게 되고, 차례로 무분별의 지혜를 얻게 된다.'고 설하였다."라고 하였다.

사고(不死庫, ḥChi med mdzod)』에서, '「크다 · 뛰어남 · 무량 · 현능(賢能) · 정근 · 홍취의 업(業)의 자체 · 크게 경이로움 · 작자(作者)를 크다고 한다.」라고 설하였다.'고 하였기 때문이다.

그와 같이 '[실집의] 분별에서 생긴 이 삼유는, 분별의 [가립(假立)] 그 자체이니,'(제55송 1, 2구)라는 두 구절의 뜻을 성언(聖言)으로 입론(立論)한 뒤, '그러므로 분별을 남김없이 끊음이, [고통을 떠난] 최승의 니르바나(涅槃)이다.'(제55송 3, 4구)라는 두 구절로써 확정함은, 실집의 분별의 다스림 법으로 무아의 뜻을 정리로 분석해서 확신을 얻을 때, 분석을 진행한 끝에 분별이 없어져서, 무분별의 선정에 머물고 닦음으로써 수습이 구경에 이르면, 가을날 구름 없는 허공 같은 무분별의 마음의 법성이 빛남을 실제로 보게 되니, '[소취(所取)와 능취(能取)의] 이현(二現)의 분별을 습기와 함께 파괴하게 된다.'라고 『상합속(相合續, Kha sbyor gyi rgyud)』에서 설하였기 때문이다. 이것은 아사리 정리자재자(正理自在者, Rig paḥi dbaṅ phyug)께서, '그러므로 진실과 비진실'이라는 등을 설한 정리와 같은 것이다.

심오한 공성에 일념으로 안주하면 분별의 희론을 물리치게 되는 또 다른 근거로 『입무분별다라니경(入無分別陀羅尼經)』에서도 이 뜻을 설하였으니, '무엇인가?' 하면, '무분별을 사유하고 닦으면 유상(有相)을 행하는 건너기 어려운 분별의 그물을 잘 넘어가서, 차례로 무분별의 지혜를 얻게 된다.'(제57송)고 설하였기 때문이다."

또한 위의 제56, 57게송 둘의 의미를 갤찹 · 닥빠된둡(普稱義成)의 『보리도등론제호석』에서 차례대로 다음과 같이 설하였다.

"그 또한 분별에서 삼유(三有)가 발생함을 『비로자나현증보리속(毘盧遮那現證菩提續)』 또는 『환망속(幻網續)』에서 설하였을 뿐만 아니라, 그것들을 알게 하는 다른 성언(聖言)인 『입무분별다라니경(入無分別陀羅尼經)』에서도 또한, '대승의 이 법에 불자(佛子)인 보살들이 분석할 대상의 사물이 전혀 성립하지 않음을 확지한 뒤, 무분별을 사유하면 건너기 힘든 분별이니, 만약 분별을 끊지 않음을 추종하면 윤회의 무변한 고통 속에 유전하게 됨으로써 건너기 힘들고, 만약 끊고자 하면 무량겁에 걸쳐서 무한한 노력을 해야 함으로써, 끊기가 어려운 까닭에 건너기 어려운 그것으로부터, 처음 탐착 등의 자성의 분별과 그 뒤 바라밀 등의 대치(對治)의 분별과 그 뒤 삼해탈문(三解脫門)의 본성의 분별과 그 뒤 십력(十力)과 사무외(四無畏) 등을 얻는 획득의 분별 넷을 차례로 끊는 모양으로 잘 넘어간 뒤, 차례로 처음 인아(人我)를 분별하지 않음과 그 뒤 법을 색(色)으로도 또한 분별하지 않음과 그 뒤 무색(無色)의 법으로도 또한 분별하지 않음과 그 뒤 반야로도 또한 분별하지 않음을 얻게 되거나 또는 자량도(資糧道)의 단계에서 무분별을 사유함으로 발생하는 사소생혜(思所生慧)로써 [무생법(無生法)에] 확신을 얻음과 가행도(加行道)의 단계에서 세간의 수소생혜(修所生慧)로써 거친 분별들을 네 가지의 순결택분(順決擇分)으로 차례로 끊음으로써 견도(見道)를 얻게 되면, [출세간의] 무분별지(無分別智)를 실제로 얻게 된다. 그가 십지(十地)들을 수습함으로써 금강유정(金剛喩定)으로 미세한 분별의 습기마저 남김없이 끊은 뒤, 불지(佛地)에서 무분별의 체성(體性)이 된다고 설하였다.' 라고 하였다."

두 번째, 증상혜학(增上慧學)의 학습의 결론이니, 본송(本頌)에서 다음과 같이 말하였다.

◎ [요의(了義)의] 성언과 정리들로
모든 제법들이 진실로 무생이며,
자성이 있지 않음을 확정한 뒤
무분별을 여실하게 닦도록 하라. (제58송)

위의 게송의 의미를 4대 빤첸라마의 『보리도등론석승소희연』에서 다음과 같이 설하였다.

"요의(了義)의 성언(聖言)과 더러움이 없는 정리(正理)의 부류들로 보특가라(人)과 온(蘊) 등에 귀속되는 모든 제법들이 진실로 무생(無生)이며 또는 발생한 자성이 없음을 확정하고 증익(增益)을 끊은 뒤, 공성의 뜻에 유상(有相)의 분별을 여의고 일념으로 닦도록 하니, '들음을 수순해서 수행을 견실하게 행하라. 태어남의 성채에서 크게 어려움이 없이 해탈을 한다.'라고 설하였기 때문이다."

또한 위의 게송의 의미를 갤찹·닥빠된둡(普稱義成)의 『보리도등론제호석』에서 다음과 같이 설하였다.

"이것은 '방금 말한 두 쪽의 성언(聖言)과 파유무생인(破有無生因) 등의 그 세 가지의 정리들로 온(蘊)·계(界)·처(處)의 모든 법들이 본래부터 무생(無生)의 뜻에 의해서 자성이 없음을 들음과 사유에서 발생한 반야로써 확정한 뒤, 앞에서 설해 보임과 같이 반야에 대해서도 또한 무분별을 닦도록 하라.'고 함이다.
'그 또한 처음 업과(業果)의 광대함을 닦고, 그것을 믿음으로써 불선(不善)의 분별을 끊어버리고, 그 뒤 삼유의 일체를 고통으로 닦음으로써 그로부터 출리(出離)를 얻고, 삼계를 갈애하는 분별을 끊고, 그 뒤 어머니가 되고 되어주었던 유정들이 분별의 탓으로 온갖 윤회의 고통들을 받는 것에 대해 대비를 성취하고, 그 분별들을 남김없이 끊어버린 법신(法身)에 안치하길 원하고, 서약하는 보리심을 일으킨다.
그 뒤 선과(善果)를 원함으로써 그 원인을 반드시 닦아야 함으로 보살의 율의를 수지하고, 증상계학과 증상정학과 증상혜학의 셋을 학습하니, 그와 같이 방편의 선품(善品)들을 견실하게 행한다.
그 뒤 모든 분별들을 끊기 위해서 승의(勝義)에 있어서 분석 대상의 사물이 전혀 성립하지 않음을 [요의(了義)의] 성언(聖言)과 [더러움이 없는] 정리(正理)로 결택하고, 그와 같이 결택하는 묘관찰(妙觀察)의 반야도 또한 스스로 적멸한 도리에 의해서 전적으로 무분별을 닦는 것에 의해서 사물을 실집(實執)하는 분별을 끊을 수가 있다.'라고 선지식 쌰라와(Śa ra ba)께서 설하였으며, 또한 뽀또와(Po to ba)께서도, '정리로 분석 대상의 사물이 성립하지 않음을 결택함이 없이는 무분별을 빈말로 닦는 것으로는 사물을 실집하는 분별에서 해탈하지 못한다. 예를 들면, 밤하늘에 나찰이 있다고 말할 때, 「나찰은 없다.」는 생각으로 그냥 닦아서는 나찰의 공포에서 벗어나지 못하니, 등불을 치켜들고 찾아서 있지 않음을 알고 나서야 근원적으로 그 공포에서 벗어나는 것과 같다고 말하였다."

2) 상사의 바라밀다승의 과(果)의 모양

본송(本頌)에서 다음과 같이 말하였다.

◎ 그같이 진성(眞性)을 수습하면
차례로 난위(暖位) 등을 얻은 뒤,
환희지(歡喜地) 등도 얻게 되어
붓다의 보리도 머지않아 얻는다. (제59송)

위의 게송의 의미를 4대 빤첸라마의 『보리도등론석승소희연』에서 다음과 같이 설하였다.

> "그와 같이 [삼사(三士)의] 공통인 귀의(歸依)에서부터 시작하여, 하사(下士)와 중사(中士)의 길을 닦고, 원심(願心)과 행심(行心)의 둘을 일으키고, 광대한 방편으로 섭수하는 문을 통해서 사마타(止)와 위빠사나(觀)로 진성(眞性 : 空性)을 수습하게 되면, 이렇게 행함에는 필요성이 있으니, 자량도(資糧道)의 하품과 중품과 상품의 셋을 잘 넘어가서, 차례로 [가행도(加行道)의] 난위(暖位) 등의 네 가지의 순결택분(順決擇分)을 얻은 뒤, 출세간의 지혜로써 처음 초지(初地)와 등(等)에 거두어지는 이지(二地)에서 십지(十地)의 금강유정(金剛喩定)에 이르기까지 단계마다의 증과(證果)를 얻고, 그로부터 구경과(究竟果)인 붓다의 대보리인 삼신(三身)과 오지(五智)를 지닌 불지(佛地)를 머지않아 얻은 뒤, 복분(福分)을 갖춘 무변한 유정들을 성숙하고, 해탈을 시키는 사업을 자연히 성취함과 단절됨이 없이 윤회가 다할 때까지 행하기 때문이니, '그와 같이 윤회

가 다할 때까지, 사업이 단절되지 않음을 원한다.'라고 설하였기 때문이다."

4. 상사의 진언승의 길

진언승(眞言乘)[107]에 입문하는 도리를 간략하게 설함에는 셋이 있으니,

---

107 진언승(眞言乘, Mantrayāna)의 명칭에는 비밀진언승(秘密眞言乘, Guhyamantrayāna)과 과승(果乘, Phalyāna)과 금강승(金剛乘)과 방편승(方便乘, Upāyayāna)과 탐애의 도(道)로 성불하는 애염승(愛染乘)과 지명승(持明乘, Vidyadharayāna) 등의 많은 이름들이 있다. 여기서 진언승의 의미는 진언에 의지해서 불지에 나아가는 수레인 까닭에 그렇게 부른다.
또한 진언(眞言, Mantra) 또는 비밀진언(秘密眞言, Guhyamantra)의 의미에 대하여 선지식 슈첸·출팀린첸(Shu chen Tshul thrims rin chen)의 『땐규르까르착(bsTan ḥgyur dkar chag, 論藏目錄)』에서, "범어의 만뜨라(Mantra, 眞言)는 티베트어로는 비밀진언 또는 진언으로 부르며, 이 또한 글자를 분해하여 설명하면, 만(Man)은 의(意)를, 뜨라(Tra)는 구제를 뜻함이니, 심의(心意)를 상(相, Nimitta)과 분별로부터 구출하는 까닭에 진언인 것이다. 『데코나니뒤빠(眞實攝經)』에서, '근(根)과 외경들의 조건에 의해서 발생하는 그 모든 심의(心意)를 만(Man)이라 한다.'라고 설하였으며, 뜨라(Tra)는 구제하는 뜻이며, 세속의 행위로부터 해탈을 무릇 설하는 서언을 지킴이니, 모든 금강의 보호는 진언의 행위라고 설한다.'라고 함과, 또한 '공성과 자비의 무이(無二)라고 한다.'라고 설하였다. 또한 『왕왼땐림빠(灌頂功德次第)』에서, '마(Ma)는 공성이며, 상(相)의 여윔이며, 금강살타의 날숨이며, 대반야라고 나는 설한다. 뜨라(Tra)는 구출하는 의미이며, 여래의 날숨이며, 공성과 대비의 불이의 두 상(相)이다.'라고 하였다.
또한 이 만뜨라의 내용을 분류하면, 비밀주와 명주(明呪)와 다라니주(陀羅尼呪)로 구분한다. 여기서 비밀주(秘密呪, Guhyamantra)는 법기가 아닌 유정들의 행할 바의 경계가 아닌 까닭에 비밀리에 행하는 것이 합당한 것이므로 그와 같이 부르는 것이다. 『뻴카조르(吉祥相合第一品)』에서, '편입천(遍入天)과 대자재천(大自在天)과 범천(梵天)과 성문과 연각들의 행할 바의 경계가 아닌 까닭에 비밀인 것이다.'라고 설하였다.
다음의 명주(明呪, Vidyamantra)[릭웅악(Rig sṅags)]의 글 뜻은, 명지(明智)의 반대편이 되는 탐애 등의 번뇌의 어둠을 파괴하는 것에 의거해서 이름을 붙인 것이다. 『도제쩨모(金剛頂經)』에서, '탐애의 어둠을 조복하며, 번뇌들 또한 제복하며, 무지를 물리치는 그것을 명주(明呪)라고 부른다.'라고 설함과, 『쌈땐치마델빠(禪定后續註解)』에서, '명주(明呪)란 여인의 모습과 자태의 천녀와 그가 설해 보이는 음성과 수인(手印) 등인 것이다.'라고 하였다.
마지막의 다라니(Dhāraṇi, 總持)의 글 뜻은, 공덕을 기억해서 지니게 하는 것에 의거해서 붙

1) 금강승(金剛乘) 입문[108]에는 관정(灌頂)을 받음이 필수임을 설함, 2) 소의(所依 : 法器)의 차별로 비밀관정(秘密灌頂)과 반야지관정(般若智灌頂)의 둘을 행함이 가능한지 아닌지의 도리, 3) 비밀관정과 반야지관정의 둘을 얻음이 없이도 딴뜨라(Tantra, 續)[109]의 청문과 강설 등을 행함이 가능한지 아닌지를 변석함이다.

인 것이다. 『데코나니뒤빠(眞實攝經)』에서, '제불의 모든 법을 받아 지니고, 제법을 억념하고, 모든 선업(善業)을 잡아 가짐이 다라니주의 본질이라 설한다.'라고 하였다."

108 금강승(金剛乘, Vajrayāna)의 의미를 빤첸 · 로쌍최갠(Panchen Blo bzaṅ chos rgyan)의 『땐찌귀 시남샥(諸教四續行相)』에서, "금강승(金剛乘)으로 부르는 이유가 있으니, 방편과 반야가 무이무별(無二無別)한 금강살타(金剛薩埵)의 유가에 의지해서 나아가는 수레인 까닭에 그와 같이 부른다. 그러므로 『님빠메똑(掌掬花)』에서, '그것을 금강승이라 하는 것은, 대승을 남김없이 거두어 모으는 것이 육바라밀이며, 또 그것을 거두어 모으는 것이 방편과 반야이며, 그것을 또한 거두어 모아서 일미를 이룬 것이 보리심이며, 또한 금강살타의 삼마지(三摩地)이며, 그것이 바로 금강이며, 금강이 또한 그것이며, 수레 또한 그것인 까닭에 금강승인 것이며, 진언승(眞言乘)이라 부른다.'고 설한 까닭이다."라고 하였다.

109 딴뜨라(Tantra, 續)는 티베트어로 '귀(rGyud)'로 번역하고, 한문으로는 '속(續)'으로 의역하니, 우리말로는 끊어짐이 없이 이어지는 흐름의 뜻이다. 딴뜨라(Tantra)의 의미를 선지식 슈첸 · 출팀린첸(Shu chen · Tshul thrims rin chen)의 『땐규르까르착(bsTan ḥgyur dkar chag, 論藏目錄)』에서, "『번역명의집(飜譯名義集)』에서, '「딴뜨라쁘라반다캬(Tantraprabandhakhyā)는 끊임없이 이어지는 흐름을 말하는 용어이다.」라고 하였다.'고 설하였다. 여기서 『번역명의집』에서 설하는 딴뜨라의 의미에 의거하면, 마음인 무이지(無二智)의 자상(自相)이 명정(明淨)하고, 불멸(不滅)하며, 인(因)과 방편(方便)과 과(果)의 일체의 단계에서 연결되어 지속되고, 본성이 방편과 반야의 합일의 자체로서 존재하는 그것을 딴뜨라라고 부르는 것이다. 또한 『규툴다와(大幻罔續)』에서도, '딴뜨라는 흐름(續)이다.'라고 설함과 『도제쩨모(金剛頂經)』에서도 또한, '딴뜨라(續)는 연속하는 흐름을 말하니, 윤회를 [연속하는] 속(續)으로 주장하면, 열반은 [뛰어난 연속인] 상속(上續)이 된다.'라고 설함과 『쌍뒤귀치마(密集後續)』에서도 또한, '딴뜨라(續)는 연속하는 흐름을 말하니, 이 연속은 세 가지의 모양이니, 바탕과 자성(自性)과 불탈(不奪)로 구분한다. 자성의 모양은 인(因)이며, 바탕은 방편이라 한다. 이와 같이 불탈(不奪)은 과(果)이니, 이 셋으로 딴뜨라(續)의 뜻을 요약한다.'라고 설한 바와 같다."라고 하였다.

1) 금강승 입문에는 관정[110]을 받음이 필수임을 설함

여기에는 (1) 소의(所依 : 法器)의 보특가라(人), (2) 성숙(成熟)의 관정의 수여, (3) 관정의 위대함의 셋이 있다.

(1) 소의의 보특가라

본송(本頌)에서 다음과 같이 말하였다.

◎ 진언(眞言, Mantra)의 힘으로 얻은
식멸과 증익 등의 사업(四業)들로,
소망충족의 보병(寶甁)을 얻는 등의
팔대성취 등의 위력으로써 또한, (제60송)

◎ 행하기 쉽고 빠르게 보리자량을
원만하게 갖추기를 원함과 또는,
사속(事續)·행속(行續) 등의 딴뜨라에서 설한
밀주행(密呪行)을 만약 닦기를 원하면, (제61송)

---

110 관정(灌頂, Abhiṣeka / dBaṅ bskur)의 뜻을 뺄조르된둡(dPal ḥbyor don grub)의 『나로최둑냑렌쎌된(那若六法修習明燈)』에서, "처음의 [심신을] 성숙시키는 관정은 예를 들면, 비옥한 토지에다 물과 거름과 온기의 셋을 배합한 뒤에, 종자를 정성껏 파종하여 새싹이 나오게 하는 것과 같다."라고 하였듯이, 제자의 머리에 지혜의 감로수를 부어서 심신의 죄업을 씻고, 생기와 원만차제의 도를 닦을 수 있도록 권위를 수여하는 것을 말한다. 다시 말해, 십지(十地)와 오도(五道)의 과위의 공덕을 얻을 수 있도록 제자의 법 그릇에 지혜의 감로수를 넣어주며, 아뢰야식에 종자를 뿌려서 도과(道果)를 얻게 하는 훈습을 심어주고, 몸·말·뜻 셋의 장애의 더러움을 씻어서 도업을 닦을 수 있도록 만들고, 딴뜨라를 청문하고 사유하고, 강설하고 수행할 수 있는 권한을 얻음으로써 권위를 수여하는 것이다.

제60송에서 66송까지는 낙초·로짜와(Nag tsho lo tsā ba)의 『보리도등론주강해장엄』에서 제기한 일곱 가지의 질문 가운데 일곱 번째인 "대승의 비밀진언의 문에 들어오면 어떻게 해야 하는가?"에 대한 답변으로 설해진 게송이라고 뻴망·꾄촉갤챈(稀寶勝幢)의 『보리도등론석승희공운』에서 말하였다.

또한 4대 빤첸라마의 『보리도등론석승소희연』에서는 역경사 쿠뙨·쬔뒤융둥(精進堅固)과 응옥·렉빼셰랍(妙慧) 등의 여섯 사람이 제기한 진언승(眞言乘)의 질문에 답변한 것이라고 다음과 같이 설하였다.

> "조오제(大恩人)께서 [중앙 티베트의] 짱 지방에 오셨을 때, 역경사 쿠뙨·쬔뒤융둥(精進堅固)과 응옥·렉빼셰랍(妙慧) 등의 여섯 사람이 질의한 다섯 가지의 질문 가운데 뒤의 셋은 진언승에 대한 것이다.
>
> 그것은 '금강아사리의 관정을 받음이 없이 딴뜨라(密續)를 강설함이 가능합니까, 가능하지 않습니까?'와 '앞의 [비밀(秘密)과 반야지(般若智)의] 두 관정을 범행자(梵行者)가 받는 것이 가능합니까, 가능하지 않습니까?'와 '관정을 받음이 없이 비밀진언을 수행하는 것이 가능합니까, 가능하지 않습니까?'의 셋이다.
>
> 여기서 첫 번째의 질문에 대한 답변으로 '모든 딴뜨라들을 듣고 강설하고'(제67송)라는 등을, 두 번째의 질문에 대한 답변으로 '시륜본초불속(時輪本初佛續)에서,'(제64송)라는 등을, 세 번째의 질문에 대한 답변으로 '사속(事續)·행속(行續) 등의 딴뜨라에서 설한,'(제61송)라는 등으로 설해 보였다.
>
> 그 또한 바라밀다대승의 전통인 육바라밀과 사섭법(四攝法)의 수

행으로 자타의 이익을 원만하게 갖추는 것처럼, '금강승의 도(道)로 나아가는 데는 어떠한 소의(所依 : 法器)가 필요한가?'라고 하면, 달리 또한 있으니, 진언을 염송한 힘으로 성취하는 식멸(熄滅)과 증익(增益)과 회유(懷柔)와 주살(誅殺)의 사업(四業)[111]과 소망충족의 보병성취(寶甁成就)[112]와 팔대성취(八大成就)[113]에 의지함으로써, 행하기가 쉽고 빠르게 자기의 보리자량을 원만하게 갖추고, 타인의 이익을 모두 성취하길 원함으로써, 사속(事續)과 행속(行續) 등의 사부속(四部續)에서 설한 밀주행(密呪行)들을 청정하

---

111 식멸(熄滅)·증익(增益)·회유(懷柔)·주살(誅殺)의 사업(四業)은 밀교의 대표적인 행법 가운데 하나이니, ① 증익업(增益業, rGyas paḥi las)은 복덕과 수명과 재부 등을 왕성하게 하는 것으로, 별도로 닦거나 아니면 원만차제 단계에서 하행풍(下行風)을 닦아서 성취한다. ② 식멸업(熄滅業, Shi baḥi las)은 질병과 재난과 귀신 등의 재앙을 소멸시키는 행위를 말한다. 별도로 닦거나 아니면 지명풍(持命風)을 닦아서 성취한다. ③ 회유업(懷柔業, dBaṅ gi las)은 천신과 귀신 야차 등을 회유해서 복종시키는 것으로, 별도로 닦거나 아니면 상행풍(上行風)을 닦아서 성취한다. ④ 주살업(誅殺業, Drag poḥi las)은 태우고, 매장하는 등의 방법으로 원적을 제멸하는 것으로, 별도로 닦거나 아니면 등주풍(等住風)을 닦아서 성취한다.

112 보병성취(寶甁成就)는 소망성취의 보병(寶甁)을 말하니, 이것을 성취하면 그 보병 속에서 원하는 음식과 재물과 의복 등이 끊임없이 나오는 성취행법이다.

113 세간공통의 팔대성취(八大成就)에는 여러 가지 논설이 있으나 보통 다음의 여덟 가지를 말한다. ① 금단(金丹, bCud len)은 꽃들의 정화와 진언에 의지해서 무병장수와 동안을 유지할 수가 있다. ② 신행(神行, rKaṅ mgyogs)은 수련으로 성취한 약물을 다리에 바르면 잠시간에 세계를 주유할 수가 있다. ③ 보검(寶劍, Ral gri)은 누구를 막론하고 손에다 수련으로 성취한 이 보검을 쥐면 하늘을 날고 원적을 파괴한다. ④ 안약(眼藥, Mig sman)은 수련으로 성취한 이 안약을 눈에다 바르면 멀고 가깝고 크고 작고를 떠나서 세상의 모든 물건들을 볼 수가 있다. ⑤ 환약(丸藥, Ril bu)는 수련으로 성취한 환약을 입에다 물면 누구도 보지 못하고 야차처럼 원하는 대로 몸을 변형시킬 수가 있다. ⑥ 노복(奴僕, mṄag gshug)은 신귀들을 노복으로 부려서 무엇을 명령하든 이행하니, 10만 명의 사람이 해야 할 일을 하루지간에 성취하는 것이다. ⑦ 토행(土行, Sa ḥog)은 지하의 보물과 보병 등을 능히 꺼내서 원하는 대로 타인에게 베푸는 것이다. ⑧ 은형(隱形, Mi snaṅ ba)은 수련으로 성취한 약물을 이마에 바르면 몸이 사라지고 누구도 보지 못하는 것이다. 이외에도 하늘을 나는 비행(飛行)과 불사(不死) 등이 있다.

게 수증(修證)하길 원하는 [밀주(密呪)의] 소의(所依 : 法器)가 필요하기 때문이다."

(2) 성숙의 관정의 수여

본송(本頌)에서 다음과 같이 말하였다.

◎ 그때 아사리의 관정을 얻기 위해
시봉과 공경과 보석 등을 올리고,
말씀대로 행하는 등의 일체로써
스승님을 기쁘게 해드리도록 하라. (제62송)

◎ 스승님께서 환희함으로써 [허여 등의]
완전한 금강아사리의 관정을 수여해서, (제63송 1, 2구)

위의 게송의 의미를 4대 빤첸라마의 『보리도등론석승소희연』에서 다음과 같이 설하였다.

"그 또한 금강승의 길에 입문하길 원하는 제자가 [귀의 등의 삼사(三士)의] 공통의 도(道)로 자기의 심속(心續)을 정화한 뒤, 사부속(四部續)[114]의 어떤 적절한 문을 통해서 비밀진언에 들어오길 원

---

114 사부속(四部續)은 사속(事續)과 행속(行續)과 유가속(瑜伽續)과 무상유가속(無上瑜伽續)의 넷을 말한다. 여기서 ① 사속(事續, Kriyātantra / Bya baḥi rgyud)은 외사(外事)인 목욕과 청결 등의 위의를 위주로 진언의 수행을 닦는 까닭에 사속이라 부른다. ② 행속(行續, Caryātantra / sPyod paḥi rgyud)은 외사에 속하는 몸과 말의 행위와 내심(內心)의 삼매의 행위를 평등하

할 때, 자격을 갖춘 참된 스승님을 기쁘게 해드리는 것이 필요하니, '무엇을 위해서 필요한 것인가?'라고 하면, 금강아사리의 관정[115]을 얻기 위함 때문이다. 이것은 앞의 [보병(寶甁)과 비밀(秘密)과 반야지(般若智)의] 세 관정(灌頂)을 또한 나타내 보인 것이다.

'어떠한 모양으로 기쁘게 해드리는가?' 하면, 도리가 또한 있으니, '시봉과 재물들과 공경들과 행위의 문을 통해서 선지식을 섬기라.'고 함과 같이, 몸과 말로써 시봉과 보석과 의복과 음료와 시종 등을 행하는 것과 같은 것이다. 일용품을 보시하고 말씀대로 받들어 행하는 따위들을 자기의 몸·말·뜻의 삼문(三門)을 통해서 기쁘게 해드리기 때문이다.

또한 스승님을 기쁘게 해드린 뒤 어떻게 하는가가 있으니, 그같이 스승님께서 환희함으로써, 제자가 관정을 간청한 뒤, 결행관

게 수습함으로써 행속이라 부른다. ③ 유가속(瑜伽續, Yogatantra / rNal ḥbyor gyi rgyud)은 내심의 지혜와 방편의 유가를 위주로 닦는 것이니, 심오한 승의(勝義)의 진실과 광대한 세속의 진실을 통달해서 그 둘을 일미로 화합하는 삼마지(三摩地)를 위주로 수행함으로써 유가딴뜨라로 부른다. ④ 무상유가속(無上瑜伽續, rNal ḥbyor bla na med paḥi rgyud)은 희금강(喜金剛)과 같이 모속(父續, Ma rgyud)에 속하는 딴뜨라를 말한다. 그리고 보통 비밀집회(秘密集會)와 희금강과 같이 무상유가속에 속하는 딴뜨라의 의미는 방편인 구생대락(俱生大樂)의 지혜와 반야인 공성을 통달하는 지혜의 두 가지의 무이무별(無二無別)을 논제로 삼아서 설시한 경궤와 또는 그 경궤에 예속되는 모든 의궤들이 무상유가 딴뜨라의 특성이다.

115 금강아사리(金剛阿闍梨)의 관정 또는 아사리(阿闍梨)의 관정은 밀교에 입문하는 문인 11가지의 관정 가운데 여섯 가지의 아사리의 관정을 말한다. ① 불퇴전의 관정, ② 비밀관정, ③ 허여관정(許與灌頂), ④ 수기관정(授記灌頂), ⑤ 안식관정(安息灌頂), ⑥ 찬송관정(讚頌灌頂)의 여섯 가지이다.

정(結行灌頂, mThaḥ rten)[116]을 허여(許與, rJes gnaṅ)[117]와 함께 완전한 금강아사리의 관정을 수여함으로써, 제자 자신이 비밀진언의 법 그릇이 되게 하기 때문이다."

또한 위의 게송의 의미를 갤찹·닥빠된둡(普稱義成)의 『보리도등론제호석』에서 다음과 같이 설하였다.

"그 또한 어느 때 보살이 진언대승의 비밀진언의 문에 들어온 뒤, 밀주행(密呪行)을 행하길 원하는 그 때, 먼저 자격을 갖춘 아사리의 관정을 받기 위해서 또는 완전한 아사리의 관정을 위해서 관정을 베푸는 스승님에게 과거 선지식 돔뙨빠(ḥBrom ston pa)께서 조오제를 받들어 섬김과 같이, 몸·말·뜻 셋이 안락함을 느끼게 하는 방법의 시봉과 공경과 값을 매길 수 없는 보석 등의 온갖 귀한 물건들을 올리는 재물의 문을 통해서와 사제(四諦)의 도리에 대해 취하고 버림과 행하고 그침을 일러준 말씀 그대로 행하는 행위의 문을 통해서 받들어 모심이니, 그것들을 요약하면, 스승님이 기뻐하는 행위와 재물들의 일체로써 행하는 것이니, 핵심은

---

116 결행관정(結行灌頂, mThaḥ rten dbaṅ bskur)은 줄여서 결행(結行, mThaḥ rten)이라 한다. 관정을 행한 뒤에 다시 금강상사(金剛上師)께서 제자들이 안식(安息 : 慰安)을 얻고, 길상(吉祥)이 있도록 하기 위해서 칠정보(七政寶)와 팔서상(八瑞相)과 팔서물(八瑞物) 등의 짝깔리(Cakkali : 畵片)들로 제자들을 관정하는 의식을 말한다.

117 허여(許與, rJes gnaṅ)는 각각의 밀속(密續)의 관정을 수여한 뒤, 각각의 본존(本尊)과 권속들의 진언을 염송하고, 그들을 수습할 수 있도록 윤허를 베푸는 의식을 말한다. 예를 들면, 스승님께서 가지를 하고, '이와 같이 수행하라.'고 허락하고, 그것을 닦는 성취의궤를 시여하는 것이다.

제자가 법답게 행함으로써 환희하는 스승님을 기쁘게 해드리는 것이다."

(3) 관정의 위대함

본송(本頌)에서 다음과 같이 말하였다.

◎ 모든 죄장들이 정화되고 자기 자신이
모든 성취를 수증하는 복분을 갖춘다. (제63송 3, 4구)

위의 게송의 의미를 4대 빤첸라마의 『보리도등론석승소희연』에서 다음과 같이 설하였다.

"앞에서 설함과 같이 [보병(寶甁)과 비밀(秘密)과 반야지(般若智)와 구의(句義)의] 사관정(四灌頂)[118]을 원만하게 수여함에는 필요성이 있

118 [보병(寶甁)과 비밀(秘密)과 반야지(般若智)와 구의(句義)의] 사관정(四灌頂)의 의미에 대해 선지식 샹뙨·뙨빠갸초(Shaṅ ston bsTan pa rgya mtsho, 教海)의 『밀승지도선설(密乘地道善說)』에서는 다음과 같이 말하였다.
"무상유가의 사관정 가운데서 1. 보병관정(寶甁灌頂)은 전체적으로 육신의 더러움을 씻어서, 생기차제의 도를 수행하는 능력을 심어주며, 과위(果位)의 화신을 얻게 하는 데에 있다. 개별적으로 [보병관정의 내용들인] ① 화만관정(華鬘灌頂)은 어떠한 종성(種姓)으로 성불하게 되는가 하는 종성을 결정하고, 그 본존불의 섭화(攝化)의 인연을 맺는 것이다. ② 감로관정(甘露灌頂)은 번뇌와 소지의 이장(二障)을 소멸하고 단증(斷證)의 공덕을 갖추는 것이다. ③ 관면관정(冠冕灌頂)은 일체부주(一切部主)인 지금강불(持金剛佛)과 육계(肉髻)를 성취한다고 설하였다. 요약하면, 부처의 색신(色身)을 원만하게 이루는 것이다. ④ 금강저관정(金剛杵灌頂)은 마음이 무이지(無二智)의 깨달음을 원만하게 이루는 것이다. ⑤ 금강령관정(金剛鈴灌頂)은 온갖 종류의 묘음(妙音)을 얻는 것이다. ⑥ 명호관정(名號灌頂)은 단지 듣는 것만으로 장애를 맑히고, 해탈의 종자를 발아시키는 명성을 얻는 것이다. ⑦ 아사리관정(阿闍梨灌頂)은 지금강불의 덕화에 자재함을 얻음과 불퇴전의 종자를 성취하는 것이다.

다. 몸·말·뜻의 삼문(三門)의 죄장이 습기와 함께 깨끗하게 정화되고, 제자 자기 자신이 상·중·하의 성취를 수증(修證)하는 복분(福分)을 갖추기 때문이다."

2) 소의의 차별로 보병과 비밀관정의 둘을 행함이 가능한지 아닌지의 도리

본송(本頌)에서 다음과 같이 말하였다.

◎ 『시륜본초불속(時輪本初佛續)』에서
적극적으로 저지하였기 때문에,
비밀과 반야지의 관정의 둘은
범행자(梵行者)는 받지를 말라. (제64송)

◎ 만약 그 관정을 받게 되면
범행의 난행에 머무는 자가,
금계(禁戒)를 범하는 까닭에
난행(難行)의 율의가 깨어져, (제65송)

---

2. 비밀관정(秘密灌頂)은 우유에다 요구르트의 효모를 넣음과 같이 풍(風)·맥(脈)·정(精)의 셋을 가지해서, 언어의 장애를 정화하고, 세속환신(世俗幻身)과 수용신(受用身)을 얻는 것이다.
3. 반야지관정(般若智灌頂)은 대락(大樂)의 지혜를 자신의 심속(心續)에서 발현시켜, 의식의 더러움을 정화하고, 정광명(淨光明)과 법신(法身)을 얻는 것이다.
4. 구의관정(句義灌頂)은 쌍운(雙運)의 의미를 이해하고, 몸·말·뜻의 삼문(三門)의 공통의 장애를 정화하고, 유학(有學)과 무학(無學)의 쌍운을 얻는 것이다."라고 하였다.

◎ **그 금행자(禁行者)는 바라이의**
타죄(他罪)들이 발생하게 되고,
그것은 악도에 떨어짐으로써
성취 또한 영원히 있지 않다. (제66송)

위의 게송의 의미를 4대 빤첸라마의 『보리도등론석승소희연』에서 다음과 같이 설하였다.

"그러면 '성취를 원하는 모든 사람들이 직접 그 관정들을 받을 수가 있는가?'라고 하면, '아닌 것이다'라고 특별히 설한 것은, 관정이란 소지(所知)의 유법(有法), 범행(梵行)을 행하는 재가자와 다섯 부류의 출가자의 어떤 계율에 머무는 아사리는 비밀관정을 다른 사람에게 수여함과 제자에게 반야지(般若智)의 관정을 수여하는 것과 자기 자신도 직접 받지를 말라. 『시륜본초불속(時輪本初佛續)』에서 세존께서 적극적으로 저지하였기 때문이다. 그러면 어떠한 허물을 보았기에 그 두 가지의 관정을 범행자에게 금지하는 것인가? 범행(梵行)의 난행(難行)에 머무는 재가자와 다섯 부류 어디에 속하는 출가자가 만약 그 두 관정을 직접 지니거나 받으면 세존께서 제정한 금행(禁行)을 범하기 때문에 범행(梵行)의 난행(難行)과 출가의 계율이 무너지고, 계율의 금행을 지키는 그들에게 바라이(波羅夷 : 他勝罪)와 바라이의 중죄와 같은 근본타죄(根本墮罪)들이 발생하기 때문임과 타죄(墮罪)에 의해서 율의가 깨어진 그 사람이 반드시 삼악도에 떨어짐으로써 성취 또한 영원히 있지 않기 때문이다.

조오제께서, '비밀(秘密)과 반야지(般若智)의 관정을 범행(梵行)을 행하는 자의 해탈의 길로 수여하지 말고, 제자도 또한 받지를 말라. 그것이 범행(梵行)을 소멸하게 함과 붓다의 교법을 쇠멸하게 함으로써, 유정지옥으로 그 아사리와 제자 둘 다 의심할 바가 없이 들어간다.'라고 설함과 자주(自註)인 『보리도등론난처석』에서, '혹자는 비밀진언의 모든 대속(大續)들의 의취를 또한 알지 못하고, 참된 스승이 또한 섭수하지 않고, 죄업의 선지식을 의지함으로써, 비밀진언의 도리를 여실하게 알지 못하고 [별도의 의취(意趣, dGoṅs pa can)가 있음을 모르고] 단지 문자에 의지해서 이와 같이, 「우리는 밀주행자(密呪行者)이다. 우리들은 모든 행위를 거리낌 없이 행하고, 마하무드라(大印)[119]의 성취 또한 신속하게 얻는다.」라고 선언하고 안주하는 그들은 반드시 악도에 들어간다.'라고 하는 등을 널리 설하였다."

119 마하무드라(Mahāmudra, 大印)는 다양한 의미를 가지고 있으며, 구경의 과위 또는 최승실지를 말한다. 구밀(舊密)에서 설하는 대인의 뜻은, 견고하여 불변하는 대락(大樂)과 더불어 그것을 증득한 제일 찰나의 일체종색(一切種色)이 증가와 감손이 없이 원초의 본성이 허공계가 다하도록 존재하여 소멸하지 않음으로써 인(印)이며, 소단(所斷)과 능증(能證)과 심덕(心德) 셋이 광대함으로 대(大)인 까닭에 대인(大印)이라 부른다. 마하무드라의 실지(悉地)는 밀교의 최승성취(最勝成就)의 다른 이름이니, 공성의 지혜와 구생(俱生)이 대락(大樂)이 합일한 쌍운(雙運)의 경지이다.
『쎄르기담뷔밍칙챈델노르뷔도쎌(雪域名著名詞精典注釋)』에서, "구경과(究竟果) 또는 최승성취를 마하무드라라고 하니, 최승의 불변하는 대락(大樂)과 그것을 인(印)을 친 일체종(一切種)의 최승의 형색을 제일찰나에 성취한 그 순간부터 증감(增減)이 없이 본래로 그와 같은 본질이 허공과 나란히 항상 머물고, 언제라도 거기에서 미동조차 않는 것이 대인(大印)이며, 증덕(證德)이 광대하고, 단덕(斷德)이 광대하고, 심덕(心德)이 광대한 삼대(三大)를 지님으로써 마하(大)이니, 그래서 마하무드라라 부른다."라고 하였다.

3) 보병과 비밀관정의 둘을 얻음이 없이도 딴뜨라의 청문과 강설 등을 행함이 가능한지 아닌지를 변석함

본송(本頌)에서 다음과 같이 말하였다.

◎ 모든 딴뜨라를 청문하고 강설하고
호마와 공시(供施) 등을 행함이,
아사리의 관정과 [허여]를 받고
[십]진실(十眞實)을 알면 허물이 없다. (제67송)

위의 게송의 의미의 요점을 선지식 갠·람림빠(rGan lam rim pa)의 『보리도등론본주』에서 다음과 같이 설하였다.

"호마(護摩)[120]와 공시(供施)[121] 등의 진언의 부수적인 사업을 행하는 데에 '보병(寶甁)과 비밀관정(秘密灌頂)의 둘을 얻음이 필요

---

120 호마(護摩, Homaḥ)는 티베트어로는 진쎽(sByin sreg)이며, 우리말로는 화공(火供) 또는 소시(燒施)라고 한다. 이것은 여러 가지의 공물(供物)을 불에 태워서 본존과 신들에게 공양한다는 뜻이다. 『다조르밤뽀니빠(聲明要領二卷)』에서, "호마(Homaḥ)는 후다네(Hudāne)이니, 시여하고 올림을 또한 말한다. 또한 아그니호뜨람주후얏(Agnihotraṃjuhuyāt)이라고 하니, 신들 모두에게 공시(供施)를 행하는 문(門)과 입(口)의 불인 까닭에 불에 태우는 이름으로 또한 인용하여 화공(火供)이라 한다."라고 하였다.
또한 진쎽(sByin sreg, 燒施)의 진(sByin, 施)은 자기가 경애하는 신에게 공양을 올림이며, 쎽(Sreg, 燒)은 자신에게 해악을 일으키는 마라를 태워버림이다. 다시 말해, 화공화덕(火供竈) 속에 화천(火天)과 자기의 본존(本尊)이 실제로 강림해서 있다고 관상한 뒤, 곡물과 약초 등을 비롯한 12가지의 물품들을 버터 기름과 함께 넣고 태워서 그것을 본존과 신중들께 실제로 올리는 예식을 말한다.

121 공시(供施)는 상공하시(上供下施)의 준말이니, 위로는 본존과 불보살님들께 공양을 올리고, 아래로는 신귀와 대중에게 보시를 행하는 것을 의미한다.

한 것인지, 아닌지?'라고 하면, 필요하지 않으니, 단지 아사리의 관정을 얻고, 십진실(十眞實, De ñid bcu)[122]을 아는 공덕을 지니면 그 사업들을 행하는 것에 허물이 없기 때문이다."

또한 위 게송의 의미를 갤찹·닥빠된둡(普稱義成)의 『보리도등론제호석』에서 다음과 같이 설하였다.

"그 또한 보병(寶甁)과 비밀관정(秘密灌頂)의 둘을 받지 않으면, '법의 문이 차단되어 [딴뜨라(密續)의] 청문과 강설 등이 불가하지 않음인가?'라고 하면, '어떤 보살이 진언의 문에 들어온 뒤, 모든 딴뜨라을 자기가 청문하고, 타인에게 강설하고, 화공(火供)와 상공하시(上供下施) 등의 범주에 속하는 것과 관정과 선주(善住, Rab gnas)[123]의 모두를 포함하는 아사리(阿闍梨)의 소임 그것들을 행

---

122 십진실(十眞實, De ñid bcu)은 밀주승(密呪乘)의 금강아사리가 숙통해야 하는 열 가지의 진실이니, 여기에는 몇 가지의 설이 있다. 『장한대사전(藏漢大辭典上卷)』에 따르면, "① 만다라(壇場)의 진실, ② 만뜨라(眞言)의 진실, ③ 수인(手印)의 진실, ④ 자기와 거처의 수호의 진실, ⑤ 영신의궤(迎神儀軌)의 진실, ⑥ 염송(念誦)의 진실, ⑦ 수습(修習)의 진실, ⑧ 내외의 호마(護摩)의 진실, ⑨ 수섭(收攝)의 진실, ⑩ 송신(送神)의 진실이다."라고 하였으며, 『린첸바르와(Rin chen ḥbar ba)』에서, "① 금강저(金剛杵)의 진실, ② 금강령(金剛鈴)의 진실, ③ 지혜(智慧)의 진실, ④ 본존(本尊)의 진실, ⑤ 만다라(曼茶羅)의 진실, ⑥ 화공(火供), ⑦ 진언(眞言)의 진실, ⑧ 둘첸(rDul tshon, 彩色細砂)의 진실, ⑨ 또르마(食子)의 진실, ⑩ 관정(灌頂)의 진실"이다.

123 선주(善住, Rab gnas)는 오랫동안 잘 머물게 한다는 뜻으로 불상과 불탑 등의 점안(點眼) 또는 개안(開眼)을 말한다. 『둥까르칙죄첸모(東噶藏學大辭典)』에서, "붓다의 몸·말·뜻의 상징인 존상과 경전과 탑을 건립한 뒤, 마귀의 구축과 선주를 행하지 않으면 삿된 신귀와 아귀 등이 그 상징물들을 차지해서 머무니, 사람에게 해악을 끼침으로써 마귀를 구축하는 것이 필수이고, 그 뒤에 그 어떤 상징물의 지혜살타(智慧薩埵)를 초빙해서 그 속에 녹아들게 함으로써 선주라고 한다."라고 하였다.

함에는 앞의 두 관정을 받지 않을지라도 또한, 아사리의 관정을 받고, 스승의 허여(許與)을 얻고, 자신이 십진실(十眞實)을 아는 등의 아사리의 법을 지니거나 또는 제법의 진실[무생(無生)]을 아는 견도(見道)의 지혜가 발생한 보특가라(人)에게는 행함이 불가한 앞의 아사리의 소임 그것들을 행하여도 법을 남용하는 허물이 영원히 없다.'라고 함이다."

제3. 저술의 근거와 동기

본송(本頌)에서 다음과 같이 말하였다.

◎ **대장로(大長老) 길상연등지(吉祥燃燈智)가**
계경 등의 법들에서 설한 것을 보고,
출가법왕 장춥외(菩提光)의 간청으로
보리의 길을 요약해서 설하였다. (제68송)

위의 게송의 의미를 4대 빤첸라마의 『보리도등론석승소희연』에서 다음과 같이 설하였다.

"여기서 첫 구절로는 저자를, 제4구로는 요약해서 저술함을, 제2구로는 내연(內緣)인 원만한 지혜를, 제3구로는 타연(他緣)인 대비를 논전을 저술하는 원인으로 설해 보였다.

인도 성문 18부파(部派)들의 정수리의 보주(寶珠)이며, 근원계(近

圓戒)를 수지한 뒤 청정한 율의의 전통이 단절되지 않게 30년이 넘게 수지해 온 대장로(大長老) 길상연등지(吉祥燃燈智)께서 설산의 땅 티베트의 복분을 지닌 자들을 섭수하기 위해서, 초학자의 단계에서 대보리에 이르기까지 바르게 나아가는 대승의 길을 온전하게 설해 보였다.

어떤 근거에 의거해서 설하였는가를 또한 기재하였으니, 계경(契經)과 등(等)이란 말에 포함되는 딴뜨라(密續)와 논전과 우빠데쌰(教誡)의 법들에서 설해 보인 것을 여실하게 봄으로써이니, 견문(見聞)의 지혜와 티베트불교의 책무를 짊어진 출가법왕 장춥외(菩提光)께서, '불교의 전체를 아우르는 목적으로 대승의 논서 하나를 꼭 저술해 주심이 필요하다.'라고 간청한 연유로 말미암았음을 설하였기 때문이다.

또한 어떠한 도리로 행하였는가를 기재하였으니, 자주(自註)인 『보리도등론난처석』에서, '수명은 짧고 [알아야 할] 소지계(所知界 : 現象界)의 종류는 많고, 수명의 기한조차 얼마인지 모르니, 백조가 물에서 우유를 뽑아 마시듯 자기가 원하는 것을 취해서 닦도록 하라.'고 설함과 같다. 파립(破立, dGag sgrub)[124]의 장황한 희

---

124 파립(破立, dGag sgrub)은 각빠(dGag pa, 打破)와 둡빠(sGrub pa, 能立)의 합성어이며, 아닌 것을 타파하고 옳은 것을 확립하는 것을 말하는 인명(因明) 용어이다. 『인명학개요급기주석(因明學概要及其注釋, Tshad maḥi dgoṅs don rtsha ḥgrel mkhas paḥi mgu rgyan)』에서는, "타파(打破, dGag pa)라고 함은, '자기가 실제로 깨닫는 이지(理智)로써 자기의 타파의 대상을 직접 끊어버린 뒤 마땅히 깨닫는 법 그것이 타파의 특성이다. 예를 들면, 소리가 덧없는 그것을 자기가 실제로 깨닫는 이지이니, 소리가 덧없음을 깨닫는 이지로써 소리의 덧없음의 타파 대상인 소리가 상주함을 직접 끊어버린 뒤, 소리의 덧없음을 마땅히 깨닫는 이유에 의해서 그 소리가 상주함을 타파함이다.'라고 말한다."라고 하였다.

또한 같은 책에서, "능립(能立, sGrub pa)이라고 함은, '자기가 실제로 깨닫는 이지로써 자기

론(戱論)을 멀리하고, 오로지 일체지(一切智)를 추구하는 실천을 남김없이 닦는 선연(善緣)이 되게 하는 것을 글을 간추려서 기술한 것이기 때문이다."

제4. 결어

본송(本頌)에서 다음과 같이 말하였다.

◎ **『이 보리도등론(菩提道燈論)』을 대아사리 길상연등지(吉祥燃燈智)가 지어서 완결하였다.**

인도의 대아사리 길상연등지와 대교열역경승(大校閱譯經僧) 비구 선혜(善慧, dGe baḥi blo gros)가 번역하고 교정해서 완결하였다.

이 법을 구게(Gu ge) 왕국의 상슝(Shaṅ shuṅ)의 토딩(Tho ldiṅ) 사원에서 저술하였다.

여기에는 둘이 있으니, 1) '저자가 누구인가, 2) 번역자가 누구인가?' 하

의 타파의 대상을 직접 끊어버린 뒤 마땅히 깨달을 바가 아닌 법 그것이 능립의 특성이다. 예를 들면, 항아리 그것은 자기가 실제로 깨닫는 이지로써 타파 대상을 전적으로 직접 끊어버린 뒤, 깨달을 필요가 없이 그 항아리를 자기의 인식 대상으로 성립시킨 뒤 인식함으로써, 그 항아리는 능립이다.'라고 말한다."라고 하였다.

는 것이다.

1) 저자가 누구인가

"『보리도등론』은 500명 성문승의 정수리의 보주(寶珠)이신 대아사리 길상연등지(吉祥燃燈智)께서 복분을 지닌 무수한 교화 대상들의 이익을 위해서 대자대비로 지어서 완결하였다."라고 4대 빤첸라마의 『보리도등론석승소희연』에서 설하였다.

2) 번역자가 누구인가

"인도의 대아사리 길상연등지(吉祥燃燈智)와 티베트의 역경승(譯經僧)이자 세간의 눈인 비구 마·게왜로되(rMa dGe baḥi blo gros, 善慧)가 범어에서 번역하고 글과 뜻을 교정한 뒤, 강설하고 청문하였다.

그리고 이것의 자주(自註)인 『보리도등론난처석』을 선지식 궁탕빠(Guṅ thaṅ pa)[낙초·로짜와(Nag tsho Lo tsā ba)]께서 [조오제(大恩人)에게] 간청하고 번역하였으니, '나 낙초(Nag tsho) 한 사람 이외에는, 조오제의 다른 티베트 제자에게 있기 힘드니,'라고 해서, 낙초·로짜와 자신이 은밀한 법(隱密法, sBas chos)으로 저술하였다.

그렇지만 이것의 사업을 광대하게 현양한 사람은 선지식 돔뙨빠(ḥBrom ston pa) 등이니, 그가 제자인 뽀또와(Po to ba)와 짼응아와(sPyan sṅa ba)와 푸충와(Phu chuṅ ba)의 세 동문 형제125 등을 비롯한 제자의 무리에게 전수하였다. 선지식 뽀또와께서 두 분의 로짜와(譯經僧)의 법어를 애중히 여겼고, 대중에게 팔좌시(八座時)[126]에 걸쳐서 설하였다. 그 뒤 선지식 싸라와(Śa ra ba)께서 그것의 사업을 널리 행하였고, 현재에 이르기까지 교법의 등불과 중생의 눈이 된 것이 이 『보리도등론』인 것이다.”라고 4대 빤첸라마의 『보리도등론석승소희연』에서 설하였다. 길상원만(吉祥圓滿)!

---

125 뽀또와(Po to ba)와 짼응아와(sPyan sṅa ba)와 푸충와(Phu chuṅ ba)의 세 동문 형제는 까담빠(bKaḥ gdams pa)의 개조인 선지식 돔뙨빠(ḥBrom ston pa)의 3대 제자이다. 이들은 까담의 교법을 티베트 전역에 널리 전파하는데 큰 업적을 남겼다.

선지식 뽀또와·린첸쌜(Po to ba Rin chen gsal, 寶明, 1027~1105)은 까담의 육서(六書)로 알려진 『본생경(本生經)』과 『집법구경(集法句經)』의 기신(起信)의 두 경전과 『보살지(菩薩地)』와 『대승장엄경론(大乘莊嚴經論)』의 수선(修禪)의 두 경전과 『입보리행론(入菩提行論)』과 『집보살학론(集菩薩學論)』의 행도(行道)의 두 경전을 위주로 대중을 교도함으로써 경전파(經典派, gShuṅ pa ba)로 알려졌다. 그의 저술로는 티베트의 모든 도차제(道次第)와 로종(修心)의 연원과도 같은 『베우붐응왼뽀(Beḥu bum sṅon po, 青色手册)』가 있다.

선지식 짼응아와·출팀바르(sPyan sṅa ba Tshul khrim ḥbar, 戒增, 1033~1103)는 사제(四諦)에 대한 아띠쌰의 견해를 중심으로 하는 도차제(道次第) 위주로 대중을 교도함으로써 까담의 교계파(教誡派, gDams ṅag pa)로 알려졌다.

또한 선지식 푸충와·슈누걜챈(Phu chuṅ ba gShon nu rgyal mtshan, 童勝幢 1031~1109)는 아띠쌰의 저술인 『입이제론(入二諦論)』과 『중관교수설(中觀教授說)』 등을 통해서 심오한 공성(空性)을 결택하는 수행구결을 위주로 대중을 교도함으로써 까담의 구결파(口訣派, Man ṅag pa)로 알려졌다.

126 팔좌시(八座時, Thun brgyad)는 유가 수행을 할 때 하루의 밤낮을 여덟 차례의 작은 시간으로 나눈 일단의 시간이다.

참고문헌

1 『강까르띠쎄당마팜유최내익(Gaṅs dkar ti se daṅ Ma pham gyu mtshoḥi gsaṅs yig, 神山聖湖志)』, Chos ṅag, 西藏人民出版社, 拉薩, China.

2 『갤랍쎌왜멜롱(rGyal rabs gsal baḥi me loṅ, 王朝明鑑)』, 싸꺄·쏘남갤챈(Sa skya bSod nam rgyal mtshan, 福幢), 民族出版社, 1996, 北京, China.

3 『까담최중쎌왜된메(bKaḥ gdams chos ḥbyuṅ gsal baḥi sgron me, 噶當派源流)』, 래첸·꾼가갤챈(Las chen Kun dgḥ rgal mtshan, 慶喜勝幢), 西藏人民出版社, 2003, 西藏, China.

4 『까담쩨뛰(Legs par bśad pa bkaḥ gdams rin po cheḥi gsuṅ gi gces btus nor buḥi baṅ mdzod, 噶當派大師箴言集)』, 青海省, 青海民族出版社, 1996. 6, China.

5 『답밀승적쟁론(答密乘的爭論, dGag lan ṅes don ḥbrug sgra)』[쌍악응아규르라뵈두쬐빠응아치르중와남끼랜두죄빠응에된기둑다(gSaṅs sṅag sṅa ḥgyur la bod du rtsod pa sṅa phyir byuṅ ba rnams kyi lan du brjod pa ṅes pa don gyi ḥbrug sgra, 答關于前宏期密乘的諍論)], 쏙독빠·로되갤챈(Sog slog pa Blo gros rgyal mtshan, 智幢), 四川民族出版社, 1998, 成都, China.

6 『대승수심결교도서선혜의취장엄론(大乘修心訣教導書善慧義趣莊嚴論)』[텍빠첸뾔로종기티익로쌍공갠셰자와슉쏘(Theg pa chen poḥi blo sbyoṅ gi khrid yig blo bzaṅ dgoṅs rgyan shes bya ba bshugs so, 大乘修心訣教導書善慧義趣莊嚴論) : 체촉링용진·예시갤첸기쑹붐냐빠(Tshe mchog gliṅ yoṅs ḥdzin ye śes rgyal mtshan gyi gsuṅ ḥbum ña pa)], 용진·예시갤챈(Yoṅs ḥdzin Ye śes rgyal mtshan, 智幢), Tibetan Book House, Delhi, India.

7 『둥까르칙죄첸모(東噶藏學大辭典, Duṅ dkar tshig mdzod chen mo)』, 둥까르·로쌍틴래(Duṅ dkar Blo bzaṅ ḥphrin las), 中國藏學出版社, 2002, 北京, China.

8 『라뎅괸빠까르착(Rva sgreṅ dgon paḥi dkar chag, 熱振寺志)』, 훈둡최펠(lHun grub chos ḥphel), 四川民族出版社, 1994, 成都, China.

9 『보리도등론간주(菩提道燈論簡註, Byaṅ chub lam gyi sgron maḥi ḥgrel pa ñuṅ ṅu rnam gsal jo bo chen po dgyes paḥi mchod sprin)』, 쪼네·닥빠쌔둡(Co ne Grags pa bśad sgrub, 普稱講修), 中國藏學出版社, 2009, 北京, China.

10 『보리도등론난처석(菩提道燈論難處釋, Byaṅ chub lam gyi sgron maḥi dkaḥ ḥgrel)』, 아띠샤(Atīśa), Sherig Parkhang, 1999, Delhi, India.
11 『보리도등론본주(菩提道燈論本註, Byaṅ chub lam gyi sgron maḥi tsa gshuṅ ḥgrel mdzad : Blo bzaṅ dgoṅs rgyan)』, 갠·람림빠·응아왕푼촉(rGan lam rim pa Ṅag dṅas phun tshogs), Drepung Loseling Educational Society, Drepung Loseling, 1996, Mundgod, India.
12 『보리도등론정해(菩提道燈論精解, Byaṅ chub lam sgron gyi ḥgrel pa sñiṅ por bsdus pa)』, 잠괸·로되타얘(ḥJam mgon Blo gros mthaḥ yas, 無邊慧), Vajra Vidya Institute Library, 2012, Sarnath, Varanasi, India.
13 『보리도등론제호석(菩提道燈論醍醐釋, Byaṅ chub lam sgron gyi ḥgrel ba mar gyi ñiṅ khu)』, 걜찹·닥빠된듑(rGyal tshab Grags pa don grub, 普稱義成), Vajra Vidya Institute Library, 2012, Sarnath, Varanasi, India.
14 『보리도등론석승소희연(菩提道燈論釋勝笑喜宴, Byaṅ chub lam gyi sgron maḥi rnam bśad phul byuṅ bshad paḥi dgaḥ ston), 4대 빤첸라마·로쌍최끼걜챈(Blo bzaṅ chos kyi rgyal tshan, 善慧法幢)』, 목판본 인쇄파일.
15 『보리도등론석승희공운(菩提道燈論釋勝喜供雲, Byaṅ chub lam gyi sgron maḥi ḥgrel pa phul byuṅ dgyes paḥi mchod sprin)』, 뺄망·꾄촉걜챈(dPal maṅ dKon mchog rgyal mtshan, 稀寶勝幢), 목판본 인쇄파일.
16 『람림첸모(Lam rim chen mo, 菩提道次第廣論)』, 쫑카빠(Tsoṅ kha pa), 青海民族出版社, 1985, 西寧, China.
17 『보리도차제광론의난명해(菩提道次第廣論疑難明解)』, 차리·껠쌍톡메(Cha ris sKal bzaṅ thogs med), 甘肅民族出版社, 2005, 蘭州, China.
18 『보리도차제상사전승전기(菩提道次第上師傳承傳記, Lam rim bla brgyud paḥi rnam thar)』, 용진·예시걜챈(Yoṅs ḥdzin Ye śes rgyal mtshan, 智幢), Dha sa bod gshuṅ sherig Parkhang, 1999, Delhi, India.
19 『보리심석구의명해(菩提心釋句義明解, Byaṅ chub sems ḥgrel gyi rnam bśad tshig don gsal ba)』, 4대 샤마르빠·최끼닥빠(Sva dmar pa Chos kyi grags pa, 法稱), Vajra Vidya Institute Library, 2007, Sarnath, Varanasi, India.
20 『뵈쏙최중(Bod sog chos ḥbyuṅ, 藏蒙佛教史)』, 씽싸·깰쌍최끼걜챈(Śiṅ bzaḥ sKal bzaṅ chos kyi rgyal mtshan), 民族出版社, 1993, 北京, China.
21 『설역역대명인사전(雪域歷代名人辭典, Gaṅs can mkhas grub rim byon miṅ mdzod)』, 꼬슐·닥빠중내(Ko shul Grags pa ḥbyuṅ gnas), 甘肅民族出版社, 1992, 青海省, China.

22 『아띠쌔재빼최챈쭉찍(Atīśas mdzad paḥi chos tshan bcu gcig, 阿底沙十一小品集)』, Restored, translated & edited by Ramesh Chandra Negi, 1992, Central Institute of Higher Tibetan Studies, Sarnath, Varanasi, India.

23 『역대장족학자소전1(歷代藏族學者小傳一, Gaṅs can mkhas dbaṅ rim byon gyi gnam thar mdor bsdus)』, 미냑괸뽀(Mi ña mgon po), 北京 : 中國藏學出版社, 1996.5, 北京, China.

24 『응아리꼬르쑴기응왼중로귀(mṄaḥ ris skor gsum gyi sṅon byuṅ lo rgyus, 雪域西部阿里廓尔松早期史)』, 강리와 · 최잉도제(Gaṅs ri ba Chos dbyiṅs rdo rje), 西藏人民出版社, 1996, 西藏, China.

25 『자룽카쑈르(Bya ruṅ kha śor)의 연기(緣起)』[원명 최땐첸뽀자룽카쑈르기로귀퇴빼돌와(mChod rten chen po Bya ruṅ kha śor gyi lo rgyus thos pas grol ba)], 복장대사(伏藏大師) 하왕 · 갸초로되(lHa dbaṅ rGya mtsho blo gros) 발굴. 목판본.

26 「조오린뽀체제뻴댄아띠쌔남타르개빠용닥슉쏘(Jo bo rin po che rje dpal ldan atīśaḥi rnam thar rgyas pa yoṅs grags bshugs so, 阿底峡大傳記)」『조오제뻴댄아띠쌰이남타르까담파최(Jo bo rje dpal ldan Atiśḥi rnam thar bkaḥ gdams pha chos, 噶當祖師問道語錄)』, 침 · 탐째켄빠(mChims Thams cad mkhyen pa), 青海民族出版社, 1994, 西寧, China.

27 「조오제이남타르람익최끼중내(Jo bo rjeḥi rnam thar lam yig chos kyi ḥbyuṅ gnas, 大恩人傳記 · 旅程記)」『조오제뻴댄아띠쌰이남타르까담파최(Jo bo rje dpal ldan Atiśaḥi rnam thar bkaḥ gdams pha chos, 噶當祖師問道語錄)』, 돔뙨빠(ḥBrom ston pa), 青海民族出版社, 1994, 西寧, China.

28 『조오제재빼슝챈응아(Jo bo rjes mdzad paḥi gshuṅ tshan lṅa, 大恩人著五部小論)』, Lobsang Dorjee Rabling, Central Institute Of Higher Tibetan Studies, 1994, Sarnath, Varanasi, India.

29 『칸도예시초갤기남타르(mKhan ḥgro Ye śes mtsho rgyal gyi rnam thar, 空行母智海王傳記)』, 딱쌈도제(sTag śam rdo rje) 발굴, 四川民族出版社, 四川, China.

30 『투우깬둡타(Thuḥu kvan grub mthaḥ, 宗教源流史)』, 투우깬 · 로쌍최끼니마(Thuḥu kvan Blo bzaṅ chos ki ñi ma, 善慧法日), 1984. 4, 甘肅民族出版社, 蘭州, China.

31 *Atīśa and Tibet*, Alaka Chattopdhyaya, MOTILAL BANARSIDASS PUBLISHERS PRIVATE LIMITED, 1967, DNELHI, INDIA.

32 *BHĀVANĀKRAMAḤ OF ĀCĀRYA KAMALAŚĪLA*, Restored, translated & edited by Losang Norbu Shastri, 1994. Central Institute of Higher Tibetan Studies, Sarnath, Varanasi, India.

33 *BODHIPATHAPRADĪPAḤ*, Lobsang Norbu Shastri, Central Institute Of Higher Tibetan Studies, 1994, Sarnath, Varanasi, India.

찾아보기

ㄱ

ⓛ

ⓒ

㉦

ⓞ

ⓩ

ⓩ

티베트불교 도차제 사상의 뿌리

보리도등론 역해

티베트어 원전완역

2022년 1월 24일 초판 1쇄 발행

지은이 아띠쌰 • 역해 중암 선혜
발행인 박상근(至弘) • 편집인 류지호 • 상무이사 양동민 • 편집이사 김선경
책임편집 김소영 • 편집 이상근, 김재호, 양민호, 권순범
디자인 쿠담디자인 • 제작 김명환 • 마케팅 김대현, 정승채, 이선호 • 관리 윤정안
펴낸 곳 불광출판사 (03150) 서울시 종로구 우정국로 45-13, 3층
대표전화 02) 420-3200 편집부 02) 420-3300 팩시밀리 02) 420-3400
출판등록 제300-2009-130호(1979. 10. 10.)

ISBN 978-89-7479-849-9 (93220)

값 25,000원

잘못된 책은 구입하신 서점에서 바꾸어 드립니다.
독자의 의견을 기다립니다. www.bulkwang.co.kr
불광출판사는 (주)불광미디어의 단행본 브랜드입니다.